심리학과 연금술

심리학과 연금술

초판 1쇄 발행   2023년 1월 10일

원제	Psychology and Alchemy(1943)
지은이	칼 구스타프 융
옮긴이	정명진
펴낸이	정명진
디자인	정다희
펴낸곳	도서출판 부글북스
등록번호	제300-2005-150호
등록일자	2005년 9월 2일
주소	서울시 노원구 공릉로63길 14, 101동 203호(하계동, 청구빌라)
	(139-872)
전화	02-948-7289
전자우편	00123korea@hanmail.net
ISBN	979-11-5920-148-6 03180

심리학과 연금술

Psychology and Alchemy

칼 구스타프 융 지음
정명진 옮김

지은이의 말

이 책은 에라노스 회의(Eranos Congress)[1]에서 행한 강연에서 비롯된 두 가지 주요 연구서를 포함하고 있다. 그 연구서들은 1935년과 1936년에 '에라노스 연감'(Eranos Jahrbuch)에 처음 게재되었다. 지금 이 판은 그 연구를 보강한 결과 자료가 추가됨에 따라 양적으로 원래의 크기보다 반 정도 더 늘어났다. 텍스트가 몇 가지 측면에서 강화되었으며, 텍스트 중 일부는 새롭게 배열되었다. 또 다른 특징은 시각적 자료가 풍부해졌다는 점이다. 수많은 삽화들을 삽입한 것은 상징적인 이미지들이 연금술사의 사고방식의 핵심에 속한다는 사실에 의해 정당화된다. 글로 불완전하게만 표현할 수 있거나 전혀 표현할 수 없는 것을 연금술사는 이미지로 압축했으며, 그 이미지들은 이상하게 보일지라도 연금술사의 서투른 철학적 개념들에서 발견되는 언어보다 훨씬 더 쉬운 언어로 말한다. 전문가의 눈에는 연금술사들이 제시하는 이미지들과 심리 치료를 받는 환자들이 자연스럽게 제시하는 이미지들 사이에 형태와 내용 면에서 놀라울 정도의 유사점이 있다는

---

1 에라노스는 1933년부터 스위스에서 매년 열리고 있는 지적 토론 집단을 일컫는다. 자연과학뿐만 아니라 종교학과 인문학에도 관심을 기울이고 있다.

사실이 확인된다. 비록 나 자신이 설명하는 과정에 그 점을 깊이 파고들지는 않았겠지만, 그것은 엄연한 사실이다.

나는 조시모스(Zosimos)의 텍스트를 번역하는 과정에 언어학적 도움을 많이 받은 프란츠(M. L. von Franz) 박사에게 특별히 깊은 감사를 전하고 싶다. 조시모스의 텍스트는 손상되었다는 사실 외에도 문법적으로 설명하기가 어렵고 논란의 여지를 남기는 글이다. 나는 또한 오그(Og)와 '탈무드' 문헌 속의 일각수 전설에 관한 정보를 준 미스 샤르프(R. Schärf)에게, 또 다수의 연금술 그림들의 사진을 확보해 준 미시즈 프뢰브-캅테인(O. Fröbe-Kapteyn)에게도 감사를 전한다. 마지막으로 나는 삽화들을 선택하여 배치하고, 인쇄의 세부사항까지 살펴 준 자코비(J. Jacobi) 박사에게 뜨거운 감사를 표현해야 한다.

1943년 1월, 퀴스나흐트에서
칼 구스타프 융

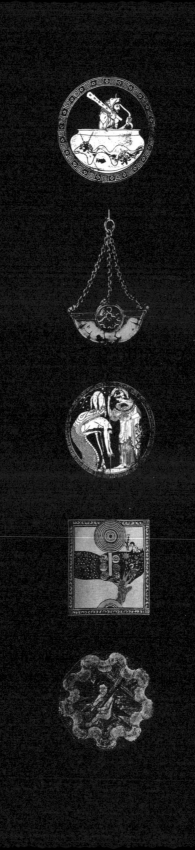

차례

<그림 1> 삼중과 사중 우주의 지배자로서, 창조주. 하늘의 다른 한쪽의 짝으로서 물과 불이 있다. – "Liber patris sapientiae", 'Theatrum chemicum Britannicum'(1652)

1부

연금술의 종교적,
심리학적 문제들에 관한
소개의 글

<그림 2> 연금술사 2명이 용광로 옆에 무릎을 꿇고 앉아서 신의 은총을 기원하고 있다.
– 'Mutus liber'(1702)

분석 심리학을 잘 아는 독자에게는 곧 이어질 연구의 주제에 관한 소개의 글이 전혀 필요하지 않다. 그러나 관심이 전문적이지 않고 준비를 갖추지 않은 상태에서 이 책을 접하는 독자에게는 아마 서문 성격의 글이 필요할 것이다. 연금술의 개념들과 개성화 과정[2]은 서로 거리가 아주 멀어 보이며, 따라서 상상력을 아무리 발휘하더라도 둘을 이어줄 적절한 다리를 떠올리는 것은 처음에는 불가능한 일이다. 그런 독자들에게 나는 당연히 설명할 의무를 진다. 최근의 강연 내용을 책으로 출판한 뒤에 나의 비판가들이 당황하고 있다는 사실을 추론하게 하는 경험을 나 자신이 직접 한두 차례 한 터라, 그런 설명은 특히 더 필요하다.

내가 인간 정신의 본질에 관해 지금 제시해야 하는 내용은 무엇보다 사람들에 대한 직접적인 관찰들을 바탕으로 하고 있다. 이 관찰들이 아직 알

2　사회적 환경 속에서 인격의 조화로운 발달을 이뤄나가는 과정을 일컫는다.

려지지 않았거나 접근이 거의 불가능한 경험들을 다루고 있다는 식의 반대 의견이 제기되고 있다. 한 사람의 예외도 없이 모두가, 심지어 아무런 자격을 갖추지 않은 문외한까지도 마치 정신이 보편적으로 이해되고 있는 그 무엇인 것처럼 심리에 대해 모든 것을 알고 있다는 식으로 생각하고 있다. 이것은 우리가 거듭 접하고 있는 놀라운 사실이다.

그러나 인간 정신을 진정으로 아는 사람이라면 누구나 정신이 우리의 경험들 중에서 가장 어둡고 가장 신비스런 영역 중 하나라는 나의 말에 동의할 것이다. 이 분야에서 배울 수 있는 것에는 절대로 끝이 없다. 나도 치료 활동을 하면서 새롭고 뜻밖인 무엇인가를 겪지 않고 보내는 날은 단 하루도 없다. 정말이지, 그런 나의 경험은 절대로 삶의 표면에서 벌어지고 있는 그런 평범한 일이 아니다. 그럼에도 그런 경험들은 특별한 이 분야에서 활동하고 있는 모든 정신과 의사들이 쉽게 닿을 수 있는 범위 안에 있다. 그러므로 내가 제시하는 경험들에 대한 무지가 엉뚱하게 나에 대한 비판으로 바뀌는 것은 꽤 터무니없다. 일반 대중의 심리학 지식에서 드러나는 약점에 대해 책임을 지는 것은 나의 임무가 아니다.

분석 과정에서, 말하자면 의식적 정신과 무의식 사이의 변증법적 토론에서, 어떤 목표나 종말을 향한 발달 또는 진척이 일어났으며, 이 발달의 알기 힘든 본질이 몇 년 동안 나의 관심을 끌었다. 심리 치료는 목표에 이르렀다는 느낌을 반드시 받지 않는 상태에서도, 발달의 어느 단계에서나 끝날 수 있다. 일시적 종료는 다음과 같은 여러 가지 상황에서 일어날 수 있다. 1)훌륭한 조언을 얻었거나 2)꽤 완전하고 적절한 고백이 있었거나 3)지금까지 무의식적이었던 근본적인 정신적 내용물을 제대로 인식하고, 그것으로 인해 그 사람의 삶과 활동이 새로운 자극을 받았거나 4)어린 시절의 정신과 어렵게 분리되었거나 5)힘들거나 특별한 상황과 환경에 합리적으로 적응했거나 6)고통스런 증후들이 사라졌거나 7)시험이나 약혼, 결혼, 이혼, 전직 같은 긍정적인 삶의 변화가 있었거나 8)옛날에 소속되었던 교회나 교리로 돌아가는 길을 발견하거나 개종하였거나, 마지막으로 9)실용적인 삶의 철학(철학이라는 단어의 고전적 의미에서 말하는 "철학")을 구축하기 시작한 뒤에 심리 치료가 일시적으로 중단되기 쉽다.

앞의 목록은 많은 수정과 추가를 허용하지만, 그것은 분석적 치료나 심리 요법 치료가 일시적 종료 또는 가끔 최종적 종말을 맞을 수 있는 중요한 상황을 대부분 망라하고 있다. 그러나 우리의 경험은 의사와의 작업이 외적으로 종료되는 것을 분석 과정의 마무리로 받아들이지 않는 환자들이 많다는 사실을 보여주고 있다. 무의식과의 변증법적 토론이 여전히 지속되고 있으며, 그 토론은 의사들과의 작업을 포기하지 않은 환자들이 밟는 경로와 꽤 동일한 경로를 따른다.

이따금 의사는 그런 환자들을 몇 년 뒤에 다시 만나 그들로부터 종종 그후의 발달에 대해 놀라운 설명을 듣는다. 나로 하여금 정신에는 외부 요인과 별도로 자체의 목표를 추구하는 어떤 과정이 있다는 믿음을 강하게 품도록 만든 것이 바로 그런 종류의 경험들이었다. 그런 경험들 덕분에, 나는 의사인 나 자신이 환자의 정신에서 일어나는 어색한, 그리고 아마 부자연스런 과정의 유일한 원인일 수도 있겠구나 하는 걱정스런 감정으로부터 마침내 자유로울 수 있었다.

그런 불안은 전혀 터무니없는 것이 아니었다. 앞에서 언급한 9가지 범주에 근거한 주장을 아무리 강하게 펼쳐도, 심지어 종교적 개종이나 신경증 증상의 놀라운 제거까지도 일부 환자들이 분석 작업을 포기하도록 설득시킬 수 없었으니 말이다. 최종적으로 나로 하여금 신경증의 치료는 순수하게 의학적인 고려 그 너머까지 나아가는, 의학적 지식만으로는 해결하지 못하는 어떤 문제를 활짝 풀어놓는다는 믿음을 갖도록 한 것이 이런 환자들이었다.

정신분석 초창기에 사회 전반에 걸쳐서 정신의 발달에 대해 생물학적으로 엉터리로 해석하고 정신 발달의 전체 과정을 경시하는 분위기가 있었다. 거의 50년 전의 일이지만, 기억은 쉽게 지워지지 않는 법이다. 지금도 사람들은 여전히 분량이 긴 분석을 "삶으로부터의 도피"나 "해결되지 않은 전이", "자기 성애"(auto-eroticism), 또는 다른 불쾌한 별명으로 부르기를 좋아한다.

그러나 모든 일에는 두 가지 측면이 있기 마련이다. 그렇기 때문에, 이처럼 소위 "질질 끄는 것"이 긍정적인 것을 전혀 포함하고 있지 않다는 점을 보여줄 수 있을 때에만 그것을 놓고 삶에 부정적이라고 비난하는 것이 타당하다. 의사가 느끼는, 충분히 이해되는 그 조바심은 그 자체로는 어떤 것도 증명하지 못한다. 무한히 인내심을 발휘하는 연구를 통해서만, 새로운 과학은 정신의 본질에 관한 보다 깊은 지식을 구축하는 데 성공할 수 있다. 그리고 뜻밖의 치료적 결실이 있었다면, 그것은 어디까지나 자신을 희생시킨 의사의 인내 덕분이다.

정당하지 않은 부정적인 판단이 너무 쉽게 제시되고 있으며, 그런 판단은 이따금 해롭다. 더욱이, 그런 판단은 철두철미한 분석의 책무를 피하려는 시도가 아니라면 단순히 무지를 가리는 수단이 아닌가, 하는 의구심마저 불러일으킨다. 분석 작업이 조만간 인간의 모든 가식을 벗어던진 차원에서 "나"와 "당신" 사이에 어떤 근본적인 토론이 벌어지도록 할 것이기 때문에, 환자뿐만 아니라 의사도 마찬가지로 그런 상황이 "짜증스럽다"는 사실을 틀림없이 발견할 것이다. 누구든 불이나 독극물을 다룰 때에는 취약한 부분에 상처를 입기 마련이다. 그것은 진정한 의사가 자신의 작업 밖에 서 있지 않고 언제나 작업의 한가운데에 서 있기 때문이다.

"질질 끄는 것"은 양쪽 당사자들이 똑같이 원하지 않는 그 무엇이고, 또 이해되지도 않고 심지어 견딜 수도 없는 그 무엇이지만, 그렇다고 그것이 삶에 반드시 부정적인 영향을 끼치는 것은 아니다. 정반대로, 그것은 쉽게 긍정적인 것이 될 수 있다. 그런 경우에 "질질 끄는 것"은 겉보기에 극복할 수 없는 장애처럼 보이지만, 바로 그런 이유 때문에 그것은 최대한의 노력을 요구하고, 따라서 그 사람의 에너지를 모두 끌어내야 하는 독특한 상황을 의미할 수 있다. 요컨대, 이렇게 말할 수 있다. 환자가 종국적으로 해결할 수 없는 어떤 문제에 대한 해결책을 무의식적으로, 또 확고하게 찾는 사이에, 의사의 기술과 기법이 그가 그 해결책 쪽으로 나아가도록 돕기 위해 최선을 다하고 있다고 말이다.

옛날의 어느 연금술사는 "연금술은 완전한 인간을 요구해!"라고 외친다. 우리가 추구하는 것이 바로 그런 완전한 인간이다. 환자의 추구뿐만 아니라 의사의 노력도 아직 숨겨진 상태에서 모습을 드러내지 않고 있는 "완전한" 인간 쪽으로 향하고 있다. 이 인간은 보다 위대한 인간이면서, 동시에 미래의 인간이다.

그러나 완전에 이르는 옳은 길은 불행하게도 불길한 우회로와 잘못된 방향 전환으로 이뤄져 있다. 그 길은 쭉 곧지 않고 구불구불하고 긴 여정이며, 길잡이 역할을 하는 헤르메스의 지팡이[3]처럼 상반된 것들을 결합시키는 경로이고, 미궁처럼 굽은 곳과 귀퉁이들이 공포감을 불러일으키는 그런 경로이다. 우리가 "접근 불가능하다"는 소리를 자주 듣는 그런 경험들을 만나는 것은 바로 이 긴 여정 위에서다. 그 경험들의 접근 불가능성은

3 그리스 신화에서 의술을 상징한다. 지팡이에 두 마리의 뱀이 감겨 있고 위쪽에 날개가 달려 있다.

곧 그것들이 우리에게 엄청난 노력을 요구한다는 의미이다. 그 경험들은 바로 우리가 가장 두려워하는 것을, 말하자면 우리가 말로 너무나 쉽게 표현하고 있는 "완전성"을 요구한다. 그럼에도 우리는 실제 생활에서 완전성을 오히려 멀리하고 있다. 왼쪽 칸막이가 오른쪽 칸막이 안에 무엇이 들어 있는지를 모르는 그런 "구획(compartment) 심리학"이 훨씬 더 큰 인기를 누리고 있으니 말이다.

이런 사태에 대한 책임을 전적으로 개인의 무의식과 무능으로 돌릴 수는 없지 않은가, 하고 나는 생각한다. 그것은 유럽인들이 받는 전반적인 심리학 교육 때문에 일어나는 현상이기도 하다. 심리학 교육은 유력한 종교들의 고유한 관심사일 뿐만 아니라, 그 종교들의 본질에 속하기도 한다. 종교가 유일하게 속사람과 겉사람에게 똑같이 관심을 두고 있는 까닭에 합리적인 모든 체계들을 능가하기 때문이다.

우리가 자신의 단점들에 대해 핑계를 대기로 마음을 먹기만 하면 발달의 정지를 야기한 원인을 기독교로 돌릴 수도 있지만, 나는 주로 인간의 무능 때문에 일어난 일을 놓고 종교를 비난하는 실수를 저지르고 싶지 않다. 그러므로 나는 대단히 깊고 훌륭한 기독교의 이해력에 대해 논하지 않고, 우리 모두가 명백히 볼 수 있는 그 피상성과 재앙을 부르는 오해들에 대해 논하고 있다.

'그리스도를 본받으려는' 노력, 즉 그리스도를 이상으로 여기면서 그리스도를 따르며 그리스도처럼 되려 하는 노력은 논리적으로 속사람을 발달시키고 고양하는 결과를 낳아야 한다. 그러나 실제로 보면, 그리스도라는 이상은 피상적이고 형식주의적인 태도를 보이는 신자들에 의해 외적 숭배의 대상으로 바뀌고 말았다. 그 대상이 정신의 깊은 곳에 닿아서 정신에게 이상을 따르며 완전성을 추구할 기회를 줄 수 있어야 하는데, 그 기회 자체

16

를 빼앗아버리는 것이 바로 대상에 대한 숭배이다. 따라서 신성한 중개자는 하나의 이미지로서 밖에 서 있고, 그런 가운데 인간은 자신의 깊은 부분이 건드려지지 않은 채 불완전한 상태로 남는다.

정말로, 모방자가 그리스도라는 이상이나 그 이상의 의미에는 근처에도 가지 않은 상태에서도, 그리스도는 심지어 성흔(聖痕)까지도 모방될 수 있다. 이유는 모방이 어떤 사람을 변하지 않은 상태로 남겨둔 채 그 사람을 단순히 하나의 인공물로 만드는 것이 아니라, 그 사람 본인의 개인적인 삶 속에서 신의 동의를 받아 그 이상을 자신의 책임으로 실현시키는 것이기 때문이다.

그러나 우리는 잘못된 모방조차도 간혹 엄청난 도덕적 노력을 수반할 수 있다는 점을 잊지 말아야 한다. 그런 경우에, 진정한 목표에는 결코 닿지 못하고 그 가치가 외적으로 나타날지라도, 그 같은 노력 자체가 어떤 최고의 가치에 자신을 완전히 맡기는 데 따르는 온갖 이점을 낳을 수 있다. 어떤 사람이 이런 식으로 총력적으로 노력을 펴다가 자신의 완전성을 어렴풋이 보게 될 가능성도 있다. 이런 경험은 언제나 은총의 감정을 수반하는 것이 두드러진 특징이다.

단순히 겉으로만 그리스도를 모방하면 된다는 그릇된 생각은 서양의 태도와 동양의 태도를 구분하는, 전형적으로 유럽적인 어떤 편견에 의해서 더욱 악화되고 있다. 서양인은 "오만 가지 사물들"에 사로잡혀 지낸다. 서양인은 오직 특수한 것만을 보고, 자아에 갇혀 지내며, 사물들에 얽매이고, 모든 존재의 깊은 뿌리를 자각하지 않는다. 한편, 동양인은 특수한 것들의 세계를 경험하고, 심지어 자신의 자아까지 하나의 꿈처럼 경험한다. 동양인은 기본적으로 "땅"에 뿌리를 내리고 있으며, 그 땅이 동양인을 너무나 강하게 잡아끌기 때문에, 동양인과 세상의 관계들은 서양인들에게 종종 이해 불가능할 정도로 상대화되어 있다. 대상을 강조하는 서양인의 태도는 이상, 즉 그리스도를 외적 측면에 고정시키는 경향을, 따라서 그 이상으로부터 속사람과의 신비한 관계를 강탈해 버리는 경향을 보인다. 예를 들면, 프로테스탄트의 성경 해석자가 하느님의 왕국을 "너희 안에" 있는 것으로 해석하지 않고 "너희들 사이에" 있는 것으로 해석하도록 하는 것이 바로 그 편견이다.

서양인의 태도의 타당성에 대해 말하고자 하는 것이 아니다. 우리는 그런 태도의 적절성에 대해 충분히 확신하고 있다. 그러나 심리학자로서 당연히 해야 하듯이, 만약 서양인들이 동양인을 진정으로 이해하려고 노력한다면, 서양인들은 자신에게서 일부 불안을 떨쳐내는 것이 어렵다는 사실을 발견한다. 자신의 태도와 자신의 양심을 조화시킬 수 있는 서양인이라면 누구나 이 문제를 자기 뜻대로 자유롭게 결정할 수 있다. 그럼에도, 그 서양인은 무의식적으로 스스로를 세상의 중개자로 내세우고 있을 수 있다. 나에 대해 말하자면, 나는 회의(懷疑)라는 소중한 재능을, 그것이 우리의 이해력을 벗어나 있는 것들의 순결을 해치지 않는다는 이유로 선호한다.

이상(理想)인 그리스도는 세상의 죄를 스스로 짊어졌다. 그러나 만약에 그 이상이 완전히 밖에만 있다면, 그런 경우에 개인의 죄들도 마찬가지로 밖에 있으며, 따라서 개인은 어느 때보다 더 파편 같은 존재가 된다. 이유는 피상적인 오해가 그 개인으로 하여금 너무나 편리하게도 그야말로 "그의 죄들을 그리스도에게로 넘기게" 하고, 따라서 깊은 책임감을 피하도록 하기 때문이다. 이 같은 현상은 기독교 정신과 정반대이다. 그런 형식주의와 느슨함은 종교개혁의 주요 원인이었을 뿐만 아니라, 지금 프로테스탄티즘의 조직 안에도 존재하고 있다. 만약에 최고의 가치(그리스도)와 최고의 부정행위(죄)가 바깥에 있다면, 사람의 영혼은 비어 있다. 영혼에서 가장 높은 것과 가장 낮은 것이 실종된 상태이니 말이다.

동양의 태도(보다 구체적으로, 인도인들의 태도)는 이와 반대이다. 모든 것, 그러니까 가장 높은 것과 가장 낮은 것이 (초월적인) 주체 안에 동시에 있다. 따라서 아트만[4], 즉 자기의 중요성이 모든 경계선들 그 위까지 높아진다.

그러나 서양인의 경우에 자기의 가치가 제로로 떨어진다. 따라서 서양에서는 영혼에 대한 평가 절하가 보편적으로 나타나고 있다. 영혼 또는 정신의 실체에 대해 말하는 사람은 누구나 "심리주의"에 빠졌다는 비판의 소리를 듣는다. 심리가 마치 "유일하게" 하나뿐이고 그것 외에 다른 것은 절대로 없는 것처럼 얘기되고 있다. 신성한 형상들에 해당하는 정신적 요소들이 있을 수 있다는 의견은 신성한 형상들을 경시하는 것으로 여겨진다. 종교적 경험을 하나의 정신적 과정으로 생각하는 것은 신성 모독의 냄새를 강하게 풍기는 것으로 여겨진다. 이유는 주장되고 있는 바와 같이 종교적 경험이 "오직 심리적인 것만은 아니기 때문"이다.

정신적인 것은 무엇이든 자연일 뿐이며, 따라서 사람들은 종교적인 것은 정신적인 것에서 나올 수 없다고 생각한다. 그러면서도 그런 비판자들은 자신의 종교를 제외한 모든 종교들을 정신의 본질로부터 추론하는 데 조금도 주저하지 않는다. 그런 현실 속에서, 나의 책『심리학과 종교』(Psychology and Religion)에 대한 리뷰를 쓴 두 신학자들(한 사람은 가톨릭 신자이고, 다른 한 사람은 프로테스탄트였다)이 종교적 현상들의 정신적 기원을 보여주는 나의 논증을 줄기차게 외면했다는 사실은 대단히 인상적이다.

4 인도 철학에서 생명의 근원을 말한다.

이런 상황에서, 우리는 진정으로 이런 질문을 던져야 한다. "오직" 정신적이라고 말할 수 있을 만큼, 우리가 정신에 대해 어떻게 그렇게 많은 것을 알 수 있는가? "거의 가치 없는" 영혼을 가졌음에 틀림없는 서양인이 말하고 생각하는 방식이 그런 식이니 말이다. 자신의 영혼 안에 많은 것이 들어 있는 사람이라면, 그 사람은 영혼에 대해 존경하는 마음으로 말할 것이다. 그러나 서양인이 그런 식으로 말하지 않기 때문에, 우리는 그의 영혼에는 가치 있는 것이 전혀 없다고 결론을 내리지 않을 수 없다. 언제 어딜 가나 반드시 그런 현상이 나타난다는 뜻은 아니다. 오직 자신의 영혼에 아무것도 넣지 않고 "신(神)을 밖에" 두고 있는 사람들에게만 그런 일이 벌어진다. (마이스터 에크하르트(Meister Eckhart)[5]의 가르침을 조금만 더 따른다면 간혹 매우 훌륭한 결과를 얻을 수 있을 텐데!)

전적으로 종교적인 투사는 영혼으로부터 그것의 가치들을 강탈할 수 있으며, 그렇게 되면 영혼은 영양 실조에 걸려서 추가적인 발달을 꾀할 수 없게 되어 무의식적인 상태에 갇히고 만다. 그와 동시에 그런 영혼은 모든 불운의 원인이 밖에 있다는 망상의 희생자가 되고, 사람들은 더 이상 자신의 행위가 현실과 얼마나 동떨어져 있는지를 묻기 위해 걸음을 멈추지 않게 된다. 영혼이 너무나 하찮아 보이기 때문에, 영혼은 악한 짓을 거의 저지르지 않는 것으로, 선한 일은 더더욱 하지 않는 것으로 여겨진다. 그러나 만약에 영혼이 더 이상 할 역할을 갖지 않게 된다면, 종교 생활은 외형과 형식으로 굳어지게 된다.

우리가 신과 영혼의 관계를 어떤 식으로 묘사하든, 한 가지만은 확실하다. 영혼이 우리가 "…에 지나지 않을 뿐"이라는 식으로 말할 수 있는 것이 절대로 아니라는 사실이다. 정반대로, 영혼은 신과의 관계를 자각하는 능

---

5   독일의 로마 가톨릭 신비사상가(1260?-1327?)로, 하느님과의 합일을 강조했다.

력을 부여받은 하나의 실체로서 존엄성을 갖는다. 설령 그것이 단지 한 방울의 물과 바다의 관계에 지나지 않는다 할지라도, 바다는 수많은 물방울 없이 존재하지 못한다.

기독교 교리가 주장하는 영혼의 불멸성은 영혼을 죽을 운명을 타고난 인간의 덧없는 존재 그 이상으로 높이 끌어올리고 영혼이 초자연적인 특성을 갖도록 한다. 따라서 영혼은 중요성의 측면에서 보면 영속하지 않는 의식적인 개인을 무한히 능가하며, 그래서 논리적으로 기독교인에게는 영혼을 "…에 지나지 않을 뿐"이라는 식으로 여기는 것이 금지된다.

눈(eye)이 태양에 해당한다면, 영혼은 신에 해당한다. 우리의 의식적 정신이 영혼을 이해하지 못하는 마당에, 영혼에 속하는 것들에 대해 잘난척하며 낮춰보는 식으로 말하는 것은 터무니없다. 신앙심 깊은 기독교인조차도 신의 숨겨진 길들을 알 수 없으며, 따라서 신이 영혼을 통해서 인간에게 밖에서 작용할 것인지, 아니면 안에서 작용할 것인지를 결정하는 문제는 어디까지나 신에게 맡겨야 한다. 그렇기 때문에 신자는 신이 보내는 꿈들이 있다는 사실에, 그리고 외적 원인들로 돌려질 수 없는 영혼의 계시들이 있다는 사실에 크게 놀라서는 안 된다.

신이 인간의 영혼만을 빼고 다른 모든 곳에서 스스로를 드러낼 수 있다고 단언하는 것은 신을 모독하는 짓이다. 정말로, 신과 영혼의 관계의 그 친밀함은 애초부터 영혼에 대한 어떠한 평가 절하도 배제한다. 신과 영혼 사이에 어떤 유사성을 거론하는 것은 너무 멀리 나가는 것일 수도 있지만, 어쨌든 영혼은 그 자체 안에 신과의 관계라는 기능, 즉 어떤 조화를 포함하고 있음에 틀림없다. 그렇지 않다면 어떤 연결도 절대로 일어날 수 없었을 것이다. 심리학적으로 표현하면, 이 조화가 신의 이미지의 원형이다.

모든 원형은 끝없이 발달할 수 있고 분화할 수 있다. 따라서 원형은 조금 더 발달하거나 덜 발달하는 것이 가능하다. 모든 초점이 외적 형상에 맞춰지는 외적 형식의 종교에서(따라서 우리가 다소 완전한 어떤 투사를 다루는 곳에서), 원형은 외면화한 생각들과 동일하지만 하나의 정신적 요소로서는 무의식적인 것으로 남는다. 어떤 무의식적 내용물이 투사된 이미지에 의해서 그 정도로까지 대체될 때, 그 내용물은 의식적 정신에 가담하거나 영향력을 행사하는 것으로부터는 완전히 차단된다. 따라서 그 내용물은 자체의 생명력을 거의 상실한다. 왜냐하면 그 내용물이 그것에 고유한, 의식에 발달과 관련해서 영향력을 행사하는 것으로부터 차단되기 때문이다. 더욱이, 그 내용물은 원래의 형태로, 변하지 않은 상태로 남는다. 이유는 무의식에서는 어떤 것도 변하지 않기 때문이다. 어느 시점에 이르면, 그 내용물은 더욱 낮고 케케묵은 수준으로 퇴행하는 경향까지 발달시킨다.

그러므로 모든 신성한 형상들을 믿는 기독교인이 자신의 깊은 영혼에서는 여전히 발달하지 않고 변화하지 않은 상태로 남는 현상이 쉽게 나타날 수 있다. 그가 "신을 완전히 밖에" 둔 채 영혼 속에서 신을 경험하지 않고 있는 탓에 나타나는 현상이다. 그러면 그의 결정적인 동기와 주된 관심과 충동은 기독교의 영역에서 나오는 것이 아니라, 여느 때와 마찬가지로 비기독교적이고 케케묵은, 무의식적이고 발달하지 않은 정신에서 나온다. 어느 국가에서 개인뿐만 아니라 개인적인 삶들의 총량이 이 같은 주장이 진리라는 점을 증명하고 있다. 인간에 의해 계획되고 실행되는 것으로서, 이 세상의 중대한 사건들은 기독교 정신을 고취하는 것이 아니라 꾸밈 없는 이교 사상을 고취하고 있다. 그런 사건들은 기독교 정신이 스치지도 않은, 케케묵은 그런 정신적 조건에서 기원한다.

전혀 근거 없는 말은 아닌데, 교회는 한때 기독교를 믿었다는 사실이 뒤에 어떤 흔적을 남기게 되어 있다고 단언하지만, 사건들의 광범위한 전개

속에서 그런 흔적이라고 할 만한 것은 전혀 보이지 않는다. 기독교 문명은 스스로 끔찍할 만큼 속이 비어 있다는 점을 증명했다. 기독교 문명은 모두 겉치레이고 속사람은 건드려지지 않은 채 남았으며, 따라서 속사람은 변하지 않았다. 속사람의 영혼은 외적 믿음들과 조화를 이루지 못하고 있다. 이유는 기독교인이 영혼 속에서 외적 발달과 보조를 맞추지 못했기 때문이다. 맞다. 모든 것이 밖에서, 이미지와 말씀, 교회와 성경에서 발견되고 안에서는 아무것도 발견되지 않고 있다. 안쪽은 옛날과 똑같이 최고로 높은 케케묵은 신들이 그대로 지배하고 있다. 말하자면, 심리학적인 문화의 결여로 인해 외적인 신의 이미지와 내면 사이에 조화가 발달하지 못했고, 따라서 내면은 이교 신앙에 갇히게 되었다.

기독교 교육은 인간적으로 가능한 모든 것을 했지만, 그럼에도 그 교육은 결코 충분하지 않았다. 신의 이미지를, 신이 자신의 영혼 가장 깊숙한 곳을 사로잡고 있는 상태에서 경험하는 사람들의 숫자가 터무니없을 만큼 적다. 그리스도는 사람들을 오직 밖에서만 만나고 있을 뿐이며, 영혼 안에서는 절대로 만나지 않고 있다. 그것이 음울한 이교 사상이 아직 영혼을 지배하고 있는 이유이다. 지금 이교 사상은 너무나 떠들썩하기 때문에 더 이상 부정될 수 없으며, 온갖 초라한 모습으로 위장한 상태에서 소위 기독교 문명 세계에 넘쳐나고 있다.

지금까지 채택한 방식으로는 영혼을, 기독교 윤리의 가장 근본적인 요구 사항들이 기독교 유럽인의 주된 관심사에 결정적인 영향력을 행사할 정도로까지 기독교화하는 데 성공하지 못했다. 기독교 선교사는 헐벗고 가난한 이교도에게 복음을 설교할 수 있지만, 유럽에 살고 있는 영적 이교도는 아직 기독교에 대해 아무것도 듣지 못했다.

높은 교육적 과제를 성취하기를 원한다면, 기독교는 처음부터 다시 시작해야 한다. 종교가 단지 믿음과 외적 형식에 그치고 종교적인 기능이 우리의 영혼 안에서 경험되지 않는 이상, 중요하다고 평가받을 만한 일은 절대로 일어나지 않는다. '위대한 신비'(mysterium magnum)[6]가 하나의 실재일 뿐만 아니라 무엇보다도 인간의 정신에 뿌리를 내리고 있다는 것이 이해되어야 한다. 자신의 경험을 통해서 이것을 알지 못하는 인간은 대단히 학식 높은 신학자일 수는 있어도, 그 사람은 종교에 대해 알지 못하고 있으며 교육에 대해서는 더더욱 모르고 있다.

그럼에도 내가 영혼이 본래 어떤 종교적 기능을 갖고 있다는 점을 강조할 때, 또 내가 신의 이미지의 원형 또는 그 원형의 영향과 효과를 의식적인 정신에 전달하는 것이 (성인들을 위한) 모든 교육의 일차적인 과제라고 규정할 때, 나의 팔을 붙잡고 늘어지면서 나를 향해 "심리주의"에 빠져 있다고 비난하는 사람들이 바로 신학자이다. 그러나 최고의 가치들이 영혼 안에 거주하고 있다는 것이 경험적인 사실이 아니었더라면, 심리학은 나의 관심을 조금도 끌지 못했을 것이다. 그런 경우에 영혼이 한 줄기의 보잘것없는 증기에 불과할 테니까. 그러나 나는 수많은 경험을 통해서 영혼은 절대로 그런 것이 아니라는 사실을, 정반대로 교리로 다듬어진 모든 것들보다 더 많은 것을 포함하고 있다는 사실을 잘 알고 있다. 바로 이 '더 많은 것' 때문에 영혼은 빛을 볼 운명을 타고난 눈이 된다. 그렇게 되려면 영혼은 시야의 무한한 범위와 헤아릴 길 없는 깊이를 갖춰야 한다. 나는 "영혼을 신격화한다"는 비난을 많이 들었다. 내가 아니라, 신 자신이 직접 영혼을 신격화하고 있지 않는가!

나는 영혼에 어떠한 종교적 기능도 부여하지 않았다. 나는 다만 영혼이 종교적 기능을 갖고 있다는 것을 증명할 사실들을 찾아냈을 뿐이다. 나는

6 기독교 신학에서 성찬의 완곡한 표현으로 통한다.

이 기능을 발명하거나 암시하지 않았으며, 그 기능은 나의 의견이나 제안에 자극 받지 않은 가운데 저절로 모습을 드러냈다. 정말로 비극적인 망상에 빠진 가운데, 이 신학자들은 그것이 빛의 존재를 증명하는 문제가 아니라 자신의 눈이 볼 수 있다는 것을 알지 못하는 맹목적인 사람들의 문제라는 것을 보지 못하고 있다. 만약에 아무도 빛을 볼 수 없다면, 빛을 찬양하고 빛을 설교하는 것이 적절하지 않은 처사라는 것을 깨달아야 한다. 사람들에게 보는 기술을 가르치는 일이 훨씬 더 시급하다. 이유는 너무나 많은 사람들이 신성한 형상들과 자신의 정신 사이에 어떤 연결을 확립하지 못하고 있는 것이 확실하기 때문이다. 그런 사람들은 동일한 이미지들이 자신들의 무의식 안에서 어느 정도 깊이 잠자고 있는지를 보지 못한다. 이 내면의 모습을 보다 선명하게 보도록 하기 위해서, 먼저 보는 기능을 위한 길부터 깨끗이 정리해야 한다. 이 일이 심리학 없이, 말하자면 정신과 접촉하지 않고 어떻게 실행될 수 있는지에 대해 솔직히 나는 아는 바가 없다.

똑같이 심각한 또 다른 오해는 심리학이 이단적인 새로운 원리가 되려는 소망을 품고 있다는 것이다. 만약에 앞을 보지 못하는 사람이 볼 수 있도록 점진적으로 도움을 받는다면, 그 사람에게 당장 관찰력이 예리한 독수리의 눈으로 새로운 진리들을 구분할 것이라는 기대를 걸지는 않는다. 그 사람이 어떤 것이라도 볼 수만 있다면, 그리고 그가 자신이 본 것을 이해하기 시작한다면, 그것만으로도 당연히 감사해야 할 일이다. 심리학은 보는 행위에 관심을 두고 있지, 기존의 종교적 가르침들조차 제대로 이해하지 못하고 있는 마당에, 새로운 종교적 진리들을 구축하는 일에는 전혀 관심을 두고 있지 않다.

종교적인 문제에서는 어떤 것이든 우리가 그것을 내적으로 경험하기 전까지는 제대로 이해하지 못한다는 사실은 널리 알려져 있다. 이유는 정신과 외적 이미지 또는 교리 사이의 연결이 신랑과 신부의 관계 같은 어떤 관계 또는 조화로서 가장 먼저 드러나는 곳이 바로 내적 경험이기 때문이다. 따라서 내가 심리학자로서 신은 하나의 원형(archetype)이라고 말할 때, 그것은 정신 안의 "type"(유형)을 뜻한다. "type"라는 단어는 우리가 아는 바와 같이 "blow"(강타, 일격) 또는 "imprint"(각인)를 뜻하는 헬라어 단어 "τυποο"에서 비롯되었으며, 따라서 하나의 원형은 각인시키는 주체를 전제한다.

심리학은 영혼의 과학으로서 논의의 대상을 영혼으로 국한시켜야 하며, 형이상학적인 단언이나 신앙의 고백이 심리학의 경계선을 침범하는 일이 없도록 경계해야 한다. 심리학이 가설적인 이유에서라도 어떤 신을 설정한다면, 그것은 은연중에 신을 증명할 가능성을 주장하는 것이 되고, 따라서 완전히 부당한 방법으로 심리학의 능력을 벗어나는 것이 된다. 과학은 과학일 수밖에 없다. 신앙의 "과학적" 고백이나 그와 비슷한 '형용 모순' 같은 것은 절대로 있을 수 없다.

우리는 원형의 최종적 기원에 대해 그냥 알지 못한다. 우리가 정신의 기원에 대해 알지 못하는 것과 똑같다. 하나의 경험적 과학으로서 심리학의 능력은 비교 연구를 바탕으로, 예를 들어 정신에서 발견된 각인이 신의 이미지로 합리적으로 불릴 수 있는지 여부를 결정하는 선까지만 나아갈 수 있을 뿐이다. 그것을 근거로 신의 존재에 대해 긍정적이거나 부정적인 단언을 하지 못한다. 그것은 "영웅"의 원형이 어떤 영웅의 실제적인 존재를 단정하지 못하는 것과 똑같다.

지금 만약에 나의 심리학적 연구들이 어떤 정신적 유형들의 존재와, 그 유형들과 잘 알려진 종교적 사상들의 일치를 증명했다면, 모든 종교적 경험의 경험적 토대를 분명히 이루고 있는 그런 경험 가능한 내용물에 접근할 수 있는 길이 열렸다고 말할 수 있다. 종교적 성향이 강한 사람은 이 이미지들의 기원에 관한 형이상학적 설명들 중에서 마음에 드는 것을 자유롭게 받아들일 것이지만, 과학적 해석의 원칙들을 엄격히 지키고 또 알려질 수 있는 것들의 경계선을 넘는 것을 극구 피해야 하는 지식인은 그렇게 하지 못한다. 어느 누구도 신자가 하느님이나 푸루샤[7], 아트만 또는 도(道)를 첫 번째 원인으로 받아들임으로써 인간의 근본적인 불안에 종지부를 찍는 것을 막지 못한다. 과학자는 꼼꼼한 근로자이며, 천국에 사로잡혀 지낼 수 없다. 만약 과학자가 스스로에게 그런 터무니없는 생각을 품도록 허용한다면, 그 사람은 스스로 자신이 앉은 나뭇가지를 톱으로 베어 버리는 것이나 다름없다.

진실은 이 내면의 이미지들에 대한 지식을 얻고 그 이미지들을 실제로 경험할 수 있게 됨에 따라, 종교의 가르침들이 인류에게 제공하는 다양한 이미지들에 이성과 감정이 접근할 수 있는 길이 열렸다는 것이다. 따라서 심리학은 비난 받고 있는 내용과 정반대의 일을 하고 있다. 말하자면, 이런 것들을 더 잘 이해할 수 있는 기회를 제시하고 있는 것이다. 심리학은 교리들의 진정한 의미를 볼 수 있도록 사람들의 눈을 열어주고 있으며, 심리학은 어떤 빈 집을 파괴하기는커녕 새로운 거주자들에게 활짝 개방하고 있다. 나는 무수히 많은 경험들을 근거로 이것을 증명할 수 있다. 상상 가능한 온갖 종류의 종파에 소속되어 있는 사람들 중에서 변절했거나 신앙심이 식은 사람들이 자신들의 옛날의 진리들에 닿는 새로운 접근법을 발견했다. 그들 중에 가톨릭 신자들도 적지 않다. 심지어 파시 교도[8]조차도 조로아스터교의 배화(拜火) 신전으로 돌아가는 길을 발견했다. 이 같은 사실

7 인도 철학에서 원초적 인간을 뜻한다.
8 인도의 페르시아계 조로아스터 교도.

은 나의 관점의 객관성을 뒷받침하는 증거가 되어야 한다.

그러나 나의 심리학이 가장 심하게 공격받고 있는 것이 바로 이 객관성이다. 객관성 때문에 이 종교의 가르침을 지지하는지, 저 종교의 가르침을 지지하는지를 명확하게 결정하지 않는다는 지적이다. 나 자신의 주관적인 확신들을 침해하지 않는 가운데, 나는 이런 질문을 던지고 싶다. 어떤 사람이 자신을 세상의 중개자로 내세우기를 자제하고 모든 주관주의를 의도적으로 부정하면서, 정반대로, 예를 들어, 신은 많은 언어로 말하고 다양한 형태로 나타난다는 믿음을, 또 이 모든 진술이 진리라는 믿음을 소중히 간직할 때, 그것도 하나의 결정이라고 생각할 수 있지 않는가? 모순적인 진술이 참이 되는 것은 불가능하다는 식의 반대 의견이 바로 기독교인들에 의해 제기되었다. 그렇다면 이 반대 앞에서 이런 질문도 정중하게 제기될 수 있어야 하지 않는가? 하나는 셋과 동일한가? 셋이 어떻게 하나가 될 수 있는가? 어머니가 처녀일 수도 있는가?

모든 종교적 진술은 논리적인 모순과 원칙적으로 불가능한 단언을 포함하고 있다는 사실이, 이것이 실은 종교적인 단언의 핵심이라는 사실이 아직 관찰되지 않았단 말인가? 이것을 뒷받침하는 증거로, 테르툴리아누스(Tertullianus)[9]의 고백이 있다. "그리고 하느님의 아들은 죽었으며, 이것은 터무니없기 때문에 믿을 가치가 있다. 그리고 그는 묻혔다가 다시 일어났으며, 이것은 불가능하기 때문에 확실하다." 만약 기독교가 그런 모순에 대한 믿음을 요구하고 있다면, 나에게는 기독교가 몇 가지 역설을 더 단언한 사람들을 편안한 마음으로 비난할 수 없을 것 같다.

아주 이상하게 들릴지 모르지만, 역설은 우리의 가장 소중한 영적 소유

---

9 기독교 교부이자 신학자(A.D. 155?~240?). '삼위일체'라는 용어를 처음 사용한 인물로 알려져 있다.

물의 하나인 반면에, 의미의 일치는 허약함의 신호이다. 따라서 종교는 역설들을 잃거나 순수하게 희석시킬 때 내적으로 빈약해지지만, 역설의 증식은 종교를 풍요롭게 만든다. 왜냐하면 어디서나 역설만이 생명의 완전성에 대한 이해에 가까이 다가설 수 있기 때문이다. 명확하고 모순이 없는 것은 일방적이며, 따라서 불가해한 것을 표현하는 데 부적절하다.

모든 사람이 테르툴리아누스 같은 사람이 갖춘 정신적 힘을 소유하고 있는 것은 아니다. 테르툴리아누스는 역설을 떠받칠 힘을 가졌을 뿐만 아니라, 그 역설들이 그에게 최고 수준의 종교적 확신을 안겨준 것이 분명하다. 정신적으로 허약한 사람들의 숫자가 지나치게 크다는 사실 때문에 역설들이 위험한 것으로 여겨지고 있다. 역설을 놓고 엄격히 따지지 않고 관행적인 삶의 한 부분으로서 당연한 것으로 받아들인다면, 그것은 충분히 무해하다. 그러나 제대로 가꿔지지 않은 정신의 소유자(우리가 아는 바와 같이, 이런 사람은 언제나 자신감에 차 있다)가 신앙의 일부 교리의 역설적인 본질을 본인이 무능한 만큼 더욱더 진지하게 밝히겠다고 나설 때, 그 사람은 곧 신비의 명백한 부조리를 지적하며 성상 파괴적이고 냉소적인 웃음을 터뜨릴 것이다.

일들이 계몽시대 이후로 급격히 내리막길로 미끄러졌다. 이유는 어떠한 역설도 견뎌내지 못하는, 옹졸하게 추론하는 정신이 일깨워지자마자 이 땅 위의 어떤 설교도 그런 정신을 누를 수 없게 되었기 때문이다. 이어서 새로운 과제가 생겨났다. 아직 제대로 발달하지 않은 이 정신을 보다 높은 차원으로 조금씩 점진적으로 끌어올리고, 적어도 역설적인 진리의 범위에 대해 약간의 지식이라도 갖춘 사람들의 숫자를 증대시키는 것이 그 과제였다. 만약 이 일이 가능하지 않다면, 기독교에 영적으로 접근하는 길은 가로막힌 것이나 다름없다는 점을 인정해야 한다.

우리는 교리에 포함된 역설들이 뜻하는 바를 그냥 더 이상 이해하지 못하며, 그 역설들에 대한 우리의 이해가 외면적일수록, 우리는 그 역설들의 비합리성에 모욕을 더 강하게 느끼게 된다. 그러다 보면 급기야 역설들은 최종적으로 전혀 쓸모없는 과거의 유물이 되고 말 것이다. 추론하는 정신에 갇혀 있는 사람은 자신의 정신적 상실의 범위를 제대로 평가하지 못한다. 왜냐하면 그가 신성한 이미지들을 자신의 내면의 가장 깊은 소유물로 경험한 적이 한 번도 없고, 또 그 이미지들과 자신의 정신적 구조의 유사성을 깨달은 적이 한 번도 없었기 때문이다.

그러나 무의식의 심리학이 그 사람에게 줄 수 있는 것은 바로 이 필수적인 지식이며, 이 지식의 과학적 객관성은 여기서 대단히 중요한 가치를 지닌다. 만약에 심리학이 어떤 교리가 되게 되어 있다면, 심리학은 개인의 무의식에게 원형들의 생산에 필요한 기본 조건인 자유로운 활동을 허용하지 않을 것이고 허용할 수도 없을 것이다. 확신을 주는 것은 바로 원형의 내용물의 자발성인 반면에, 편향적인 간섭은 어떤 것이든 순수한 경험에 장애가 된다.

만약에 신학자가 한편으로 신의 전능한 권력을, 다른 한편으로 교리의 타당성을 진정으로 믿는다면, 그런 그가 신이 영혼 속에서 말한다는 것을 믿지 않는 이유가 무엇인가? 심리학에 대한 이런 두려움은 왜 일어나는가? 혹은 교리와 정반대로, 영혼 자체가 오직 악마들만이 지껄이고 있는 그런 지옥인가? 설령 이 말이 맞다 하더라도, 그것 때문에 영혼의 설득력이 떨어지는 것은 절대로 아니다. 모두가 잘 알고 있듯이, 사악한 현실에 대한 끔찍한 인식도 적어도 선한 경험만큼이나 많은 개종자들을 낳았으니 말이다.

무의식의 원형들은 경험적으로 종교 교리들의 등가물처럼 보일 수 있다.

교부들의 성경 해석학의 언어에서, 교회는 심리학에서 발견되는 개인적, 자동적 산물들과 비슷한 것들을 아주 많이 소유하고 있다. 무의식이 표현하는 것은 단순히 자의적이거나 독단적인 것과는 거리가 멀다. 무의식이 표현하는 것은 자연의 다른 모든 존재와 마찬가지로 "그냥 그렇게" 일어나는 그 무엇이다. 당연히, 무의식적 표현들은 자연적인 것이며, 독단적으로 만들어지는 것이 아니다. 그 표현들은 바로 자연 전체를 자신들의 진술 속으로 끌어들이는 교부들의 우화들과 비슷하다. 만약 이 우화들이 놀랄 만한 그리스도의 비유들을 제시한다면, 우리는 무의식의 심리학에서 그것들과 상당히 똑같은 종류의 것을 발견할 것이다. 유일한 차이는 교부들의 우화가 그리스도를 가리키는 반면에, 정신의 원형은 단순히 그 자체이고, 따라서 시간과 장소와 환경에 따라 해석될 수 있다는 것뿐이다.

서양에서 그 원형은 그리스도라는 독단적인 형상으로 채워지고, 동양에서는 푸루샤와 아트만, 히라냐가르바(Hiranyagarbha)[10], 부처 등으로 채워진다. 충분히 이해할 수 있듯이, 종교적인 관점은 각인시키는 존재를 강조하는 반면에, 과학적인 심리학은 각인을, 그러니까 심리학이 이해할 수 있는 유일한 것을 강조한다. 종교적 관점은 각인을 각인자의 작업으로 이해하고, 과학적 관점은 각인을 미지의 헤아릴 길 없는 내용물의 상징으로 이해한다. 각인이 종교가 가정하는 형상 그 어떤 것보다 더 다양하면서도 덜 명확하기 때문에, 심리학은 자체의 경험적인 자료를 근거로 각인을 시간과 장소, 환경에 구속되지 않는 용어로 표현하지 않을 수 없다. 예를 들어 각인들이 모두 세부사항에서 교리상의 그리스도 형상과 일치한다면, 또 그 각인들이 그 형상을 벗어나는 결정적 요인을 전혀 갖고 있지 않다면, 우리는 당연히 각인을 적어도 교리상의 그 형상의 충실한 복사로 여겨야 하

10   힌두교에서 우주 창조의 근원을 일컫는다.

고, 그것의 이름을 거기에 따라 불러야 할 것이다. 그런 경우라면 각인은 그리스도와 일치할 것이다.

그러나 경험이 보여주는 바와 같이, 실제로는 그렇지 않다. 무의식이, 교부들에게 이용된 비유들처럼, 교리상의 원칙에 명백히 포함되지 않는 다른 결정 요인들을 무수히 많이 낳으니 말이다. 말하자면, 앞에서 언급한 것과 같은 기독교 외의 형상들이 각인들에 포함된다는 뜻이다. 그러나 이 형상들도 그 원형의 불명확한 본질과 일치하지 않는다. 원형의 불명확성을 표현할 수 있는 명확한 형상이 있을 수 있다는 말은 터무니없다. 이런 이유로, 나는 그 원형에 "자기"라는 심리학적인 이름을 붙이지 않을 수 없었다.

"자기"라는 용어는 인간 전체성의 핵심을 전할 수 있을 만큼 충분히 명확한 한편으로, 이 전체성의 묘사 불가능하고 확정할 수 없는 본질을 표현할 수 있을 만큼 충분히 불명확하다. 이 용어의 역설적인 특성들은 전체성이 부분적으로 의식적인 인간으로, 또 부분적으로 무의식적인 인간으로 이뤄져 있다는 사실을 반영하고 있다. 그러나 우리는 무의식적인 인간을 정의하지 못하고 그 경계를 암시하지도 못한다. 따라서 과학적인 용도로 쓰일 때, "자기"라는 용어는 그리스도도 가리키지 않고 부처도 가리키지 않으며 그것과 동등한 형상들의 전체성을 가리키며, 이 형상들 각각은 자기의 한 상징이다.

이런 방식의 표현은 과학적인 심리학에서 지적인 필연이며, 어떤 의미에서도 초월적인 편향을 나타내지 않는다. 반대로, 앞에서 말한 바와 같이, 이런 객관적인 태도는 어떤 한 사람은 그리스도를 선호하는 결정을 할 수 있도록 하고, 다른 한 사람은 부처를 선호하는 결정을 할 수 있도록 한다. 이 같은 객관성에 화를 내는 사람들은 객관성 없이는 과학이 꽤 불가능하다는 점을 생각해야 한다. 따라서 그들은 심리학에게 객관성을 지킬 권리를 허용하지 않음으로써 한 과학의 생명의 빛을 지나치게 일찍이 꺼뜨리려 애쓰고 있다. 그런 변덕스런 시도가 성공한다 하더라도, 그것은 단지 세속적인 정신과 교회나 종교 사이에 이미 재앙에 가까울 만큼 벌어진 틈을 더욱 넓히는 결과만을 초래할 것이다.

어느 과학이 그 과학의 주제에 다소 배타적으로 집중하는 것은 충분히 이해할 수 있다. 정말이지, 그렇게 하는 것이 그 과학의 절대적인 존재 이유이다. 자기라는 개념이 심리학에서 핵심적인 관심사이기 때문에, 심리학은 당연히 신학과 정반대의 노선에 따라 생각한다. 심리학의 입장에서 보면 종교적 형상들이 자기를 가리키는 반면에, 신학의 입장에서 보면 자기가 신학 자체의 핵심적인 형상을 가리킨다. 다시 말해, 신학은 아마 심리학의 자기를 그리스도의 한 비유로 볼 것이다. 이 같은 반대는 틀림없이 짜증스런 일이지만, 만약에 심리학이 존재할 권리를 부정당하지 않으려면, 그런 반대는 불행하지만 불가피한 일이다. 그러므로 나는 관용을 호소한다. 심리학에겐 관용이 매우 어려운 일이 아니다. 하나의 과학으로서 심리학이 전체주의적인 주장들을 전혀 펴지 않기 때문이다.

그리스도 상징은 심리학에 대단히 중요하다. 부처의 형상을 제외하고는, 그리스도의 상징이 자기의 상징 중에서 최고로 발달하고 분화된 상징이다. 그리스도와 관련해 지금까지 제시된 모든 견해들의 범위와 본질을 바탕으로 그 같은 사실을 확인할 수 있다. 그 견해들은 자기라는 원형의 모든 측면을 다 포함하지는 않아도 자기의 심리학적 현상들과 아주 많이 일치한다. 종교적인 형상의 명확성과 비교할 경우에 자기의 범위에 한계가 없다는 점이 하나의 단점으로 여겨질 수 있지만, 가치 판단을 내리는 것은 절대로 과학의 과제가 아니다. 자기는 불명확할 뿐만 아니라, 대단히 역설적이게도 명확성의 특징과 심지어 유일성의 특징까지 포함하고 있다. 이것이 아마 역사적인 인물들이 창설한 종교들, 즉 기독교와 불교, 이슬람 등이 세계 종교가 된 이유 중 하나일 것이다. 하나의 종교에 어떤 독특한 인간적인 인격을 포함시키는 것은, 특히 그 인격이 확정 불가능한 신성한 본질과 결합할 때, 독특성과 영원성을 연결시키고 개인과 보편을 연결시키는, 자기의 절대적인 개성과 일치한다.

자기는 특히 상반된 것들의 연합이며, 이것이 자기가 그리스도의 상징과 근본적으로 다른 점이다. 교회가 상반된 것들의 문제 앞에서 제시한 최대의 양보는 그리스도의 양성성(兩性性)이다. 한쪽에 빛과 선한 것과, 다른 쪽에 어둠과 악한 것 사이의 반대는 공개적인 갈등의 상태로 남아 있다. 이유는 그리스도가 단순히 선한 것을 대표하고 그의 상대인 악마는 악한 것을 대표하기 때문이다. 이 반대가 진정한 세계의 문제이며, 이 문제는 아직 해결되지 않고 있다.

그러나 자기는 완전히 역설적이다. 자기가 모든 측면에서 정(正)과 반(反)과 동시에 합(合)을 나타내고 있으니 말이다. (이 단언을 뒷받침하는 심리학적 증거는 아주 많다. 그래도 여기서 내가 그 증거들을 상세하게 제시하는 것은 불가능하다. 대신에 나는 박식한 독자에게 만다라의 상징체계에 대해 언급하곤 한다.)

무의식의 탐구를 통해 의식적인 정신이 원형을 경험하는 순간에, 개인은 인간 본성의 끔찍한 모순에 직면하게 되고, 이 모순은 다시 빛과 어둠을, 그리스도와 악마를 직접적으로 경험할 가능성을 안겨준다. 좋든 나쁘든 그런 경험을 할 가능성은 희박하며, 그 경험은 누구나 다 하는 것이 아니다. 왜냐하면 그런 종류의 경험은 반드시 인간적인 수단에 의해 유발되는 것이 아니기 때문이다.

고려해야 할 요인들 중에서 우리의 통제를 벗어나 있는 것들이 있다. 상반된 것들의 경험은 어찌되었든 지적 통찰이나 공감과는 아무런 관계가 없다. 그 경험은 우리가 운명이라고 부르는 것 그 이상이다. 그런 경험은 어떤 사람에게는 그리스도의 진리를 확신시킬 수 있고 또 다른 사람에게는 부처의 진리를 확신시킬 수 있다.

상반된 것들을 경험한 적이 없으면, 완전성에 대한 경험이 전혀 없으며, 따라서 신성한 형상들에 대한 내적 접근도 전혀 일어나지 않는다. 이런 이유로, 기독교는 인간이 죄를 많이 짓고 있다는 점과 원죄를 적절히 강조하고 있다. 이것은 모든 개인의 내면에 보편적으로 있는 반대의 심연을 적어도 밖으로부터라도 열어놓으려는 의도에서 나온 것임이 분명하다.

그러나 이 방법은 적절히 경계하는 지성에게는 제대로 먹히지 않고 고장을 일으킨다. 그렇게 되면 교리가 더 이상 믿음의 대상이 되지 못하며, 무엇보다도 터무니없는 것으로 여겨지게 된다. 그런 지성은 단순히 일방적이며, 신비의 터무니없는 측면만을 보고 있다. 그 지성은 테르툴리아누스의 이율배반과 거리가 멀며, 사실 그 지성은 그런 긴장이 수반하는 고통을 견뎌내지 못한다.

가톨릭 신자들의 엄격한 예배와 전도, 그리고 언제나 죄의 냄새만 맡는 프로테스탄트의 교육이 천국이 아니라 의사의 상담실을 찾게 만드는 그런 정신적 피해를 야기하는 예가 드물지 않다. 상반된 것들의 문제에 대한 통찰이 절대적으로 필요함에도 불구하고, 실제로 그 문제를 견뎌낼 수 있는 사람은 극소수에 불과하다. 이것은 고백실도 알고 있는 사실이다. 이에 대한 대응으로, 우리는 "도덕적 개연론"(moral probabilism)[11]이라는 완화제를 갖고 있다. 이것은 죄의 통렬한 효과를 누그러뜨린다는 이유로 각 방면에

11　개연론은 인간이 확실한 지식에는 절대로 도착하지 못하므로 확실한 것처럼 보이는 지식으로 만족해야 한다는 이론이다.

서 공격 받은 원칙이다. 이 현상에 대해 어떤 식으로 생각하든, 한 가지만은 확실하다. 도덕적 개연론은 다른 것은 차치하더라도 많은 인간성과, 세상의 참을 수 없는 이율배반을 상쇄하는, 인간의 약함에 대한 어떤 이해를 담고 있다는 점이다. 원죄를 고집하는 한편으로, 개연론이 제시하는 양보를 고집하는 행위에 내포된 엄청난 역설은 심리학자에게는 앞에서 대략적으로 설명한, 기독교가 안고 있는 상반된 것들의 문제에 따른 필연적 결과이다. 자기 안에서 선한 것과 악한 것이 일란성 쌍둥이보다 더 밀접한 관계에 있으니 말이다!

악의 현실과, 그런 현실과 선한 것의 양립 불가능성은 상반된 것들을 두 조각으로 깨뜨리며, 살아 있는 모든 것이 불가피하게 십자가형에 처해져 매달리게 하는 결과를 낳는다. "영혼이 본래 기독교적이기" 때문에, 예수의 삶에 나타났듯이, 이 같은 결과는 틀림없이 나타나게 되어 있다. 우리 모두가 "예수와 함께 십자가형에 처해져야" 하는 것이다. 말하자면 실제의 십자가형과 맞먹는 도덕적 고통을 겪으며 매달려야 한다는 뜻이다. 실제로 보면, 이것은 어느 지점까지만 가능하며, 그와 별도로, 그것은 참기가 너무나 힘들고 또 생명에 반하기 때문에, 평범한 인간은 오직 가끔씩만, 가능한 한 드물게 그런 상태에 빠질 수 있을 뿐이다. 평범한 인간이 어떻게 그런 고통 앞에서 평상심을 유지할 수 있단 말인가! 그러므로 악의 문제에 대해 다소 개연론적인 태도를 보이는 것은 피할 수 없는 일이다.

따라서 자기, 즉 선과 악의 헤아릴 길 없는 그 결합에 관한 진리는, 죄가 매우 중대하고 파멸적일지라도 "개연론자"의 주장들에 의해서도 세상에서 정리될 수 없을 만큼 그렇게 심각하지는 않다는 역설에서 구체적으로 드러난다. 이것은 반드시 애매하거나 경박한 어떤 절차가 아니라, 단순히 삶의 실용적인 필연일 뿐이다. 고백은 타협할 수 없는 어떤 모순 속으로 삼켜지지 않기 위해 성공적으로 분투하는 삶 자체처럼 진행된다. 그와 동시에 갈등은 그 전과 똑같은 힘으로 그대로 남는다는 사실에 주목하라. 이유는 그 갈등이 그 자체로 갈등이자 통합인 자기의 이율배반적인 성격과 한 번 더 일치하기 때문이다.

기독교는 선과 악의 이율배반을 세계 문제로 키웠으며, 그 갈등을 교리로 공식화함으로써 그것을 절대적인 원리로까지 끌어올렸다. 아직 해결되지 않은 이 갈등 속으로, 기독교인은 선의 주인공으로서, 세계 드라마의 동료 연기자로서 내던져지고 있다. 매우 깊은 의미로 이해하는 경우에, 그리스도의 추종자가 된다는 것은 곧 인류 대다수가 견뎌내지 못하는 고통을 감내한다는 뜻이다. 그 결과, 그리스도의 예를, 실제로 보면 조건부로 따르거나 전혀 따르지 않고 있으며, 심지어 교회의 목사까지도 "그리스도의 멍에를 가볍게 해 주지 않을 수 없는" 상황에 처해 있다. 이것은 그 갈등의 엄격성과 가혹함이 상당히 경감되고 있다는 것을, 따라서 실제로 보면 선과 악의 상대주의가 지배하고 있다는 것을 뜻한다. 선은 그리스도의 무조건적인 모방에 해당하고, 악은 그 모방을 방해하는 것에 해당한다.

인간의 도덕적 허약과 나태가 그리스도의 모방을 방해하는 가장 큰 요소들이며, 개연론이 실용적인 이해력을 확장할 수 있는 것도 바로 이 요소들 덕분이다. 개연론의 실용적인 이해력은 개연론에서 단지 느슨함만을 보는 사람들의 태도에 비해 간혹 기독교의 관용과 온화함과 이웃 사랑에 더 가까이 다가선다. 다수의 근본적인 기독교 덕목들을 개연론자의 노력에 양보해야 하더라도, 개연론자의 노력이 그리스도의 모방에 수반되는 고통의 상당 부분을 제거한다는 사실을, 따라서 선과 악의 갈등이 그 과격성을 잃고 견뎌낼 수 있을 만한 수준으로 약화된다는 사실을 간과해서는 안 된다. 이것이 이런 상반된 것들까지 결합하는 것 같은 자기의 정신적 원형에 접근하는 결과를 초래할 수 있다.

내가 말하듯이, 그것은 갈등을 해결하지 않은 상태로 그대로 남겨두는 기독교 상징체계와 다르다. 기독교 상징체계에는 세상을 관통하는 갈라진 틈이 하나 있다. 빛은 밤을 상대로, 위쪽은 아래쪽을 상대로 전쟁을 벌이고 있다. 둘은 하나가 아니다. 그러나 종교의 교리가 둘이 하나라는 사상을 비난할지라도, 우리가 본 바와 같이, 종교적 관행은 자기의 자연스런 심리적 상징에게 스스로를 대략적으로 표현할 수단을 허용하고 있다.

한편, 기독교 교리는 넷이 하나라는 것을 부정하면서 셋이 하나라고 주장하고 있다. 고대부터, 서양에서뿐만 아니라 중국에서도 홀수는 남성적인 것으로, 짝수는 여성적인 것으로 여겨져 왔다. 따라서 삼위일체는 틀림없이 남성적인 신이며, 그런 신은 그리스도의 양성성과 성모 마리아에게 부여된 특별한 지위와 숭배와 진정으로 동등하지 않다.

독자들에게 특이하게 다가올 수 있는 이 진술을 통해서, 우리는 연금술의 핵심적인 원칙들 중 하나인 마리아 프로페티사(Maria Prophetissa)[12]의 명언에 닿고 있다. "하나가 둘이 되고, 둘이 셋이 되고, 그 세 번째로부터 네 번째의 것으로 그 하나가 나온다." 독자들이 제목에서 이미 확인했듯이, 이 책은 연금술의 심리학적 의미에, 따라서 거의 예외 없이 지금까지 과학적 연구를 회피했던 어떤 문제에 관심을 두고 있다.

최근까지도 과학은 연금술이 철학과 종교의 역사에서 한 역할에 대해서는 거의 관심을 두지 않고 오직 연금술이 화학의 역사에서 한 역할에만 관심을 두었다. 연금술이 화학의 역사적 발달에 대단히 중요했던 것은 명백한 사실이지만, 연금술의 문화적 중요성이 지금까지 거의 알려지지 않았기 때문에 그 중요성이 어디에 있는지를 짧게 정리하는 것은 거의 불가능

---

12 A.D. 1세기와 3세기 사이의 어느 시기를 살았던 초기의 연금술사.

하다. 그래서 이 소개의 글에서, 나는 연금술의 주제와 밀접한 관련이 있는 종교적, 심리학적 문제들을 대략적으로 제시하려고 시도했다.

중요한 것은 연금술이 겉을 지배했던 기독교의 암류(暗流) 같은 것이라는 점이다. 연금술과 이 겉의 관계는 꿈과 의식의 관계와 비슷하다. 꿈이 의식적 정신의 갈등들을 보상하는 것과 똑같이, 연금술은 상반된 것들에 따른 기독교의 긴장으로 인해 열린 채 그대로 남겨진 틈들을 메우려고 노력한다. 이것을 아주 정확히 표현하고 있는 것은 아마도 앞에서 인용한 마리아 프로페티사의 경구일 것이다. 이 경구는 열일곱 번의 세기 이상의 세월이 흐르는 동안에 연금술의 역사 내내 하나의 중심 사상으로서 중요한 역할을 맡았다. 이 경구에서, 여성의 원리와 땅과 땅 아래의 영역들, 그리고 악 자체를 의미하는 짝수들이 기독교 교리의 홀수들 사이에 삽입되고 있다. 짝수들은, 스스로를 창조하고 파괴하며 '원물질'(prima materia)을 나타내는 용인 '세르펜스 메르쿠리이'(serpens mercurii)에 의해 상징된다. 연금술의 이 근본적인 사상은 '테홈'(Tehom)[13]을, 용의 속성을 가진 티아마트(Tiamat)[14]를, 따라서 원초적인 모권제 세계를 가리킨다. 이 모권제 세계는 마르두크(Marduk)[15] 신화 속의 신들의 싸움에서 아버지의 남성적인 세계에 의해 전복되었다.

세계의 의식(意識)에서 남성 쪽으로 기운 그 역사적인 이동은 처음에 무의식의 어둡고 원시적인 여성성에 의해서 보상되고 있다. 기독교 이전의 일부 종교들에서, 남성적인 원리의 분화는 아버지-아들의 구체적 명기라는 형태를 취했으며, 이 변화는 기독교에 대단히 중요한 의미를 지니게 된

13　성경 '창세기'에 나오는 것과 같은 혼돈의 우주의 바다를 일컫는다.

14　메소포타미아 신화 속의 여신으로 신들의 어머니이다.

15　메소포타미아 신화 속에서 도시 바빌론의 신.

다. 무의식이 단순히 보완적이기만 하다면, 의식의 이 같은 이동은 어떤 어머니와 딸이라는 산물을 수반했을 것이며, 거기에 필요한 자료도 데메테르[16]와 페르세포네[17]의 신화에 준비되어 있었다.

그러나 연금술이 보여주는 바와 같이, 무의식은 원물질과 '대우주의 아들'(filius macrocosmi)의 형태로 오히려 키벨레[18]-아티스[19](Cybele-Attis)의 유형을 선택했으며, 따라서 무의식은 스스로가 보완적이지 않고 보상적이라는 점을 증명하고 있다. 이것은 무의식이 단순히 의식적인 정신과 반대로 행동하지 않고 의식적인 정신을 반대자 또는 파트너의 입장에서 변화시킨다는 사실을 보여주고 있다. 아들 유형은 "어둡고 원시적인" 무의식의 깊은 곳으로부터 보완적인 이미지로서 어떤 딸을 불러내지 않고, 또 다른 아들을 불러낸다. 이런 놀라운 사실은 동정녀 마리아의 자궁 안에 임신시키고 있는 성령에 의해서 생기게 된, 순수하게 영적인 어떤 신이 우리의 세속적인 인간 본성 안에서 구체화되는 것과 연결되는 것처럼 보일 것이다. 따라서 보다 높고 영적이고 남성적인 것은 보다 낮고 세속적이고 여성적인 쪽으로 기울고, 그에 따라, 아버지의 세계보다 앞섰던 어머니는 스스로를 남성적인 원리에 맞추고, 인간 정신의 도움(연금술 또는 "철학")으로 아들을 낳는다. 이 아들은 그리스도의 반대가 아니라 오히려 그리스도의 지하의 짝이며, 신성한 인간이 아니라 원초적인 어머니의 본성과 부합하는 어떤 전설적인 존재이다. 그리고 소우주인 인간을 구원하는 것이 "높은 곳"의 아들의 과업이듯이, "낮은 곳"의 아들은 대우주의 구세주라는 기능

16 그리스 신화에서 대지의 산출을 관장하는 여신.
17 그리스 신화에서 제우스와 데메테르의 딸. 저승의 왕 하데스의 꾐에 빠져 그의 아내가 되어 저승의 여왕이 된다.
18 아나톨리아의 어머니 여신.
19 키벨레의 젊은 배우자.

을 갖고 있다.

요약하면, 이것이 연금술의 모호함 속에서 펼쳐졌던 드라마이다. 특별히 유능했던 소수의 연금술사들의 내면의 가장 깊은 경험과 정신을 제외하고는 어디서도 이 두 아들이 결합하는 일은 절대로 일어나지 않았다. 그러나 이 드라마의 "목적"을 확인하는 것은 아주 어려운 일은 아니다. 신이 인간의 모습으로 나타나는 현현(顯現)에서, 아버지-세계의 남성적인 원리가 어머니-세계의 여성적인 원리 쪽으로 다가가고 있는 것처럼 보였으며, 그 결과, 어머니-세계의 여성적인 원리가 거꾸로 아버지-세계로 다가가야 한다고 느꼈다. 그 드라마가 분명히 추구했던 것은 두 세계를 분리시키고 있는 심연 위로, 두 세계들 사이의 공개적인 갈등에 대한 보상으로서 다리를 놓는 것이었다.

나의 설명이 그노시스주의의 어떤 신화처럼 들리더라도 독자들이 불편해 하지 않기를 바란다. 우리는 사실 그노시스, 즉 신비적 직관과 영적 인식이 뿌리 내리고 있는 심리적 영역들 안에서 움직이고 있다. 그리스도 상징의 메시지가 그노시스이며, 무의식에 의해 이뤄지는 보상은 더 높은 차원의 그노시스이다. 신화는 이 정신적 과정들과 어울리는 원초적인 언어이며, 그 어떤 지적 공식화도 신화적 상상의 풍부함과 표현력에 가까이 다가서지 못한다. 그런 정신적 과정들은 원초적인 이미지들과 관련 있으며, 비유적인 언어에 의해 가장 잘 재현된다.

앞에 묘사한 과정은 심리적 보상의 모든 두드러진 특징들을 보여주고 있다. 우리는 무의식의 가면이 굳어 있지 않다는 것을 알고 있다. 무의식의 가면은 우리가 그것 쪽으로 돌리고 있는 얼굴을 비춘다. 적의는 무의식의 가면에 위협적인 어떤 양상을 주고, 다정함은 무의식의 가면의 생김새를 유순하게 만든다. 그것은 단순히 시각적 반사의 문제가 아니라, 자동적인 대답의 문제이다. 그런데 이 대답은 대답하고 있는 그것의 독립적인 본질을 드러낸다. 따라서 '철학자의 아들'(filius philosophorum)은 단순히 부적절한 물질 속에 있는, 반사된 신의 아들의 이미지가 아니라, 반대로, 이 티아마트의 아들은 원초적인 어머니 형상의 특성들을 반영하고 있다. 그는 명백히 자웅동체임에도 불구하고 남성의 이름을 갖고 있다. 그것은 정신에 의해 거부당한 채 악과 동일시되고 있는 지하의 저승이 타협의 경향을 갖고 있다는 점을 보여주는 신호이다. 그가 영적이고 남성적인 원리에 대한 어떤 양보라는 사실을 오해하는 것은 불가능한 일이다. 비록 그가 자신의 안에 땅의 무게를 짊어지고 있고 원초적인 동물성의 터무니없는 본질을 갖고 있을지라도 말이다.

무의식이 어머니-세계와 아버지-세계의 통합을 이룰 씨앗을 포함하고 있다는 점을 고려한다면, 어머니-세계의 이 같은 대답은 둘 사이의 심연이 다리로 연결될 수 없는 것이 아니라는 점을 보여준다. 의식적인 정신의 핵심은 식별이다. 이유는 의식이 사물들을 알기 위해서는 상반된 것들을 분리시켜야 하기 때문이다. 의식은 자연에 반하게 그런 구분을 한다. 그러나 자연 속에서 상반된 것들은 서로를 추구한다. 극단적인 것들이 서로 접촉하는 것이다. 그래서 통합의 씨앗은 무의식에, 특히 통합의 원형인 자기에 있다. 거기서 신의 안에서처럼 상반된 것들이 상쇄된다. 그러나 무의식이 스스로를 분명하게 드러내기 시작하자마자, 상반된 것들은 천지 창조 때처럼 서로 갈라진다. 왜냐하면 이제 막 동트기 시작한 의식의 모든 행위가 하나의 창조 행위이기 때문이다. 모든 우주발생론적인 상징들이 나오는 곳은 바로 이 같은 심리적 경험에서다.

연금술은 무엇보다 티아마트의 카오스 속에 숨어서 신성한 통합의 한 짝을 이루고 있는 그 통합의 씨앗에 관심을 두고 있다. 이렇듯, 통합의 씨앗은 기독교 연금술에서 삼위일체의 성격을 지니고, 이교도 연금술에서 3개 1조의 성격을 지닌다. 다른 권위자들에 따르면, 그 통합은 4가지 원소들의 통합과 일치하며, 따라서 하나의 사위일체이다. 현대의 심리학적 발견들 중 압도적인 다수는 후자의 견해를 지지하는 쪽이다.

내가 관찰한 환자들 중에서 숫자 3을 제시한 소수의 환자들은 의식에 체계적인 어떤 결함이 있는 것이, 말하자면 "열등 기능"의 무의식을 가진 것이 두드러진 특징이었다. 숫자 3은 완전성의 자연스런 표현이 아니다. 왜냐하면 4가 완전한 판단에서 최소한의 결정 요소들을 나타내기 때문이다. 그럼에도 불구하고, 연금술(그리고 무의식)이 사위일체 쪽으로 명백히 기우는 현상과 더불어, 3과 4 사이를 오가는 현상이 언제나 나타나고 있으며, 이 동요는 거듭 반복된다. 마리아 프로페티사의 경구에서도 사위일체가 겉으로 드러나지 않는 가운데 은밀히 다듬어지고 있다.

연금술에는 4가지 방식 또는 과정뿐만 아니라 3가지 방식 또는 과정도 있으며, 4가지 색깔뿐만 아니라 3가지 색깔도 있다. 언제나 4가지 원소들이 있지만, 종종 그 원소들 중에서 3가지가 같이 분류되고 네 번째는 특별한 위치에 선다. 이 네 번째 요소는 어떤 때는 흙이고 어떤 때는 불이다. 메르쿠리우스(Mercurius)[20]는 당연히 정방형이지만, 또한 머리가 3개인 뱀이거나 단순히 3인조이기도 하다. 이 같은 불확실성은 이중의 성격을 갖는다. 달리 표현하면, 핵심적인 사상들은 네 가지 요소로 되어 있을 뿐만 아니라 3가지 요소로도 되어 있다. 심리학자는 이와 비슷한 수수께끼가 무의식의 심리학에도 존재한다는 사실에 대해 언급하지 않을 수 없다. 분화가 가장 덜 되었거나 "열등한" 기능이 집단 무의식에 지나치게 많이 오염되어

---

20   연금술 관련 글에서 '메르쿠리우스'라는 단어는 화학적 원소 수은과 로마 신화 속의 주요 신인 메르쿠리우스, 행성 수성, '변형시키는 물질' 등 광범위한 의미로 쓰인다.

있기 때문에, 마리아 프로페티사가 말하는 바와 같이, 그 기능은 의식이 되자마자 다른 어떤 것보다 먼저 자기의 원형을 불러낸다. 넷은 여성적이고, 어머니답고, 육체적인 것을 의미하며, 셋은 남성적이고, 아버지답고, 영적인 것을 의미한다. 따라서 셋 또는 넷에 관한 불확실성은 영적인 것과 육체적인 것 사이의 동요에 해당한다. 이것은 인간의 모든 진리가 종국적 진리가 절대로 될 수 없는 이치를 잘 보여주는 놀라운 예이다.

나는 심리 치료가 최종적으로 닿으려고 노력하는 목표로 인간의 완전성을 제시하는 것으로 이 소개의 글을 시작했다. 이 문제는 그 사람의 철학적 또는 종교적 가정들과 밀접히 연결되어 있다. 종종 일어나고 있는 바와 같이, 환자가 자신에 대해 이 측면에서 꽤 편견이 없다고 믿고 있을 때조차도, 그의 생각의 밑바닥에서 작용하고 있는 가정들과 삶의 유형, 의욕, 언어는 철저히 역사적으로 결정된다. 환자는 교육이 부족한데다가 자기비판 능력까지 결여하고 있는 탓에 종종 그 같은 사실에 대해 모르고 있다. 따라서 환자의 상황에 대한 분석은 조만간 그의 전반적인 정신적 배경을 명확히 밝혀줄 것이다. 그러면 그의 정신적 배경은 그의 개인적인 결정 요인들을 크게 벗어나는 것으로 확인되며, 이것은 내가 앞에서 윤곽을 그리려 했던 문제들을 일으킨다.

그 과정의 이 단계는 통합의 상징들, 소위 만다라의 생산이 두드러진 특징이며, 그 상징들은 종종 의식적 상황의 모순과 갈등에 대한 대단히 명백한 보상으로서 꿈에도 나타나고 구체적인 시각적 인상들에도 나타난다. 이것이 기독교가 생각하는 세상의 이치에 나타나는 "갈라진 넓은 틈" 때문이라고 말하는 것은 거의 옳지 않다. 왜냐하면 기독교 상징체계가 바로 이 상처를 치료하는 일에 특별히 관심을 두고 있거나 상처를 치료하려고 시도하고 있다는 점이 쉽게 드러나기 때문이다. 그보다는 공개적인 갈등을 서양인의 정신적인 상황의 한 징후로 보고, 기독교 상징의 전체 범위를 통합시키지 못하는 서양인의 무능을 탓하는 것이 더 옳을 것이다.

한 사람의 의사로서 나는 환자들에게 이 측면에서는 어떤 것도 요구할 수 없으며, 나는 교회가 가진 은총의 수단도 갖고 있지 않다. 따라서 나는 나에게 열려 있는 유일한 길을 택해야 한다. 말하자면, 어떤 의미에서 보면 교리에 관한 이미지들에 해당하는 원형적인 이미지들을 의식 속으로 끌어내는 것이 나의 임무이다. 동시에 나는 환자들에게 자신의 추측들과 정신적 성숙, 교육, 태생, 기질 등에 따라 스스로 결정할 자유를 줘야 한다. 심각한 갈등을 빚지 않고 할 수만 있다면, 당연히 그런 식으로 일을 처리해야 한다. 한 사람의 의사로서, 나의 과제는 환자들이 삶을 헤쳐 나갈 수 있도록 돕는 것이다. 나는 환자의 최종적 결정에 대해 판단하겠다고 나설 수 없다. 왜냐하면 나 자신이 경험을 통해서 모든 강요는, 그것이 제안이든 암시이든 다양한 설득의 형태이든 불문하고, 최종적으로 가장 고귀하고 가장 결정적인 경험에 장애로만 작용한다는 점을 알고 있기 때문이다. 여기서 말하는, 가장 고귀하고 결정적인 경험이란 바로 환자가 자신의 자기와 함께 홀로 있는 것을 뜻한다. 정신의 객관성을 경험하는 순간이라고 불러도 무방할 것 같다. 만약에 환자가 더 이상 자기 자신을 뒷받침하지 못하게 되었을 때 자신을 뒷받침하는 것이 무엇인지를 발견하기를 원한다면, 그는 당연히 홀로 있어야 한다. 오직 이 경험만이 그에게 파괴할 수 없는 토대를 제공할 수 있다.

나의 환자들 중 많은 사람들이 신학자 출신이 아니라면, 나는 결코 쉬운 일이 아닌 이 과제를 그냥 신학자에게 넘기고 마음 편하게 지낼 수도 있을 것이다. 그 환자들은 교회 공동체에 얽매였어야 했지만, 거대한 나무로부터 마른 잎처럼 떨어졌으며, 지금 그들은 자신이 치료를 "질질 끌고" 있다는 사실을 발견하고 있다. 그들의 내면에서 무언가가 종종 절망적으로 매달리고 있다. 마치 그들이 손아귀의 힘을 놓아버리는 순간에 그들 또는 그들이 매달리고 있는 그것이 허공으로 떨어져 나가버리기라도 할 것처럼. 그들은 자신이 딛고 서 있을 수 있는 견고한 토대를 찾고 있다. 그들에게는 외부의 어떤 뒷받침도 도움이 되지 않기 때문에, 그들은 최종적으로 자신의 내면에서 그런 버팀목을 발견해야 한다. 틀림없이, 그곳은 합리적인 관점에서 보면 가장 그럴듯하지 않은 장소이지만 무의식의 관점에서 보면 모든 것이 가능한 장소이다. 우리는 "구세주의 낮은 기원"의 원형으로부터 이것을 볼 수 있다.

그 목표에 이르는 길은 얼핏 보기에 혼돈스럽고 끝이 없을 것 같지만, 그 길이 어디든 향하고 있다는 것을 보여주는 신호들은 오직 점진적으로만 증가한다. 그 길은 쭉 곧은 직선길이 아니라 원을 그리며 둘레를 돌아가는 것처럼 보인다. 보다 정확한 지식은 그 길이 원추형으로 나아간다는 것을 증명했다. 꿈의 모티브들은 일정한 간격을 두고 언제나 명확한 형태들로 되돌아가며, 그 형태들의 특징은 어떤 중심을 정의하고 있다는 점이다. 그리고 실제로 그 전체 과정은 어떤 중심점 또는 중앙을 중심으로 한 배열을 따라 돌고 있으며, 이 중심점은 일부 상황에서 초기의 꿈에도 나타날 수 있다. 무의식적 과정의 표현으로서, 꿈들은 중심의 주위를 돌거나 순회하며, 선명도와 범위에서 확충이 이뤄짐에 따라, 꿈들은 중심에 점점 더 가까이 다가간다.

상징적인 자료가 아주 다양하기 때문에, 꿈에서 어떤 종류든 처음부터 질서를 파악하는 것은 아주 어려운 일이다. 꿈의 순서들이 지배적인 어떤 원리를 따르고 있다는 것을 당연한 것으로 받아들여서는 안 된다. 그러나 내가 말하는 바와 같이 발달의 과정을 면밀히 조사하다 보면 그것이 순환적이거나 나선형이라는 것이 드러난다. 그런 나선형의 과정과 식물들의 성장 과정 사이에 유사점이 발견된다. 사실, 식물 모티브(나무, 꽃 등)는 꿈들과 공상에 자주 나타나며 또 자연스럽게 그려지기도 한다. 연금술에서 나무는 헤르메스 철학의 상징이다.

앞으로 소개할 두 가지 연구들 중 첫 번째, 그러니까 2부를 구성하는 연구는 중앙 또는 목표의 수많은 상징들을 포함하고 있는 일련의 꿈들을 다룬다. 이 상징들의 발달은 치료 과정과 거의 동일하다. 따라서 중앙 또는 목표는 진정한 의미의 구원을 뜻한다. 이런 용어를 쓰는 데 대한 정당성은 꿈들 자체에서 나온다. 이 꿈들이 종교적 현상에 관한 자료를 너무나 많이 담고 있기 때문에, 나는 그 꿈들 중 일부를 나의 책 『심리학과 종교』의 주제로 이용할 수 있었다. 나에게는 이 과정들이 종교를 창조하는 원형들과 관련 있다는 것이 의심의 여지가 없는 것처럼 보인다. 종교가 그 외의 다른 무엇일지라도, 경험적으로 증명 가능한, 종교의 정신적 구성 요소들은 틀림없이 이런 종류의 무의식적 표현들로 구성되어 있다.

사람들은 신앙의 단언들이 진리냐 아니냐 하는, 근본적으로 쓸모없는 문제에 지나치게 오랫동안 집착해 왔다. 형이상학적 단언의 진리를 입증하거나 반박하는 것은 불가능하다는 사실과 별도로, 그 단언의 존재 자체는 추가적인 증명을 전혀 필요로 하지 않는 하나의 자명한 사실이며, 거기에 '일반적 합의'(consensus gentium)가 보태질 때, 그 진술의 타당성은 바로 그 만큼 증명된다. 그 같은 진술과 관련해 우리가 검증할 수 있는 유일한 것은 심리적인 현상뿐이며, 이 현상은 객관적인 정확성 또는 진리의 범주와 동일한 기준으로 비교될 수 없다. 어떤 현상도 합리적인 비판에 의해서는 절대로 사라지지 않으며, 종교적 삶에서도 우리는 현상들과 사실들을 다뤄야 하며 논쟁의 여지가 있는 가설들을 다뤄서는 안 된다.

치료 과정에, 변증법적 토론은 자연히 환자와 그의 그림자의 만남을, 말하자면 우리 인간이 반드시 투사를 통해 제거하고 있는, 정신의 어두운 반쪽과의 만남을 낳는다. 투사는 틀림없이 우리가 갖고 있는 모든 결함들을 넓거나 좁은 의미의 이웃들에게로 떠넘기거나, 우리의 죄들을 "완전한" 참회나 "불완전한" 참회의 도움으로 신성한 중개자에게 넘기는 방식으로 이뤄진다. 우리는 죄가 없으면 당연히 참회도 없다는 것을, 또 참회가 없으면 구원의 은총도 없다는 것을 알고 있다. 또 원죄가 없으면 세상의 구원도 절대로 일어날 수 없었을 것이라는 점도 알고 있다. 그러나 우리는 신이 바로 이 악의 힘에 어떤 특별한 목적을 두지 않았는지에 대한 조사를 극구 피하고 있다. 이 목적을 아는 것이 우리에게 너무도 중요한데도 말이다. 너무나 시커면 자신의 그림자를 마주하고 있는 사람들을 다뤄야 하는 정신과 의사는 종종 그런 견해를 갖지 않을 수 없다.

어쨌든, 의사는 자신이 도덕적으로 우월한 존재인 것처럼 법전을 가리키며 "그렇게 하지 말라"는 식으로 말하지 못한다. 의사는 사물들을 객관적으로 조사해야 하며 여러 가능성을 놓고 신중히 판단해야 한다. 이유는 의사가 종교적 훈련이나 교육이 아니라 본능과 경험을 통해서 '복된 죄'(felix culpa)[21]와 아주 비슷한 것이 있다는 것을 잘 알기 때문이다. 의사는 사람이 자신의 행복뿐만 아니라 결정적인 죄의식까지 상실할 수 있다는 것을 잘 알고 있다. 이 죄의식이 없는 경우에 절대로 완전성을 이루지 못하는데도 말이다. 완전성은 사실 인간이 기술로도 이루지 못하고 교활함으로도 이루지 못하는 어떤 카리스마[22]이며, 인간은 단지 카리스마로 성장할 수 있을

---

21 역설적인 이 신학 개념은 인간의 타락을 긍정적인 결실을 낳는 것으로 이해할 길을 제시하고 있다. 예를 들면, 예수 그리스도의 죽음과 부활을 통해 인류를 구원하는 것이 있다.

22 남을 끌어당기는 강한 매력을 뜻하며, 신학에서는 신에게서 받은 특별한 능력을 말한다.

뿐이며, 카리스마의 도래가 야기하는 모든 것을 인내해야 한다.

틀림없이, 인류가 모두 똑같지 않고 각자의 정신적 구조를 따지자면 최소한 10,000년의 세월에 걸쳐서 분포할 그런 개인들로 구성되어 있다는 사실은 여간 성가신 문제가 아니다. 따라서 이 사람에게 구원을 뜻하지 않고 저 사람에게 저주를 뜻하지 않는 그런 진리는 절대로 없다. 모든 보편주의는 이 끔찍한 딜레마에 갇혀 있다. 일찍부터 나는 예수회의 개연론에 대해 말해 왔다. 예수회 개연론은 교회의 엄청난 보편적인 과제에 대해 다른 어떤 것보다 더 잘 설명한다. 대단히 선한 의지를 가진 사람들도 개연론에 두려움을 느꼈지만, 삶의 현실들을 직면할 때, 그들 중 많은 사람들은 두려움이 사라지거나 웃음이 입가에서 얼어붙는다는 것을 깨달았다.

의사도 어떤 것이 교회에 이롭거나 반하는지를 따질 것이 아니라, 그것이 생명과 건강에 이롭거나 반하는지에 대해 깊이 생각해야 한다. 문서상으로 윤리 규범은 분명하고 충분히 깔끔해 보이지만, "가슴의 생생한 법전"에 적힌 윤리 규범은 특히 큰 소리로 떠드는 사람들의 입에서 종종 무용지물이 되어 버린다.

사방에서 악은 악이고 악을 비난하는 데는 조금의 주저도 있을 수 없다는 소리가 들리지만, 그런 태도는 악이 개인의 삶에서 가장 심각한 문제가 되지 않도록 막지도 못하고, 대단히 깊은 숙고를 요구하는 문제가 되지 않도록 막지도 못한다. 우리의 깊은 주의를 끌어야 하는 것은 무엇보다도 이 질문이다. "행위자가 정확히 누구인가?" 이 질문에 대한 대답이 그 행위의 가치를 최종적으로 결정하기 때문이다. 사회가 행해진 행위에 처음에 보다 큰 중요성을 부여하는 것은 사실이다. 왜냐하면 그 행위가 즉시 명백하기 때문이다. 그러나 그릇된 사람의 손에 행해진 올바른 행위도 장기적으로 재앙적인 결과를 낳을 수 있다. 멀리 앞을 내다보는 사람은 누구나 그

룻된 사람의 옳은 행동에 속지 않는다. 그런 사람은 마찬가지로 옳은 사람의 그릇된 행동에도 속지 않는다. 따라서 정신과 의사는 행해진 어떤 행동에 초점을 맞출 것이 아니라 그 행위가 어떻게 행해졌는지에 초점을 맞춰야 한다. 왜냐하면 그 과정에 행위자의 전체 성격이 드러나기 때문이다. 악도 선만큼 고려될 필요가 있다. 종국적으로 보면, 선과 악이 행위의 이상적인 확장과 제거에 지나지 않으며, 선이나 악이나 똑같이 삶의 명암에 속하니 말이다. 최종적으로, 악을 낳지 못하는 선도 절대로 없고, 선을 낳지 못하는 악도 절대로 없다.

인격의 검은 반, 즉 "그림자"와의 조우는 치료 과정을 꽤 철저히 밟는 경우에 저절로 일어난다. 이 문제는 교회에서 죄의 문제가 중요한 만큼이나 중요하다. 공개적인 갈등은 피할 수 없고 또 고통스럽다. 나는 이런 질문을 종종 받는다. "그러면 그 갈등을 어떻게 다루죠?" 나는 아무것도 하지 않는다. 신에 대한 믿음을 어느 정도 품은 채 기다리는 외에 내가 할 수 있는 일은 없다. 그런 식으로 인내와 용기를 갖고 기다리다 보면, 내가 예측할 수는 없지만, 특별한 그 사람에게 운명 지어진 해결책이 나타난다. 그렇다고 그 사이에 내가 수동적으로 지켜만 보거나 소극적으로 남는다는 뜻은 아니다. 나는 환자가 갈등을 겪는 동안에 그의 무의식이 내놓는 모든 것을 이해할 수 있도록 돕는다. 독자들은 이 산물들이 절대로 일상적인 것이 아니라는 나의 말을 믿을 것이다. 정반대로, 그것들은 그때까지 나의 주의를 끌었던 것들 중에서 가장 의미 있는 것에 속한다.

환자도 수동적이지 않다. 환자도 할 것을 해야 하며, 그것도 악의 압박이 그의 안에서 너무 강해지지 않도록 막기 위해 전력을 쏟으며 해야 한다. 환자는 "일에 의한 정당화"를 필요로 한다. 이유는 "신앙에 의한 정당화"가 다른 사람들뿐만 아니라 그에게도 공허한 소리로 남아 있기 때문이다. 신앙은 가끔 경험 부족을 덮는 대용품이 될 수 있다. 그런 환자들에게 필요한 것은 진정한 일이다. 그리스도는 죄인을 옹호했지 비난하지 않았다. 그리스도의 진정한 추종자는 그와 똑같이 할 것이며, 그 사람은 자신이 남에게 대접받고 싶은 대로 남에게 해야 하기 때문에 실제 모습 그대로 죄인 노릇을 할 것이다. 그리고 우리가 그리스도를 향해 악을 가까이한다는 식으로 거의 비난하지 않듯이, 우리는 자신을 향해서도 바로 죄인인 자기 자신을 사랑하는 것이 악과 타협하는 것이라는 식으로 비난하지 말아야 한다.

흔히 사랑은 인간을 더 훌륭하게 만들고 증오는 인간을 더 나쁘게 만든다고 한다. 그 인간이 우리 자신일 때도 마찬가지이다. 이런 관점에 담긴 위험은 그리스도의 모방에 담긴 위험과 똑같지만, 우리 안의 바리새인[23]은 자신이 선술집 주인이나 매춘부와 말을 걸다가 발각되도록 허용하지 않을 것이다. 물론 나는 심리학이 기독교를 발명하지도 않았고 그리스도의 모방을 발명하지도 않았다는 점을 강조해야 한다. 나는 모두가 교회에 의해서 자신의 죄의 부담으로부터 놓여날 수 있기를 바란다. 그러나 교회가 이런 혜택을 줄 수 없는 사람은 자신이 그리스도의 십자가의 부담을 지기 위해서 그리스도의 모방에서 몸을 매우 깊이 낮춰야 한다. 고대인들은 그 시대에 내려오던, '무엇이든 절대로 과장하지 마라. 모든 선(善)은 적절한 것에 있느니라'는 그리스인들의 지혜에 비춰가며 살 수 있었다. 그런데 지금까지도 여전히 심연이 우리를 이성으로부터 분리시키고 있으니!

도덕적 어려움 외에, 결코 사소하지 않으며, 특히 병적 경향이 있는 개인들에게 골칫거리가 될 수 있는 위험이 한 가지 더 있다. 그것은 개인 무의식(즉, 그림자)의 내용물이 집단 무의식의 원형적인 내용물과 구별할 수 없을 만큼 통합되어 있는 탓에, 그림자가 의식 속으로 받아들여질 때 그 개

---

23 독실한 체 하는 위선적인 존재를 뜻한다.

인 무의식의 내용물이 원형적인 내용물을 함께 끌고 온다는 사실이다. 이것이 의식적 정신에 불가사의한 영향을 미칠 수 있다. 이유는 활성화된 원형들이 심지어, 아니 특별히, 가장 냉철한 합리주의자에게도 불쾌한 영향을 끼칠 수 있기 때문이다. 그러면 합리주의자는 가장 저급한 형태의 확신인 미신이 자신에게 강요되고 있다고 두려워하게 된다.

그러나 진정한 의미에서 말하는 미신은 오직 그런 사람들에게 그들이 병적인 상태에 놓여 있을 때에만 나타난다. 그들이 정신의 균형을 잘 잡고 있을 때에는 그런 일이 일어나지 않는다. 미신은 당사자에게 "미쳐 간다"는 두려움을 낳는다. 이유는 현대인의 정신이 스스로 규명하지 못하는 모든 것을 미친 것으로 여기기 때문이다. 집단 무의식의 원형적인 내용물은 꿈과 공상에서 종종 기괴하고 무서운 형태들을 취하며, 따라서 감정이 대단히 메마른 합리주의자도 충격적인 악몽과 끊임없이 찾아오는 두려움으로부터 자유로울 수 없다.

침묵 속에서 그냥 넘겨 버리거나 맹목적으로 무시할 수 없는 이런 이미지들에 대한 심리학적 설명은 논리적으로 종교적인 현상을 깊이 파고들게 되어 있다. 가장 폭넓은 의미에서 말하는 종교(따라서 신화학과 민속학, 원시 심리학을 포함)의 역사는 의사가 치료에 유익한 유사한 것들을 끌어내고, 또 이해되지 않는 의식(意識)을 차분하게 가라앉히고 명백히 밝힐 목적에 쓸 비유들을 끌어낼, 원형적인 형태들의 보물창고이다. 정신의 눈 앞에 너무도 위협적이고 이상한 모습으로 나타나는 이 공상적인 이미지들을 보다 잘 이해하기 위해서는 그것들에게 맥락을 부여하는 것이 절대적으로 필요하다. 현실 속의 경험은 그렇게 하는 최선의 방법이 신화적인 자료를 비교 분석하는 것이라는 점을 보여주었다.

이 책의 2부는 그런 예들을 풍부하게 제시한다. 독자는 개인의 꿈 상징체계와 중세의 연금술 사이에 확인되는 수많은 연결에 특별히 강한 인상을 받을 것이다. 이것은 쉽게 짐작되듯이 특정 환자에게만 해당되는 것이 아니며, 내가 연금술의 사상들과 상징체계를 파고들기 시작하던 때인 10여 년 전에야 나의 눈에 띄게 된 하나의 일반적인 사실이다.

3부는 연금술의 상징체계를 기독교와 그노시스주의와의 관계 속에서 소개하는 글을 포함하고 있다. 단순한 소개로서, 그 글은 복잡하고 모호한 이 주제에 관한 완전한 설명과는 당연히 거리가 있다. 정말로, 그 글의 대부분은 단지 라피스(lapis)[24]와 그리스도 사이의 유사점에 관심을 두고 있다. 참으로, 이 비유는 연금술 작업의 목표들과 기독교의 핵심적인 사상들 사이의 어떤 비교를 낳고 있다. 이유는 두 가지 요소가 똑같이 꿈들에 나타나는 이미지들을 이해하고 해석하고, 또 그 이미지들의 심리적 효과를 평가하는 데 매우 중요하기 때문이다. 이것은 실제 심리 치료 행위에 상당한 영향을 미친다. 왜냐하면 교회로 돌아가는 것이 불가능하다는 사실을 깨달으면서 원형적인 자료에 맞서고, 따라서 의사에게 개인의 인격에 치중하는 편협한 심리학으로는 절대로 해결할 수 없는 문제들을 안겨주는 사람이 바로 보다 지적이고 교양 있는 환자들이기 때문이다.

단순히 어떤 신경증의 정신적 구조에 관한 지식만으로는 절대로 충분하지 않다. 이유는 치료 과정이 집단 무의식의 영역에 닿게 되자마자, 우리가 건전한 자료, 즉 개인적으로 다양한 정신의 보편적인 바탕을 다루게 되기 때문이다. 정신의 이런 깊은 층들에 관한 우리의 이해는 원시 심리학과 신화학에 관한 지식으로부터 도움을 받을 뿐만 아니라, 우리 현대인의 의식과 그 전에 거쳤던 단계들에 관한 역사를 앎으로써 그보다 훨씬 더 큰 도

---

24 수은 같은 평범한 물질을 금으로 바꿔놓을 수 있는 것으로 여겨진 '철학자의 돌'을 뜻한다.

움을 받을 수 있다. 그 이해는 한편으로 보면 교회의 자식이고 또 한편으로 보면 과학의 자식이다. 과학이 처음 시작할 때, 교회가 받아들일 수 없는 많은 것들, 말하자면 자연에 호의적이었던 고대의 정신과 감정의 잔재들은 숨겨졌다. 이 잔재들은 근절될 수 없었으며 최종적으로 중세의 자연 철학에서 도피처를 발견했다.

"금속들의 정령들"과 운명의 점성술적 구성 요소로서, 옛 행성들의 신들은 기독교가 지배한 여러 세기 동안에도 이어졌다. 교회에서 의례와 교리의 점증하는 분화가 의식을 그것이 무의식에 자연스레 내리고 있던 뿌리로부터 떼어놓은 반면에, 연금술과 점성술은 자연, 즉 무의식적인 정신과 연결된 다리가 붕괴하지 않도록 끊임없이 노력했다. 점성술은 의식적인 정신을 '하이마르메네'(Heimarmene)[25]의 지혜로, 즉 성격과 운명은 시간 속의 어느 순간에 좌우된다는 지혜로 거듭 다시 이끌었으며, 연금술은 기독교의 과정과 부드럽게 맞아떨어질 수 없는 원형들의 투사를 낚을 낚싯바늘을 수없이 제공했다. 연금술이 언제나 이단의 언저리에 서 있었고, 어떤 칙령도 연금술을 대하는 교회의 태도에 대해 의문을 남기지 않은 것은 사실이지만, 한편으로 연금술은 자체의 상징체계의 모호성 덕분에 효과적으로 보호를 받았다. 어떤 상징에 대해서든 아무런 해가 없는 비유로 설명할 수 있었으니 말이다. 많은 연금술사들에게 그런 비유적인 측면이 틀림없이 가장 중요했을 것이며, 따라서 그들은 자신들이 화학 물질에만 관심을 두고 있다고 강하게 확신했다.

그러나 실험실의 작업을 주로 상징들의 문제로 받아들이며 그 상징들의 정신적 효과에 관심을 둔 소수의 사람들이 언제나 있었다. 텍스트들이 보여주듯이, 그런 연금술사들은 그 점을 꽤 자각하고 있었다. 순수하게 금

---

25 그리스 신화에서 운명의 여신을 말한다.

을 만드는 사람들을 거짓말쟁이나 사기꾼, 봉이라고 비난하는 예도 있었으니까. 자신의 관점을 그들은 "우리의 금은 평범한 금이 아니다"(Aurum nostrum non est aurum vulgi)와 같은 주장으로 선언했다. 증류기를 둘러싸고 벌어지는 그들의 노동이 화학적 변화의 비밀들을 끌어내려는 진지한 노력이었을지라도, 그것은 동시에, 그리고 종종 월등히 더 빈번하게, 미지의 화학 물질로 쉽게 투사될 수 있는 유사한 어떤 정신적 과정에 대한 숙고였다. 그것이 쉽게 투사되는 이유는 물질의 신비한 변화처럼 그 과정이 자연의 무의식적 현상이기 때문이다. 연금술의 상징체계가 표현하는 것은 앞에서 묘사한 인격의 발달, 즉 개성화 과정의 전체 문제이다.

교회의 훌륭한 버팀목은 그리스도의 모방이었지만, 연금술사는 작업의 쓸쓸함과 모호한 문제들 속에서 깨닫지도 못하고, 틀림없이 원하지도 않은 상태에서 자신의 정신의 자극들과 무의식의 전제들에 쉽게 희생되었다. 이유는 연금술사가 기독교 신자들과 달리 의지할 수 있는 명확한 본보기를 전혀 갖고 있지 않았기 때문이다. 연금술사가 공부한 저자들은 그에게 상징들을 제공했으며, 그 상징들의 의미를 연금술사는 자신만의 방식으로 이해했다고 생각했지만, 실제로 보면 그 상징들이 그의 무의식을 건드리고 자극했다. 역설적이게도, 연금술사들은 '모호한 것은 더욱 모호한 것으로 설명한다'(obscurum per obscurius)는 표현을 만들어냈다.

그러나 모호한 것을 더욱 모호한 것으로 설명하는 방법을 채택함으로써, 그들은 교회가 그들을 구해내려고 노력하고 있었던 그 과정에 더욱 깊이 빠져드는 결과를 낳았다. 교회의 교리들이 연금술 과정에 유추들을 제공했지만, 이 유추들은 연금술과 정반대로 구세주라는 역사적인 형상과의 연결을 통해서 자연의 세계로부터 분리되었다. 연금술의 사위일체, 철학자의 금, 구석의 초석, 신성한 물은 교회에서, 독자(獨子)가 자신을 역사 속에서 한 번, 동시에 영원히 희생시킨, 네 개의 팔을 가진 십자가가 되었다. 연금술사는 중세의 사람으로서 자기 자신에 대해 선한 기독교인 외에 다른 것으로는 결코 생각하지 않았음에도 불구하고 신앙을 통해 발견하기보다는 지식을 통해 추구하는 쪽을 선호하면서 교회를 거슬렀다. 이 점에서 파라켈수스(Paracelsus)[26]가 전형적인 예이다. 그러나 현실 속에서 그들은 통념을 믿고 따르기보다 직접적인 개인적 경험을 더 선호하는 현대인과 상당 부분 같은 위치에 서 있었다.

교리를 자연적인 맥락에서 끌어내서 그보다 더 높은 곳으로 끌어올리려는 의도로 종종 기적적인 것으로 묘사하고 있음에도 불구하고, 교리는 임의로 발명되지도 않고, 유일한 기적도 아니다. 기독교의 핵심적인 사상들은 그노시스주의 철학에 뿌리를 내리고 있으며, 이 그노시스주의 철학은 고대의 종교들이 시대에 뒤지게 되었을 때 심리학적 법칙에 따라 그냥 생겨나야 했다. 그 철학은 인간 삶의 집단적인 지배적 요소들이 쇠퇴할 때면 어김없이 촉발되는 무의식적인 개성화 과정에 의해서 나타나는 상징들에 대한 직관 위에 구축되었다.

그런 시기에는 새로운 지배적인 요소들을 형성하기 위해 표면으로 나오려고 서두르는, 초자연적인 성격의 원형들에 사로잡힌 개인들이 상당수 등장하기 마련이다. 이 사로잡힘의 상태는 거의 예외 없이 원형에 사로잡힌 사람이 자신의 무의식의 원형적인 내용물과 자신을 동일시한다는 사실에 의해 확인된다. 그럼에도 그들은 자신에게 강요되고 있는 역할이 아직 이해해야 하는 새로운 내용물의 효과라는 것을 깨닫지 못한다. 그래서 그들은 그 내용물을 자신의 삶을 통해 구체적으로 보여주고, 그리하여 그들은 예언자나 개혁가가 된다.

26 문예 부흥기에 활동한 독일계 스위스 연금술사(1493-1541).

그리스도의 드라마의 원형적인 내용물이 많은 사람들의 불편하고 소란스럽던 무의식을 만족스럽게 표현할 수 있었다는 점에서 보면, '만인의 합의'(consensus omnium)가 이 드라마를 보편적인 어떤 진리로 끌어 올렸다고 할 수 있다. 그 일은 당연히 판단 행위에 의해서가 아니라, 그보다 훨씬 더 효과적인 사로잡힘이라는 비합리적인 사실에 의해서 이뤄졌다. 따라서 예수는 모든 사람을 사로잡겠다고 위협하는 그 원형적인 힘들에 맞서는 수호자의 이미지 또는 부적이 되었다.

희소식이 선언되었다. "그 일이 일어났지만, 너희가 하느님의 아들인 예수 그리스도를 믿는 이상 너희들에게는 그 일이 일어나지 않으리니!" 그럼에도 그 일은 내면에서 기독교의 지배력이 붕괴하고 있는 모든 사람에게 일어날 수 있었고, 지금도 일어나고 있으며, 미래에도 일어날 것이다. 이런 이유로, 의식적인 삶의 지배적인 요소들에 만족하지 못하고 비밀리에 일탈의 경로를 따르다가 자신의 파괴나 구원을 초래하면서, 그 영원한 뿌리들을 직접 경험할 길을 찾아나서는 사람들이 언제나 있었다. 그들은 늘 꿈틀대고 있는 무의식적 정신의 유혹을 따르면서 자신이 예수처럼 광야에 서 있는 것을 발견한다. 그들은 거기서 어둠의 자식에 맞서고 있다. 따라서 옛날의 어느 연금술사는 이렇게 기도한다. 그는 성직자나 다를 바가 없다. "우리의 마음속의 끔찍한 어둠을 추방해주시고, 우리의 감각들을 위해 불을 붙여주소서!" 이 문장의 저자는 그 작업의 첫 단계인 '니그레도'(nigredo)[27]를 거치고 있었음에 틀림없다. 이 단계는 연금술에서 "우울증"으로 느껴졌으며, 심리학에서는 그림자와의 조우에 해당한다.

그러므로 현대의 심리 치료가 집단 무의식 속의 활성화된 원형들을 한

---

27 '흑화'(黑化)로 번역되며 부패 작용이나 분해 작용을 뜻한다. 많은 연금술사들은 이것을 연금술의 첫 단계로 보았다.

<그림 3> 연금술 작업의 상징 – 'Hermaphroditisches Sonn- und Mondskind'(1752)

번 더 만날 때, 그것은 단지 중대한 종교적 위기를 맞을 때마다 종종 관찰되었던 현상의 반복에 불과하다. 물론 그런 현상은 지배적인 사상들이 그의미를 잃어버린 개인들의 내면에서도 일어날 수 있다. 이것을 보여주는 한 예가 '파우스트'에 묘사된, 지옥으로의 하강이며, 그것은 의식적으로나 무의식적으로 연금술 작업과 비슷하다.

그림자에 의해 소환된 상반된 것들의 문제는 연금술에서 중요한, 아니 결정적인 역할을 한다. 왜냐하면 그것이 그 작업의 최종 단계에서 '히에로스가모스'(hierosgamos)[28], 즉 "화학적 결혼"이라는 원형적인 형식으로 상반된 것들의 결합을 낳기 때문이다. 여기서 최고의 상반된 것들, 즉 (중국의 양과 음처럼) 남자와 여자가 모든 반대가 제거된, 따라서 부패할 수 없는 하나의 통합으로 녹는다. 물론, 이것을 위한 전제 조건은 연금술사가 그 작업 과정에서 형상들과 자신을 동일시하지 않고 그들을 객관적이고 비

---

28 그리스 단어 'hieros'와 'gamos'를 결합한 단어로 남신과 여신 사이의 '신비의 결혼' 또한 '신성한 의식'을 의미한다.

개인적인 상태로 남겨둬야 한다는 것이다. 연금술사가 자신의 실험실에서 작업을 벌이는 한, 그는 심리학적으로 말해 유리한 입장에 설 수 있었다. 그가 작업 과정에 나타나는 원형들과 자신을 동일시할 기회가 전혀 없었기 때문이다. 원형들이 나타나는 즉시 모두 화학 물질로 투사되었으니까.

이 같은 상황의 불리한 점은 연금술사가 부패하지 않는 물질을 하나의 화학적 산물로 나타내도록 강요 받는다는 점이었다. 이것은 불가능한 과제였으며, 그 같은 사실은 결국 연금술의 몰락으로 이어졌다. 실험실에서 화학이 연금술을 대신하게 된 것이다. 그러나 그 과정의 정신적인 부분은 사라지지 않았다. 우리가 '파우스트'의 예와, 현대의 무의식의 심리학과 연금술의 상징체계 사이의 두드러진 연결에서 확인할 수 있듯이, 그 부분은 새로운 해설가들을 사로잡았다.

<그림 4> 카오스에서 시작하여 피닉스의 탄생으로 끝나는 상징적인 과정을 나타낸 그림. –
Title page, Béroalde de Verville, 'Le Tableau des riches inventions' or 'Le Songe de
Poliphile'(1600)

2부

개인의 꿈 상징체계와
연금술의 관계

– 꿈을 꿀 때 작용하는 무의식적 과정들에 관한 연구

<그림 5>
변형 중인 7명의 처녀들. Béroalde de Verville', Le Songe de Poliphile'(1600)

:

1장

서문

:

1. 자료

꿈들에 나타나는, 개성화 과정의 상징들은 중앙으로 모이는 과정, 즉 인격
의 새로운 중심을 낳는 과정을 묘사하는, 원형적인 성격의 이미지들이다.
이 과정에 관한 일반적인 생각은 나의 에세이 '자아와 무의식의 관계들'
(The Relations between the Ego and the Unconscious)로부터 얻을 수 있다. 거
기서 언급한 몇 가지 이유들 때문에, 나는 이 중심을 "자기"(self)라고 부른
다. 이 자기는 정신의 전체성으로 이해되어야 한다. 자기는 중심일 뿐만 아
니라 의식과 무의식 둘 다를 포용하는 완전한 원주이기도 하다. 자기는 이
전체성의 중심이다. 자아가 의식의 중심인 것과 마찬가지이다.

　지금 논하고 있는 상징들은 개성화 과정의 다양한 단계와 변형과 관계있
는 것이 아니라, 새로운 중심이 의식 속으로 들어올 때 바로 그 중심을 직

접적이고 배타적으로 가리키는 이미지들과 관계가 있다. 이 이미지들은 내가 만다라 상징체계라고 부르는 명확한 카테고리에 속한다. 리하르트 빌헬름(Richard Wilhelm)과 함께 발표한『황금 꽃의 비밀』(The Secret of the Golden Flower)에서, 나는 이 상징체계를 꽤 상세하게 묘사했다.

현재의 연구에서 나는 어느 개인이 내놓은 일련의 그런 상징들을 시간 순으로 제시하고 싶다. 자료는 과학 교육을 잘 받은 젊은 남자가 제시하는 1,000개 이상의 꿈과 환상들로 이뤄져 있다. 이 연구의 목적을 위해서 나는 거의 10개월에 달하는 기간에 나온, 첫 400개의 꿈과 환상을 분석했다. 개인적인 영향을 피하기 위해서, 나는 나의 제자 한 사람에게, 당시에 초심자였던 여자 의사에게 그 과정을 관찰하는 과제를 맡겼다. 관찰은 4개월 동안 이어졌다. 그 다음에는 그 꿈들을 꾼 젊은이가 3개월 동안 홀로 관찰을 계속했다. 관찰이 시작되기 전에 짧은 시간의 면담을 제외하고, 나는 첫 8개월 동안 그 젊은이를 전혀 만나지 않았다. 따라서 꿈들 중에서 355개는 나와 개인적 접촉이 전혀 없는 가운데서 꾼 것이었다. 마지막 45개의 꿈만이 나의 관찰 하에서 일어난 것이었다. 당시에 언급할 만한 가치가 있는 해석이 전혀 시도되지 않았다. 왜냐하면 꿈을 꾼 사람이 과학적 훈련과 능력이 훌륭했던 덕분에 어떤 도움도 필요로 하지 않았기 때문이다. 따라서 편향 없는 관찰과 기록에 이상적인 조건이 갖춰졌다.

먼저, 나는 최초의 꿈 22개 중에서 발췌한 내용을 제시할 것이다. 목적은 만다라 상징체계가 어떻게 매우 일찍부터 나타나서 그 꿈 자료의 나머지에 깊이 박히게 되는지를 보여주기 위해서이다. 이어서 나는 특별히 만다라를 가리키는 꿈들을 시간 순으로 고를 것이다.

약간의 예외를 제외하고, 모든 꿈들은 중요한 생각을 담고 있는 부분을 발췌하거나 전체 텍스트를 압축하는 방식으로 요약되었다. 이 단순화 과정은 꿈들의 길이를 줄여주었을 뿐만 아니라, 미묘한 이유로 배제할 필요가 있는 개인적 암시들과 골칫거리들을 제거해 주었다. 다소 의문스런 이런 간섭에도 불구하고, 나는 신중과 지혜를 최대한 발휘하면서 의미의 자의적 왜곡을 피하려 노력했다. 이 말은 나의 해석에도 그대로 적용되어야 한다. 그래서 꿈들의 일부 단락들이 간과된 것처럼 보일 수도 있다. 만약에 내가 이런 희생을 치르지 않고 전체 자료를 전적으로 완전하게 지켰다면, 아마 나는 이 일련의 꿈들을 공개할 수 있는 입장이 되지 못했을 것이다. 그럼에도 나의 의견에는 이 일련의 꿈들이 이해력이나 명쾌함, 일관성에서 별다른 훼손을 겪지 않은 것 같다. 따라서 여기서 내가 그 "저자"에게 과학에 기여한 부분에 대해 감사를 표시하는 것이 나에게는 특별한 기쁨이 되고 있다.

2. 방법

글과 강연에서, 나는 객관적인 정신, 달리 말해 "무의식"의 분석과 해석에 관한 한 선입견을 모두 포기해야 한다고 언제나 주장해 왔다. 우리는 꿈들과 관련해서 별다른 문제없이 연역적인 방법을 사용할 수 있게 하는 그런 일반적인 이론을 아직 갖고 있지 못하다. 그것은 우리가 의식으로부터 연역적으로 결론을 끌어낼 수 있는 일반적인 이론을 갖고 있지 못한 것이나 마찬가지이다.

주관적인 정신, 즉 의식의 표현들을 예측할 수 있는 확률은 극히 낮으며, 그 표현들 사이에 필히 인과적 연결이 존재한다는 것을 확실히 증명할 수 있는 이론적 논거도 전혀 없다. 반대로, 우리는 의식적인 정신의 복잡한 작용과 반작용과 관련해서는 거의 "운"이나 다름없는 수준에서 자의적으로 짐작해야 한다. 마찬가지로, 무의식의 표현들에는 똑같은 말이 적용되지 않는다고 가정할 경험적인 근거도 전혀 없으며 이론적인 근거는 더더욱 없다. 무의식도 의식만큼 다양하고, 예측 불가능하고, 자의적이며, 따라서 무의식은 다양한 접근법에 노출되어 있음에 틀림없다. 의식적인 발언의 경우에, 다행히 우리는 그 목적을 분명히 인식할 수 있는 내용물을 직접 눈으로 확인할 수 있는 입장에 선다. 그러나 "무의식적" 표현들의 경우에 언어라는 표현에 어울리는, 방향성을 보이거나 적합한 언어가 전혀 없다. 단지 의식의 내용물과 아주 약한 연결만을 갖는 것 같은 정신적 현상만 있을 뿐이다.

만약 의식적 정신의 표현들이 이해되지 않는다면, 우리는 그것들이 무엇을 의미하는지에 대해 언제나 물을 수 있다. 그러나 객관적인 정신은 의식적인 정신에게도 낯선 그 무엇이다. 그러므로 우리는 단편적인 텍스트나 미지의 단어들을 담고 있는 텍스트를 판독하는 데 사용할 방법을 채택하지 않을 수 없다. 맥락을 조사해야 하는 것이다. 미지의 단어의 의미는 그 단어가 등장하는 일련의 단락들을 비교할 때 분명하게 드러날 수 있다.

꿈-내용의 심리적 맥락은 그 꿈이 자연스럽게 박혀 있는 연상들의 거물망(網) 안에 존재한다. 이론적으로 이 연상들의 망에 대해 사전에 그 어떤 것도 알지 못하지만, 실제로 보면 충분히 긴 경험만 갖춰진다면 그것도 간혹 가능하다. 그렇다 하더라도, 주의깊은 분석은 절대로 기술적인 규칙들에 지나치게 의존하지 않을 것이다. 기만과 암시의 위험이 너무나 크기 때문이다.

특히 단발적인 꿈들을 대상으로 한 분석에서, 이런 식으로 미리 알거나 실질적인 기대나 일반적인 확률을 근거로 가정하는 것은 분명히 잘못이

<그림 6> 어머니 형상이 운명의 여신들을 감독하고 있다. – Thenaud, "Traité de la cabale" (MS., 16th cent.)

다. 그러므로 모든 꿈들을, 그리고 어느 한 꿈의 모든 부분을 시작 단계에서 미지의 것으로 받아들이고, 맥락을 조심스럽게 파악한 뒤에야 해석을

시작하는 것이 절대적인 원칙이 되어야 한다. 그런 다음에, 그런 식으로 발견한 의미를 꿈 자체의 텍스트에 적용할 수 있으며, 그것이 부드러운 해석을 낳는지, 혹은 거기서 만족스런 어떤 의미가 나오는지 봐야 한다.

그러나 어떤 상황에서도 이 의미가 우리의 주관적인 예상들 중 어느 것과 딱 맞아떨어질 것이라고 기대하지 못한다. 이유는 꿈이 우리가 예상하는 것과 놀랄 만큼 많이 다른 것을 말하는 경우가 꽤 잦기 때문이다. 실은 우리가 꿈에서 발견한 의미가 우리의 예상과 우연히 일치한다면, 그거야말로 의문을 품어야 할 이유이다. 왜냐하면 대체로 무의식의 관점이 의식과 보완적이거나 보상적인 관계에 있으며, 따라서 의외로 "다르기" 때문이다. 나는 '같은 방향을 향하는' 꿈들, 즉 그 의미가 의식적인 태도와 일치하거나 의식적인 태도를 뒷받침하는 그런 꿈들의 가능성을 부정하지 않지만, 적어도 나의 경험에 비춰 보면 그런 꿈들은 드물다.

현재의 연구에서 내가 채택한 방법은 꿈 해석의 이 같은 기본적인 원리와 정반대인 것처럼 보인다. 마치 맥락에 대한 최소한의 고려도 없이 꿈들이 해석되고 있는 것처럼 보인다. 그리고 이 시리즈 속의 꿈들이 (앞에서 언급한 바와 같이) 나의 관찰 하에 꾼 것이 아니라는 점을 감안한다면, 나는 사실 맥락을 전혀 고려하지 않았다. 나는 마치 나 자신이 그 꿈들을 꾼 것처럼, 따라서 마치 맥락을 제공할 수 있는 것처럼 앞으로 나아간다.

만약에 이 절차가 내가 개인적으로 모르는 누군가의 개별적인 꿈에 적용된다면, 그것은 정말로 엄청난 기술적 실수일 것이다. 그러나 여기서 다루고 있는 꿈은 별도의 단발적인 꿈들이 아니다. 그 꿈들은 일관성 있는 시리즈를 이루고 있으며, 그 과정에 의미가 점진적으로, 어느 정도 저절로 풀려나올 것이다. 그 시리즈는 그 꿈들을 꾼 사람 본인이 직접 제공하고 있는 맥락이다. 그것은 하나의 텍스트가 아니라 많은 텍스트들이 우리 앞에 놓여 있는 것과 같다. 또 그 많은 텍스트들은 미지의 조건들 위로 사방에서 빛을 비추고 있다. 그렇기 때문에 모든 텍스트들을 한 번 읽고 나면 각각의 개별적인 텍스트에 있는 어려운 단락들의 뜻을 충분히 분명하게 밝힐 수 있다. 게다가, 3장에서 우리는 다양한 원천을 통해서 오랫동안 알고 있었던 명확한 어떤 원형, 말하자면 만다라에 관심을 두고 있다. 이 부분은 그 해석을 상당히 용이하게 만든다. 물론, 각각의 개별적인 단락의 해석은 상당 부분이 추측이지만, 그 시리즈는 대체로 앞의 단락에서 범한 오류들을 바로잡는 데 필요한 단서들을 모두 제시한다.

이 일련의 꿈들을 꾼 사람이 나의 제자의 관찰 대상이 되었던 동안에, 그는 이런 해석들에 대해 아무것도 몰랐으며, 따라서 다른 사람의 의견에 영향을 받지 않는 상태로 지낼 수 있었다. 더욱이, 폭넓은 경험을 근거로, 나는 예단의 가능성과 위험이 과장되고 있다는 견해를 갖고 있다. 우리의 경험은 객관적인 정신이 대단히 독립적이라는 점을 보여주고 있다. 그렇지 않다면, 객관적인 정신이 가장 특징적인 기능을, 즉 의식적인 정신을 보상하는 기능을 제대로 수행할 수 없을 것이다.

의식적인 정신은 한 마리 앵무새처럼 훈련 받는 것을 허용하지만, 무의식적 정신은 그렇지 않다. 그것이 성 아우구스티누스(St. Augustinus)가 자신의 꿈에 대해 책임을 지지 않게 해 준 신에게 감사를 표했던 이유이다. 무의식은 자율적인 정신적 실체이며, 무의식을 훈련시키려는 노력은 어떤 것이든 오직 겉으로만 성공할 뿐이며, 게다가 그런 노력은 의식에 해롭다. 무의식은 주관적이고 자의적인 통제의 범위 밖에 있으며, 계속 거기에 남아 있다. 그곳은 자연과 자연의 비밀들이 향상되지도 않고 왜곡되지도 않는 영역이며, 우리가 들을 수는 있지만 간섭하고 나서지는 못하는 그런 곳이다.

<그림 7> 아이온(영겁)의 상징으로서, 우로보로스. Horapollo, 'Selecta hieroglyphica' (1597)

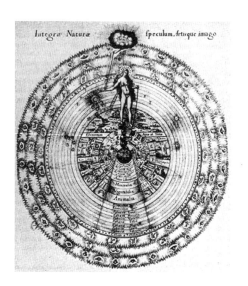

<그림 8> 인류의 안내자인 세계 영혼. 그녀 자신은 신의 안내를 받는다. – Engraving by J. T. de Bry, from Fludd, 'Utriusque cosmi'(1617)

2장

초기의 꿈들

#1. 꿈:

꿈을 꾸는 사람이 사교 모임에 참석하고 있다. 그가 그곳을 떠나면서 자기 모자가 아닌 남의 모자를 쓴다.

모자는 머리를 덮는 것으로서 일반적으로 머리(head)를 축약적으로 나타내는 그 무엇이라는 일반적인 의미를 갖는다. 우리가 요약하면서 생각들을 "하나의 항목(head) 아래"에 놓듯이, 그 모자는 일종의 주도하는 사상으로서 전체 인격을 보호하고 인격에 자체의 중요성을 부여한다. 대관식은 통치자에게 태양의 신성한 본성을 부여하고, 박사의 모자는 학자에게 존엄을 부여하고, 이방인의 모자는 어떤 낯선 인격을 전한다.

메이링크(Gustav Meyrink)는 소설 '골렘'(The Golem)에서 이 주제를 다루고 있다. 이 작품 속에서 주인공은 아타나시우스 페르나트의 모자를 쓰며, 그 결과 이상한 경험에 연루된다. '골렘'에서 주인공이 공상적인 모험에 연루되게 만드는 것이 무의식이라는 것은 충분히 분명하다. 당장 골렘과 유사한 점의 중요성을 강조하고, 꿈속의 모자가 덧없고 "우연적이고" 죽을 운명을 타고난 인간과 뚜렷이 구분되는 존재로서, 불멸이고 시간을 초월하고 보편적이고 영원한 아타나시우스 같은 인간의 모자라고 가정해 보자. 머리를 둘러싸고 있는 모자는 왕관의 태양 원반처럼 둥글며, 따라서 첫 번째 만다라 암시를 포함하고 있다. 영속이라는 속성은 아홉 번째 만다라 꿈에서 확인될 것이다. 한편, 모자의 만다라 성격은 서른다섯 번째 만다라 꿈에서 드러난다. 모자를 바꿔 쓰는 행위의 일반적인 결과로서, '골렘'에 나타나는 전개와 비슷한 어떤 발달을 예상할 수 있다. 바로 무의식의 출현이다. 그런 형상들을 갖춘 무의식이 이미 꿈을 꾼 사람의 뒤에 그림자처럼 서서 의식 속으로 들어갈 길을 열려고 압박을 가하고 있다.

#2. 꿈:

꿈을 꾸는 사람이 철도 여행을 하고 있다. 그는 차창 앞에 섬으로써 동료 여행객들이 밖을 보지 못하도록 막고 있다. 그는 그들의 시야에서 빠져 나와야 한다.

그 과정이 움직이기 시작하고 있으며, 이 꿈을 꾸는 사람은 자신이 자기 뒤에 서 있는 사람들로부터 빛을 차단하고 있다는 사실을 깨닫고 있다. 아마 그의 뒤에 선 사람들은 그의 인격의 무의식적 구성 요소들일 것이다. 우리는 뒤에 눈을 전혀 갖고 있지 않다. 따라서 "뒤"는 보이지 않는 것, 무의식의 영역이다. 만약 꿈을 꾸는 사람이 창문(의식)을 가리는 것을 멈추기만 한다면, 무의식적 내용물이 의식적인 것이 될 것이다.

#3. 잠 들기 직전의 환상:

바닷가에 있다. 바닷물이 육지로 부서지며 올라온다. 모든 것이 홍수에 빠진다. 그때 꿈을 꾸는 사람은 외딴 섬에 앉아 있다.

바다는 집단 무의식의 상징이다. 왜냐하면 햇살에 반짝이는 수면 아래에 짐작하지 못할 만큼 깊은 곳들이 숨어 있기 때문이다. 뒤에 서 있는 사람들, 그러니까 무의식의 그림자 같은 화신(personification)들이 홍수처럼 의식의 단단한 땅 위로 폭발하듯 밀려왔다. 그런 침범들은 그 화신들에 관한 기괴한 무엇인가를 갖고 있다. 왜냐하면 그 화신들이 관련 당사자에게 불합리하고 이해가 되지 않기 때문이다. 그 침범들은 그 사람의 인격에 중요한 어떤 변화를 초래한다. 이유는 그 침범들이 즉시 고통스런 개인적인 비밀이 되고, 그것이 그를 주변 환경으로부터 분리시킬 것이기 때문이다. 그것은 우리가 "누구에게도 말할 수 없는" 그 무엇이다.

그러면 우리는 정신적으로 비정상이라는 비난을 듣게 되지 않을까 하고 두려워한다. 전혀 근거 없는 걱정도 아니다. 그와 아주 똑같은 일이 괴짜들에게 일어나고 있으니까. 그렇다 하더라도, 그런 침범을 직관적으로 인식하는 것과 그 침범에 병적으로 흠뻑 젖어버리는 것 사이에는 하늘과 땅 만큼의 차이가 있다. 그래도 평범한 사람은 이 차이를 제대로 깨닫지 못한다. 어떤 비밀에 의한 고립은 대체로 타인들과의 접촉의 상실을 대체하는 대용품 같은 것으로서, 정신적 대기(大氣)의 고무를 낳는다. 그 고립은 무의식의 활성화를 야기하고, 그것은 사막의 외로운 방랑자들이나 뱃사람들, 성자들을 괴롭히는 착각이나 환각과 비슷한 무엇인가를 낳는다.

이 현상들의 메커니즘은 에너지의 측면에서 가장 잘 설명될 수 있다. 우리가 이 세상의 대상들과 맺는 정상적인 관계들은 전반적으로 일정 양의 에너지 소비에 의해서 유지된다. 대상과의 관계가 끊어지면, 거기에는 에너지의 "정체"가 일어나고, 이 에너지는 동등한 어떤 대체물을 창조한다. 예를 들면, 피해망상증이 불신으로 훼손된 어떤 관계에서 비롯되듯이, 환경의 정상적인 활기의 한 대체물로서, 가공의 어떤 현실이 나타나고, 거기서는 사람들 대신에 귀신같은 섬뜩한 그림자들이 휙휙 돌아다닌다. 그것이 원시인이 한적하고 황량한 장소에 "악마"와 그 비슷한 유령들이 자주 나타난다고 언제나 믿었던 이유이다.

#4. 꿈:

꿈을 꾸는 사람이 한 무리의 흐릿한 여자 형태들에게 둘러싸여 있다. 그의 안에서 어떤 목소리가 말하고 있다. "먼저, 나는 아버지로부터 벗어나야 해."

여기서 정신적 대기가 중세였다면 '숙쿠부스'(succubus)[29]라고 불렸을 것에 의해 고무되고 있다. 우리는 플로베르(Gustave Flaubert)가 '성 안토니오스의 유혹'에서 너무도 박식하게 묘사한 이집트의 성 안토니오스(Anthonios)의 환상들을 떠올린다. 환각의 요소는 그 생각이 큰 소리로 나온다는 사실에서 저절로 모습을 드러내고 있다. "먼저, 나는 벗어나야 해."라는 단어들은 "…을 하기 위해서"라는 말로 시작하는 결론적인 문장을 요구한다. 아마 그 문장은 "무의식, 즉 매혹적인 여자의 형태들을 따르기 위해서"(그림 9)로 이어질 것이다.

---

29   민간전승에 여자의 형태로 나타나 남자들, 특히 성직자들과 성적 관계를 갖는 것으로 전해지는 악마를 일컫는다.

종교나 삶의 일반적인 철학에서 표현되는 바와 같이, 전통적인 정신의 구현인 아버지가 그의 길에 서 있다. 아버지는 이 꿈을 꾸는 사람을 의식적인 정신의 세계와 그 세계의 가치들 안에 가두고 있다. 주지주의와 합리주의가 두드러진 특징인 전통적인 남자의 세계가 하나의 장애처럼 느껴진다. 그것을 근거로, 지금 그에게 다가서고 있는 무의식이 의식적인 정신의 경향들과 정면으로 맞서고 있다고, 또 그 같은 반대에도 불구하고 이 꿈을 꾸는 사람은 이미 무의식 쪽으로 경도되고 있다고 결론을 내려야 한다. 이런 이유로, 무의식은 의식의 합리적인 판단에 종속되면 안 된다. 그보다 무의식은 하나의 독자적인 경험이 되어야 한다.

그 지식인이 이것을 받아들이는 것은 당연히 쉽지 않은 일이다. 그렇게 하려면 지성을 전부는 아니더라도 적어도 일부는 희생시켜야 하기 때문이다. 더욱이, 이런 식으로 제기되는 문제는 현대인이 이해하기에 대단히 어렵다. 이유는 무엇보다 현대인이 무의식을 의식적인 정신의 부차적인 종속물로만 이해할 수 있을 뿐, 나름의 법칙들을 갖고 있는 경험의 특별한 영역으로 보지 못하기 때문이다.

이후의 꿈들이 전개되는 과정에, 이 갈등이 거듭 나타날 것이다. 그러다 보면 최종적으로 의식과 무의식의 상관관계를 정확히 밝혀줄 공식이 발견되고, 인격은 그 둘 사이에 서야 할 정확한 자리를 확보하게 될 것이다. 게다가, 그런 갈등은 이해력으로는 해결될 수 없으며 오직 경험에 의해서만 해결될 수 있다. 경험의 모든 단계는 우리 모두가 직접 몸으로 겪어야 한다. 그 어려움을 우회하게 할 해석이나 다른 묘책은 절대로 있을 수 없다. 이유는 의식과 무의식의 결합이 오직 단계를 밟아서만 성취될 수 있기 때문이다.

<그림 9> 잠자고 있는 왕을 깨우는 것이 파리스의 심판[30] 같은 것으로 묘사되고 있다. 영혼을 저승으로 인도하는 역할을 하는 헤르메스가 보인다. – Thomas Aquinas(pseud.), "De alchimia"(16th cent.)

의식적 정신이 무의식에 저항하고 무의식을 평가 절하하는 현상은 인간 정신의 발달에서 역사적 필연이었다. 만약 그런 현상이 없었더라면, 의식

---

30   파리스가 헤라와 아프로디네, 아테네를 놓고 가장 아름다운 여신을 고르게 된 것을 말한다. 그리스 신화에서 트로이 전쟁의 발단이 된 사건이다.

적 정신은 절대로 분화를 이루지 못했을 것이다. 그러나 현대인의 의식은 무의식의 사실로부터 지나치게 멀리 벗어난 상태에서 떠돌고 있다. 우리 현대인은 심지어 정신이 우리가 설계한 것이 절대로 아니며 대부분이 자율적이고 무의식적이라는 사실까지 망각해 버렸다. 그 결과, 무의식의 접근은 문명화된 사람들의 내면에도 패닉에 가까운 공포를 불러일으키게 되었다. 이유는 부분적으로 현대인이 무의식을 광기와 비슷한 것으로 보기 때문이다.

지성은 무의식을 하나의 수동적인 대상으로 "분석하는" 데엔 전혀 반대하지 않는다. 반대로, 그 같은 활동은 우리 현대인의 합리적인 기대들과 일치할 것이다. 그러나 무의식이 제 갈 길을 가도록 내버려두거나, 무의식을 하나의 실체로 경험하는 것은 평균적인 유럽인의 용기와 능력을 넘어서는 일이다. 평균적인 유럽인은 그냥 이 문제를 이해하지 않는 쪽을 선호한다. 정신이 허약한 사람에게는 그것이 더 나은 경로이다. 이유는 그 문제가 위

<그림 10, 11, 12> 왼쪽부터 멜루시나, 머리가 두 개인 멜루시나, 가면을 가진 인어. – Eleazar, 'Uraltes chymisches Werk'(1760)

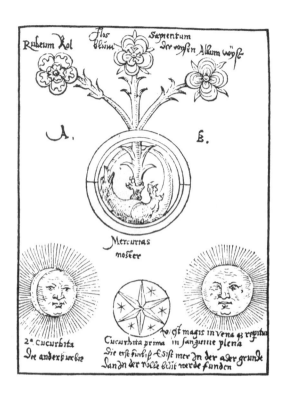

<그림 13> 연금술 과정의 원재료로서, "꼬리를 먹는 존재"(우로보로스). 지혜의 꽃인 빨갛고 흰 장미와 함께 있다. 아래를 보면 해와 달이 결합하고, 그 아들로 철학자의 돌이 있다. – Reusner, 'Pandora'(1588)

험을 수반하지 않는 것은 아니기 때문이다.

무의식의 경험은 오직 극소수에게만, 그것도 아주 어렵게만 전달될 수 있는 개인적인 비밀이며, 따라서 앞에서 지적한, 개인을 고립시키는 효과를 낳는다. 그러나 고립은 정신적 대기(大氣)에 보상적인 어떤 생기를 초래하는데, 이것이 우리에게 기분 나쁘게 다가온다. 이 꿈에 등장하는 형상들은 여자이며, 따라서 무의식의 여성적인 본질을 가리키고 있다. 그들은 외로운 방랑자의 혼을 빼놓고 길을 잃게 만드는, 요정이거나 매혹적인 사이렌[31]이거나 마녀(그림 10, 11, 12. 그림 157 참조)이다. 마찬가지로 유혹적인 처녀들은 '폴리필로'(Poliphilo)의 '네키야'(nekyia)[32]의 시작 부분에 등장하며, 파라켈수스의 멜루시나[33]도 또 하나의 그런 형상이다.

#5. 환상:

한 그루 나무처럼 땅에 깊이 뿌리를 내리고 서 있는, 꿈을 꾸는 사람의 주위로 뱀 한 마리가 원을 그리고 있다.

마법의 원(그림 13)을 그리는 것은 마음속에 특별하거나 은밀한 목표를 품고 있는 사람이라면 누구나 이용하는 오래된 마법의 장치이다. 그 사람은 그렇게 함으로써 밖으로부터 위협하면서 어떤 비밀에 의해 고립된 사람이면 누구든 공격하는 "영혼의 위험들"로부터 스스로를 보호한다. 아주 오랜 옛날부터 어떤 장소를 신성하고 침범 불가능한 곳으로 정하기 위해 그와 똑같은 절차가 이용되었다. 예를 들면, 도시를 건설할 때 사람들은 가장 먼저 '최초의 도랑'(sulcus primigenius)(그림 31 참조)을 만들었다.

이 꿈을 꾸는 사람이 중앙에 뿌리를 내린 상태에 서 있다는 사실은 무의식으로부터 달아나기를 원하는, 누르기가 거의 불가능한 욕망에 대한 어떤 보상이다. 그 사람은 이 환상을 본 뒤에 푸근한 안도의 감정을 경험했다. 꽤 적절한 경험이다. 왜냐하면 그가 보호 받는 성역, 말하자면 무의식

---

31 그리스 신화에서 아름다운 목소리로 뱃사람을 유혹하여 죽게 하는 바다의 요정을 일컫는다.

32 단어의 뜻은 고대 그리스의 숭배에서 귀신들을 불러내어 미래에 대해 묻는 의례를 말한다.

33 유럽의 민간전승에서 강물의 여자 정령으로 나온다.

을 만날 수 있는 터부 지역을 확보하는 데 성공했기 때문이다. 그 전까지 너무나 기이했던 그의 고립이 이제는 의미와 목적을 지니게 되고, 따라서 그 공포를 떨쳐버리게 되었다.

#6: #5의 환상과 직결되는 환상:

베일을 쓴 어떤 여자 형상이 층계에 앉아 있었다.

미지의 여인이라는 주제가 여기서 처음 등장한다. 이런 여인을 부르는 전문적인 이름은 "아니마"이다. 꿈 #4에서 무리 지어 나타난 희미한 여자들의 형태처럼, 그녀는 고양된 정신적 대기의 한 화신이다. 지금부터 미지의 여인이라는 형상이 많은 꿈에서 지속적으로 다시 나타난다. 화신은 언제나 무의식의 자율적인 어떤 활동을 의미한다. 만약에 인격을 갖춘 어떤 형상이 나타난다면, 무의식이 점점 활동적으로 움직이기 시작하고 있다고 확신해도 좋다.

그런 형상들의 활동은 종종 예고적인 성격을 지닌다. 꿈을 꾸는 사람 자신이 훗날 하게 될 무엇인가가 지금 꿈속에서 미리 행해지고 있는 것이다. 이 꿈의 경우에 암시는 어떤 계단을 가리키고 있다. 말하자면 상승 또는 하강이 예상된다(그림 14).

이런 종류의 꿈들이 거치고 있는 과정과 역사적으로 유사한 것이 성년식의 의례들에서 발견되기 때문에, 특히 아풀레이우스(Apuleius)를 통해 알고 있듯이, 일곱 행성들의 층계(Stairway of the Seven Planets)가 이 의례들에서 맡은 중요한 역할에 관심을 주는 것도 절대로 헛되지 않다. 이미 연금술로 넘쳐나고 있던(예를 들면, 조시모스의 환상들), 고대 후반의 통합주의의 성년식은 특히 상승, 즉 승화라는 주제에 관심을 기울였다. 상승은 종

<그림 14> 야곱의 꿈. Watercolour by William Blake

종 사다리(그림 15)에 의해 표현되었다. 한 예로, 이집트에서는 매장할 때 죽은 자의 혼을 위해 작은 사다리를 부장품으로 묻었다. 예를 들어 피르미쿠스 마테르누스(Firmicus Maternus)[34]를 통해 알고 있듯이, 일곱 개의 행성들을 통한 상승이라는 사상은 영혼이 원래 시작되었던 태양신으로 돌아가는 것을 상징한다. 따라서 아풀레이우스가 묘사한 이시스 신비 의식은 아라비아인들을 거쳐 알렉산드리아의 전통까지 거슬러 올라가는 중세 초기

34 이교의 고전 교육을 받아 그리스어를 잘 했던 라틴어 작가이자 점성가로 A.D. 3세기를 살았다.

의 연금술이 '솔리피카치오'(solificatio)라 부른, 성년식 참가자가 태양신 헬리오스로서 왕관을 쓰는 행사에서 정점에 이르렀다.

<그림 15> 연금술 과정의 단계들을 나타내고 있는 라피스 사다리. – "Emblematical Figures of the Philosophers' Stone" (17th cent.)

#7. 환상:

베일을 쓴 여자가 얼굴을 드러내고 있다. 얼굴이 태양처럼 빛난다.

솔리피카치오가 아니마의 인격에서 절정에 이르고 있다. 그 과정은 '일루미나치오'(illuminatio), 즉 깨달음에 해당하는 것처럼 보일 것이다. 이 같은 "신비한" 생각은 지적 계몽만을 최고 형태의 이해력과 통찰로 인정하는 의식적인 정신의 합리적인 태도와 극적인 대조를 이룬다. 당연히 합리적인 태도는 과학적 지식이 오직 우리 자신의 시대에 속하는, 인격 중 극히 작은 일부만을 충족시킬 뿐, 집단적인 정신, 그러니까 고대의 잿빛 안개 속으로까지 이어지고, 현대의 의식과 결합하려면 언제나 특별한 의식(儀式)을 요구하는 그런 정신을 충족시키지는 못한다는 사실을 절대로 고려하지 않는다. 그러므로 무의식을 "밝히는 일"이 준비되고 있는 것이 분명하다. 이 일은 합리적인 "설명"보다는 깨달음의 성격을 더 강하게 지닌다. '솔리피카치오'는 의식적인 정신으로부터 아주 멀리 떨어져 있으며 의식적 정신에는 거의 황당무계해 보인다.

#8. 환상:

무지개가 다리로 이용되고 있다. 그러나 사람은 무지개 아래로 가야만 하며 위로 가면 절대로 안 된다. 무지개 위를 건너는 사람은 누구든 떨어져 죽을 것이다.

신들만이 무지개 다리들을 안전하게 걸을 수 있다. 죽을 운명을 타고난 인간들은 떨어져 죽음을 맞는다. 왜냐하면 무지개가 하늘에 걸려 있는 사랑스런 외관에 불과하며, 육체를 가진 인간들을 위한 고속도로가 결코 아니기 때문이다. 인간들은 "무지개 밑으로"(그림 16) 통과해야 한다. 그러나 물도 마찬가지로 자신의 경사를 따르며 가장 낮은 곳을 추구하며 다리 밑을 흐른다. 이 암시는 나중에 확인될 것이다.

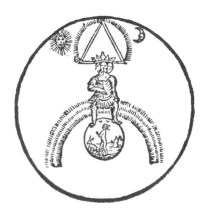

<그림 16> 안트로포스[35]로서, 메르쿠리우스 트리케팔루스(Mercurius tricephalus)[36]. 아래쪽에 눈을 가린 남자가 동물의 안내를 받고 있다. -Kelley, 'Tractatus de Lapide philosophorum'(1676)

#9. 꿈:

많은 양들이 풀을 뜯고 있는 초록색 땅이다. 그곳은 "양들의 땅"이라 불린다.

얼핏 봐서 이해가 잘 되지 않는, 호기심을 자극하는 이 단편적인 조각은 아마 어린 시절의 인상들에서, 특히 그 연결 속에서 찾기가 그리 어렵지 않을 종교적인 성격의 인상들에서 비롯되었을 것이다. 예를 들면, "그가 나를 푸른 풀밭에 눕게 하고"라는 성경 속의 내용이나 양과 목동의 초기 기독교 우화들(그림 18)이 있다. 다음 환상도 같은 방향을 가리키고 있다.

---

35   그노시스주의에서 최초의 인간을 뜻한다.
36   '3개의 머리를 가진 메르쿠리우스'라는 뜻이다.

#10. 환상:

미지의 여인이 양들의 땅에 서서 길을 가리키고 있다.

이미 '솔리피카치오'를 예고했던 아니마가 지금 길을 안내하는 존재로 나타나고 있다(그림 19). 길은 아이들의 땅에서, 말하자면 합리적인 현재의 의식이 역사적인 정신인 집단 무의식으로부터 아직 분리되지 않은 때에 시작한다. 정말로 분리는 불가피하지만, 그 분리는 인류의 새벽의 그 흐릿한 정신으로부터의 소외를 낳고, 이어서 본능의 상실을 부른다. 그 결과가 곧 본능의 퇴화이고, 따라서 인간의 일상적인 상황들에 방향감각의 상실이 일어나게 되었다. 그러나 그 소외로 인해 "어린이들의 땅"은 확실히 유치한 상태로 남을 것이며, 그곳이 유치한 경향들과 충동들의 영원한 원인이 되는 결과가 나타났다.

이 침입들은 당연히 의식적인 정신에 환영 받지 못하며, 의식적인 정신은 바로 그런 이유로 그 침입들을 끊임없이 억압한다. 그러나 지속적인 억압이 그 원천으로부터 더욱더 멀리 소외되는 현상을 낳고, 따라서 본능의 결여가 더욱 심각해진다. 그러다 보면 본능의 결여가 영혼의 결여가 된다. 그 결과, 의식적 정신이 유치함에 흠뻑 젖어버리든가, 아니면 의식적 정신이 그 범람에 맞서 고령의 냉소적인 허세나 적의(敵意) 섞인 체념을 통해 스스로를 지속적으로 지켜야 하지만, 그런 노력은 언제나 헛수고로 드러난다. 그러므로 현재의 의식의 합리적인 태도가 부정할 수 없는 성공을 거두었음에도 불구하고 많은 인간적인 측면에서 유치할 만큼 적응을 이루지 못했으며 생명에 부정적이라는 것을 우리는 깨달아야 한다.

<그림 17> 연금술 장인(또는 헤르메스)이 연금술 작업의 시작인 봄의 충동을 상징하는, 양자리와 황소자리의 양치기로 그려지고 있다. - Thomas Aquinas(pseud.), "De alchimia"(MS., 16th cent.)

생명은 점점 생기를 잃고 갑갑해 하면서 샘의 재발견을 절실히 요구하고 있다. 그러나 그 샘은 의식적인 정신이 거꾸로 힘들게 "어린이들의 땅"으로 돌아가서 거기서 예전처럼 무의식의 안내를 받을 수 있을 때에만 발견될 수 있다. 지나치게 오랫동안 아이로 남는 것도 유치하지만, 어린 시절을 벗어난 후로 그 시절이 우리 눈에 보이지 않는다는 이유로 더 이상 존재하지 않는다고 생각하는 것도 마찬가지로 유치하다. 그러나 만약 "어린이들의 땅"으로 돌아간다면, 우리는 유치해지고 있다는 두려움에 쉽게 굴복한다. 이유는 정신에 기원을 둔 모든 것이 이중적인 얼굴을 갖고 있다는 것

<그림 18> 양치기로서, 그리스도. – Mosaic, mausoleum of Galla Placidia, Ravenna(424?–451)

을 우리가 제대로 이해하지 못하기 때문이다. 정신적인 모든 것은 얼굴 하나를 앞으로 돌리고 있고, 다른 하나를 뒤로 돌리고 있다. 그것은 양면적이며, 따라서 살아 있는 모든 실체처럼 상징적이다.

우리는 어린이처럼 그 경로가 보다 높은 꼭대기들로 이끌 것이라고 믿으면서 의식의 어느 정상에 서 있다. 그것은 비현실적인 무지개 다리이다. 다음 꼭대기에 이르기 위해서 우리는 먼저 길들이 갈라지기 시작하는 땅 속으로 내려가야 한다.

#11. 꿈:
어떤 목소리가 말한다. "그러나 넌 아직 어린애야."

이 꿈은 꿈을 꾸는 사람에게 대단히 분화된 의식도 아직 유치한 것을 결코 마무리하지 않았다는 점을, 그리고 어린 시절의 세계로 되돌아갈 필요가 있다는 점을 인정하라고 강요하고 있다.

#12, 꿈:

아버지와 어머니와 함께 많은 사다리들을 오르내리며 위험한 산책을 하고 있다.

유치한 의식은 언제나 아버지와 어머니와 연결되어 있으며, 절대로 홀로 있지 않는다. 어린 시절로 돌아가는 것은 늘 아버지와 어머니에게로, 부모

<그림 19> 영혼이 안내자로서 길을 보여주고 있다. – Watercolour by William Blake for Dante's 'Purgatorio',

에 의해 표현되고 있는 바와 같이, 나름으로 길고 중요한 역사를 지닌, 정신 중에서 자아 외의 부분(non-ego)으로 돌아가는 것이다. 퇴행은 우리의 역사적, 유전적 요소들로 분열을 초래하며, 우리가 그 요소들의 포옹으로부터 스스로를 해방시키는 것은 오직 엄청난 노력을 기울일 때에만 가능하다. 우리의 정신적 선사(先史)는 중력의 정신이며, 그런 정신은 육체를 떠나서 비현실적이게 된 지성과 달리 마음대로 날아다닐 수 없는 탓에 계단과 사다리를 필요로 한다. 역사적인 결정 요소들의 잡동사니들로 분열되는 것은 그 사람이 길을 잃어버리는 것이나 마찬가지이며, 거기서는 옳은 것까지도 끔찍한 실수처럼 보인다.

앞에서 암시한 바와 같이, 계단과 사다리라는 주제(그림 14, 15 참조)는 위아래로 오가는 정신적 변형의 과정을 가리킨다. 빛과 어둠의 열다섯 개의 계단에서 상승과 하강이 일어나는 조시모스의 환상에서 이를 보여주는 고전적인 예가 발견된다.

지크문트 프로이트(Sigmund Freud)의 연구들이 오래 전에 보여주었듯이, 사람이 어린 시절에 공을 많이 들이지 않고 그 시절로부터 자신을 해방시키는 것은 당연히 불가능한 일이다. 그 해방은 지적인 지식만을 통해서는 성취되지 않는다. 유일하게 효과적인 것이 재경험이기도 한 상기(想起)이기 때문이다.

화살처럼 빠른 세월의 흐름과 새로 발견한 세계의 위압적인 쇄도는 다뤄보지도 못한 자료의 덩어리를 뒤에 남긴다. 우리는 이 자료의 덩어리를 몸으로 떨쳐내는 것이 아니라 단순히 그것으로부터 우리 자신을 제거해 버린다. 그렇기 때문에 몇 년의 세월이 흐른 뒤에 어린 시절의 기억으로 돌아갈 때, 우리는 우리의 인격의 작은 조각들이 여전히 살아 있다는 사실을 발견한다. 이 조각들은 우리에게 착 달라붙으면서 우리를 어린 시절의 감정들로 뒤덮는다. 이 파편들은 여전히 어린 시절의 상태 그대로 남아 있기 때문에 효과 면에서 매우 강력하다. 그것들은 성인의 의식과 다시 결합할 때에만 유치한 양상을 버리고 바로잡아질 수 있을 뿐이다.

이 "개인 무의식"이 언제나 가장 먼저 다뤄져야 한다. 말하자면, 그것이 의식적인 것이 되어야 한다. 그렇게 하지 않으면, 집단 무의식으로 가는 통로가 열릴 수 없다. 아버지와 어머니와 함께 많은 사다리들을 위아래로 오르내리는 여행은 아직 통합되지 않은 유치한 내용물을 의식적인 것으로 만든다는 것을 나타낸다.

#13. 꿈:
아버지가 걱정스럽게 외친다. "그게 일곱 번째야!"

많은 사다리 위를 걷는 동안에, "일곱 번째"로 표현할 수 있는 어떤 사건이 분명히 일어났다(그림 20). 성년식의 언어에서, "일곱"은 최고 단계의 깨달음을 상징하며, 따라서 그것은 모든 욕망이 갈망하는 목표일 것이다(그림 28 참조). 그러나 인습적인 정신에 솔리피카치오는 광기에 가까운 희한하고 신비한 생각으로 다가온다. 우리는 사람들이 그런 식으로 터무니없는 방식으로 생각하는 것은 막연한 미신이 지배하던 암흑의 시대에나 가능했을 뿐이라고, 그리고 우리가 살고 있는 계몽된 시대의 명료하고 무미건조한 사고방식은 오래 전에 그런 모호한 개념들로부터 벗어났기 때문에 그런 특별한 종류의 "깨달음"은 이제 정신 병원에서만 발견된다고 단정한다.

아버지가 겁을 먹고 놀라는 것은 전혀 이상하지 않다. 마치 오리 새끼들을 부화해 놓고는 그 새끼들이 물을 좋아하는 특성 때문에 절망한 암탉처럼. 만약 "일곱 번째"가 깨달음의 최고 단계를 나타낸다는 해석이 맞다면, 그 꿈은 원칙적으로 개인 무의식을 통합시키는 과정이 실제로 끝났다는 것을 의미할 것이다. 그 후로는 집단 무의식이 활동을 시작할 것이고, 이 같은 사실이 아버지가 전통적인 정신의 대표자로서 느끼는 불안을 충분히 설명해 줄 것이다.

그럼에도 불구하고, 무의식의 흐릿한 어스름으로 돌아가는 것은 우리가 선조들의 소중한 획득을, 즉 의식의 지적 분화를 전적으로 포기해야 한다는 것을 의미하지 않는다. 그것은 오히려 지성을 대신하고 있는 인간, 그러니까 꿈을 꾼 사람이 자기 자신에 대해 상상하고 있는 그런 인간이 아니라, 그보다 훨씬 더 세련되고 완전한 인간의 문제이다. 이것은 온갖 종류의 것들을 그의 인격의 영역으로 동화시키는 것을 의미할 것이며, 이 꿈을 꾼 사람은 그 동화를 아직 불쾌하거나 불가능한 것으로 여기며 거부하고 있다. 매우 걱정스럽게 "그게 일곱 번째야!"라고 외치는 아버지는 꿈을 꾸는 사람 본인의 정신적 구성 요소이며, 따라서 그 불안은 그 사람 본인의 불안이다. 그렇다면 그 해석은 "일곱 번째"가 일종의 절정뿐만 아니라 마찬가지로 불길한 무엇인가를 의미할 가능성도 고려해야 한다.

예를 들면, 톰섬(Tom Thumb)[37]과 오우거(Orge)[38]를 소재로 한 동화에서 이 주제를 만난다. 톰섬은 일곱 형제들 중에서 막내이다. 난쟁이 같은 생김새와 잔꾀가 해를 끼치지 않음에도, 그는 형제들을 거인의 굴로 이끄는 존재이다. 그는 그렇게 함으로써 행운과 불운을 초래하는 존재로서 위험한 이중적인 성격을 드러낸다. 바꿔 말하면, 그도 거인이나 다를 바가 없다.

옛날부터 "일곱"은 행성들의 일곱 신들을 표현했다(그림 20). "일곱"은

---

37   영국 전설 속의 인물로 몸이 자기 아버지의 엄지손가락만하다.

38   서양의 전설 또는 신화에 등장하는 인간 형태의 도깨비나 괴물을 말한다.

피라미드의 비문들이 '신들의 일행'이라고 부르는 것을 이룬다(그림 21, 23 참조). 어떤 일행이 "아홉"으로 묘사되더라도, 그 일행은 종종 아홉이 아니고 열인 것으로 드러나고, 심지어 그보다 더 많은 경우도 간혹 있다. 따라서 마스페로(Gaston Maspero)는 숫자 9를 전혀 훼손시키지 않고도 그 일행의 첫 번째 구성원과 마지막 구성원이 보태지거나 두 배가 될 수도 있다는 이야기를 들려주고 있다.

신들이 악마로 강등되어 부분적으로 먼 별들로 물러나고 또 부분적으로 땅 속의 금속들로 물러나던 고대 후기에, 그리스와 로마 또는 바빌로니아의 신들의 전형적인 일행에 그와 비슷한 일이 일어났다. 그때 헤르메스 또는 메르쿠리우스가 이중적인 본성을 갖고 있는 것이, 말하자면 지하의 계시의 신이자 수은의 정령이라는 것이 드러났다. 그런 이유로 메르쿠리우스는 자웅동체로 그려졌다(그림 22). 수성이라는 행성으로서, 그는 태양과 가장 가까우며, 따라서 그는 특별히 금과 관계있다. 그러나 수은으로서 그는 금을 용해시키고 금의 태양 같은 찬란함을 소멸시킨다. 중세 내내 메르쿠리우스는 자연 철학자들의 이해하기 힘든 고찰의 대상이었다. 그는 가끔은 보살피며 도움을 주는 정령이며, 또 가끔은 도망 다니는 노예나 수사슴 같은 존재였다. 그는 수많은 연금술사들을 절망에 빠뜨렸으며 속성들 중 많은 것을 악마와 공유한, 알기 어렵고 기만적이고 괴롭히는 악령이었다. 예를 들어, 그는 가장 중요한 것만을 열거해도, 용이고, 사자이며, 독수리이고, 까마귀이다. 연금술의 계급 조직에서, 메르쿠리우스는 원물질로서 맨 아래에 오고, 철학자의 돌로서 맨 위에 온다. 메르쿠리우스 정령(그림 23)은 연금술사들의 안내자(헤르메스 사이코폼포스: 그림 146 참조)이자, 그들을 유혹하는 사탄이다. 그는 연금술사들의 행운이자 그들의 파괴이다. 그의 이중적인 본성은 그가 일곱 번째뿐만 아니라 여덟 번째가 될 수 있도록 한다. "누구도 생각하지 않았던", 올림포스 산의 여덟 번째 말이다 (197쪽 참조).

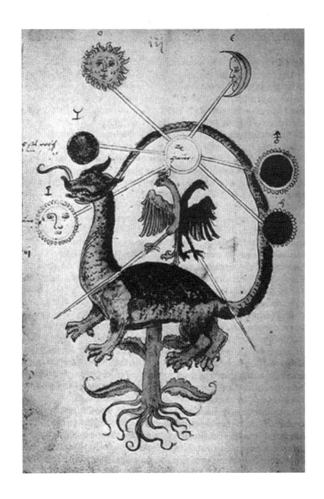

<그림 20> 우로보로스로 그려진 일곱 번째 행성 수성 안에서 통합되고 있는 6개의 행성들과 붉고 흰(자웅동체) 이중의 독수리. – Thomas Aquinas(pseud.), "De alchimia"(16th cent.)

<그림 21> 저승에 모인 행성들의 일곱 신들. – Mylius, 'Philosophia reformata'(1622)

중세의 연금술 같이 아득히 먼 것이 여기서 어떤 관계가 있다는 생각이 독자들에게 이상하게 다가올 수 있다. 그러나 "검은 마술"은 우리가 생각하는 것만큼 그렇게 먼 이야기가 아니다. 왜냐하면 교육을 잘 받은 사람으로서, 이 꿈들을 꾼 사람이 '파우스트'를 읽었을 게 틀림없기 때문이다. '파우스트'는 처음부터 끝까지 연금술적인 드라마이다. 다만 오늘날의 교육받은 사람이 그 같은 사실에 대해 잘 모르고 있을 뿐이다.

의식적인 정신은 모든 것을 이해하는 것과 거리가 멀지만, 무의식은 "옛날부터 있었던 신성한 것들"이 아무리 이상해 보여도 언제나 그것들 쪽으로 눈길을 주고 있으며, 기회가 주어질 때마다 우리에게 그것들에 대해 상기시킨다. 틀림없이 '파우스트'는 이 꿈을 꾼 사람에게 영향을 끼쳤다. 그는 괴테(Johann Wolfgang von Goethe)가 젊은이로서 라이프치히에서 지내던 때 클레텐베르크(Fräulein von Klettenberg)와 함께 파라켈수스를 공부하

<그림 22> "철학자의 알"(연금술 그릇) 속에 들어 있는 메르쿠리우스. 아들로서 그는 이중적인 본질을 나타내는 태양과 달 위에 서 있다. 새들은 정화를 나타내는 반면에, 타는 듯한 태양 광선들은 그릇 속의 호문쿨루스를 성숙시킨다. – 'Mutus liber'(1702)

며 받았던 만큼의 영향을 받았을 것이다. 우리가 충분히 단언할 수 있듯이, 그때 일곱과 여덟의 신비한 등가(等價)가 괴테의 영혼 깊이 가라앉았다. 그의 의식적인 정신이 그 신비를 풀지 않은 가운데서도 말이다. 이어지는 꿈이 이런 식으로 '파우스트'를 떠올리는 것이 그다지 엉뚱하지 않다는 점을 보여줄 것이다.

#14. 꿈:
꿈을 꾸는 사람이 미국에서 수염을 뾰족하게 기른 종업원을 찾고 있다. 그곳 사람들은 모두가 그런 종업원을 두고 있다고 말한다.

미국은 실용적이고 솔직한 사고의 땅이고, 유럽인의 겉꾸밈에 오염되지 않은 땅이다. 그곳에서는 지식인도 종업원으로 매우 현명하게 일한다. 이 것이 당연히 언짢게 들리고, 따라서 심각한 문제로 여겨질 수 있다. 그래 서 모든 이가 (미국에서 언제나 그렇듯) 똑같은 것을 하고 있다는 사실을 아는 것은 위안이 된다. "수염을 뾰족하게 기른 남자"는 파우스트가 "고용 한" 그 전통 있는 우리의 메피스토펠레스이다. 파우스트가 역사적 지층이

<그림 23> 신비의 그릇에서, 아프로디테와 헤르메스의 아들 헤르메스 사이코폼포스(영혼의 길 잡이)를 낳기 위해 두 가지 본질들이 결합하고 있다(태양과 달, 헤르메스의 지팡이). 신비의 그릇 주위로 행성들의 여섯 신이 자리 잡고 있다. – 'Figurarum Aegyptiorum secretarum'(MS., 18th cent.)

켜켜이 쌓인 정신의 시커먼 혼돈 속으로 감히 내려가서 자신을, 부글부글 끓는 가마솥에서 올라오는 생명의 늘 변하는 어두운 측면 속에 깊이 담갔다는 사실에도 불구하고, 메피스토펠레스에게는 최종적으로 파우스트를 이기는 것이 허용되지 않았다.

그 후의 질문들을 통해서, 이 꿈을 꾼 사람 본인이 "수염을 뾰족하게 기른 남자"를 메피스토펠레스의 형상으로 알았다는 사실이 확인되었다. 발명의 재능과 과학적인 경향들뿐만 아니라, 정신의 변덕도 점성술에서 메르쿠리우스의 특성이다. 따라서 뾰족한 수염을 기른 남자는 지성을, 그러니까 그 꿈에 의해 진정한 심부름 정령으로, 다소 위험하더라도 친절한 정령으로 소개되고 있는 지성을 나타낸다. 따라서 지성은 한때 차지했던 최고의 자리에서 강등되어 둘째 줄에 놓이며 동시에 악령으로 불린다. 그렇다고 지성이 그때까지 악령 같은 것은 절대로 아니었다는 뜻은 아니다. 단지 꿈을 꾼 사람이 암묵적으로 최고의 권력으로 인식하던 지성에 자신이 얼마나 깊이 사로잡혀 지내는지를 전에는 깨닫지 못했다는 뜻일 뿐이다.

지금 그는 그때까지 그의 정신적 삶의 지배자로 군림하던 지성이라는 기능을 다소 가까운 거리에서 볼 기회를 갖고 있다. 그가 파우스트처럼 외치는 것도 당연할 것이다. "그렇다면 그것은 푸들의 안에나 들어 있었던 것이지!" 메피스토펠레스는 전체 정신의 계급구조로부터 도망쳐 나와서 지금 독립과 절대적인 권력을 누리고 있는 모든 정신 기능의 사악한 측면이다(그림 36). 그러나 이 측면은 그 기능이 별도의 독립적인 실체가 되고 이 꿈에서처럼 객관화되거나 의인화될 때에만 인식될 수 있다.

정말 흥미롭게도, "뾰족 수염을 기른 남자"는 연금술 문헌에도 나온다. 1625년에 쓴 '철학자의 돌에 관한 황금 소논문'(Güldenen Tractat vom philosophischen Stein)에 포함된 "비유들" 중 하나에 그런 내용이 보인다.

이 문서는 질버러(Herbert Silberer)에 의해 심리학적 관점에서 분석되었다. 흰 수염을 기른 늙은 철학자들 사이에 검은 수염을 뾰족하게 기른 젊은이가 있다. 질버러는 이 형상을 악마로 단정해야 할 것인지에 대해 자신 있게 말하지 못한다.

수은으로서 메르쿠리우스는 "유동적인", 즉 변하기 쉬운 지성의 상징으로서 아주 적절하다. 따라서 연금술에서 메르쿠리우스는 어떤 때는 "정령"이고, 또 어떤 때는 "물", 그러니까 '살아 있는 은'인 '영원한 물'이다.

#15. 꿈:

꿈을 꾸는 사람의 어머니가 이 대야에서 저 대야로 물을 붓고 있다. (이 꿈을 꾼 사람은 단지 다음 시리즈의 28번 환상과의 연결 속에서 이 대야가 그의 여동생의 것이라는 것을 기억했다.) 이 행위가 대단히 경건하게 행해지고 있다. 그 행위는 외부 세계에 최고의 의미를 지닌다. 이어서 꿈을 꾼 사람은 자기 아버지로부터 배척당한다.

여기서 "교환"이라는 주제를 한 번 더 만난다(꿈 #1 참조). 한 가지 사물이 다른 사물을 대신하고 있는 것이다. "아버지"가 다뤄졌고, 지금 "어머니"의 행동이 시작된다. 아버지가 집단 의식을, 전통적인 정신을 나타내는 것과 똑같이, 어머니는 집단 무의식을, 생명의 물의 원천(그림 25)을 나타낸다. (참고로 말하면, '봉인된 샘'(fons signatus)[39]의 모성적인 의미는 동정녀 마리아 등의 속성으로 여겨진다-그림 26.) 무의식은 생명의 힘들의 위치를 바꿨으며, 따라서 태도의 어떤 변화를 암시한다. 이어지는, 꿈을 꾼 사람의 회상은 우리가 지금 누가 생명의 원천인지를 볼 수 있도록 한다. 그

---

39 '아가' 4장 12절 참조.

<그림 24> 메르쿠리우스가 관장하는 작용들. – Tübingen MS. (c. 1400)

원천은 "여동생"이다. 어머니는 아들보다 높은 위치이지만, 여동생은 그와 동등하다. 따라서 지성의 폐위는 꿈을 꾼 사람을 무의식의 지배로부터, 따라서 그의 유치한 태도로부터 해방시킨다. 비록 여동생이 과거의 잔재일지라도, 그 뒤의 꿈들을 통해서 그녀가 아니마-이미지의 매개체였다는 것이 확실히 드러난다. 따라서 우리는 생명의 물을 여동생으로 옮기는 것이 어머니가 아니마에 의해 대체되었다는 것을 진정으로 의미한다고 단정 지을 수 있다.

<그림 25> 생명의 샘인 메르쿠리우스의 샘.- 'Rosarium philosophorum'(1550)

아니마는 지금 생명을 주는 요소가 되었다. 말하자면 아버지의 세계와 강하게 충돌하는 어떤 정신적 실체가 되었다는 뜻이다. 우리 중에서 누가 삶을 영위하며 무의식의 안내를 받았다고 강력히 주장하면서 자신의 온전한 정신을 위태롭게 하지 않을 수 있겠는가? 그런 삶이 어떤 것인지를 상상할 수 있는 사람이 존재한다고 단정하면서 말이다. 여하튼 그런 삶을 상상할 수 있는 사람은 그런 급격한 변화가 전통적인 정신에게, 특히 세속의 옷을 걸친 교회의 정신에게 안겼을 모욕을 이해하는 데 전혀 어려움을 느끼지 않을 것이다. 옛날의 연금술사들이 신중한 신비화에 의존하도록 만들고, 온갖 종류의 이단들이 생겨나도록 만든 것은 정신의 관점에 나타난

이런 미묘한 변화였다. 따라서 아버지가 이 꿈을 꾼 사람을 거부하는 것은 단지 논리적인 결과일 뿐이다. 그것은 파문에 해당한다. (꿈을 꾼 사람이 로마 가톨릭교회 신자라는 점에 주목하자.)

정신의 실체를 인정하고 정신을 우리의 삶에서 도덕을 결정하는 한 요소로 만듦으로써, 우리는 이성뿐만 아니라 제도를 통해서 밖으로부터 수 세기 동안 정신적 삶을 규제해 온 관습의 정신을 거스르고 있다. 불합리한 본능이 확고히 확립된 질서에 맞서 스스로 반란을 일으키는 것이 아니다. 자체의 내적 법칙들의 엄격한 논리에 의해서, 본능은 그 자체로 대단히 견고한 구조일 뿐만 아니라 모든 것을 구속하는 질서의 창조적인 토대이다. 그러나 바로 이 토대가 창조적이기 때문에, 거기서 나오는 모든 질서는 대단히 "신성한" 형태일 때조차도 하나의 단계이고, 하나의 디딤돌일 뿐이다. 겉으로 보이는 것과 정반대로, 질서의 확립과 확립된 것의 붕괴는 기본적으로 인간의 통제 밖에 있다. 비결은 오직 스스로를 파괴할 수 있는 것만이 진정으로 살아 있다는 것이다. 이런 것들은 이해가 어려우며, 따라서 완전한 은닉을 즐기고 있다. 이유는 허약한 머리들이 그런 것들 앞에서 아주 쉽게 혼란에 빠져 헤매기 때문이다. 이런 모든 위험들로부터, 독단적인 주장은, 종교적이든 철학적이든 과학적이든 불문하고, 효과적인 보호를 제공하며, 사회적인 관점에서 보면 파문은 필요하고 또 유용한 결론이다.

어머니, 즉 무의식이 아니마의 대야에 붓는 물은 정신의 생생한 힘의 상징으로 아주 훌륭하다(그림 152 참조). 옛날의 연금술사들은 이 물의 동의어를 표현력 풍부한 것으로 새로 고안하는 일에 결코 지치지 않았다. 그들은 그것을 '우리의 물'(aqua nostra), '살아 있는 수은'(mercurius vivus), '살아 있는 은'(argentum vivum), '불타는 포도주'(vinum ardens), '생명의 물'(aqua vitae), '달을 닮은 식물의 즙'(succus lunariae) 등으로 불렀으며, 그들

<그림 26> 성모 마리아가 그녀의 속성들을 상징하는 것들에 둘러싸여 있다. 사각형의 봉쇄 정원, 원형의 신전, 탑, 문, 샘과 분수, 종려나무와 사이프러스(생명의 나무) 등 모두가 여성의 상징들이다. – 17th century devotional picture

은 그런 이름으로, 추상적인 정신의 철저한 비물질성과 반대되는 것으로서, 내용물이 없지 않는 살아 있는 어떤 존재를 의미했다.

'달을 닮은 식물의 즙'이라는 표현은 물이 밤에 기원한다는 점을 분명히 암시하고 있으며, '우리의 물'은 '살아 있는 수은'처럼 그 물이 땅과 관련 있다는 점을 암시한다(그림 27). '초산의 샘'(acetum fontis)은 창조된 모든 것을 녹이는 부식성 강한 물이며, 동시에 모든 산물들 중에서 가장 강한 신비의 라피스를 낳는다.

이런 유추들이 지나치게 억지스럽게 들릴 수 있다. 그러나 나는 독자들에게 물의 상징체계가 다시 등장하는 다음 섹션의 꿈 #13과 #14를 참고할 것을 권하고 싶다. 꿈을 꾼 사람 본인에 의해서 강조된, "바깥 세상을 위한" 행위의 중요성은 그 꿈의 집단적인 의미를 가리킨다. 그가 "아버지에 의해 거부당하는" 사실도 마찬가지이다. 이 사실은 꿈을 꾼 사람의 의식적인 태도에 엄청난 영향을 끼쳤다.

"교회 밖에는 어떤 구원도 없다"는 말은 하나의 제도는 눈에 보이거나 정의할 수 있는 목표를 가진, 안전하고 실용적인 길이라는 지식에, 또 그것 밖에서는 어떤 경로도 발견되지 않고 어떤 목표도 발견될 수 없다는 지식에 기대고 있다. 카오스 속에서 길을 잃는 것이 정신과 인격의 재생에 필수 조건일지라도, 그런 상태의 충격적인 효과를 우리는 절대로 과소 평가해서는 안 된다.

#16. 꿈:
카드놀이 중에 에이스가 꿈을 꾼 사람의 앞에 놓여 있다. 그 옆에 7번 카드가 놓여 있다.

에이스는 "1"로서 가장 낮은 카드이지만 가치로 따지면 가장 높다. 에이스 카드는 십자가의 형태이기 때문에 기독교 상징을 가리킨다. 따라서 스위스에서 사용되는 독일어 사투리에서 에이스 카드의 문양인 클럽이 종종 'Chrüüz'(십자가)로 불린다. 그와 동시에 3개의 잎은 어느 신의 삼중의 본성을 암시한다. 가장 낮은 것과 가장 높은 것은 시작이며 끝이고, 알파이며 오메가이다.

<그림 27> 해와 달의 결합이 욕탕에서 생명을 부활시키는 영향력을 행사하고 있다. - Milan, 'Biblioteca Ambrosiana', Codex I

7번 카드가 에이스 앞에 나타나지 않고 에이스 뒤에 나타난다. 아마도 거기에 담긴 생각은 먼저 신의 기독교 개념이 있고, 그 다음에 일곱(단계들)이 있다는 뜻일 것이다. 일곱 단계들은 십자가와 삼위일체의 상징체계로 시작하는 변형(그림 28)을 상징하며, 꿈 #7과 #13에 나타나는 초기의 케케묵은 암시들을 바탕으로 판단한다면, 그 단계들은 '솔리피카치오'에서 정점에 이른다. 그러나 이 같은 해결은 여기에 암시되고 있지 않다. 지금, 우리는 배교자 율리아누스(Julian the Apostate)가 시도했다가 실패한,

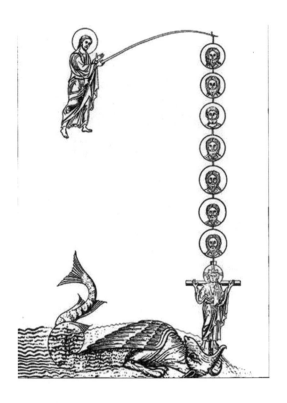

<그림 28> 다윗이 7중의 낚싯줄로 리바이어던을 잡고 있다. 미끼는 십자가에 못 박힌 그리스도의 상이다. – Herrad of Landsberg's 'Hortus deliciarum'(12th cent.)

고대의 헬리오스로의 회귀가 중세에 '십자가를 통해 장미까지'(per crucem ad rosam)라는 표어에 표현된 또 다른 운동에 의해 계승되었다는 것을 알고 있다. 이 운동은 훗날 장미십자회원들의 "장미 십자가"(Rosie Crosse)로 응축되었다. 여기서 천상의 솔(Sol)의 정수가 태양의 지지에 대한 땅의 화답인 꽃들 속으로 내려간다. 태양의 특성은 중국 연금술의 "황금 꽃"의 상징에 살아남았다.

낭만주의자들의 잘 알려진 "청색 꽃"은 그 "장미"의 향수 어린 마지막

<그림 29> 7개의 행성들, 7단계의 변화 등을 상징하는, 꽃잎이 7개인 장미. – Fludd, 'Summum bonum'(1629), frontispiece

향기였을 수 있다. 그 꽃이 폐허가 된 수도원들의 중세 취미를 진정으로 낭만적으로 되돌아보고, 동시에 세속적인 사랑 속에서 새로운 무엇인가를 겸손하게 선언하고 있으니 말이다. 그러나 태양의 황금빛 찬란함도 하강을 따라야 하며, 그 찬란함은 땅에서 나오는 금의 반짝임에서 비슷한 것을 발견했다. 비록 '우리의 금'이 적어도 보다 섬세한 정신들에게는 그 금속의 총체적인 물질성으로부터 멀리 벗어난 것이었을지라도 말이다. 가장 흥미로운 연금술 텍스트 중 하나가 바로 "철학자의 돌을 진정한 방법으로 준비하는 일에 관한 연금술의 두 번째 부분 ... 그 문제를 완벽하게 보여주는 그림 포함"(Secunda pars alchimiae de lapide philosophico vero modo praeparando ⋯ Cum figuris rei perfectionem ostendentibus)이라는 부제가 붙은 '철학자들의 장미 정원'(Rosarium philosophorum)이다. 익

명의 저자는 틀림없이 "철학자"였으며, 그는 연금술이 일반적인 금을 만드는 일이 아니라 어떤 철학적 비밀에 관심을 두고 있다는 것을 분명히 알고 있었다. 이런 연금술사들에게 금은 틀림없이 어떤 상징적인 성격을 지녔으며, 따라서 금은 유리 같은 투명함이나 철학 같은 현명함 같은 속성들에 의해 뚜렷이 구분된다.

금에게 최고의 철학적 명예가 주어지지 않고 그 명예가 철학자의 돌로 돌아간 것은 아마 금이 태양과 너무도 명백하게 비슷하다는 점 때문이었을 것이다. 변형시키는 것은 변형되는 것보다 위에 있으며, 변형은 그 경이로운 돌의 마법적인 특성의 하나이다. '철학자들의 장미 정원'은 이렇게 말한다. "우리의 돌, 즉 스스로를 금보다 더 위에 놓고 금을 정복했던 서쪽의 살아 있는 수은은 죽이고 활기를 띠게 한다." 라피스의 "철학적" 의미에 대해 말하자면, 헤르메스의 것으로 돌려지는 어느 논문에서 끌어낸 다음 인용이 특별한 깨달음을 준다. "그대 현자의 아들이여, 지극히 소중한 이 돌이 선언하는 것을 잘 이해하도록 하라. … '나의 빛은 모든 빛을 정복하고, 나의 미덕들은 모든 미덕들보다 더 탁월하다. … 나는 빛을 낳지만, 어둠 역시도 나의 본성에 속한다.'"

#17. 꿈:
꿈을 꾼 사람은 긴 시간 산책을 나갔다가 길에서 청색 꽃을 발견한다.

산책은 특별히 어떤 곳으로 이끌지 않는 길들을 이리저리 돌아다니는 것을 뜻한다. 그것은 변화를 모색하는 것임과 동시에 변화를 계승하는 것이다. 이 꿈을 꾼 사람은 길가에 목적 없이 피고 있는 어떤 청색 꽃을, 자연의 사생아 같은 것을 발견한다. 그것이 보다 낭만적이고 서정적이었던 시대의 기억을, 젊은 시절의 기억을 아스라이 떠올리게 한다. 그 꽃이 싹을 틔우던 때, 그리고 과학적 세계관이 아직 실제적인 경험의 세계로부터 떨어져 나오지 않았던 때, 또는 그 이탈이 막 시작되고 눈이 이미 과거가 되어버린 것들을 뒤돌아보던 때의 기억을.

그 꽃은 사실 무의식으로부터의 어떤 신비한 방사 같고, 우호적인 어떤 신호 같다. 그것이 현대인으로서 안도감을 강탈당하고, 인간의 구원으로 이어질 그 모든 것들에 참여할 기회를 강탈당해 버린, 이 꿈을 꾸고 있는 사람에게 마음 맞는 친구와 형제를 만날 수 있고 또 그의 안에서 싹을 틔우길 원하는 씨앗까지 발견할 수 있는 그런 역사적인 장소를 보여주고 있으니까. 그러나 이 꿈을 꾸는 사람은 순수한 그 꽃과 연금술의 불쾌한 검은 마술을, 그리고 솔리피카치오라는 불경스런 이교 사상을 연결시키는 그 옛날의 태양의 금에 대해서는 아직 아무것도 모르고 있다. "연금술의 황금 꽃"(그림 30)이 가끔 푸른 꽃, "자웅 동체의 사파이어 색의 푸른 꽃"이 될 수 있는데도 말이다.

#18. 꿈:

어떤 남자가 꿈을 꾸는 사람이 내민 손에 금화 몇 개를 놓는다. 꿈을 꾸는 사람은 화를 내며 금화들을 땅바닥에 내동댕이치고는 즉시 자신의 행동을 깊이 후회한다. 이어서 폐쇄된 공간 안에서 버라이어티 공연이 펼쳐진다.

푸른 꽃은 이미 그 뒤로 나름의 역사를 끌고 다니기 시작했다. "금"이 제시되었다가 분노를 일으키며 거부당했다. 철학자의 금에 대한 그런 식의 오해는 쉽게 이해된다. 그러나 그 오해가 일어나자마자, 소중한 비밀을 거부하고 스핑크스의 수수께끼에 엉터리로 대답했다는 후회가 가슴이 찢어

<그림 30> 철학자의 아들의 출생지로서, 연금술의 "황금 꽃"인 빨갛고 하얀 장미. - 'Ripley Scrowle'(MS., 1588)

질 만큼 아프게 밀려온다. 메이링크의 '골렘'에서도 주인공이 귀신이 주는 한 줌의 곡식을 거부하는 대목에서 똑같은 일이 벌어졌다. 증오스런 금전적 이점을 갖고 있는 그 노란 금속의 역겨운 물질성과 알곡의 초라한 모습은 그 거부도 충분히 이해된다는 인상을 주지만, 그것이 바로 라피스를 발견하는 것이 그렇게 어려운 이유이다. 라피스는 작고, 보잘 것 없으며, 거리나 퇴비 더미 위로 버려지며, 그것은 "평원에서, 산에서, 물에서", 말하자면 어디서나 찾을 수 있는 가장 평범한 것이다. 그것은 '프로메테우스와 에피메테우스'(Prometheus and Epimetheus)에 나오는, 슈피텔러(Carl Spitteler)의 보석과 "평범한" 측면을 공유하고 있다. 슈피텔러의 보석도 똑같은 이유로 세속적인 현자로부터 외면당했다. 그러나 "건축가들이 거부한 똑같은 돌이 귀퉁이의 주춧돌이 되는데", 이런 가능성에 대한 직관적 통찰이 꿈을 꾼 사람의 내면에 극심한 후회를 불러일으킨다.

금이 주조되어, 즉 주화 모양으로 만들어져 스탬프를 찍고 가치를 인정

받는 것은 그것의 외적 양상의 평범한 부분이다. 심리학적으로 말하면, 이 것은 니체(Friedrich Nietzsche)가 『차라투스트라는 이렇게 말했다』에서 거 부했던 바로 그것이다. 미덕들에 이름을 부여하기를 거부한 것 말이다. 모 양이 다듬어지고 이름이 붙여짐으로써, 정신적 삶은 주조되어 가치가 매 겨진 단위들로 쪼개진다. 그러나 이것은 단지 정신적 삶이 본질적으로 엄 청나게 다양한 사물들, 그러니까 통합되지 않은 이질적인 단위들의 축적 이기 때문에 가능하다.

미개인은 하나의 "자기"가 아니다. 미개인은 덩어리이고 덩어리 속의 분 자 하나이며, 집단적인 성격이 너무나 강하기 때문에 그는 자신의 자아까 지 확신하지 못한다. 바로 그런 이유로, 아득히 먼 옛날부터 미개인을 무엇 인가로 바꿔놓거나, 그를 하나의 변종에 불과한 동물적인 집단 정신으로 부터 구하기 위해서는 반드시 변형의 신비 의식들이 치러져야 했다.

그러나 만약에 우리가 "그 모습 그대로"의 꼴사나운 이 인간 변종을 부 정한다면, 그 인간이 통합을 이루고 하나의 자기가 되는 것은 불가능하다. 그리고 그것은 정신적 죽음에 해당한다. 그 자체로 그냥 저절로 일어나는 삶은 진정한 삶이 아니다. 이유는 삶이란 것이 알려질 때에만 진정한 것이 되기 때문이다. 오직 통합된 인격만이 삶을 경험할 수 있으며, 부분적인 양 상들로 분열된 인격, 말하자면 스스로를 "인간"이라고 부르는 잡동사니 뭉 치는 삶을 경험하지 못한다.

꿈 #4에서 이미 암시된 그 위험한 다수성은 뱀이 마법의 동그라미를 그 려 성역을 표시하는 환상 #5에서 보상되고 있다. 아주 비슷한 상황에서 거 의 똑같은 방식으로, 성역이 여기서 다시 나타나며 통일된 어떤 버라이어 티 공연을 위해 "많은 것"을 한곳으로 모으고 있다. 겉모습이 어떤 오락을 닮은 집합이다. 즉시 오락적인 성격을 잃을지라도 말이다. "염소들의 유희"가 "비극"으로 발달할 테니까.

모든 유추들에 따르면, 사티로스극[40]은 신비 의식의 실행이었으며, 그것을 근거로 우리는 그 극의 목적이 모든 곳에서와 마찬가지로 인간과 인간의 자연적 조상의 연결을, 따라서 생명의 원천과의 연결을 다시 확립하는 것이라고 단정지을 수 있다. 그러니까 그 목적은, 엘레우시스 신비 의식에서 아테네의 부인들이 들려주었던 외설스런 이야기들과 비슷하게, 땅의 생산력을 높이는 것으로 여겨졌다. (헤로도토스(Herodotus)가 부바스티스의 이시스 축제들에서 벌어진, 노출이 심한 공연들에 대해 설명한 대목도 참고하길 바란다.)

그러나 성역의 보상적인 의미에 대한 암시는 아직 이 꿈을 꾸는 사람에게는 모호한 상태로 남아 있다. 충분히 상상할 수 있듯이, 그는 역사적 맥락의 거부로 인해 떠올려진 정신적 죽음의 위험에 훨씬 더 많은 관심을 쏟고 있다.

#19. 환상:

해골이 하나 보인다. 꿈을 꾸는 사람은 그것을 멀리 차버리길 원하지만 그렇게 할 수 없다. 두개골이 점점 빨간색 공으로 변하고, 이어 빛을 발하는 여자의 머리로 변한다.

'파우스트'와 '햄릿' 속에서 해골이 등장하는 장면의 독백은 "사고의 창백한 분위기에 지배당하는" 인간의 삶이 끔찍할 만큼 무의미해진다는 점을 상기시킨다. 이 꿈을 꾼 사람이 의심스럽고 진솔하지 않아 보이는 제안을 거부하도록 한 것은 인습적인 의견과 판단이었다. 그러나 그가 해골의

---

40 고대 그리스에서 비극 다음에 공연된 어릿광대 놀음을 일컫는다.

<그림 31> 땅의 중앙을 상징하는 도시. 도시를 보호하는 네 벽은 전형적인 성역인 사각형을 이루고 있다. - Maier, 'Viatorium'(1651)

불길한 환상을 떨쳐내려고 노력할 때, 그것이 빨간색 공으로 변한다. 이 공은 떠오르는 태양을 암시하는 것으로 받아들여질 수 있다. 왜냐하면 그것이 당장 어느 여인의 빛나는 머리로 변하면서 우리에게 직접적으로 환상 #7을 상기시키기 때문이다. 분명히 '에난티오드로미아'(enantiodromia)[41],

41　칼 융은 『심리유형』에서 이것에 대해 '무의식 속에서 정반대의 것이 일어나는 것'이라고 설명한다.

즉 정반대의 작용이 일어났다. 거부당한 뒤에, 무의식이 스스로를 그만큼 더 강하게 고집하고 있는 것이다. 가장 먼저, 무의식은 자기의 통일성과 신성을 위한 전형적인 상징, 즉 태양을 낳는다. 이어 무의식은 무의식을 의인화한 미지의 여인이라는 모티브로 넘어간다. 자연히 이 모티브는 아니마의 원형을 포함할 뿐만 아니라 이 꿈을 꾸는 사람과 현실 속 여자의 관계까지 포함한다. 이 여자는 인간의 인격이면서 동시에 정신적 투사를 위한 그릇이기도 하다(꿈 #15 속의 "여동생의 대야").

신플라톤주의 철학에서 영혼은 구(球)와 명백하게 닮은 점을 많이 갖고 있다. 영혼의 물질은 불 같은 하늘 위로 동심(同心)을 가진, 4가지 원소들의 구들 주위에 놓여 있다.

#20. 환상:

구체(球體)가 하나 있다. 미지의 여자가 그 위에 서서 태양을 향해 기도를 올리고 있다.

이 인상은 환상 #7의 확장이다. 꿈 #18에 나타난 거부는 틀림없이 그 시점까지의 전체 발달의 파괴에 해당하는 것이었다. 따라서 초기의 상징들이 지금 확장된 형식으로 다시 나타난다. 그런 에난티오드로미아들은 연속되는 꿈들에 특징적으로 나타난다. 만약 의식적인 정신이 개입하지 않는다면, 무의식은, 마치 땅 표면으로 나오는 데 9년 9개월 9일의 밤이 필요한 것으로 전해지는 그 보물처럼, 결과가 나타나지 않아도 파동을 지속적으로 흘려보낼 것이다. 그러다가 무의식은 마지막 날 밤에도 발견되지 않으면 그 모든 것을 처음부터 다시 시작하기 위해 뒤로 가라앉는다.

그 구체는 아마 빨간색 공이라는 생각에서 비롯되었을 것이다. 그러나

이 공이 태양이기 때문에, 아니마가 태양을 숭배하며 서 있는 구체는 아마 지구의 이미지일 것이다(그림 32). 따라서 아니마와 태양은 별개이며, 이 것은 태양이 아니마와 다른 원리를 나타내고 있다는 사실을 가리킨다. 아니마는 무의식의 한 화신인 반면에, 태양은 생명의 원천의 상징이고 (솔리 피카치오에서 암시되고 있는 것처럼) 인간의 종국적 완전성의 상징이다. 지금 태양은 여전히 우리와도 매우 밀접한 고대의 상징이다. 우리는 또한 초기의 기독교도들이 떠오르는 태양과 그리스도를 구분하는 데 상당한 어려움을 겪었다는 사실을 알고 있다. 이 꿈들을 꾼 사람의 아니마는 여전히 태양 숭배자처럼 보인다. 말하자면 그녀는 고대 세계에 속한다. 그리고 합리주의적인 태도를 보이는 의식적인 정신이 그녀에게 거의 또는 전혀 관심을 보이지 않았기 때문에, 아니마가 현대화(또는 더 좋게 표현해서 기독교화)되는 것이 불가능했다. 마치 기독교가 지배하던 중세에 철학적 훈련의 결과로 시작된 지성의 분화가 아니마를 고대 세계로 물러나도록 강요했던 것 같다.

르네상스는 이를 뒷받침할 증거를 풍부하게 제시하고 있다. 그 모든 증거들 중에서 가장 명확한 것은 프란체스코 콜로나(Francesco Colonna)의 '힙네로토마키아 폴리필리'(Hypnerotomachia Poliphili)이다. 거길 보면, 폴리필로가 기독교의 영향을 거의 받지 않은 채 고대의 온갖 "미덕"을 두루 갖춘 베누스 여왕의 궁전에서 그의 아니마, 즉 폴리아 부인을 만난다. 이 책은 신비주의 텍스트로 여겨져도 무방하다. 그렇다면 이 아니마와 함께 우리는 곧장 고대 세계로 뛰어든다. 그렇기 때문에 나는 꿈 #18에서 금을 거부하는 것을 결과적으로 고대로의 불쾌한 퇴행으로부터 달아나려는 시도로 해석하는 사람들이 틀렸다고 생각하지 않을 것이다. 연금술 철학의 일부 결정적인 원리들은 텍스트의 측면에서 보면 고대의 후기 그리스 로마의 통합주의로 거슬러 올라간다. 예를 들면, 루스카(Julius Ruska)는 '투르바 필로소포룸'(Turba Philosophorum)에서 그 점을 확실히 보여주었다. 따라서 연금술에 관한 암시는 무엇이든 사람을 고대 세계로 이끌고, 따라서 그 사람으로 하여금 이교의 차원까지 퇴행하는 것이 아닌가 하는 의심을 품도록 만든다.

이 대목에서 이 꿈들을 꾸고 있는 사람이 이 모든 것에 대해 의식적으로 약간의 지식도 갖추지 않았다는 점을 강조할 필요가 있다. 그러나 그는 무

<그림 32> 태양과 달의 결합. – Trismosin, "Splendor solis"(MS., 1582)

의식에서 이 역사적 연상들의 바다에 깊이 잠겨 있다. 그래서 그는 꿈속에서 마치 자신이 인간 정신의 역사 속으로 깊이 들어가는 재미있는 여행을 완전히 알고 있는 것처럼 행동한다. 중세의 연금술사 또는 고대의 신플라톤주의자와 똑같이, 그는 사실 무의식적으로 자율적인 정신의 발달을 옹호하는 입장이 되었다. 따라서 여기서 대략적으로 이렇게 말할 수도 있다. 역사를 어떤 사람의 무의식을 바탕으로 해서도 실제 텍스트들을 바탕으로 쓸 때만큼이나 쉽게 쓸 수 있다고.

#21. 환상:

꿈을 꾸는 사람이 님프들에 둘러싸여 있다. 그때 어떤 목소리가 들린다. "우리는 늘 거기에 있었는데, 당신이 우리를 알아보지 못했을 뿐이야."(그림 33)

여기서 퇴행은 더 멀리까지, 틀림없이 고대에 속하는 어느 이미지까지 거슬러 올라간다. 동시에 꿈 #4의 상황이 다시 나타나고, 꿈 #18의 상황도 다시 나타난다. 꿈 #18에서 있었던 거부는 환상 #19에서 보상적인 에난티오드로미아를 낳았다. 그러나 여기서 그 드라마가 지금까지 알려지지 않았을 뿐 언제나 거기에 있었다는 점에 대한 인정이 환상을 통해 이뤄짐에 따라, 그 이미지가 그 인정에 의해 증폭되고 있다. 이 같은 사실에 대한 깨달음은 무의식적 정신을 공존하는 하나의 실체로서 의식과 결합시킨다. 꿈속에 나타나는 "목소리" 현상은 언제나 꿈을 꾸는 사람이 자신에게 말하는 그런 종국적인 성격을 지닌다. 말하자면, 꿈속의 목소리는 의심의 대상이 될 수 없는 어떤 진리 또는 조건을 나타낸다. 먼 과거의 어떤 감각이 확립되었다는 사실, 말하자면 정신의 보다 깊은 층들과의 접촉이 이뤄졌다는 사실이 꿈을 꾸는 사람의 무의식적 인격에 의해 받아들여지고 있으며,

그 같은 사실은 그 사람의 의식적인 정신에 상당한 안도의 감정으로 전달된다.

<그림 33> 님프들에게 둘러싸인 폴리필로. - Béroalde de Verville, 'Le Songe de Poliphile' (1600)

환상 #20은 아니마를 태양 숭배자로 그리고 있다. 아니마가 말하자면 천구의(天球儀) 또는 구체에서 빠져 나왔다(그림 32). 그러나 최초의 구체는 두개골이었다. 통념에 따르면, 머리 또는 뇌는 '지적 영혼'의 자리이다. 이런 이유로, 연금술의 그릇도 머리처럼 동그래야 한다. 그래야만 그 그릇에서 나오는 것이 똑같이 "둥글" 것이기 때문이다. 말하자면 '세계 영혼'(anima mundi)처럼 단순하고 완벽할 것이라는 뜻이다. 연금술 작업은 '둥근 것'(rotundum)을 생산하는 것으로 유종의 미를 거두게 된다. 이 둥근 것은 '구형의 물질'로서 처음에도 금의 형태로 서 있고 끝에도 금의 형태로

서 있다(그림 34, 115, 164, 165). 아마 "늘 거기 있었던" 님프들이 이것을 암시할 것이다.

그 환상의 퇴행적인 성격은 또한 꿈 #4에서처럼 여성적인 형태들이 다수 있다는 사실에 의해서도 분명히 드러난다. 그러나 이번에는 여성적인 형태들이 고대의 성격을 지니고 있으며, 이 같은 성격은 환상 #20의 태양 숭배처럼 역사적으로 퇴행하고 있다는 점을 암시한다. 아니마가 많은 형상들로 쪼개지는 현상은 어떤 불명확한 상태, 즉 무의식 속으로 용해되는 것에 해당하며, 이를 근거로 우리는 의식적인 정신의 상대적 붕괴가 역사적 퇴행과 함께 이뤄지고 있다고 짐작할 수 있다(정신분열증에서 극단적인 형태로 관찰되는 과정이다). 의식의 붕괴 또는 피에르 자네(Pierre Janet)가 부르는 바와 같이 '정신 수준의 저하'(abaissement du niveau mental)는 정신의 원시 상태와 매우 가깝다. 님프들이 등장하는 이 장면과 비슷한 것은 파라켈수스의 논문 '데 비타 롱가'(De vita longa)에서 개성화 과정의 시작 단계로 언급된 '님프들의 영역들'(regio nymphididica)에서 발견된다.

#22. 환상:

원시림 속이다. 코끼리 한 마리가 위협적인 모습으로 다가오고 있다. 이어서 커다란 체구의 원인(猿人) 또는 곰, 아니면 혈거인이 몽둥이를 들고 꿈을 꾸는 사람을 공격하려 든다(그림 35). 돌연 "뾰족한 수염을 기른 남자"가 나타나 공격자를 째려본다. 그러자 공격자가 마법에 걸린 듯 넋을 잃는다. 그러나 꿈을 꾸는 사람은 공포에 떨고 있다. 그때 목소리가 말한다. "모든 것은 빛의 지배를 받아야 하느니라."

다수의 님프들이 더욱 원시적인 요소들로 쪼개졌다. 말하자면 정신적 대

<그림 34> 둥근 것, 즉 검은 태양 위에 선 니그레도. – Mylius, 'Philosophia reformata' (1622)

기의 생기가 크게 증대되었다는 뜻이다. 이것을 근거로, 우리는 꿈을 꾸는 사람이 동시대인들로부터 소외된 현상이 더욱 깊어졌다고 결론을 내려야 한다. 더욱 강화된 이 소외는 무의식과의 결합이 실현되면서 하나의 사실로 받아들여진 환상 # 21까지 거슬러 올라갈 수 있다.

의식적 정신의 관점에서 보면, 이것은 대단히 비합리적이다. 그 결합이 노심초사하며 지켜야 할 비밀에 해당하기 때문이다. 그 비밀의 존재에 대한 정당화가 소위 합리적인 사람에게 쉽게 설명되지 않을 테니까. 그렇게 하려고 노력한 사람은 누구나 광인으로 낙인 찍혔을 것이다. 따라서 에너지를 환경 속으로 방출하는 것이 꽤 방해를 받는다. 그 결과, 무의식 쪽에 에너지 과잉이 나타난다. 그래서 무의식적 형상들의 자율성에 비정상적인 증대가 일어나고, 그 증대는 공격과 진짜 공포로 끝날 수 있다.

앞에 나온 오락적인 버라이어티 공연이 불편해지기 시작한다. 고전적인 형상인 님프들을 받아들이기가 그들의 미학적 장식 덕분에 쉽지만, 우리는 우아한 이 형상들 뒤에 고대의 디오니소스 신비 의식, 말하자면 비극적인 암시들을 담고 있는 사티로스극이 숨어 있다는 것에 대해 전혀 아무것도 모르고 있다. 한 마리 동물이 된 신이 무자비하게 팔다리가 잘리는데도 말이다. 고대 세계를 대하는 유럽 학생의 태도가 얼마나 허약한지를 세세하게 드러내기 위해서 니체 같은 사람이 필요했다. 그러나 디오니소스는 니체에게 무엇을 의미했는가? 니체가 디오니소스에 대해 하는 말은 진지하게 받아들여져야 하고, 디오니소스가 그에게 한 것은 그보다 훨씬 더 진지하게 받아들여져야 한다. 니체가 치명적인 병의 초기 단계에서, 자그레우스[42]의 암울한 운명이 자신을 기다리고 있다는 것을 예감했을 가능성이 틀림없이 있다. 디오니소스는 열정적인 해체의 나락이며, 거기서는 인간의 모든 구별이 원시적인 정신의 동물적인 신성 속에서 통합된다. 그것은 행복이 넘치면서도 끔찍한 경험이다. 인류는 문화의 벽들 뒤에 한껏 움츠린 채 이 경험을 피했다고 믿는다. 그러다가 인류는 또 다른 유혈 사태를 폭발시키는 데 성공한다. 이 일이 일어날 때, 선의를 품은 사람들은 모두 대경실색하며 금융 조작이나 군수 산업, 유대인 또는 프리메이슨을 비난했다.

마지막 순간에, "수염을 뾰족하게 기른" 친구가 '데우스 엑스 마키나'(deus ex machina)[43]로서 현장에 나타나 무섭게 생긴 원인(猿人)이 위협하

---

42 오르페우스 신비 의식에서 디오니소스와 동일시되는 어린이 신.

43 글자 그대로의 의미는 '기계 장치의 신'이라는 뜻이며, 작품 중에 갑자기 나타나 문제를 해결하는 캐릭터나 연출적 요소를 일컫는다.

<그림 35> 중세 버전의 "미개인". - 'Codex Urbanus Latinus' 899(15th cent.)

는 소멸을 물리친다. 파우스트가 발푸르기스의 밤(Walpurgisnacht)[44]의 전형적인 도깨비들과 유령들을 응시했을 때, 그의 냉철한 호기심이 메피스토펠레스라는 유익한 존재와 메피스토펠레스의 사실적인 관점에 얼마나 많은 빚을 졌는지 누가 아는가! 더욱 많은 사람들이 오용에 시달린 지성의 과학적 또는 철학적 숙고를 적절한 순간에 기억할 수 있다면 얼마나 좋을까! 지성을 함부로 다루는 사람들은 지성의 가치를 가르쳐 주고 인류가 전례 없는 노력으로 그 무기를 벼린 이유를 보여줄 수 있었던 일들을 전혀 경험하지 않았다는 의심을 사기에 충분하다. 그런 일들을 겪지 않으려면, 사람은 삶과의 접촉을 완전히 끊고 외따로 홀로 지내야 한다. 지성이 악마일

44 중부 유럽과 북유럽에서 4월 30일이나 5월 1일에 열리는 봄의 축제.

수 있지만(그림 36), 그 악마는 자기 어머니를 매우 효과적으로 다룬다고 믿어도 좋은 "카오스의 이상한 아들"이다. 만약에 이 악마가 일을 찾아야 한다면, 디오니소스의 경험이 그에게 할 것을 많이 줄 것이다. 이유는 결과적으로 일어날 무의식과의 화해가 헤라클레스의 과업을 훨씬 능가하기 때문이다. 나의 의견을 밝히자면, 디오니소스의 경험은 지성이 100년 걸려도 풀 수 없는 문제들의 세계를 제시한다는 쪽이다. 그것이 지성이 보다 가벼운 과제들을 챙기면서도 원기를 회복하기 위해 그렇게 자주 휴가를 가야 하는 이유이다. 그리고 이것은 정신이 그렇게 자주, 또 그렇게 오랫동안 망각되고 있는 이유이기도 하고, 또 지성이 지적인 사람들도 "초자연적"이나 "신비한" 같은 불명확한 표현을 진정으로 무엇인가를 의미하는 것으로 받아들일 것이라고 기대하면서, 그런 액막이용 단어들을 자주 사용하는 이유이기도 하다.

목소리가 마침내 선언한다. "모든 것은 빛의 지배를 받아야 하느니라." 이 말은 아마 분별력을 가진 빛을, 의식적인 정신을, 정직하게 획득한 어떤 순수한 계몽을 의미할 것이다. 무의식의 어두운 깊이들이 더 이상 무지와 궤변에 의해 부정당하지 않을 것이며, 그 깊이들은 사이비 과학적 합리화로도 설명되지 않을 것이다. 궤변은 기껏 공통적인 두려움을 가리는 엉성한 위장에 지나지 않는다.

반대로, 정신에 우리가 거의 알지 못하거나 전혀 알지 못하는 것들이 존재한다는 것이 지금 인정되어야 한다. 그런 것들은 우리가 인정하지 않아도 대단히 집요하게 우리의 육체에 영향을 끼친다. 그리고 그런 것들도 종국적으로 보면 적어도 우리가 마찬가지로 이해하지 못하고 있는 물질계의 사물들만큼 현실성을 지닌다는 점이 인정되어야 한다. 연구하는 주제가 비현실적이라거나 "어떤 것에 불과하다"는 식으로 단언하는 식의 연구 노선은 지금까지 지식에 기여한 바가 전혀 없었다.

<그림 36> 공중을 날아다니는 영과 신앙 없는 지성으로서, 악마. - Illustration by Eugène Delacroix(1799~1863) for 'Faust', Part Ⅰ

지성의 능동적인 개입으로, 무의식적 과정의 새로운 단계가 시작된다. 의식적인 정신이 지금 미지의 여자("아니마"), 미지의 남자("그림자"), 늙은 현자("마나(mana)[45] 인격")의 형상들과 자기의 상징들을 받아들이는 것을 배워야 한다. 다음 섹션에서는 이 중에서 자기의 상징들이 다뤄질 것이다.

---

45 태평양 섬들의 원주민이 믿는 초자연적인 힘을 뜻한다.

<그림 37> 꽃잎이 일곱 개인 꽃. - Boschius, 'Symbolographia'(1702)

<그림 38> 금(태양)과 은(달)의 샘 위에 서 있는 처녀로서 메르쿠리우스. 용은 그녀의 아들이다.
- Thomas Aquinas (pseud.), "De alchimia"(MS., 16th cent.)

3장

만다라의 상징체계

1. 만다라에 대하여

이미 말한 대로, 나는 대략 400개에 이르는 일련의 꿈들과 환상들 중에서 만다라 꿈으로 여겨지는 것들을 모두 모았다. "만다라"라는 용어가 선택된 이유는 이 단어가 라마교에서 사용되는 의례용 원, 또는 마법의 동그라미를 뜻할 뿐만 아니라, 탄트라 요가에서도 얀트라, 즉 명상의 보조 도구로 쓰이고 있기 때문이다(그림 39). 의례에 쓰인 동양의 만다라들은 전통에 의해 굳어진 형상들이다. 그것들은 단순히 선으로만 그려지거나, 색깔을 넣어 그려지거나, 특별한 의례에서는 조형으로도 만들어졌다.

 1938년에 나는 다르질링 근처에 위치한 부티아 부스티 수도원에서 라마교의 린포체 링담 곰첸(Lingdam Gomchen)과 만다라에 대해 대화할 기회를 가졌다. 그는 만다라에 대해 '미그파'(dmigs-pa)라고, 그러니까 충실히 공부한 라마승이 상상력을 통해서만 구성할 수 있는 어떤 정신적 이미지라고 설명했다. 그는 어떤 만다라도 다른 것과 똑같지 않다고, 만다라들은 모두 다 다르다고 말했다. 그는 또 수도원과 사원에서 발견되는 만다라들은 단지 외적 표상들에 지나지 않기 때문에 특별한 중요성을 전혀 지니지 않는다고 말했다. 진정한 만다라는 언제나 (적극적인) 상상을 통해서 점진적으로 구축하는 하나의 내적 이미지라는 것이다. 정신적 균형이 깨어졌거나, 어떤 생각이 신성한 가르침에 포함되지 않아서 그것을 찾아내야 하는 때에 그런 상상이 주로 행해진다.

이 같은 설명이 적절하다는 사실은 내가 앞으로 설명해 나가는 과정에 명백히 드러날 것이다. 그러나 만다라가 자유롭고 개별적으로 형성된다는 주장은 글자 그대로의 의미로 받아들일 것이 아니라 깊은 분별력을 바탕으로 들을 필요가 있다. 이유는 라마교의 모든 만다라들에 절대로 간과할 수 없는 어떤 양식이 존재할 뿐만 아니라 전통적인 구조도 있기 때문이다. 예를 들면, 만다라들은 모두 4개1조 체계에 근거하고 있으며, 만다라의 내용물은 예외 없이 라마교 교리에서 나온다. 이 "정신적 이미지들"의 구성에 필요한 지침들을 포함하고 있는, '슈리-차크라-삼바라 탄트라'(Shri-chakra-Sambhara Tantra) 같은 텍스트들도 있다.

만다라는 인간 존재의 경로를 불교 신자들에게 인식되는 대로 다양한 형태로 나타내고 있는 세계 바퀴(sidpe-korlo: 그림 40)와는 엄격히 구분된다. 만다라와 반대로, 세계 바퀴는 중앙에서 세계의 원리 3가지가 발견된다는 점에서 3개1조 체계에 바탕을 두고 있다. 세계 바퀴의 가운데에는 강력한 욕망을 나타내는 수탉과 증오 또는 시기를 나타내는 뱀, 무지 또는 무의식을 나타내는 돼지가 있다. 여기서 우리는 불교에서도 나타나는 3과 4의 딜레마를 만난다. 일련의 꿈들을 추가로 파고드는 과정에 이 문제를 만나게

<그림 39> 힌두교 신비주의의 다이어그램, 슈리 얀트라

될 것이다.

이 동양의 상징들이 꿈과 환상에서 기원했으며, 대승불교의 일부 교부들에 의해 발명된 것이 아니라는 의견이 나에게는 의문의 여지가 없는 것처럼 들린다. 반대로, 그 상징들은 인간의 가장 오래된 종교적 상징들(그림 41-44)에도 있으며, 어쩌면 구석기 시대에도 존재했을지 모른다(로디지아 암벽화 참조). 더욱이, 그 상징들은 세계 곳곳에 분포되어 있으며, 이것은 여기서 내가 주장할 필요조차 없는 사실이다. 이 섹션에서 나는 단순히 현재 활용 가능한 자료를 바탕으로 만다라가 어떻게 존재하게 되는지를 보여주고 싶다.

의례에 이용되는 만다라들은 대단한 중요성을 지닌다. 왜냐하면 만다라들의 중앙이 언제나 가장 높은 종교적 형상들 중 하나를 포함하고 있기 때문이다. 시바가 나타날 수도 있으며, 그런 경우에 시바는 종종 아내 샤크

티에게 안긴 모습을 보인다. 아니면 부처, 아미타불, 관세음보살 또는 대
승불교의 위대한 스승들 중 하나, 혹은 창조적이든 파괴적이든 불문하고
모든 신성한 힘들의 상징인 '도르예'(dorje)가 보인다(그림 43). 도교 통합
주의의 산물인『황금 꽃의 비밀』의 텍스트는 그 외에 라피스와 생명의 만
능약과 비슷한 이 중앙의 어떤 "연금술적" 특성들에 대해 상세히 설명하
고 있다. 그 중앙은 사실상 일종의 '파르마콘 아타나시아스'(φάρμακον
άθανασίας: 죽지 않게 하는 약)이다.

만다라에 부여된 높은 가치를 적절히 평가하는 것이 중요하다. 이유는
그런 높은 가치가 어떤 "형이상학적" 성격을 지닌 동일한 특성들이 두드러

<그림 40> 티베트인의 세계 바퀴

<그림 41> 아즈텍 족의 '그레이트 캘린더 스톤'(Great Calendar Stone)

진 특징인 개인적인 만다라 상징들이 지니는 최고의 의미와 잘 맞아떨어
지기 때문이다. 모든 것이 우리를 기만하지 않는다면, 개인적인 만다라 상
징들은 다른 것이 아니라, 자아와 동일하지 않은 인격의 정신적 중심을 의
미한다. 나는 경험을 통해 얻은 광범위한 자료를 바탕으로 거의 30년 동안
이 과정들과 그 과정들의 산물들을 면밀히 관찰했다. 나는 그 관찰을 훼손
시키지 않기 위해 14년 동안 그것들에 대해서는 글도 쓰지 않았고 강연도
하지 않았다. 그러나 1929년에 리하르트 빌헬름이 『황금 꽃의 비밀』텍스
트를 내 앞에 제시했을 때, 나는 적어도 그 결과들을 맛보기 수준에서 발표
하기로 결정했다.

　이런 문제들을 다루는 데 있어서는 아무리 조심해도 지나치지 않다. 왜
냐하면 모방 충동과, 그리고 괴상한 깃털을 소유하고 이국적인 의상으로
몸을 치장하려는 병적인 탐욕 때문에, 너무나 많은 사람들이 잘못 알고는
그런 "마법적인" 생각들을 선뜻 받아들여서 그것들을 연고처럼 외적으로

<그림 42> 십자가를 든 유아 그리스도를 포함하고 있는 만다라. – Mural painting by Albertus Pictor in the church of Harkeberga, Sweden(c. 1480)

<그림 43> 라마교의 금강계 만다라. – Cf. Jung, "Concerning Mandala Symbolism", 그림 1

적용하게 되기 때문이다. 자신의 영혼을 정면으로 마주하는 것을 피하기 위해서라면, 사람들은 터무니없는 일도 마다하지 않는다.

<그림 44> 멕시코 캘린더 - Herrliberger, 'Heilige Ceremonien'(1748)

사람들은 인도 요가와 거기에 따른 모든 운동을 실천하고, 식단의 엄격한 원칙을 지키고, 신지학을 외우거나 전 세계의 문헌에서 끌어낸 신비주의 텍스트들을 기계적으로 거듭 되풀이할 것이다. 왜냐하면 그들이 자기 자신과 부드럽게 잘 지내지 못하고, 자신의 영혼으로부터 유익한 것이 나올 수 있다는 믿음을 조금도 품지 못하기 때문이다. 따라서 영혼은 점진적으로 나자렛 같은 곳으로 변해 버렸으며, 거기서는 선한 것이 전혀 나올 수 없다. 그러니까 영혼을 지구의 온 곳에서 불러오도록 하자. 억지스럽고 기괴할수록 더 나은 영혼이니!

나는 스스로 소중하게 여기는 것을 추구하는 사람들을 방해할 생각은 전혀 없지만, 진지하게 받아들여지길 원하는 사람들이 내가 요가의 방법들과 원칙들을 이용한다거나 내가 환자들로 하여금 기회가 날 때마다 그들을 "옳은 지점"으로 데려가기 위해 만다라를 그리게 한다고 생각할 만큼 착각에 빠져 있을 때, 나는 그들에게 항의해야 하고 나의 책들을 최대한 주의 깊게 읽어 줄 것을 요구해야 한다. 사악한 모든 생각은 가슴에서 나오고, 인간의 영혼은 악의 소굴이라는 교리가 그들의 골수 깊이 박혀 있음에 틀림없다. 만약 실상이 그렇다면, 신은 창조 작업을 신통찮게 해냈으며, 우리는 그노시스파 마르키온(Marcion the Gnostic: c.85-c.160)을 찾아가서 그 무능한 데미우르고스[46]를 폐위시키도록 해야 할 것이다.

어느 누구도 숟가락질조차 제대로 하지 못하는 곳인 '백치 어린이들의 집'에 대한 책임을 전적으로 신에게로 돌리는 것이 윤리적으로 당연히 더 편하다. 그러나 인간이 자신의 문제로 고통을 겪는 것은 그 만큼 가치 있는 일이며, 인간은 영혼 안에 성장할 수 있는 무엇인가를 갖고 있다. 영혼 안에서 조용히 일어나는 사건들을 인내심 있게 지켜보는 것은 보람 있는 일이며, 영혼이 외부나 위로부터 규제를 받지 않을 때 가장 중요하고 가장 훌륭한 일이 일어난다.

나는 인간의 영혼 안에서 벌어지는 일들을 대단히 중요하게 여기는 까닭에 나 자신이 서투른 간섭을 통해서 자연의 조용한 작용을 방해하거나 왜곡하지 않을까 두려워하는 마음을 품고 있다는 사실을 언제든 인정한다. 그것이 내가 이 특별한 환자를 나 자신이 직접 관찰하는 것조차 피했던 이유였다. 그래서 나는 그 일을 아직 나의 지식에 영향을 받지 않은 초심자에게 맡겼다. 내가 지금 여러분 앞에 제시하는 결과물들은 순수하고, 양심적이고, 정확한 지성을 갖춘 한 남자의 정확한 자기 관찰이다. 그는 외부로부

---

46   그노시스주의의 창조신.

터 어떤 암시도 받지 않았으며, 어쨌든 그는 암시에 노출되지 않았다. 정신적 자료를 잘 아는 사람이라면 누구나 그 결과물들의 진정한 성격을 파악하는 데 전혀 어려움을 겪지 않을 것이다.

<그림 45> 영혼의 길잡이, 헤르메스. – Gem in a Roman ring

2. 꿈속의 만다라들

완전을 기하기 위해서, 나는 이미 논한 초기의 꿈들과 환상들에 나타난 만다라 상징들을 여기서 다시 요약한다.

#1. 꿈을 꾸는 사람 주위로 원을 그렸던 뱀(첫 번째 시리즈 #5).

#2. 푸른 꽃(첫 번째 시리즈 #17).

#3. 그의 손에 금화를 쥐어준 남자, 그리고 버라이어티 공연을 위해 둘러

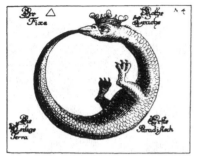

<그림 46-47> 왼쪽은 자신의 꼬리를 먹는 자로서 왕관을 쓴 용이고, 오른쪽은 하나의 원을 형성하고 있는 두 마리의 용이다. 네 귀퉁이에 4가지 원소를 뜻하는 기호들이 있다. - Eleazar, 'Uraltes chymisches Werk'(1760)

처진 공간(첫 번째 시리즈 #18).

　#4. 빨간 공(첫 번째 시리즈 #19).

　#5. 구(球)(첫 번째 시리즈 #20).

　그 다음 만다라 상징은 새로운 시리즈의 첫 번째 꿈에 나타난다.

　#6. 꿈:

　모르는 여자가 꿈을 꾸는 사람을 뒤쫓고 있다. 그는 어떤 원 안에서 둥글게 돌고 있다.

　무의식의 어떤 양상을 의인화한 형상이 그 사람 본인이 훗날 직접 경험하게 될 무엇인가를 하거나 경험할 때 종종 그렇듯이, 첫 번째 만다라 꿈에 나타난 뱀은 예고의 성격을 갖고 있었다. 그 뱀은 꿈을 꾸는 사람이 개입될, 원을 그리는 어떤 움직임을 예고한다. 말하자면, 무의식에서 순환적인 움직임으로 지각되는 무엇인가가 일어나고 있다는 뜻이다. 이 사건은 지금 의식 속으로 너무나 강하게 밀고 들어가고 있으며, 그래서 꿈을 꾸는 사람 본인이 그 사건에 사로잡혀 있다. 무의식을 나타내는 미지의 여자, 즉 아니마는 꿈을 꾸는 사람이 원을 그리며 달리기 시작할 때까지 지속적으로 괴롭힌다. 이것은 틀림없이 자아와 동일하지 않은 어떤 잠재적인 중심을, 그러니까 자아가 그 주위를 돌고 있는 그런 중심을 암시한다.

#7. 꿈:

아니마가 꿈을 꾸는 사람을 향해 그녀에게 관심을 거의 주지 않는다고 비난한다. 정각 5분 전을 가리키는 시계가 있다.

상황은 상당히 똑같다. 무의식이 엄격한 여자처럼 그를 괴롭히고 있다. 상황은 또한 시계에 대해서도 설명하고 있다. 시계의 침들이 원을 그리며 계속 돌고 있으니까. 정각 5분 전은 시간에 맞춰 사는 사람에게 긴장 상태를 암시한다. 5분이 지나면, 그는 무엇이든 해야 한다. 그는 심지어 시간에 쫓길 수도 있다. (뒤에서 보게 되듯이, 순환적인 운동의 상징(그림 13 참조)은 언제나 긴장과 연결되어 있다.)

#8. 꿈:

배를 타고 있다. 꿈을 꾸는 사람은 자신의 위치를 확인할 새로운 방법을 익히느라 바쁘다. 그는 가끔은 너무 멀리 떨어져 있고 또 가끔은 너무 가까이 서 있다. 적당한 지점은 가운데에 있다. 중심을 가진 원이 그려진 차트가 있다.

틀림없이, 여기 제시된 과제는 중앙을, 적절한 지점을 발견하는 것이며,

그것은 어떤 원의 중심이다. 꿈을 꾸는 사람이 이 꿈에 대해 기록하면서, 그는 직전에 자신이 어떤 표적(그림 48)을 향해 활을 쏘는 꿈을 꿨다는 사실을 기억해냈다. 그는 가끔 지나치게 높은 곳을 쏘았고 또 가끔은 너무 낮은 지점을 쏘았다. 정확한 목표는 가운데에 있었다. 두 개의 꿈은 그에게 대단한 의미를 지니는 것으로 다가왔다. 표적은 중앙이 있는 원이다. 바다에서의 위치는 지구 주위의 별들의 회전에 의해 결정된다. 따라서 꿈은 객관적인 어떤 중심을 구성하거나 정하는 것을 목표로 잡고 있는 그런 정신 작용을 묘사하고 있다.

#9. 꿈:

추가 멈추는 일 없이 영원히 작동하는 진자시계가 나온다.

이것은 바늘이 쉼 없이 움직이는 시계의 한 종류이다. 그리고 마찰로 인한 고장이 전혀 없기 때문에, 그것은 어떤 원 안에서 영원히 이어지는 움직임이다. 여기서 우리는 어떤 "형이상학적" 속성을 만난다. 이미 말한 바와 같이, 나는 형이상학적이라는 표현을 심리학적인 의미로, 따라서 비유적으로 쓰고 있다. 이 표현의 뜻은 영원성은 무의식에 의해 단정되는 하나의 특성이지, 하나의 근본이 아니라는 것이다.

이 꿈에 의한 진술은 틀림없이 꿈을 꾸는 사람의 과학적 판단에 불쾌하게 여겨지겠지만, 바로 그것이 만다라에 특이한 의미를 부여한다. 매우 큰 의미를 지니는 것들은 종종 이성과 모순되는 것처럼 보이며, 따라서 이성에게 큰 시험이 될 수 있다는 이유로 거부당한다. 마찰 없는 움직임은 그 시계가 우주적이고, 심지어 초월적이라는 점을 보여준다. 어쨌든 그 움직임은 스스로를 만다라로 표현하고 있는 정신적 현상이 시간과 공간의 법칙의 지배를 받는지에 대해 의문을 품도록 만든다. 그리고 이것은 경험적인 자아와 너무나 다른 그 무엇인가를 가리킨다. 지금 말하는 그 무엇인가와 경험적 자아 사이의 간극은 다리를 놓지 못할 만큼 넓다. 다시 말해, 인격의 중심은 자아와 다른 차원에 있다. 이유는 인격의 중심이 자아와 달리 "영원" 또는 상대적 불후의 성격을 지니고 있기 때문이다.

<그림 48> 연금술 작업의 "목표"에 이르는 데(목표물을 맞히는 데) 반드시 필요한 부패 작용. – Stolcius de Stolcenbert, 'Viridarium chymicum'(1624)

#10. 꿈:

꿈을 꾸는 사람은 의사와 수염을 뾰족하게 기른 남자, "여자 인형"과 함께 취리히의 성 베드로 교회 안에 있다. 여자 인형은 누구도 말을 걸지 않고 여자 본인도 말을 하지 않는 미지의 여자이다. 의문이 생긴다. 이 여자는 셋 중 누구에게 속하는가?

취리히에 있는 성 베드로 교회의 탑에는 아주 큰 시계가 설치되어 있다. 성 베르도 교회는 폐쇄된 공간이고 성역이라는 단어의 가장 진정한 의미에서 말하는 성역이며, 교회의 경내이다. 그들 4명은 자신들이 울타리 안에 있다는 사실을 발견한다. 시계의 원형 숫자판은 지평선처럼 4개의 구획으로 나뉜다. 꿈속에서, 꿈을 꾸는 사람은 그 사람 자신의 자아를 나타내고, 뾰족하게 수염을 기른 남자는 "고용된" 지성(메피스토펠레스)을, "인형 여자"는 아니마를 각각 나타내고 있다. 인형이 아이가 갖고 노는 사물이기 때문에, 그것은 자아에 속하지 않는 아니마의 성격을 표현하는 데 아주 적절한 이미지이다. 이 아니마는 하나의 대상으로서 "아무도 말을 걸지 않는"것이 추가적인 특징이다. 이 부정적인 요소(앞의 꿈 #6과 꿈 #7에도 나타난다)는 의식적인 정신과 무의식의 어떤 부적절한 관계를 암시한다. 미지의 여자가 누구에게 속하는가 하는 질문도 마찬가지이다. "의사"도 자아 밖에 속한다. 당시에 내가 이 꿈을 꾼 사람과 전혀 어떤 연결도 맺고 있지 않았음에도, 꿈속의 의사는 아마 나 자신에 대한 희미한 암시를 담고 있을 것이다. 한편, 수염을 뾰족하게 기른 남자는 자아에 속한다.

이런 전체 상황은 기능들을 그린 도형에 묘사된 관계들을 떠올리게 한다(그림 49). 만약 심리적 기능들을 하나의 원으로 배치한다면, 가장 분화된 기능이 보통 자아를 포함하고 있는 기능이며, 그 기능은 거기에 딸린 보조 기능을 하나 갖고 있다. 한편, "열등" 기능은 무의식적이며, 그런 이유 때문에 자아 외의 부분으로 투사된다. 이 열등 기능도 마찬가지로 보조적인 기능을 갖고 있다. 따라서 꿈속에 등장하는 네 인물들이 전체 인격(만약에 무의식을 포함시킨다면)의 구성요소로서 4가지 기능을 대표하는 것도 불가능하지 않을 것이다. 그러나 이 전체는 자아와 자아 외의 부분을 합친 것이다. 그러므로 그런 전체성을 표현하는 원의 중심은 전체 인격의 총합으로서 자아에 해당하지 않고 자기에 해당한다. (원으로 된 중앙은 신의 본질을 나타내는 비유로서 매우 잘 알려져 있다.) 우파니샤드 철학에서, 자기는 어떤 측면에서 보면 개인적인 아트만이지만, 동시에 자기는 초개인적인 것으로서 우주적이고 형이상학적인 특성을 지닌다.

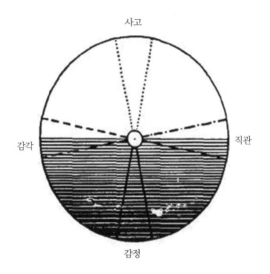

<그림 49> 의식의 4가지 기능을 보여주는 다이어그램. 이 예의 경우에 우월 기능인 사고가 원의 밝은 반쪽의 가운데를 차지하고 있다. 반면에 열등 기능인 감정은 어두운 반쪽을 차지한다. 두 가지 보조 기능은 부분적으로 밝은 쪽에도 있고 어두운 쪽에도 있다.

우리는 그노시스주의에서 이와 비슷한 사상들을 만난다. 나는 '코덱스 브루키아누스'(Codex Brucianus)의 어느 논문에 담긴, 안트로포스와 플레로마, 모나드, 빛의 불꽃이라는 사상에 대해 언급할 것이다.

이와 똑같은 것이 세테우스[47]에 있는 모나드에 거주하고 있는 그[모노게

47　그노시스주의에서 세테우스는 여섯 번째 천체에 거주하고 있는 위대한 천상의 파워들 중 하나이다.

네스]이며, 모나드는 아무도 어디에 있는지를 알지 못하는 곳에서 왔다. … '그분'으로부터 모나드가 선한 모든 것을 실은 배처럼, 모든 종류의 나무가 가득 심어진 들판처럼, 그리고 모든 인간 종족으로 가득한 어느 도시처럼 왔다. … 이것이 모나드의 방식이며, 이 모든 것들은 그것 안에 있다. 모나드의 머리 위에 얹힌 왕관으로서 12개의 모나드들이 있다. … 그리고 성처럼 그것을 에워싸고 있는 장막에 닿는 길이 12개 있다. 이와 똑같은 것이 독생자의 어머니-도시이다.

설명을 위해, 여기서 나는 "세테우스"가 "창조주"를 의미하는, 신을 일컫는 이름이라는 것을 덧붙여야 한다. 모노게네스는 신의 아들이다. 모나드를 들판과 도시와 비교하는 것은 성역 사상과 일치한다(그림 50). 또한 모나드는 왕관을 쓰고 있다(첫 번째 시리즈의 꿈 #1과 이번 시리즈의 꿈 #35에 나타나는 모자 참고). "메트로폴리스"로서(그림 51), 모나드는 라마교 만다라의 근본적인 형태인 연꽃처럼 여성적이다. 신의 아들, 즉 현실로 나타나게 된 신은 꽃에 거주한다. '요한 묵시록'에서, 우리는 천상의 예루살렘의 한가운데에서 어린 양을 발견한다. 그리고 콥트교의 텍스트에서 세테우스는 4개의 문을 가진 도시 플레로마(세계의 산 메루 위에 위치한 브라흐마라는 힌두 도시에 해당한다)의 가장 깊고 가장 성스러운 곳에 거주하는 것으로 확인된다. 문마다 모나드가 하나씩 있다. 아우토게네스(=모노게네스)에게서 태어난 안트로포스의 사지는 그 도시의 4개의 문에 해당한다. 모나드는 빛의 불꽃이고 아버지의 이미지이며 모노게네스와 동일하다. 이런 기도가 있다. "당신은 집이고 그 집의 거주자이십니다." 모노게네스는 4개의 기둥을 가진 테이블 또는 연단 위에 서 있으며, 이 4개의 기둥은 네 복음서 저자들의 4개1조와 일치한다.

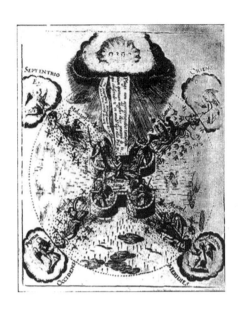

<그림 50> 난공불락의 성을 공격하고 있는 파멸적인 영들. - Fludd, 'Summun bonum' (1629)

 라피스라는 개념은 이 모든 것과 몇 개의 접점을 갖는다. '로사리움'에서 라피스는 헤르메스를 인용하면서 이렇게 말한다. "나는 빛을 낳지만, 어둠도 또한 나의 본성에 속한다. ⋯ 그러므로 나 자신과 나의 아들의 융합보다 더 존경받을 가치가 있는 일은 세상에서 일어나지 못한다." 이와 비슷하게, 모노게네스는 "어두운 빛"이라 불리며, 연금술의 검은 태양을 상기시킨다(그림 34).
 "트락타투스 아우레우스"(Tractatus aureus)의 4장에서 끌어낸 다음 인용은 흥미롭게도 어머니-도시의 깊숙한 곳에 거주하며 왕관을 쓰고 베일로 가린 모나드와 동일한 모노게네스와 비슷한 예를 제공하고 있다.

<그림 51> 미로이기도 한 라피스 성역이 행성의 궤도들에 둘러싸여 있다. - Van Vreeswyck, 'De Groene Leeuw'(1672)

그러나 왕은 형제들이 증언하고 있듯이 군림하며 이렇게 말한다. "나는 왕관을 쓰고 있고, 왕관으로 장식하고 있다. 나는 왕의 의상을 입고 있고, 나는 기쁨을 가슴으로 느끼고 있다. 이유는 내가 나의 어머니의 팔과 가슴에, 그리고 그녀의 본질에 묶여 있는 까닭에, 나의 본질이 함께 모여 편히 쉴 수 있기 때문이다. 나는 눈에 보이는 것으로부터 눈에 보이지 않는 것을 만들어 내고, 초자연적인 것이 나타나도록 한다. 철학자들이 숨긴 모든 것이 우리로부터 생겨날 것이다. 그때 이 말들을 듣고, 그 말들을 이해하고, 그 말들을 간직하고, 그 말들을 놓고 깊이 명상하고, 그 이상의 것을 절대로 추구하지 않도록 하라. 인간은 자연의 원리로부터 생겨나지 다른 그 어떤 본질로부터 생겨나지 않는다. 이 자연의 내적 부분들은 살점을 갖고 있다."

<그림 52> 연꽃 위의 하르포크라테스 - Gnostic gem

"왕"은 라피스를 가리킨다. 라피스가 "주인"이라는 사실은 '로사리움'에 인용된 헤르메스의 말에 의해 분명해진다. "따라서 철학자는 돌의 주인이 아니라 오히려 돌의 대리인이다." 마찬가지로, 왕관을 쓴 자웅동체의 형태로 나타나는 라피스의 최종 산물은 '왕의 수수께끼'(aenigma regis)라 불린다. 독일의 한 노래는 그 '수수께끼'에 대해 다음과 같이 언급하고 있다.

> 지금 여기서 지극히 명예로운 황제가 태어나도다.
> 이 황제보다 더 높은 존재는
> 살아 있는 생명체의 자궁으로부터는
> 기술에 의해서도, 자연의 작업에 의해서도
> 절대로 태어나지 못하리.
> 철학자들은 그에 대해 자신의 아들이라고 하네.
> 그리고 철학자들이 하는 모든 것은 그에 의해 행해지도다.

마지막 두 행은 앞에서 헤르메스로부터 인용한 부분과 직접적으로 연결

<그림 53> 네 복음서 필자를 상징하는 교회의 준마(駿馬). - Crucifixion in Herrad of Landsberg's 'Hortus deliciarum'(12th cent.) detail

된다는 사실이 쉽게 확인된다.

고대 그리스 로마의 (그리고 기독교) 전통에 따라 아버지 안에 영원히 거주하며 스스로를 신이 인간에게 내린 선물로 드러내는 아들은 인간이 자신의 본질로부터 낳을 수 있는 그 무엇이라는 생각이 연금술사들에게 떠올랐던 것 같다. 물론, 신의 도움을 받아야 한다는 점에 대해선 말할 필요가 없다. 이 같은 생각의 이단성은 명백하다.

열등한 기능의 여성적인 성격은 그것이 무의식에 오염되었다는 데서 기인한다. 무의식은 그 여성적인 특징들 때문에 아니마에 의해 의인화된다 (남자들의 안에서 그러하며, 여자들의 내면에서 무의식은 남성적이다.)

만약에 우리가 이 꿈과 그 앞의 꿈들이 그 꿈들을 꾼 사람의 내면에 의미 있는 어떤 감정을 불러일으키는 무엇인가를 진정으로 뜻한다고 단정한다 면, 또 더 나아가 그 의미가 해설에서 제시되는 견해와 다소 일치한다고 단 정한다면, 여기서 우리는 자기 반성적인 직관에 도달하는 중대한 시점을 맞고 있을 것이며, 이때 직관의 대담성은 흠잡을 구석을 하나도 남기지 않 을 것이다. 그러나 영원한 진자시계조차도 그것을 받아들일 준비가 되어 있지 않은 의식에게는 소화하기 힘든 음식이나 마찬가지이며, 사고의 높 은 비상에 방해가 되기 쉽다.

<그림 54> 뱀 3마리와 뱀 1마리를 따로 갖고 있는 자웅동체. 아래쪽에 머리가 3개인 메르쿠리 우스 용이 보인다. ʻRosarium philosophorum', in ʻArtis auriferae'(1593)

#11. 꿈:

꿈을 꾸는 사람과 의사, 조종사, 미지의 여인이 비행기로 여행하고 있다. 갑자기 크로케 공이 비행에 반드시 필요한 도구인 유리를 깨뜨리고, 비행기가 지상으로 추락한다. 여기서 다시 똑같은 의문이 생긴다. 미지의 여인은 누구에게 속하는가?

의사, 조종사, 미지의 여인은 모두가 이방인이라는 사실 때문에 자아 밖의 영역에 속하는 것으로 규정된다. 따라서 이 꿈을 꾸는 사람은 자아를 데리고 다니는 분화된 기능만을 소유하고 있다. 다시 말하면, 무의식이 기반을 상당히 확보했다. 크로케 공은 활 모양의 작은 골대 밑으로 공을 쳐서 넣는 게임의 일부이다. 첫 번째 시리즈의 환상 #8은 사람들이 무지개 위로 지나가면(날아가면?) 안 되고 무지개 밑으로 가야 한다고 말했다. 무지개 위를 가는 사람들은 땅바닥으로 떨어진다. 어쨌든 그 비상이 지나치게 높았던 것 같다.

크로케는 공중이 아니라 땅 위에서 하는 게임이다. "영적" 직관의 도움으로 땅보다 위로 높이 올라가서 단단한 현실로부터 달아나서는 안 된다. 그런데도 번득이는 직관을 가진 사람들에게 그런 일이 종종 벌어진다. 우리는 직관의 차원에는 절대로 닿을 수 없으며, 따라서 자신을 직관과 동일시해서는 안 된다. 오직 신들만이 무지개 다리 위를 건널 수 있을 뿐이다. 죽을 운명의 인간들은 땅을 고수하고 땅의 법칙을 따라야 한다(그림 16 참조). 직관에 의해 드러난 가능성의 빛 속에서, 인간의 세속성은 틀림없이 개탄스러울 만큼 불완전하겠지만, 바로 이 불완전성이야말로 인간의 고유한 존재의 일부이고 인간의 현실의 일부이다.

인간은 가장 훌륭한 직관과 최고의 이상과 포부뿐만 아니라, 존재의 증오스런 조건들로도 이뤄져 있다. 이 조건들을 구체적으로 보자면, 유전과, 인간을 향해 "네가 그걸 했어! 그것이 바로 너란 존재야!"라고 외치는, 지울 수 없는 기억들이 있다. 인간은 고대의 도마뱀의 꼬리를 잃었을지 모르지만, 그 대신에 인간은 정신에 그를 땅에 묶어 놓는 사슬을 달고 있다. 이 사슬은 결코 호메로스의 사슬[48]이 아니며, 주어진 조건들의 사슬이다. 이 조건들의 무게가 너무나 무겁기 때문에, 영웅도 되지 못하고 성자도 되지 못할 위험을 감수하더라도 그 조건들에 묶인 채 남는 것이 더 편하다. (역사는 이런 집단적인 규범들에 절대적인 가치를 부여하지 않는 우리를 어느 정도 정당화한다.)

땅에 얽매어 있다는 것이 성장하지 못한다는 것을 뜻하지는 않는다. 반대로, 그런 얽매임은 성장의 필수 조건이다. 우람하게 잘 자란 나무들 중에서 시커먼 뿌리를 갖고 있지 않은 것은 절대로 없다. 이유는 나무가 위로도 성장할 뿐만 아니라 아래로도 마찬가지로 성장하기 때문이다. 우리가 어디로 가고 있는가 하는 문제도 당연히 대단히 중요하지만, 내가 볼 때에는 누가 어디로 가고 있는가 하는 질문도 마찬가지로 중요하다. "누구"는 언제나 어떤 "기원"을 암시한다. 높은 곳을 지속적으로 지켜나가기 위해서는 위대함이 필요하지만, 어느 누구도 자기 자신을 앞지르지는 못한다. 어려움은 죽어 있는 중앙을 깨뜨리는 일에 있다(꿈 #8 참조). 이 일을 위해서는 인간의 인격의 두 가지 측면과 그 측면들 각각의 목표와 기원에 대한 지식이 기본적으로 필요하다. 이 두 가지 측면이 교만이나 소심 때문에 분리되는 일이 있어서는 안 된다.

"비행의 불가결한 도구"로서 "거울"은 틀림없이 지성을 가리킨다. 지성

---

48 연금술에서 호메로스의 사슬은 땅과 천국을 연결하는 헤르메스 트리스메기스투스로 시작하는 일련의 위대한 현자들을 말한다.

은 생각할 수 있으며, 또 지성은 우리를 향해 지성의 통찰("심사숙고")과 자신을 동일시하라고 끊임없이 설득하고 있다. 거울은 쇼펜하우어(Arthur Schopenhauer)가 지성을 표현하는 직유로 즐기던 것 중 하나이다. "항법 도구"라는 용어는 이것을 나타내는 데 아주 적절한 표현이다. 왜냐하면 그것이 정말로 길 없는 바다에서 인간에게 꼭 필요한 가이드의 역할을 하기 때문이다. 그러나 땅이 인간의 발로부터 떨어져 나가고, 인간이 직관의 높은 비상의 유혹에 넘어가 허공에서 생각에 잠기기 시작할 때, 그 상황은 위험해진다(그림 55).

여기서 다시, 꿈을 꾸는 사람과 3명의 꿈 형상이 4개1조를 형성하고 있다. 미지의 여인, 즉 아니마는 언제나 "열등한", 즉 분화되지 않은 기능을 나타내는데, 이 꿈을 꾼 사람의 경우에 그 기능은 감정이다. 크로케 공은 "둥근 것"이라는 모티브와 연결되고, 따라서 전체성, 즉 자기의 상징이며, 여기서 자기는 지성(거울)에 적대적인 것처럼 보인다. 틀림없이, 꿈을 꾼 사람은 지성에 의한 "항해"를 지나치게 많이 하고 있으며, 따라서 개성화 과정을 어지럽히고 있다. '데 비타 롱가'에서 파라켈수스는 "넷"을 'Scaiolae'[49]로 묘사하지만, 자기를 'Adech'(최초의 인간을 뜻하는 아담에서 따왔다)로 묘사한다. 파라켈수스가 강조하듯이, 그 둘이 "작업"에 너무나 많은 어려움을 야기하기 때문에, 사람들이 'Adech'에 대해 거의 적대적이라고 말하는 것도 이해가 된다.

#12. 꿈:
꿈을 꾸는 사람은 자신이 시가 전차의 승강장에서 아버지와 어머니, 여동생과 함께 매우 위험한 상황에 처했다는 사실을 발견한다.

---

49 생각과 사랑, 미움, 상상, 희망, 두려움 같은 정신적 힘들을 뜻한다.

이 꿈을 꾼 사람은 꿈속의 다른 형상들과 한 번 더 4개1조를 형성한다. 그는 곧장 어린 시절로, 아직 완전과는 거리가 너무나 먼 시절로 돌아갔다. 완전은 가족에 의해 표현되고 있으며, 완전의 구성 요소들은 여전히 가족 구성원들에게 투사되고 그들에 의해 의인화되고 있다. 그러나 이 상태는 퇴행적이기 때문에 성인에게 위험하다. 그것은 원시인이 위험한 "영혼의 상실"로 경험하는 인격의 분열을 뜻한다.

그 붕괴에서, 엄청난 수고를 통해 통합되었던 개인의 구성 요소들이 다시 외부 세계로 흡수된다. 개인은 죄의식을 상실하고, 죄의식과 유아적인 순진함을 바꾼다. 그는 다시 이 문제는 사악한 아버지의 탓으로 돌리고 저 문제는 애정 없는 어머니의 탓으로 돌린다. 그는 언제나 거미줄에 걸린 파리처럼, 피할 수 없는 인과적 연결 속에 갇혀 있다. 그런 상태에서 그는 자신이 도덕적 자유를 잃어버렸다는 사실을 깨닫지 못하고 있다.

그러나 부모나 조부모가 아이에게 아무리 많은 죄를 지었다 할지라도, 진정으로 어른이 된 남자는 그 죄들을 자신이 다뤄야 할 조건으로 받아들일 것이다. 어리석은 사람만이 자신이 변화시킬 수 있는 것이 아니라는 이유로 다른 사람들의 죄에 관심을 둔다. 현명한 사람은 오직 자신의 죄로부터 배운다. 그런 사람은 스스로 이렇게 물을 것이다. 이 모든 일이 일어나는 나는 도대체 어떤 존재인가? 이 운명적인 물음에 대한 답을 찾기 위해 그 사람은 자신의 가슴 안을 들여다볼 것이다.

이전의 꿈에서 탈것이 비행기였듯이, 이 꿈에서 탈것은 시내 전차이다. 꿈에 나타나는 탈것의 유형은 꿈을 꾸고 있는 사람이 시간 속에서 앞으로 움직이는 방법, 즉 움직임의 유형을 보여준다. 달리 말하면, 그가 정신적 삶을 어떤 식으로 사는지, 말하자면 개인적으로 사는지 집단적으로 사는지, 자신의 수단으로 사는지 남에게 빌린 수단으로 사는지, 자발적으로 사는지 기계적으로 사는지에 대해 말해준다. 비행기를 타고 그는 미지의 조종사에 의해 날고 있다. 즉, 그가 무의식에서 나오는 직관에 따라 이동하고 있다는 뜻이다. (실수는 "거울"이 비행에 지나치게 많이 이용되고 있다는 점이다.) 그러나 이 꿈에서 그는 누구나 탈 수 있는 공동적인 탈것인 시가전차 안에 있다. 그것은 그가 다른 사람들과 똑같이 움직이거나 행동한다는 뜻이다. 그래도 그는 다시 넷 중의 하나이며, 이것은 그가 완전을 추구하고 있는 무의식 때문에 두 가지 탈것 안에 있다는 것을 의미한다.

<그림 55> 마법의 거울 앞의 파우스트. Rembrandt, etching(c. 1652)

#13. 꿈:

바닷속에 어떤 보물이 놓여 있다. 거기에 닿기 위해, 그는 좁은 틈 속으로 다이빙을 해야 한다. 위험한 일이지만, 거기 아래에서 그는 동료를 발견할 것이다. 이 꿈을 꾸는 사람은 시커먼 틈으로 몸을 던졌다가 깊은 곳에서 아름다운 정원을 발견한다. 대칭적으로 설계되었고, 가운데에 분수가 있는 그런 정원이다(그림 56).

"획득하기 힘든 보물"이 무의식의 대양 속에 놓여 있으며, 오직 용감한 사람만이 거기에 닿을 수 있다. 나는 그 보물도 "동료", 즉 우리 옆에서 삶을 헤쳐 나가고 있는 사람일 것이라고 짐작한다. 그것은 십중팔구 자기(self) 안에서 어떤 친구를 발견하는 외로운 자아(ego)의 경험과 아주 비슷하다. 처음에 자기가 낯선, 자아 이외의 부분에 해당하기 때문이다. 이것은 불가사의한 여행 동반자라는 주제이다. 그런 유명한 예를 나는 3건 제시할 수 있다. 엠마오로 가는 길의 사도들, '바가바드 기타'(Bhagavad Gita) 속의 크리슈나와 아르주나, '코란' 18장에 나오는 모세와 엘 키드르(El-Khidr)가 그런 예이다. 더 나아가 나는 바닷속의 보물과 동료, 분수가 있는 정원은 모두 같은 것, 즉 자기일 것이라고 추측한다. 정원이 또 하나의 성역이고, 분수가 '코란' 속의 모세도 발견한, '요한복음' 7장 38절에 언급된 "살아 있는 물"의 원천이니 말이다. 모세는 그 샘 옆에서 "우리가 우리의 은총과 지혜를 부여한 우리의 하인들 중 하나"('코란' 18장)인 엘 키드르를 발견했다. 그리고 그 전설은 엘 키드르의 주위 땅이 사막이었음에도 불구하고 봄꽃이 활짝 피어 있었다는 이야기를 전하고 있다.

이슬람에서 샘을 갖춘 성역의 설계는 초기 기독교 건축의 영향을 받아 한가운데에 의식용 세탁장을 갖춘 모스크의 안마당으로 발전했다(예를 들면, 카이로의 아마드 이븐 툴룬(Ahmed ibn-Tulun) 모스크). 우리는 정원에 샘을 갖춘 서양의 수도원에서도 이와 아주 똑같은 것을 본다. 이것은 또한 우리가 연금술에 관한 논문들과 많은 아름다운 판화들을 통해서 알고 있는 "철학자들의 장미 정원"이기도 했다. "그 집의 거주자"(꿈 #10에 대한 해석 참고)는 "동료"이다. 여기서 샘과 정원에 의해 표현된 중심과 원은 무엇보다 살아 있는 존재인 라피스와 유사한 것들이다(그림 25, 26 참조).

<그림 56> 젊음의 분수. – 'Codex de Sphaera'(Modena, 15th cent.)

'로사리움'을 보면, 라피스가 "나를 보호하라. 그러면 내가 그대를 보호할 것이다. 나에게 그대를 도울 것을 다오."라고 말한다. 여기서 라피스는 자신을 돕는 자를 돕는 훌륭한 친구와 조력자에 지나지 않으며, 이것은 보상적인 어떤 관계를 가리킨다. (나는 꿈 #10에 관한 설명에서 한 말을, 보다 구체적으로 모노게네스와 라피스와 자기를 서로 비슷한 것으로 연결시킨 대목을 떠올린다.)

따라서 땅으로 추락하는 사건은 바다의 깊은 곳으로, 무의식 속으로 이어지고, 꿈을 꾸는 사람은 어린 시절로의 퇴행으로 야기된 인격의 분열로부터 보호 받는 피난처인 성역에 닿는다. 상황은 첫 번째 시리즈의 꿈 #4와 환상 #5의 상황과 비슷하다. 거길 보면, 마법의 동그라미가 무의식의 유혹과 다수의 여성적인 형태들로 나타난 무의식을 물리친다. (유혹의 위험들은 폴리필로의 '네키야'가 시작되는 부분에서 그에게 이와 아주 똑같이 접근한다.)

'코란'에 따르면, 옛날의 모세가 대가를 치르고 발견했듯이, 생명의 원천은 위험이 전혀 없는 것은 아니지만, 그럼에도 엘-키드르처럼 훌륭한 동료이다. 생명의 원천은 스스로를 영원히 갱신하는 생명력의 상징이며(그림 57, 그림 25-27, 84 참조), 절대로 고장나지 않는 시계의 상징이다. 우리 구세주의 말씀 중에서 정경에 속하지 않는 어느 말씀은 이렇다. "내 가까이 있는 자는 불 가까이 있느니라." 이처럼 심원한 그리스도가 불의 원천인 것과 똑같이(그림 58), 연금술의 철학자들은 자신의 '우리의 물'을 불로 생각한다. 그 원천은 생명의 흐름을 의미할 뿐만 아니라 생명의 따스함, 정말이지 생명의 열기, 열정의 비밀까지 의미한다. 열정의 동의어들은 언제나 불과 관련 있다. 모든 것을 용해시키는 '우리의 물'은 라피스의 생산에 근본적인 요소이다. 그러나 그 원천은 지하에 있으며, 따라서 그 길은 아래로 이어진다. 우리는 오직 아래에서만 불 같은 생명의 원천을 발견할 수 있다. 이 깊은 곳들은 인간의 자연의 역사를, 말하자면 인간이 본능의 세계와 맺은 인과적 연결을 구축하고 있다(그림 16 참조). 이 연결이 다시 발견되지 않는다면, 라피스도 절대로 생겨나지 못하고 자기도 절대로 생겨나지 못한다.

<그림 57> 기적의 샘을 갖춘 황제의 욕실. 해와 달의 영향을 받고 있다. – "De balneis Puteolanis"(MS., 14th cent.)

<그림 58> 불의 원천으로서, "불타는" 성흔을 가진 그리스도. – 14th-cent. stained-glass window, church at Königsfelden, Aargau, Switzerland

#14. 꿈:

꿈을 꾸는 사람이 자기 아버지와 함께 약국으로 들어간다. 거기서 값진 것들을, 무엇보다 특별한 어떤 물을 꽤 싸게 구한다. 아버지는 아들에게 그 물이 온 나라에 대한 이야기를 들려준다. 나중에 그는 기차로 루비콘 강을 건넌다.

독한 액체를 담은 대형 유리병들과 작은 단지들, 물, 신성한 돌과 지옥의 돌, 현자의 돌 등을 갖추고 있는 전형적인 약제사의 가게는 '성령의 선물'에서 금을 만드는 망상 그 이상을 보지 않은 연금술사들이 갖췄던 부엌 장비들의 마지막 잔재이다. 그 "특별한 물"은 정확히 '평범하지 않은 우리의 물'이다. 이 꿈을 꾼 사람을 생명의 원천으로 이끄는 사람이 아버지인 이유는 쉽게 이해된다. 그의 아버지가 꿈을 꾼 사람의 생명의 자연스런 원천이니 말이다. 아버지가 생명이 나온 나라나 땅을 나타낸다고 말할 수 있다. 그러나 비유적으로 말하면, 아버지는 꿈을 꾸는 사람에게 생명의 의미를 가르치고 옛날의 가르침에 따라서 생명의 비밀을 설명해 주는, "깨닫게 하는 영(靈)"이다. 그는 전통적인 지혜의 전달자이다. 그러나 오늘날의 아버지는 오직 아들의 꿈에서만 이런 기능을 완수한다. 아들의 꿈에 아버지는 원형적인 아버지 형상, 즉 "늙은 현자"로 나타난다.

생명의 물이 쉽게 얻어지고 있다. 모두가 가치를 깨닫지 못한 상태에서 생명의 물을 갖고 있는 것이다. 생명의 물이 어리석은 자들로부터 멸시당하고 있다. 왜냐하면 어리석은 사람들이 선한 모든 것은 언제나 밖이나 다른 어딘가에 있다고, 그들의 영혼 속에 있는 원천은 단지 "그런 것에 지나지 않는 하찮은 것일 뿐"이라고 단정하기 때문이다. 라피스처럼, 그것은 거의 가치가 없으며, 따라서 슈피텔러의 '프로메테우스와 에피메테우스'에 나오는 보석처럼 그것은 고위 성직자와 학자들에서부터 아래로 농민들에 이르기까지 모든 사람들로부터 거부당하고 거리로 던져진다. 그러면 아하수에로스(Ahasuerus)[50]가 그것을 집어서 주머니에 넣는다. 그때 보물은 다시 무의식 속으로 깊이 가라앉는다.

그러나 이 꿈을 꾼 사람은 무엇인가를 알아차리고는 굳게 결심한 뒤에 루비콘 강을 건넌다. 그는 생명의 흐름과 불을 과소평가해서는 안 된다는 것을, 그것들이 완전의 성취에 절대적으로 필요하다는 것을 깨달았다. 그러나 루비콘 강을 다시 건너는 것은 불가능한 일이다.

---

50 13세기부터 유럽에 퍼지기 시작한 떠돌이 유대인이라는 전설 속의 유대인의 이름이 아하수에로스라는 이론이 있다.

#15. 꿈:

네 사람이 어느 강을 따라 내려가고 있다. 꿈을 꾸는 사람과 그의 아버지, 어느 친구, 미지의 여인이 그들이다.

"친구"가 꿈을 꾸는 사람에게 잘 알려진 분명한 인물인 한, 그 친구는 아버지처럼 자아의 의식 세계에 속한다. 따라서 매우 중요한 무엇이 일어났다. 꿈 #11에서 무의식이 3대 1의 입장이었으나 상황이 역전되었으며, 지금 3대 1의 입장에 놓인 사람은 바로 이 꿈을 꾸는 사람이다(1은 미지의 여인이다). 무의식의 효과가 약해졌다. 이유는 꿈을 꾸는 사람이 "아래로 뛰어듦으로써", 위의 영역과 아래의 영역을 서로 연결시켰기 때문이다. 말하자면, 그는 육체 없는 추상적인 존재로만 살지 않고, 육체와 본능의 세계, 그리고 사랑과 삶이 일으키는 문제들의 현실을 받아들이고 거기에 맞춰 행동하기로 결정했다. 이것이 바로 루비콘 강을 건너는 행위가 의미하는 바였다. 자기가 되는 것, 즉 개성화는 영적인 문제일 뿐만 아니라 모든 삶의 문제이다.

#16. 꿈:

많은 사람들이 모여 있다. 사람들은 모두 어떤 광장을 왼쪽으로 돌며 걷고 있다. 이 꿈을 꾸는 사람은 중앙에 있지 않고 한쪽으로 치우쳐 있다. 사람들은 거기에 긴팔원숭이의 상이 다시 건설될 것이라고 말한다.

여기서 광장이 처음으로 등장한다. 아마 광장은 네 사람의 도움으로 원으로부터 생겨날 것이다. (이것은 뒤에 확인될 것이다.) 라피스나 빨간 팅크제, 철학자의 금과 마찬가지로, 원을 정사각형으로 만드는 것은 중세의 정신들을 크게 훈련시킨 문제였다. 그것은 '연금술 작업'의 한 상징이다 (그림 59). 왜냐하면 그것이 원래의 혼돈스런 통일체를 4개의 원소로 분해한 다음에 그것들을 다시 보다 높은 통일체로 결합시키기 때문이다. 통일체는 하나의 원으로 표현되고, 4가지 원소들은 하나의 광장으로 표현되고 있다. 네 개로 하나를 만드는 것은 소위 "순환"의 형태를 요구하는 증류와 승화 과정의 결과이다. 이때 추출물은 증류 작용을 여러 차례 거친다. 그래야만 "영혼" 또는 "정령"이 가장 순수한 상태로 추출될 테니까.

그 산물은 일반적으로 "정수"(精髓)라 불린다. 그럼에도 영원히 갈망의 대상이 되고 있으면서도 절대로 발견되지 않고 있는 그 "하나"의 이름으로 그것이 유일한 것은 아니다. 연금술사들이 말하는 바와 같이, 그 산물도 '원물질'처럼 "천 개의 이름"을 갖고 있다. 하인리히 쿤라트(Heinrich Khunrath)는 순환적인 증류 작용에 대해 이렇게 말한다. "'콰테르나리우스'(Quaternarius)[51]의 회전 또는 순환적인 철학적 회전을 통해서, 그것은 완벽 그 이상인 가톨릭 모나드의 가장 높고 가장 순수한 단순성으로 돌아간다. … 조잡하고 불순한 '하나'로부터 대단히 순수하고 섬세한 '하나'가 나온다." 영혼과 정신은 육체와 분리되어야 하며, 이것은 죽음에 해당한다. 쿤라트의 글에 이런 구절이 나온다. "따라서 타르수스의 바울로(Paul of Tarsus)[52]는 말한다. 용해되어 그리스도와 함께하기를 갈망하라고. 그러므로 나의 친애하는 철학자여, 당신은 마그네시아[53]의 정신과 영혼을 잡아야 하느니라." 정신(혹은 정신과 영혼)은 먼저 육체로부터 떨어졌다가

---

51 4개1조를 일컫는 라틴어 단어.

52 사도 바울로 불리기 전의 이름이다.

53 연금술사들의 "마그네시아"는 산화 마그네슘과는 아무런 관계가 없다. 쿤라트에게 그것은 단순히 변형시키는 물질이다.

그 육체를 순화시킨 다음에 다시 그 안으로 들어가야 하는 테르나리우스 (ternarius)[54] 또는 숫자 3이다. 틀림없이, 이 육체는 네 번째의 것이다. 따라서 쿤라트는 가짜 아리스토텔레스(Pseudo-Aristotle)의 글 중의 한 단락에 대해 언급한다. 거길 보면 사각형 안에 자리 잡은 삼각형으로부터 원이 다시 나타난다. 꼬리부터 시작해 자신을 먹고 있는 용 우로보로스와 함께 있는 이 원형의 형상은 연금술의 근본적인 만다라이다.

<그림 59> "모든 사물은 셋 속에서 살지만, 그것들은 넷 속에서 행복하다." (원을 사각형으로 만들기.) - Jamsthaler, 'Viatorium spagyricum'(1625)

---

54 3가지를 포함하고 있거나 3가지로 이뤄진 것을 뜻하는 라틴어 단어.

<그림 60> 남자와 여자를 하나의 완전체로 만들기 위해 원을 사각형으로 만들고 있다. – Maier, 'Scrutinium chymicum'(1687)

　동양의 만다라, 보다 구체적으로 라마교의 만다라는 대체로 사리탑을 위한 장방형의 평면도를 포함한다(그림 43). 단단한 고체의 형태로 건설된 만다라들을 근거로, 우리는 그것이 정말로 어떤 건물의 설계라는 사실을 확인할 수 있다. 정방형은 또한 어떤 집이나 사원, 또는 벽이 둘러쳐진 내밀한 공간이라는 인상을 전한다.

　의례에 따르면, 사리탑을 돌 때는 언제나 오른쪽으로 돌아야 한다. 이유는 왼쪽으로 움직이는 것은 악이기 때문이다. 왼쪽, 즉 "사악한" 면은 무의식적인 면이다. 그러므로 왼쪽으로 움직이는 것은 무의식의 방향으로 움직이는 것과 동일하며, 오른쪽으로 움직이는 것은 "옳으며", 의식을 목표로 하고 있다.

동양에서 이런 무의식적인 내용물들은 오랜 실천을 통해서 점진적으로 명확한 형태들을 띠게 되었으며, 이 형태들은 의식적인 정신에 의해서 그런 것으로 받아들여지고 간직되어야 한다. 요가는, 우리가 확고한 관행으로서 그것에 대해 알고 있는 범위 안에서 본다면, 이와 상당히 똑같은 방식으로 전개된다. 요가가 고착된 형태들을 의식에 각인시키는 것이다. 서양에서 요가와 비슷한 것들 중에서 가장 중요한 것은 이냐시오 로욜라(Ignatius Loyola)의 '영적 훈련'(Exercitia spiritualia)이며, 이것도 마찬가지로 구원에 관한 고착된 개념들을 정신에 각인시킨다. 그 상징이 무의식적인 상황의 표현으로 타당한 한, 그 같은 절차는 "옳다". 그러나 미래에 의식의 변화를 예상하는 그 무의식적 과정이 지나치게 발달한 탓에 더 이상 전통적인 상징에 의해 적절히 표현되지 않거나 전통적인 상징과 일치하지 않는, 의미의 그림자를 만들어낼 때, 동양의 요가나 서양의 요가나 똑같이 그 심리학적 적절성을 상실한다. 그때, 그러니까 오직 그때에만 그 상징이 "적절성"을 상실했다고 말할 수 있다. 그런 과정은 인간의 무의식적 세계관에 수 세기에 걸쳐서 점진적인 이동이 일어났다는 것을 의미하며, 그 과정은 무의식적 세계관에 대한 지적 비판과 아무 관계가 없다.

종교적 상징들은 삶의 현상이고 명백한 사실이지, 지적 의견이 아니다. 교회가 태양이 지구 주위를 돈다는 사상을 그렇게 오랫동안 고수하다가 19세기에 들어서야 포기했더라도, 교회는 수많은 사람들에게 태양이 지구 주위를 돌고 있었고, 또 인류의 과반이 행성으로서 지구의 본질을 뒷받침하는 증거들을 이해할 수 있는 지적 능력을 충분히 확보하게 된 것은 겨우 19세기의 일이었다는 심리학적 진리에 언제나 호소할 수 있다. 불행하게도, 이해할 수 있는 사람이 없으면, 어떤 "진리"도 있을 수 없다.

광장의 둘레를 왼쪽 방향으로 도는 것은 원을 정방형으로 만드는 행위가 무의식에 이르는 길의 어떤 단계라는 것을, 그러니까 원 밖에 아직 형성되지 않은 상태로 놓여 있는 어떤 목표로 이어지는 전환의 어떤 지점이라는 것을 암시한다. 중세의 연구자들이 라피스를 만들며 밟은 길은 자아 밖의 중앙으로 향하는 경로들 중 하나이다. '로사리움'은 이렇게 말한다. "남자와 여자로부터 둥근 원이 하나 만들어지고, 이 원으로부터 사각형을 추출하고, 사각형으로부터 삼각형을 추출한다. 둥근 원을 하나 만들어라. 그러면 당신은 철학자의 돌을 갖게 될 것이다."(그림 59, 60)

현대의 지성은 자연히 이 모든 것을 허튼소리로 여긴다. 그러나 그 같은 평가도 그런 연속적인 생각들이 존재한다는 사실을 지우지도 못하고, 그

<그림 61> 하늘의 상징으로서, 진주. 4개의 우주적 발산(용들)에 둘러싸여 있다. – Chinese bronze mirror of the T'ang Period(7th to 9th cent.)

런 생각들이 여러 세기 동안에 중요한 역할을 했다는 사실을 제거하지도 못한다. 평범한 사람들이 허튼소리나 애매주의라고 비판하는 이런 것들을 이해하는 것은 심리학의 몫으로 넘겨졌다. 자칭 "과학적"이라고 내세우는 나의 비평가들 중 많은 이들은 꼭 때와 장소를 가리지 않고 생식을 한다는 이유로 풍뎅이들을 파문한 그 주교처럼 행동하고 있다.

부도탑의 가장 깊은 성역에 부처의 유골이 보존되고 있는 것과 똑같이, 라마교의 사각형 건물의 안에, 그리고 중국의 사각형의 땅 안에도 마법의 힘을, 에너지의 우주적 원천을 가진 지성소가 있다. 그 에너지의 원천은 시바 신이나 부처, 보살 또는 위대한 스승이 될 수 있다. 중국에서 그 원천은 4개의 우주적 발산이 일어나는 하늘(天)이다(그림 61). 그리고 중세 기독교의 서양 만다라들에서도 마찬가지로 신은 종종 의기양양한 구세주의 형태로 복음서 저자들의 상징적인 네 형상과 함께 가운데의 권좌에 앉아 있다(그림 62).

우리의 꿈에서 그 상징은 대단히 형이상학적인 이런 생각들과 매우 대조적인 모습을 보이고 있다. 이유는 중앙에 다시 세워지는 것이 틀림없이 한 마리의 원숭이인 긴팔원숭이이기 때문이다. 여기서 우리는 첫 번째 시리즈의 환상 #22에 처음 나타났던 원숭이를 다시 만난다. 그 꿈에서 원숭이는 공포를 야기했지만, 원숭이는 또한 지성의 유익한 개입을 불렀다. 지금 원숭이가 "다시 세워질" 예정이며, 이것은 단지 하나의 케케묵은 사실로서, 인간이나 다름없는 그 유인원이 다시 조립될 예정이라는 것을 의미할 뿐이다. 분명히, 왼쪽 방향의 경로는 위쪽으로 신들과 영원한 사상들의 왕국을 향하지 않으며, 자연의 역사 속으로, 인간 존재의 짐승 같은 본능적인 바탕 속으로 이어지고 있다. 따라서 우리는 고대의 언어를 빌리면 디오니소스의 신비 의식 같은 것을 다루고 있다.

정방형은 어떤 드라마가 펼쳐지고 있는 성역에 해당한다(그림 31). 이 경우에 사티로스의 연극이 아니라 원숭이들의 연극이다. "황금 꽃"의 안쪽은 "금강체"가 만들어지는, "씨 뿌리는 장소"이다. 같은 뜻의 단어인 "조상의 땅"은 이 산물이 조상들이 지나온 단계들을 통합한 결과라는 점을 암시한다.

조상의 영(靈)들은 부활의 원시적인 의례에서 중요한 역할을 한다. 오스

<그림 62> 십자가가 있는 직사각형의 만다라. 한가운데의 어린 양은 4명의 복음서 저자들과 낙원의 4개의 강에 둘러싸여 있다. 큰 메달에 4가지 핵심적인 덕목이 담겨 있다. - Zwiefalten Abbey breviary(12th cent.)

트레일리아 중부의 원주민들은 심지어 자신들을 황금시대의 신화적인 조상들과 동일시한다. 마찬가지로, 타오스의 푸에블로 인디언들은 의식용 춤을 준비하면서 태양과 자신을 동일시한다. 자신들이 태양의 아들이라는 것이다. 인간 조상이나 동물 조상과 이런 식으로 동일시하는 것은 심리학적으로 무의식의 어떤 통합으로, 말하자면 사람이 다시 잠이나 중독, 죽음의 상태만큼이나 무의식적인 물고기가 되는 곳인 생명의 원천에서 하는 진정한 부활의 목욕으로 해석될 수 있다. 따라서 그 동일시는 부화의 잠이고, 디오니소스 주신제이고, 성년식에서 벌어지는 의례적 죽음이다. 자연히 그 절차는 언제나 텅 빈 곳에서 벌어진다. 우리는 이 같은 생각들을 프로이트 이론으로 구체적으로 쉽게 옮길 수 있다. 그러면 성역은 어머니의 자궁이 되고, 그 의례는 근친상간으로의 퇴행이 된다. 그러나 이것들은 부분적으로 유치한 상태로 남아 있는 사람들과, 또 그런 것들이 단순히 유치

<그림 63> 헤르메스. – Greek vase painting(Hamilton Collection)

증으로의 퇴행으로 설명되지 않는 행동들을 하는 어른들에 의해서도 아득히 먼 옛날부터 행해졌다는 사실을 깨닫지 못하는 사람들의 신경증적인 오해들이다. 그렇지 않다면, 인류의 가장 고귀하고 중요한 성취들이 종국적으로 어린이들의 비뚤어진 소망들에 지나지 않았을 것이고, "유치한"이라는 단어는 존재 이유를 상실했을 것이다.

연금술의 철학적 측면이 오늘날 가장 현대적인 심리학이 관심을 쏟고 있는 문제들과 밀접하게 연결되는 문제들에 관심을 두고 있었기 때문에, 광장에 다시 세워지는 원숭이라는 꿈의 모티브를 조금 더 깊이 파고들 필요가 있다. 절대 다수의 예에서, 연금술은 변형시키는 물질을 '살아 있는 은' 또는 메르쿠리우스와 동일시한다. 이 용어는 화학적으로 수은을 뜻하지만, 심리학적으로는 '생명의 영혼' 또는 세계 영혼(그림 91 참조)을 의미한다. 그래서 메르쿠리우스도 계시의 신 헤르메스의 의미를 갖는다. (이 문제는 다른 곳에서 세세하게 논해졌다.)

헤르메스는 둥근 것이라는 생각뿐만 아니라 정방형이라는 생각과도 연결된다. 특별히 '그리스 마법 파피루스'(Papyri Graecae Magicae)의 파피루스 5에서 그 점이 드러나고 있다. 거기서 헤르메스는 "둥근 정방형"이라는 뜻의 이름으로 불리고 있다. 그는 또한 "사각형"으로도 불린다. 그는 일반적으로 숫자 4와 연결되며, 그래서 "4개의 머리를 가진 헤르메스"가 있다. 예를 들면, 카르타리(Vincenzo Cartari)의 저작물이 보여주듯이, 이 속성들은 중세에도 알려져 있었다. 카르타리는 이렇게 말한다.

다시, 머리 하나와 생식기만으로 이뤄진 메르쿠리우스[헤르메스]의 사각형 형상들(그림 63)은 태양이 세상의 머리이고, 태양이 모든 사물들의 씨앗을 뿌린다는 것을 의미한다. 한편, 사각형 형상의 4개의 면은 마찬가지로 메르쿠리우스에게로 돌려지는 4개의 현이 있는 타악기와 동일한 의미를 지닌다. 즉, 세계의 네 방향 또는 1년의 사계절 또는 전체 황도대의 4부분을 이루는 춘분과 추분, 하지와 동지를 뜻한다.

<그림 64> 안트로포스로서 그리스도가 4가지 원소들에 둘러싸인 채 구 위에 서 있다. − Glanville, 'Le Propriétaire des choses'(1482)

　그런 특성들이 메르쿠리우스를 연금술에서 변형시키는 그 신비의 물질의 상징으로 매우 적절한 형상으로 만드는 이유는 쉽게 이해된다. 메르쿠리우스가 둥글고 사각형이기 때문이다. 말하자면, 메르쿠리우스는 4개의 부분들(4개의 원소들)로 구성된 하나의 전체성을 뜻한다. 따라서 전능한 그리스도뿐만 아니라 4부분으로 된 그노시스주의의 최초의 인간(그림 64)은 하나의 라피스 이미지이다(그림 65).
　서양 연금술은 주로 이집트에서 기원했다. 그러므로 무엇보다 먼저 헤르메스 트리스메기스투스라는, 그리스어를 받아들인 인물에게, 말하자면 중세에 메르쿠리우스의 대부 역할을 하면서도 종국적으로 고대 이집트의 토트(그림 66)로부터 유래한 그 헤르메스 트리스메기스투스에게 관심을 기울이도록 하자. 토트의 상징물은 개코원숭이였으며, 그는 노골적으로 한 마리의 원숭이로 표현되었다. 이 사상은 '사자의 서'(Book of the Dead)의 수많은 판본들을 통해 최근까지도 뚜렷이 간직되었다. 몇 가지 예외를 제외하고는 기독교 시대에 해당하는, 현존하는 연금술 텍스트들에서 토트-헤르메스와 원숭이 사이의 고대의 연결이 사라져 버린 것은 사실이지만, 그 연결은 로마 제국 시대에도 여전히 존재했다.

그러나 메르쿠리우스는 악마와 몇 가지 공통점을 지녔다. 이 문제는 여기서 논하지 않을 것이다. 그래서 원숭이는 메르쿠리우스 근처에서 '원숭이 신'으로 한 번 더 나타난다(그림 67). 한편으로 극도로 평범하고, 심지어 경멸스럽기까지 하지만(이것은 메르쿠리우스가 뱀과 용, 까마귀, 사자, 바실리스크, 독수리 등과 같은 악마들과 공유하는 일련의 속성들에서 표현되고 있다), 다른 한편으로 신성하다고까지는 할 수 없더라도 커다란 가치를 지니는 무엇인가가 되는 것이 변형시키는 물질의 핵심이다. 이유는 변형이 깊은 곳에서부터 높은 곳까지, 야만적일 만큼 낮고 유아적인 것에서부터 신비스런 '최고의 인간'까지 이어지기 때문이다.

부활의 의례들의 상징체계는, 진지하게 받아들여지기만 한다면, 단순히 원시적이고 유아적인 성향을 훨씬 넘어서서 인간의 고유한 정신적 성향을 가리킨다. 그 정신적 성향은 동물의 수준까지 내려가는 우리 조상들의 모든 삶의 결과와 퇴적이며, 따라서 부활 의례들의 상징체계는 조상들의 동물적인 상징체계이다. 그 의례들은 의식적인 정신과 생명의 진정한 원천인 무의식 사이의 분리를 폐지하고, 그 개인과 그의 타고난 본능적 기질을

<그림 65> 네 복음서 필자를 상징하는 형상인 테트라모르프(안트로포스의 상징)가 '구약성경'과 '신약성경'을 각각 상징하는 두 개의 바퀴 위에 서 있다. - Mosaic, Vatopedi Monastery, Mt. Athos(1213)

형성하고 있는 고향의 흙을 다시 결합시키려는 시도이다. 이 부활 의례들이 명확한 결과를 낳지 않았다면, 그것들은 선사 시대에 이미 사라졌을 것이며, 어쨌든 생겨나지 않았을 것이다. 우리 앞에 있는 실제의 예는 의식적인 정신이 부활 의식에 관한 고대의 개념들로부터 멀리 떨어져 있을지라도 무의식은 여전히 꿈속에서 그 개념들을 보다 가까이 데려오려고 노력한다는 것을 증명하고 있다. 자율과 자립의 특성들이 없으면 의식(意識)이 전혀 없을 것이라는 말은 맞지만, 그럼에도 이 특성들은 또한 고립과 침체의 위험을 뜻한다. 왜냐하면 그것들이 무의식을 따로 떼어냄으로써 견딜 수 없는 본능의 소외를 낳기 때문이다. 본능의 상실은 끝없는 오류와 혼동

의 원인이 된다.

　마지막으로 이 꿈을 꾼 사람이 "중앙에 있지 않고 한쪽으로 치우쳐 있는" 사실은 그의 자아에 무슨 일이 일어날 것이라는 점을 뚜렷이 암시하고 있다. 그의 자아는 더 이상 중앙의 자리를 주장하지 못할 것이며, 아마 위성의 위치에, 혹은 태양의 주위를 도는 행성의 위치에 만족해야 할 것이다. 분명히 중앙의 중요한 장소는 긴팔원숭이가 다시 세워지는 곳으로 정해져 있다. 긴팔원숭이는 유인원에 속하며, 인간과 닮은 점 때문에 그 원숭이는 정신 중에서 유인원의 수준까지 내려가는 부분의 상징으로 적절하다. 더

<그림 66> 이집트인의 4가지 원소들의 혼, 아몬-라. – Temple of Esneh, Ptolemaic, from Champollion, 'Panthéon égyptien'

<그림 67> 원숭이의 모습을 한 악마. – "Speculum humanae salvationis"(Cod. Lat. 511, Paris, 14th cent.)

욱이, 우리는 토트-헤르메스와 연결되는, 개의 머리를 한 개코원숭이로부터, 말하자면 이집트인들에게 알려진 원숭이들 중에서 가장 높은 원숭이로부터, 신을 닮은 점들 때문에 그 원숭이가 무의식 중에서 의식의 차원을 능가하는 부분의 상징으로 아주 적절하다는 것을 확인한다.

인간의 정신이 의식의 아래에 층들을 갖고 있다는 가정은 심각한 반대에 봉착하지 않을 것이다. 그러나 의식의 위에도 마찬가지로 층들이 있을 수 있다는 가정은 인간의 존엄에 도전하는 '대역죄'에 가까운 소리로 들린다.

나의 경험을 근거로 할 때, 의식적 정신은 상대적으로만 가운데의 자리를 주장할 수 있을 뿐이며, 무의식적 정신이 의식적 정신을 능가하며 사방에서 둘러싸고 있다는 점을 인정해야 한다. 무의식적 내용물은 뒤쪽으로, 한편으로는 생리적인 상태들과 연결되고, 다른 한편으로는 원형적인 자료와 연결된다. 그러나 무의식적 내용물은 직관들에 의해 앞쪽으로 확장된다. 이 직관들은 부분적으로 원형들에 의해 결정되고 부분적으로 무의식 안에서 시간과 공간의 상대성에 의존하는 잠재의식적 인식들에 의해 결정된다. 나는 이 꿈들의 시리즈와 그것이 제기하는 문제들을 철저히 고려한 뒤에 그런 가설의 가능성에 대한 판단을 독자의 몫으로 넘겨야 한다.

이어지는 꿈은 원래의 텍스트를 축약하지 않고 그대로 제시된다.

#17. 꿈:

모든 집들이 주위에 무대와 장식을 갖춘 극장 같은 것을 두고 있다. 버나드 쇼의 이름이 언급된다. 연극은 먼 미래에 열리게 되어 있다. 무대 세트 중 하나에 영어와 독일어로 이런 내용의 공지가 붙어 있다.

이곳은 보편적인 가톨릭교회이다.

이곳은 구세주의 교회이다.

스스로 구세주의 도구라고 느끼는 사람은 누구나 들어올 수 있다.

그 공지 밑에 더 작은 글씨로 이렇게 인쇄되어 있다. 어느 기업이 오랜 역사를 광고하는 것처럼. "교회는 예수와 바울로에 의해 건립되었다."

나는 친구에게 "이리 와서 이것 좀 봐."라고 말한다. 그러자 친구는 "많은 사람들이 종교적인 감정을 느낄 때 함께 모여야 하는 이유를 모르겠어."라고 대답한다. 이에 나는 "프로테스탄트로서 너는 절대로 그걸 이해하지 못할 거야."라고 말한다. 그때 어떤 여자가 나의 말에 강력히 동의한다는 듯이 고개를 끄덕인다. 이어서 나는 교회의 벽에서 일종의 선언서 같은 것을 본다. 내용은 이렇다.

> 병사들이여!
> 여러분이 구세주의 권력 아래에 있다고 느낄 때, 그에게 직접적으로 호소하지 마라. 구세주는 말로는 절대로 닿을 수 없는 존재이다. 또한 여러분에게 구세주의 속성들에 관한 어떤 논의에도 빠지지 말 것을 권한다. 그것은 소용없는 일이다. 값지고 중요한 것은 절대로 말로 표현되지 않으니까.
>
> 교황의 서명. 이름은 판독 불가능.

이제 우리는 안으로 들어간다. 내부는 모스크를, 보다 구체적으로 하기아 소피아를 닮았다. 의자는 하나도 없다. 공간의 놀라운 효과가 느껴진다. (하기아 소피아의 '코란' 텍스트처럼) 벽을 장식하고 있는, 액자에 담긴 텍스트를 제외하고는 어떤 이미지도 없다. 그 텍스트 중 하나는 "당신에게 은혜를 베푸는 사람에게 아첨하지 마라."라고 말하고 있다. 그 전에 나의 말에 동의했던 여자가 갑자기 울며 외친다. "그러면 남는 게 하나도 없는 걸!" 이에 내가 "꽤 지당한 말씀인 것 같은데!"라고 대답하지만, 그녀는 사라진다. 처음에 나는 기둥 뒤에 서 있어서 아무것도 볼 수 없다. 이어서 나는 위치를 바꾸고 사람들의 무리를 본다. 나는 그들과 어울리지 않고 혼자 서 있다. 그러나 그들은 꽤 뚜렷하다. 그래서 나는 그들의 얼굴을 볼 수 있다. 그들은 모두 합창하듯이 동시에 말한다. "우리는 구세주의 권력 아래에 있다는 것을 고백합니다. 천국은 우리 안에 있습니다." 그들은 이 말을 아주 경건하게 세 번 되풀이한

<그림 68> 개코원숭이로서, 토트. 룩소르의 데르 엘-메디나 사원 근처에 있는 아멘-헤르-코프셰프(Amen-her-khopshef)의 무덤에서 발견된 그림(제20 왕조, 기원전 12th cent.).

다. 이어 오르간 연주가 시작되고, 그들은 합창단과 함께 바흐의 푸가를 부른다. 그러나 원래의 텍스트가 생략되고 있다. 간혹 일종의 콜로라투라[55] 창법만 있으며, 이어서 "그 외의 모든 것은 종이뿐이야."(이것은 나에게 생생한 인상을 남기지 못한다는 뜻이다)라는 가사가 지워진다. 성가가 끝나자, 의례의 편안한 부분이 시작된다. 거의 학생들의 파티 같다. 사람들은 더없이 쾌활하

---

55   성악곡에서 기교적으로 화려하게 장식한 선율을 말한다.

고 편안하다. 우리는 주위를 돌아다니며, 대화하고, 서로 인사를 나눈다. 포도주(감독교회파의 신학교에서 갖고 온 것이다)가 다른 간식들과 함께 제공된다. 교회의 건강을 기원하는 건배를 하고 포도주를 마신다. 마치 교회 신자의 증가에 모두가 즐거워하는 것처럼 보인다. 확성기에서 "찰스도 지금 우리와 함께 있어."라는 후렴과 함께 래그타임(ragtime)[56] 멜로디가 흘러나온다. 어느 성직자가 나에게 설명한다. "다소 사소한 이런 오락들은 공식적으로 인정되고 허용되고 있다. 우리는 아메리카 방식에 조금 적응해야 한다. 지금 여기 모인 사람들을 다룰 때에는 그것이 불가피하다. 그러나 우리는 반(反)금욕적인 경향으로 인해 원칙적으로 미국 교회와 확실히 다르다." 그 말에 나는 대단한 안도감을 느끼며 잠에서 깨어난다.

불행하게도, 나는 이 꿈에 대해 전체적으로 논평하는 것을 자제하고 우리의 주제로 한정해야 한다. 성역이 (앞에 제시된 암시와 일치하면서) 신성한 건물이 되었다. 따라서 절차가 "종교적"인 특징을 보인다. 디오니소스 신비 의식의 괴상하고 우스운 측면이 의례 중 기분 좋은 부분에서 나온다. 포도주가 나오고 교회의 건강을 위해 건배하는 대목이다. 어느 오르페우스-디오니소스 사당의 마루에 새겨진 글귀가 그것을 매우 적절히 담아내고 있다. "물만은 안 돼!" 물고기와 포도주의 상징체계, 다마스쿠스 성배, 십자가와 OPΦEOC BAKKIKOC'(어부 오르페우스)라는 글귀가 새겨진 원통 인장 같은, 교회 안에 남은 디오니소스의 잔재에 대해서는 스치듯 언급하는 수밖에 없다.

여기서 "미국식"으로 정의된 "반(反)금욕적인" 경향은 기독교 교회와 뚜렷이 다른 점이다(첫 번째 시리즈의 꿈 #14에 대한 해설 참조). 미국은

56　미국 미주리 주의 흑인 피아노 연주자들 사이에 인기 있었던 재즈 연주 형식을 말한다.

"두뇌 위원회" 같은 것을 통해서 세상을 바로잡기를 원하는, 실용적인 지성에서 나오는 합리적인 생각들의 이상적인 고향이다. 이 같은 견해는 "지성=정신"이라는 현대의 공식과 일치하지만, 그 견해는 "정신"이 절대로 인간의 "작용"이 아니며 인간의 "기능"은 더더욱 아니라는 사실을 완전히 망각하고 있다. 따라서 왼쪽으로 움직이는 것이 현대의 관념의 세계로부터 철수하여 기독교 이전의 디오니소스 숭배로 돌아가는 퇴행으로 확인되고 있다. 디오니소스 숭배에는 기독교적인 의미에서 말하는 "금욕주의"가 알려지지 않았다. 그와 동시에 그 움직임은 신성한 곳을 벗어나지 않고 그 안에 남는다. 바꿔 말하면, 그것이 성사(聖事)의 성격을 잃지 않는다는 뜻이다. 그 움직임은 절대로 카오스나 무정부 상태로 떨어지지 않으며, 그것은 교회를 직접적으로 디오니소스 성역과 연결시킨다. 우리는 이 퇴행적 발달에 대해 기독교 이전의 차원에 닿기 위해 역사의 경로를 충실하게 다시 밟는 것이라고 말할 수 있다. 따라서 그것은 퇴보가 아니라, 깊은 곳으로 내려가는 일종의 체계적인 하강이고, 심리학적 네키야이다.

나는 자신의 신앙을 의심하는 태도를 보인 어느 목사의 꿈에서 이와 매우 비슷한 것을 보았다. '밤에 교회로 들어가면서, 그는 성가대의 전체 벽이 붕괴한 것을 발견했다. 제단과 폐허 위로 무성하게 자란 포도나무에 포도가 가득 달려 있었으며, 틈으로 달빛이 비치고 있었다.'

또 종교적인 문제들을 놓고 고민하던 어떤 남자는 다음과 같은 내용의 꿈을 꾸었다. '거대한 고딕 양식의 성당이 있고, 칠흑이나 다름없는 어둠 속이었다. 장엄 미사가 거행되고 있었다. 갑자기, 통로의 벽이 완전히 붕괴했다. 한 무리의 수소들과 암소들과 함께, 햇빛이 내부로 쏟아지며 눈을 부시게 했다.' 이 같은 상황은 틀림없이 미트라교의 분위기가 강한데, 미트라도 디오니소스와 아주 비슷한 방식으로 초기 교회와 연결된다.

<그림 69> 저승으로 여행 중인 단테와 베르길리우스. – Illumination for the 'Inferno', Canto ⅩⅦ, 'Codex Urbanus Latinus' 365(15th cent.)

정말 흥미롭게도, 이 꿈에서 교회는 통합적인 건물이다. 꽤 최근까지도 모스크로 활용되었던 하기아 소피아가 매우 오래된 기독교 교회이니 말이다. 그러므로 하기아 소피아는 그 꿈의 목적, 말하자면 기독교와 디오니소스의 종교적 사상들의 결합을 시도하는 것과 아주 잘 맞아떨어진다. 분명히 이런 상황은 서로를 배제하지도 않고, 어떤 가치도 파괴하지 않는 가운데서 이뤄질 수 있다. 이 결합이 대단히 중요하다. 이유는 신성한 경내에서 "긴팔원숭이"의 재건축이 일어나게 되어 있기 때문이다. 그 같은 신성 모독은 왼쪽 방향으로 움직이는 것은 악마 같은 기만이고 긴팔원숭이는 악마라는 위험한 가정을 쉽게 낳을 수 있다. 악마가 실제로 "신의 원숭이"로 여겨지니 말이다.

그렇다면 왼쪽 방향으로 움직이는 것은 신 대신에 "신의 블랙 마제스터

(His Black Majesty)"를 세울 목적으로 신성한 진리를 왜곡하는 것일 수 있다. 그러나 무의식은 그런 불경스런 의도를 전혀 갖고 있지 않다. (니체에게는 실례이지만!) 무의식은 단지 현대인에게 다소 부족한, 디오니소스적인 요소들을 종교의 세계로 복원시키려고 노력하고 있을 뿐이다. 원숭이가 처음 나타난 환상 #22의 마지막 부분에서, "모든 것은 빛의 지배를 받아야 하느니라."라는 말이 나왔다. 여기서 모든 것은 뿔과 갈라진 발굽을 가진 어둠의 지배자도 포함한다고 우리는 덧붙일 것이다. 실제로 뜻하지 않게 군주의 반열까지 오른 디오니소스의 코리반트(술 마시고 떠드는 사람)가 있었다.

디오니소스적인 요소는 차분한 분위기가 강조되는 기독교의 숭배와 기질에서 종교적으로 적절한 배출구를 전혀 발견하지 못한 감정과 분위기와 관계있다. 교회에서 열리던 중세적인 축제들과 '죄 드 폼'(jeux de paume)[57]은 비교적 일찍 폐기되었다. 따라서 축제들이 세속화되었으며, 그로 인해 신 앞에서 술에 취하던 현상이 신성한 경내에서 사라졌다. 애도와 정직, 엄격, 유순한 영적 즐거움은 남았다. 그러나 가장 직접적이고 위험한 형태의 사로잡힘인 술에 취한 상태는 신들을 멀리하고, 그 넘침과 비애감으로 인간 세상을 둘러쌌다. 기독교 이외의 종교들은 숭배 안에서 술 취한 황홀경에게 어떤 자리를 내주는 방식으로 그 위험에 대처했다. 헤라클레이토스(Heraclitus)가 "그러나 하데스[58]는 사람들이 커다란 포도주 통을 옆에 놓고 즐기며 미쳐가는 축제로 기리는 디오니소스나 다름없다"고 말했을 때, 그는 틀림없이 술 취한 황홀경의 뒤에 있는 것을 보았다. 바로 이런 이유로, 하데스로부터 오는 위험을 제거하기 위해서, 흥청망청 마시는 파티에 종

<hr>

57 프랑스에서 유래한 게임으로 공과 코트를 이용한다.

58 저승 또는 저승의 지배자.

교적인 허가가 내려졌다. 그러나 우리의 해결책은 지옥의 문들을 활짝 열어젖히는 데 기여했다.

#18. 꿈:

정방형의 어떤 공간 안에서 복잡한 의식이 치러지고 있다. 목적은 동물들을 인간들로 바꿔놓는 것이다. 당장 서로 반대 방향으로 움직이고 있는 두 마리의 뱀이 제거되어야 한다. 여우와 개 등 몇몇 동물들이 있다. 사람들은 정방형의 둘레를 걷고 있으며 귀퉁이마다 이 동물들에게 종아리를 물려야 한다 (그림 118 참조). 만약 사람들이 달아나면, 모든 것을 잃게 된다. 지금 보다 고등한 동물들이 현장에 나타난다. 수소들과 야생 염소들이다. 4마리의 뱀이 귀퉁이로 기어 들어간다. 이어서 거기 모인 사람들이 줄줄이 나간다. 제물을 바치던 성직자 2명이 거대한 파충류 동물을 한 마리 데려오고, 그들은 그것으로 형태가 없는 동물의 혹 또는 생명 덩어리의 앞부분을 건드린다. 그 즉시, 혹이 변형을 일으키며 인간의 머리 같은 것이 된다. 그때 어떤 목소리가 들린다. "이것들은 존재하려는 시도들이야."

<그림 70> 중세에 이교도들이 뱀들을 갖고 행한 변형 의식. – Gnostic design

<그림 71> 원물질의 진흙으로 아담을 창조하고 있다. – Schedel, 'Das Buch der Chroniken' (1493)

꿈이 정방형 공간에서 벌어지고 있는 일을 "설명하는" 내용으로 이어지고 있다. 동물들이 인간으로 변하게 되고, "형태가 없는 생명 덩어리"가 파충류와의 마법의 접촉에 의해서 인간의 머리로 변한다. 동물의 혹 또는 생명 덩어리는 의식과 결합되어야 하는, 대대로 물려받은 무의식의 덩어리를 상징한다. 이 결합은 아마 뱀인 어떤 파충류 동물을 의례에 이용함에 따라 일어나게 될 것이다. 뱀을 통해서 변형 또는 부활을 성취한다는 생각은 꽤 입증된 원형이다(그림 70). 그것은 신을 대표하는 치료의 뱀이다(그림 203, 204 참조). 사바지우스(Sabazius) 신비 의식에 대해 이렇게 보고되고 있다. "황금 뱀이 입회자의 무릎 쪽 안으로 들어가서 아랫부분으로 다시 나오도록 한다." 오피스파 신자들 사이에 그리스도는 뱀이었다. 인격의 재생과 관련해서 뱀 상징체계에 일어난 가장 중요한 발달은 쿤달리니 요가에서 발견된다. 따라서 니체의 『차라투스트라는 이렇게 말했다』에서 양치기가 뱀을 경험하는 것은 치명적인 어떤 전조가 될 것이다(그리고 그런 종류의 경험으로 그것이 유일한 것은 아니다. 참고로, 줄타기 곡예사의 죽음에 대한 예언도 있다).

"형태 없는 생명 덩어리"는 즉시 연금술의 "카오스" 개념을, 말하자면 천지 창조 이후로 줄곧 생명의 신성한 씨앗을 담고 있는 '덩어리'(massa)나 '형태 없는 물질'(materia informis), '혼돈'(confusa)' 등을 떠올리게 한다. 어느 미드라쉬[59]의 견해에 따르면, 아담은 이와 상당히 똑같은 방식으로 창조되었다. 신은 첫째 시간에 흙을 모았고, 둘째 시간에 그 흙을 갖고 형태 없는 덩어리를 만들었으며, 셋째 시간에 사지 등을 만들었다.

그러나 만약에 생명 덩어리가 변형을 이루려면, 그것의 둘레를 도는 행위(circumambulatio)가 필요하다. 말하자면, 창조적인 변화가 일어나는 장소인 중앙에 대한 배타적인 집중이 중요하다는 뜻이다. 이 과정에 사람이 동물에게 "물린다". 바꿔 말하면, 우리는 무의식적인 동물적 충동과 자신을 동일시하지도 않고 그것들로부터 "달아나지도" 않으면서 스스로를 그 충동에 노출시켜야 한다. 왜냐하면 무의식으로부터 달아나는 것이 전체 과정의 목적을 망가뜨리기 때문이다.

우리는 자신의 토대를 지켜야 한다. 여기서 이 말은 곧 꿈을 꾸는 사람의 자기 관찰에 의해 촉발된 과정을 그 곁가지까지 세세하게 온전히 경험한 다음에 이해력을 최대한 발휘하며 그 과정과 의식(意識)을 연결시켜야 한다는 뜻이다. 이것은 의식적인 삶과 그 무의식적 과정 사이에 존재하는, 같

---

59 히브리어 용어로, 유대교의 성서 해석 방식을 뜻한다.

은 기준으로 판단할 수 없는 성격 때문에 종종 견딜 수 없는 긴장을 유발한다. 의식적인 삶의 원리는 "감각 속에 먼저 존재하지 않는 것은 절대로 지성 속에 있을 수 없다"는 것이다. 그러나 무의식의 원리는 정신 자체의 자율성이다. 비록 무의식도 이미지를 선명하게 만들기 위해서 감각적인 세상이 제공하는, 설명에 도움이 될 만한 것을 이용할지라도, 기본적으로 무의식은 자체의 이미지들의 작용에서 세상을 반영하는 것이 아니라 무의식 자체를 반영한다. 그래도 앞에 말한 감각 자료가 이미지의 '작용인'(causa efficiens)은 아니다. 그 자료는 그보다는 정신에 의해 자율적으로 선택되고

<그림 72> "서로 양립할 수 없는 것들의 결합", 물과 불의 결혼이다. 두 형상은 서로 많이 다른 능력을 상징하기 위해 4개의 손을 갖고 있다. – After an Indian painting

182

활용되며, 그 결과, 그 질서의 합리성이 대단히 비참한 방식으로 지속적으로 침범당한다.

그러나 합리적인 세계도 보다 깊은 곳에서 일어나는 정신 과정들에 하나의 작용인으로 참견하게 되는 때면 마찬가지로 파괴적인 효과를 끼친다. 만약에 한편에서 이성이 화를 내지 않게 하고, 다른 한편에서 이미지들의 창조적 작용이 폭력적으로 억압되지 않게 하려면, 양립할 수 없는 것들의 역설적인 결합을 위해서 멀리 내다보며 신중하게 접근하는 어떤 통합의 절차가 필요하다(그림 72). 따라서 우리의 꿈들에 연금술과 비슷한 것들이 자주 등장한다.

이 꿈이 요구하는 중앙에 대한 주의 집중과 "달아나는 행위"에 대한 경고와 비슷한 것들이 연금술 작업에도 있다. 연금술에서 작업에 정신을 집중하고 그 작업에 대해 깊이 생각할 필요성이 거듭 강조되고 있다. 그러나 연금술에서는 달아나려는 경향이 연구원이 아니라 변형시키는 물질의 특성으로 돌려진다. 메르쿠리우스는 요리조리 피하며, '세르부스'(servus: 하인)나 '체르부스 푸지티부스'(cervus fugitivus: 도망 다니는 사슴)로 불린다. 그릇은 그 안에 들어 있는 것이 달아나지 않도록 잘 밀봉되어야 한다. 에이레네우스 필랄레테스(Eirenaeus Philalethes)[60]는 이 하인에 대해 이렇게 말한다. "그를 어떤 식으로 이끌 것인지에 대해 깊이 고민해야 한다. 이유는 기회만 보이면 그가 당신에게서 달아나면서 당신을 불운의 세계로 빠뜨릴 것이기 때문이다." 이 철학자들에게는 자신들이 어떤 투사를 발견하려고 노력하고 있고, 또 그 물질에 많은 것을 부여할수록 그들이 기대하는 것이 심리적 원천으로부터 더욱 멀리 벗어나게 된다는 생각은 떠오르지

---

60 아메리카 식민지에서 활동한 연금술사 조지 스타키(George Starkey: 1628-1665)의 필명.

않았다. 이 꿈에 나타나는 자료와 그것의 중세 선배격인 자료에 나타나는 차이를 근거로, 우리는 심리적인 진척의 정도를 측정할 수 있다. 달아나는 것은 지금 꿈을 꾸고 있는 사람의 특징으로 아주 분명하게 드러나고 있다. 말하자면, 그것이 더 이상 미지의 물질로 투사되지 않고 있다. 따라서 달아나는 것이 도덕적 문제가 되고 있다.

이 측면은 연금술사들에게도 인식되었다. 연금술사들이 어떤 기적을 일으킬 목적으로 기도하고 경건한 의례를 치르지 않았나 하는 의심의 눈길을 완전히 거둬들일 수는 없지만, 그럼에도 그들이 자신의 작업에서 특별한 종교적 헌신의 필요성을 강조했으니 말이다. 심지어 성령을 심부름 정령으로 두기를 원한 사람까지 있었으니! 그러나 연금술사들을 정당하게 대하기 위해서, 그들이 연금술 작업을 그들 자신의 변화의 문제로 인식했다는 사실을 보여주는 증거가 꽤 있다는 사실이 간과되어서는 안 된다. 예를 들면, 게르하르트 도른(Gerhart Dorn)은 "당신 자신을 살아 있는 철학자의 돌로 변형시켜라!"고 외친다.

의식과 무의식은 따로 날아다닐 때 각자의 반대 경향 때문에 서로 거의 접촉하지 않는다. 따라서 꿈이 시작하는 대목에서, 서로 반대 방향으로 서둘러 가고 있는 뱀들이 제거되어야 한다. 말하자면, 의식과 무의식 사이의 갈등이 당장 완전히 멈추고, 의식적인 정신이 '둘레 돌기'를 통해서 긴장을 버텨내야 한다. 이런 식으로 그리는 마법의 동그라미는 또한 무의식이 다시 뚫고 나오는 것도 막아준다. 그런 분출이 정신병에 해당하니까. "적잖은 사람들이 작업 중에 사라졌다"고, 우리는 '로사리움'의 저자의 표현을 빌려 말할 수 있다.

그 꿈은 탁월한 지성의 소유자에게만 가능한 과업인, 역설로 생각하는 힘든 기능이 성공했다는 점을 보여주고 있다. 뱀들이 더 이상 달아나지 않

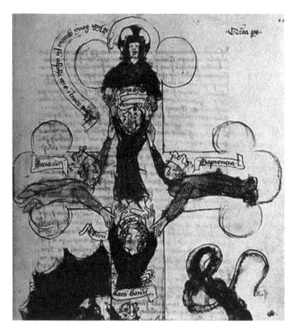

<그림 73> 인간이 용의 권력으로부터 풀려나고 있다. -'Codex Palatinus Latinus'(15th cent.)

고 네 귀퉁이에 차분하게 자리 잡고 있으며, 변형 또는 통합의 과정이 작동하기 시작했다. 꿈에서 "변형"과 계몽, 중앙에 대한 의식적 인식이 이뤄졌거나, 아니면 적어도 예고되고 있다. 만약 이 잠재적 성취가 유지되기만 한다면, 다시 말해 의식적 정신이 중앙과의 접촉을 잃는 일이 다시 일어나지 않는다면, 그 성취는 인격의 부활을 의미한다. 그 성취가 외적 기준으로 유효성을 입증하지 못하는 주관적인 상태이기 때문에, 그것을 추가적으로 묘사하거나 설명하려는 시도는 반드시 실패하게 되어 있다. 이유는 그 경험을 직접 한 사람들만이 그 성취의 실체를 이해하고 입증할 수 있는 위치에 설 수 있기 때문이다. 예를 들어, "행복"은 너무나 두드러진 실체이기 때문에 그것을 갈망하지 않는 사람이 없지만, 그럼에도 행복의 조건이 반드시 존재하고 있다는 것을 의심의 여지없이 증명할 수 있는 단 하나의 객관적인 기준은 없다. 대단히 중요한 것들의 경우에 너무나 자주 그렇듯이, 여기서도 우리는 주관적인 판단을 이용해야 한다.

네 귀퉁이에 자리 잡은 뱀의 배열은 무의식 속의 어떤 질서를 암시한다. 그것은 우리가 이전부터 존재하고 있는 어떤 평면도를, 일종의 피타고라스의 테트락티스(tetraktys)[61]를 마주하고 있는 것과 비슷하다. 이 연결 속에서 나는 숫자 4를 매우 자주 관찰했다. 그것은 아마 십자가 또는 사등분한 원의 보편적인 영향의 범위와 마법적 중요성을 설명할 것이다. 현재의 예에서, 중요한 것은 무의식으로 떨어질 위험을 몰아내기 위해서 동물적인 본능을 포획하여 규제하는 일인 것처럼 보인다. 이것이 어둠의 권력들을 정복하는 것으로서 십자가의 경험적인 토대일 것이다(그림 73).

이 꿈에서, 무의식은 그 내용물을 위험하게 의식의 영역 가까운 곳으로 밀어 넣음으로써 강력한 전진을 극적으로 이뤘다. 이 꿈을 꾼 사람은 신비한 통합 의례에 깊이 관여한 것처럼 보이며, 그는 틀림없이 오랫동안 지속될 꿈의 기억을 자신의 의식적인 삶 속으로 갖고 갈 것이다. 경험은 이것이 의식적 정신에 심각한 갈등을 낳는다는 사실을 보여준다. 왜냐하면 의식적 정신이 역설을 진지하게 받아들이는 데 필요한 엄청난 지적, 도덕적 노력을 언제나 쏟으려 하거나 쏟을 수는 없기 때문이다. 진리만큼 질투심 강한 것도 세상에 따로 없다.

중세의 정신의 역사를 한 번 휙 둘러보는 것으로도 알 수 있듯이, 현대 서양인의 전체 사고방식은 기독교에 의해 다듬어졌다. (이것은 서양인이 기독교의 진리를 믿는지 여부와는 아무런 관계가 없다.) 따라서 꿈이 제안

---

61 첫 4개의 숫자, 즉 1과 2와 3과 4의 합이 10이라는 것을 의미하는 삼각형의 도형을 뜻한다. 4개의 정수의 중요성은 사원소(물과 불, 흙, 공기)의 고대적인 개념에서 비롯되었다.

하는 바와 같이 신성한 경내에 원숭이를 다시 건설하는 것은 그 자체로 하나의 충격으로 다가온다. 그래서 사람들의 과반은 그것을 전혀 이해하지 못하는 무능 덕분에 마음의 평안을 지킬 것이다. 다른 사람들은 경솔하게도 디오니소스 신비 의식의 헤아리기 힘든 깊이를 무시하고, 그 꿈에 나타나는 다윈의 합리적인 이론의 핵심을 신비주의적 고양에 맞서는 안전장치로 환영할 것이다. 오직 극소수의 사람들만이 두 세계의 충돌을 느끼고 그것이 의미하는 바를 깨달을 것이다. 그럼에도 그 꿈은 전통에 따라 신이 거주하는 곳에 원숭이가 나타나게 되어 있다는 점을 충분히 분명하게 말하고 있다. 이 대체는 장례 미사만큼이나 불길하다.

동양의 상징체계에서 정방형은 요니[62]의 성격, 즉 여성성을 갖고 있다. 중국에서 정방형은 땅을 의미하고, 인도에서 정방형은 연꽃을 의미한다. 남자의 무의식은 마찬가지로 여성적이며, 아니마에 의해 의인화된다. 아니마는 또한 "열등" 기능을 상징하고, 바로 그런 이유로 아니마는 종종 미심쩍은 성격을 지닌다. 실제로 아니마는 가끔 악 자체를 나타낸다. 아니마는 대체로 네 번째 '위격'이다(꿈 10, 11, 15 참조). 아니마는 기본적으로 모호한 성격을 지닌, 어둡고 습한 어머니의 자궁(그림 74)이다. 기독교 신은 세 위격으로 된 한 신이다. 천상의 드라마에서 네 번째 위격은 틀림없이 악마이다. 보다 무해한 심리학적 버전에서, 악마는 단순히 열등한 기능이다. 도덕적 평가에서, 악마는 인간의 죄이고, 인간에게 속하는 어떤 기능이며 아마 남성일 것이다.

신에서 여성적인 요소는 매우 어두운 상태로 간직되고 있으며, 성령을 소피아[63]로 해석하는 것은 이단으로 여겨지고 있다. 따라서 기독교의 형이

---

62   힌두교에서 여음상을 뜻한다.

63   지혜의 상징, 또는 지혜의 여신.

<그림 74> 땅을 비옥하게 하고, 인류를 생기게 하고 있는 하늘. – Thenaud, "Traité de la cabale"(MS., 16th cent.)

상학적 드라마인 '천상의 서곡'(Prologue in Heaven)[64]에는 남자 배우들만 나온다. 이것은 고대의 신비 의식들 중 많은 것과 공유하는 특징이다. 그러나 여성적인 요소가 분명히 어딘가에 있어야 한다. 그래서 그 요소는 아마 어둠 속에서 발견될 것이다. 어쨌든 어둠은 고대의 중국 철학자들이 여성성을 놓았던 곳이다. 음(陰)이 바로 그곳이다. 비록 남자와 여자가 서로 결합할지라도, 그들은 서로 화해할 수 없는 상반된 것들을 대표하며, 이 상반된 것들은 활성화되면 무서운 적대감을 보인다.

이 원초적인 상반된 것들의 짝은 세상에서 일어날 수 있는 상반된 것들

---

64 괴테의 '파우스트' 중에서.

의 짝을 상징한다. 그 예를 들면, 뜨거운 것과 찬 것, 밝은 것과 어두운 것, 북쪽과 남쪽, 마른 것과 습한 것, 선한 것과 악한 것, 의식적인 것과 무의식적인 것이 있다. 기능들의 심리학에는 두 개의 의식적인, 따라서 남성적인 기능들, 그러니까 분화된 기능과 그것의 보조 기능이 있다. 이 기능들은 꿈에서 아버지와 아들에 의해 표현되고 있다. 반면에 무의식적 기능들은 꿈에 어머니와 딸로 등장한다. 두 가지 보조 기능들 사이의 갈등이 분화된 기능과 열등한 기능 사이의 갈등만큼 크지 않기 때문에, 세 번째 기능, 즉 무의식적인 보조 기능을 의식까지 높여서 남성적인 것으로 만드는 것이 가능하다. 그러나 이 세 번째 기능은 열등 기능에 오염된 흔적까지 함께 갖고 오며, 따라서 무의식의 어둠과 연결하는 고리로 작용할 수 있다.

성령이 이단적으로 소피아로 해석되어야 했던 것은 이런 심리학적 사실과 일치했다. 성령이 육체적 출생의 중개자였으며, 그를 통해서 신성이 세상의 어둠 속에서 빛을 발하게 되었기 때문이다. 틀림없이, 성령이 여성이라는 의심을 받도록 만든 것은 바로 이 연결이었다. 테르툴리아누스가 그녀를 "아직 비에 젖지 않은 처녀지"라고 불렀듯이, 마리아가 들판의 시커먼 흙이었으니 말이다.

네 번째 기능은 무의식에 오염되어 있으며, 그것은 의식적인 것이 되자마자 무의식 전체를 함께 끌고 간다. 그러면 우리는 무의식을 받아들이는 것을 배워야 하고, 상반된 것들의 통합을 끌어내려고 노력해야 한다. 처음에는 폭력적인 갈등이 터져 나온다. 합리적인 사람이라면 누구나 자신이 터무니없는 미신들을 많이 소화시켜야 한다는 사실이 분명해질 때 느끼게 되는 갈등이다. 그 사람의 안에 있는 모든 것이 반란을 일으키며 올라올 것이고, 그는 터무니없는 허튼소리로 보이는 것에 맞서 절망적으로 자신을 지킬 것이다. 이 같은 상황이 다음의 꿈들을 설명해준다.

#19. 꿈:

두 민족 사이에 잔혹한 전쟁이 벌어진다.

이 꿈은 갈등을 묘사하고 있다. 의식적인 정신이 제 위치를 지키며 무의식을 억압하려고 노력하고 있다. 이 노력의 첫 번째 결과가 네 번째 기능의 추방이지만, 그것이 세 번째 기능에 오염되어 있기 때문에 세 번째 기능도 마찬가지로 사라질 위험이 있다. 그러면 상태는 이전으로, 그러니까 두 가지 기능만 의식적이고 다른 두 가지 기능은 무의식적이었던 상태로 돌아갈 것이다.

<그림 75> 3신 일체의 그림. 삼각형은 통일의 점 쪽으로 집중하려는 우주의 경향을 상징한다. 거북은 비슈누를 나타내고, 연꽃이 2개의 불꽃 사이의 해골에서 자라고 있다. 브라흐마의 빛나는 태양이 배경을 이루고 있다. 전체 그림은 연금술 작업과 일치한다. 거북은 '혼돈 덩어리'를 상징하고, 해골은 변형의 그릇을 상징하고, 꽃은 "자기" 또는 전체성을 상징한다. – After an Indian painting

#20. 꿈:

동굴 안에 2명의 소년이 있다. 세 번째 소년이 마치 어떤 관을 통해 내려오 듯 떨어진다.

동굴은 무의식의 어둠과 격리를 나타내고, 2명의 소년은 2가지 무의식적 기능에 해당한다. 이론적으로 세 번째 소년은 보조적인 기능이 되어야 하며, 이것은 의식적 정신이 분화된 기능에 완전히 흡수되었다는 것을 암시한다. 지금 승률은 1대 3으로, 무의식에 크게 유리하다. 그러므로 우리는 무의식에서 새로운 진전이 일어나며 그 전의 위치로 되돌아가는 현상이 나타날 것이라고 예상할 수 있다. "소년들"은 난쟁이 주제를 암시하며(그림 77), 이 주제에 대해서는 뒤에서 다룰 것이다.

#21. 꿈:

작은 구(球)들을 많이 포함하고 있는 어떤 크고 투명한 구가 보인다. 그 구의 꼭대기에서 초록색 식물이 자라고 있다.

구는 내용물 모두를 포용하고 있는 하나의 완전체이다. 쓸데없는 갈등에 의해 정지되었던 삶이 다시 가능하게 되었다. 쿤달리니 요가에서 "초록 자궁"은 잠재적인 상태로부터 빠져나오고 있는 시바 신을 일컫는 이름이다.

#22. 꿈:

꿈을 꾸는 사람이 미국의 어느 호텔에 있다. 그는 엘리베이터를 타고 3층 또는 4층으로 올라간다. 거기서 그는 많은 사람들과 함께 기다려야 한다. 친구 하나(현실 속의 인물)가 거기에 있다. 이 친구가 꿈을 꾸는 사람에게 미지

의 검은 여자를 아래에서 그렇게 오랫동안 기다리게 하지 말았어야 했다고 말한다. 이 친구가 꿈을 꾸는 사람에게 그 여자를 잘 돌봐달라고 부탁했기 때문이다. 지금 이 친구는 그에게 그 검은 여자에게 전할, 봉인되지 않은 노트를 건넨다. 거기에 이렇게 적혀 있다. "구원은 참여하기를 거부하거나 달아나는 데서 오지 않는다. 구원은 빈둥거리는 데서도 오지 않는다. 구원은 눈길을 언제나 가운데로 돌린 상태에서 자신을 온전히 내맡기는 데서 온다." 노트의 여백에 그림이 그려져 있다. 8개의 살을 가진 바퀴 또는 화환이다. 이어서 엘리베이터 소년이 나타나서 꿈을 꾸는 사람의 방은 8층이라고 말한다. 빨간색 머리의 미지의 남자가 거기 서 있다가 친절하게 그를 맞이한다. 이어서 장면이 바뀐다. 스위스에 혁명이 일어날 것이라는 소문이 돈다. 군사 집단이 "좌익을 완전히 뿌리 뽑기 위해" 선전 활동을 벌이고 있다. 좌익은 어쨌든 충분히 허약하다는 반대 의견이 제기되지만, 거기에 대해 그것이 좌익을 완전히 질식시켜야 하는 이유라는 대답이 돌아온다. 구식 제복을 입은 군인들이 나타난다. 모두가 빨간 머리의 남자를 닮았다. 그들은 꼿을대로 총에 탄환을 재고, 원을 그리며 서서, 중앙을 향해 사격할 준비를 갖추고 있다. 그러나 결국엔 그들은 총을 쏘지 않고 행군하며 사라지는 것 같다. 꿈을 꾼 사람은 겁에 질린 상태에서 잠에서 깨어난다.

앞의 꿈에서 이미 암시되었던, 완전의 상태를 다시 구축하려는 경향이 완전히 다른 지향을 가진 의식에 맞서 한 번 더 나타나고 있다. 그러므로 꿈이 미국적 배경을 갖는 것은 적절하다. 엘리베이터는 위로 올라가고 있다. 무엇인가가 "잠재" 의식으로부터 "위로" 올라오고 있을 때, 그런 장면이 꽤 타당하다. 지금 위로 올라오고 있는 것은 무의식적 내용물, 즉 숫자 4가 두드러진 특징인 만다라이다(그림 61, 62 참조). 따라서 엘리베이터는

4층으로 올라가야 한다. 그러나 네 번째 기능이 터부이기 때문에, 엘리베이터는 "3층 또는 4층쯤"까지만 올라간다. 이 일이 꿈을 꾼 사람에게만 일어나는 것이 아니라 다른 많은 사람들에게도 똑같이 일어나고 있다. 그들도 그 사람처럼 네 번째 기능이 받아들여질 때까지 기다려야 한다. 그때 착한 친구가 그로 하여금 그가 검은 여자, 즉 금지된 기능을 상징하는 아니마를 "아래", 즉 무의식 속에서 기다리게 해서는 안 된다는 것을 깨닫도록 한다. 이것이 꿈을 꾸는 사람 본인이 다른 사람들과 함께 위층에서 기다려야 했던 이유이다. 그것은 사실 어느 한 개인만의 문제가 아니라 집단적인 문제이다. 왜냐하면 최근에 너무나 두드러지는 무의식의 활성화가, 실러(Friedrich Schiller)가 예견했듯이, 19세기가 꿈도 꾸지 않았던 문제를 제기했기 때문이다. 니체는 『차라투스트라는 이렇게 말했다』에서 "뱀"과 "추한 인간"을 거부하기로 결정하고, 따라서 의식의 영웅적인 경련에 자신을 노출시켰으며, 논리적으로 이 경련은 같은 책에서 예견되었던 그 붕괴로 이어졌다.

노트에 적힌 조언은 적절하고 심오하다. 그래서 거기에 더 더할 것은 없다. 그 조언이 꿈을 꾼 사람에게 다소 받아들여진 뒤에, 상승이 재개될 수 있다. 우리는 네 번째 기능의 문제가 적어도 대략적으로는 받아들여졌다고 생각해야 한다. 이 꿈을 꾼 사람이 지금 7층 또는 8층에 이르고 있기 때문이다. 이것은 네 번째 기능이 4분의 1이 아니라, 8분의 1에 의해 대표되고 있다는 것을, 그러니까 그 기능이 반으로 줄어들었다는 것을 의미한다.

정말 흥미롭게도, 완전으로 가는 마지막 걸음 앞에서 일어나는 이런 망설임은 '파우스트' 2부에서도 어떤 역할을 하는 것 같다. 거길 보면 카비리 장면에서 "찬란한 인어들"이 물 저쪽에서 온다.

네레이데스와 트리톤들: 물 위를 달려서 우리가 갖고 왔어요,

여러분 모두를 즐겁게 할 것을.

첼로네의 거대한 등 안에서

어떤 엄격한 형태가 모습을 드러내며 빛을 발하고 있어요.

이들이 우리가 데리고 오고 있는 신들이니

거룩한 송가로 그들을 찬양해 주세요.

사이렌들: 키는 작아도

힘은 장사라오!

옛날부터 있었던

난파선과 홍수의 신들.

네레이데스와트리톤들: 우리는 위대한 카비리 신들을 모셔 오고 있어요,

우리의 축제가 평화롭게 진행되도록 하기 위해.

그들의 신성한 권력이 지배하는 곳에서는

넵투누스의 분노도 가라앉지요.

<그림 76> 연금술의 한 도구인 거북. – Porta, 'De distillationibus'(1609)

어떤 "엄격한 형태"를, 말하자면 무의식의 바다와 파도들을 나타내는 여성의 형상들(그림 10, 11, 12, 157)인 "인어들"이 데리고 온다. "엄격한"이라는 단어가 우리로 하여금 낭만적인(감정을 띤) 장식이 전혀 없는 명확한 어떤 사상을 보여주는 "엄격한" 건축적 또는 기하학적 형태들을 떠올리게 한다. 그 형태가 거북의 껍질로부터 "빛을 발하고" 있다. 뱀처럼 원시적이고 냉혈인 거북은 무의식의 본능적인 측면을 상징한다. 그것의 "이미지"는 눈에 드러나지 않는, 창조적인 난쟁이 신들(그림 77)과 다소 동일하며, 이 난쟁이 신들은 두건을 쓰고 망토를 두른 채, 제기를 담는 원통형의 용기 안에 숨겨져 있지만, 1피트 정도 높이의 작은 형상들로서 해안에도 나타난다. 거기서 이 신들은 무의식의 친척으로서 항해, 즉 어둠과 불확실성 속으로 들어가는 모험을 보호한다. 손가락처럼 생긴 그것들은 발명의 신들이고, 작으며, 무의식의 충동들처럼 분명히 중요하지 않지만 똑같이 막강한 권력을 부여받았다.

<그림 77> 카리비의 하나로, 아이스쿨라피오스(Aesculapius)의 가족인 텔레스포로스. 왼쪽은 로마령 갈리아 지역에서 출토된 청동상이고, 오른쪽은 오스트리아에서 출토된 대리석 조각이다.

네레이데스와 트리톤들: 세 분은 우리가 안내하는 대로 따랐지만,

네 번째 분은 방문하길 거부했지요.

그는 자신이 모든 존재를 두루 생각하는

진정한 예언자라고 했어요.

사이렌들: 신을 무시하는 것을

그 신은 경멸로 여길 것입니다.

그분들이 베푸는 은총을 공경하고

그들의 위협을 두려워하세요.

네 번째 기능이 사상가여야 하는 것은 괴테의 감정 풍부한 본성의 특징이다. 만약에 최고의 원리가 "감정이 전부"라는 것이라면, 사고는 호의적이지 않은 역할을 하다가 매몰되어야 한다. '파우스트' 1부는 이 같은 발달을 묘사하고 있다. 괴테가 자신의 규범을 연기했기 때문에, 사고가 네 번째 (금기) 기능이 되었다. 그 기능은 무의식에 오염된 까닭에 괴상한 카비리 형태를 취하고 있다. 난쟁이로서 카리비는 지하의 신들이며, 따라서 꼴불견이다. ("나는 카리비들을 흔한 점토의 배불뚝이 괴물이라고 부른다.") 따라서 그들은 천상의 신들과 괴상한 대조를 이루며, 그 신들을 놀린다. 네레이데스와 트리톤들은 이렇게 노래한다.

네레이데스와 트리톤들: 모두 일곱 분이라야 해요.

사이렌들: 그러면 다른 셋은 어디에 머물고 있어요?

네레이데스와 트리톤들: 우리는 몰라요.

올림포스 산에 물어보는 것이 최고이지요.

거기서 여덟 번째 신을 찾고 있을지도 몰라요,

아무도 그런 신에 대해 생각하지 않을지라도.

우리에게 자비를 베풀고 있지만

그들의 종족 모두가 완벽한 것은 아니지요.

비할 바 없고, 설명할 수 없는 그곳의 존재들,

이룰 수 없는 것을

굶주린 듯 갈망하고 있지요.

우리는 "정말로" 그들 중 일곱이 있다는 것을 배우지만, 여덟 번째와 관련해서 이전에 네 번째와 관련해 제기되었던 어려움이 다시 나타나고 있다. 마찬가지로, 이전에 어둠 속의 그들의 저급한 기원을 강조했던 것과 정반대로, 지금은 카비리가 실제로 올림포스 산에서 발견될 것처럼 보인다. 이유는 그것들이 깊은 곳들에서부터 높은 곳들로 올라가기 위해 영원히 노력하고 있고, 따라서 아래쪽과 위쪽 둘 다에서 언제나 발견될 수 있기 때문이다. 그 "엄격한 이미지"는 분명히 빛 쪽을 향해 분투하고 있는 무의식적 내용물이다. 그것은 내가 다른 곳에서 "획득하기 힘든 보물"이라고 불렀던 것을 추구하고 있으며, 그것 자체가 바로 그 보물이다. 이 가설은 즉시 확인되고 있다.

사이렌들: 옛날의 명성은 희미해지고,

옛날 사람들의 내면에서 명예가 시들해지고 있어요.

그들은 황금 양모를 가졌지만

그대들은 카비리를 갖게 되었어요.

황금 양모는 획득 불가능한 것을 획득하는 것을 뜻하는 수많은 동의들 중 하나인 위험한 원정이었던 아르고 호의 탐욕스런 목표이다. 탈레스 (Thales)는 그 원정에 대해 이런 현명한 말을 남긴다.

그거야말로 정말로 인간들이 이 땅 위에서 가장 열심히 추구하는 것이지.
주화에 가치를 부여하는 것은 녹일 뿐인데도!

무의식은 언제나 옥의 티이고, 완전을 훼손시키는 결점이고, 모든 이상적인 의견들이 진리가 아니라는 것을 증명하는 것이고, 인간 본성에 매달리며 슬프게도 우리가 갈망하는 수정 같은 투명함을 흐려놓는 세속성이다. 연금술의 관점에서 보면, 녹은 녹청처럼 금속의 질병이다. 그러나 동시에 이 질병은 철학자의 금을 준비하는 토대인 '진정한 최초의 물질'이다. '로사리움'은 이렇게 말한다.

우리의 금은 평범한 금이 아니다. 그러나 당신은 청동을 겉의 녹색 때문에 나병에 걸린 몸으로 여기면서 그 초록에 관해 물었다. 그래서 나는 당신에게 청동에서 완벽한 것은 초록뿐이라고 말한다. 왜냐하면 그 초록이 우리의 현자의 돌에 의해서 즉각 우리의 가장 순수한 금으로 바뀌기 때문이다.

녹만이 주화에 진정한 가치를 부여한다는 탈레스의 역설적인 말은 일종의 연금술적 경구이다. 그 말은 곧 그림자 없이 빛이 있을 수 없고, 결점 없이 정신의 완성이 있을 수 없다는 뜻을 전하고 있다. 삶은 스스로를 마무리 짓기 위해 완벽을 요구하지 않고 완전을 요구한다. 이것을 위해 "육신 속의 가시"가 필요하고 결함의 고통이 필요하다. 그런 것이 없으면, 절대로 진보도 있을 수 없고 상승도 있을 수 없다.

괴테가 여기서 다루고 있는 3과 4, 7과 8의 문제는 연금술에 중요한 수수께끼였으며, 역사적으로 크리스티아노스(Christianos)의 것으로 여겨지는 텍스트까지 거슬러 올라간다. "신비의 물"의 생산에 관한 그 논문에 이런 내용이 나온다. "그러므로 히브리인 여자 예언가가 거침없이 외쳤다. '하나가 둘이 되고, 둘이 셋이 되고, 그 셋으로부터 네 번째의 것으로 그 '하나'가 온다.'"

연금술 문헌에서 이 여자 예언가는 유대인 여자, 모세의 여형제, 콥트인 등으로도 불린 마리아 프로페티사로 여겨진다. 그녀가 그노시스주의 전통의 마리아와 연결될 가능성도 없지 않다. 에피파니우스(Epiphanius)는 이 마리아의 글들, 즉 "중요한 물음들"(Interrogationes magnae)과 "사소한 물음들"(Interrogationes parvae)이 존재한다는 사실을 증언하고 있다. 이 글들은 그리스도가 어느 산 위에서 그의 옆구리에서 어떤 여자가 나오게 하고, 그가 그녀와 자신을 섞는 장면을 보여주는 환상을 묘사한 것으로 전해진다. 마리아의 논문이 철학자 아로스(Aros)와의 어느 대화에서 '연금술의 결혼'(matrimonium alchymicum)이라는 주제를 다루는 것도 절대로 우연이 아닐 것이다. 이 대화로부터 훗날 사람들 사이에 회자되던, "진정한 결혼에서 고무와 고무를 결혼시켜라"는 격언이 나왔다. 원래 그것은 '아라비아 고무'였으며, 여기서 그것은 점착성 있는 성격 때문에 변형시키는 물질의 은밀한 이름으로 사용되고 있다. 따라서 쿤라트는 "빨간" 고무는 "현자

의 송진"이라고 선언한다. 이것도 변형시키는 물질의 동의어이다. 생명력
으로서, 이 물질은 또 다른 주석자에 의해서 정신과 육체 사이의 매개체이
자 둘의 결합인 "세상의 아교"로 불리었다.

오래된 논문 "콘실리움 코니우지이"(Consilium coniugii)는 "철학적인 사
람"은 "돌의 4가지 본성들"로 이뤄져 있다고 설명한다. 이 본성들 중 3가지
는 흙과 관계있거나 흙 속에 있지만, "네 번째 본성은 돌의 물, 즉 흙과 관
련 있는 3가지 본성을 물들이는, 빨간 고무라 불리는 점착성의 금이다". 여
기서 우리는 고무가 결정적인 네 번째 본성이라는 것을 배운다. 고무는 이
중적이다. 말하자면 남성적이고 여성적이라는 뜻이다. 고무는 동시에 유
일한 '메르쿠리우스의 물'이다. 그래서 고무와 고무의 결합은 언제나 메르
쿠리우스의 용의 속성으로 돌려지는 특징인, 일종의 자가 수정이다. 이런
암시들을 근거로, 철학적인 사람이 어떤 사람인지를 쉽게 알 수 있다. 그는

<그림 78> 마리아 프로페티사. 뒤쪽에서 위와 아래의 융합이 이뤄지고 있다. – Maier,
'Symbola aureae mensae'(1617)

200

양성을 가진 최초의 인간 또는 그노시스주의의 안트로포스이며(그림 64, 82, 117, 195 참조), 인도에서 그와 비슷한 존재는 푸루샤이다. 그에 대해서 '브리하다란야까 우파니샤드'(Brihadaranyaka Upanishad)는 "그는 서로 껴안고 있는 남자와 여자만큼 컸다. 그는 자신의 자기[아트만]를 둘로 나눴으며, 거기서 남편과 아내가 나왔다. 그는 자신을 그녀와 결합시켰고, 그리하여 인간들이 태어났다"고 말한다. 이 생각들의 공통적인 기원은 양성의 최초의 인간이라는 원시적인 개념에 있다.

"콘실리움 코니우지이"의 텍스트로 돌아가면, 네 번째 본성은 곧장 인간의 완전성을, 즉 인간 이전에 존재했고 또 동시에 인간의 목표를 나타내는 어떤 단일의 존재라는 개념을 나타내는 안트로포스 사상으로 이어진다. 그 하나는 네 번째로서 셋과 결합하고, 따라서 하나의 통일체로 넷의 통합을 이룬다(그림 196).

우리는 7과 8의 예에서도 아주 똑같은 것을 다루고 있는 것 같다. 비록

<그림 79> 솔 왕과 그의 여섯 행성-아들들. – Bonus, 'Pretiosa margarita novella'(1546)

이 모티브가 문헌에 훨씬 적게 나타날지라도 말이다. 그러나 괴테가 접했던 파라켈수스의 '전체 천문학에 관한 또 다른 설명'(Ein ander Erklärung der gantzen Astronomie)에서 그것이 발견된다. "하나는 막강하고, 여섯은 신하들이고, 여덟 번째는 막강하다." 그리고 여덟 번째는 첫 번째보다 다소 더 강하다. 하나는 왕이고, 여섯은 그의 하인들이고 아들이다. 그래서 우리는 여기서 솔 왕과 여섯 행성들 또는 페트루스 보누스(Petrus Bonus)의 '소중한 작은 진주'(Pretiosa margarita novella)에 묘사된 바와 같이 금속의 호문쿨루스들을 갖고 있다. 실은 여덟 번째는 이 텍스트에 나타나지 않는다. 그래서 파라켈수스가 직접 그것을 고안했던 것 같다. 그러나 여덟 번째가 첫 번째보다 더 막강하기 때문에, 왕관은 아마 그에게 씌어졌을 것이다. '파우스트' 2부에서, 올림포스 산 위에 거주하는 여덟 번째는 파라켈수스의 텍스트를 직접적으로 언급하고 있다. 이 텍스트가 "올림포스의 천문학"(즉, 천체의 구조)을 묘사하고 있으니 말이다.

이제 우리의 꿈으로 돌아가자. 거기서 우리는 결정적인 지점에서, 그러니까 7층이나 8층에서 빨간 머리의 남자를 발견한다.

"수염을 뾰족하게 기른 남자"와 동의어이고, 따라서 약삭빠른 메피스토펠레스와도 동의어인 이 빨간 머리의 남자가 마법처럼 장면을 전환시킨다. 왜냐하면 그가 파우스트가 직접 본 적이 없는 무언가에 관심을 갖고 있기 때문이다. 그것은 바로 최고의 보물, 불멸의 자기를 상징하고 있는 "엄격한 이미지"이다. 그는 자신을 군인들로, 그러니까 "부적절한" 것을 묶어 하는 일에 결사적으로 반대하는, 일치나 집단적 의견을 대표하는 군인들로 변화시킨다. 집단적인 의견에 대해 말하자면, 거기서 숫자 3과 7은 최고의 권위를 자랑하고 신성하지만, 4와 8은 매우 사악하고 열등한 그 무엇, 말하자면 온갖 색조를 띠는 청동의 엄격한 판단을 따른다면 존재의 권리를 전혀 누리지 못하는 흔한 점토 같은 것이다.

"좌파"는 "완전히 질식되어야" 한다는 말 중의 좌파는 무의식과 거기서 오는 모든 "불길한" 것들을 의미한다. 틀림없이, 시대에 뒤진 견해이고, 마찬가지로 시대에 뒤진 방법들을 이용하고 있는 견해이지만, 구식 총도 표적을 맞힐 수 있다. 알려지지 않은, 말하자면 꿈에 언급되지 않은 이유들 때문에, 노트에 적힌 조언에 따르면, "언제나 눈길을 줘야 하는" "중앙"에 대한 파괴적인 공격이 점점 약해지고 있다. 노트 여백의 그림에서 이 중앙은 여덟 개의 살을 가진 하나의 바퀴로 묘사되고 있다(그림 80 참조).

<그림 80> 연금술 과정을 상징하는, 살이 여덟 개인 바퀴를 돌리고 있는 메르쿠리우스. 한쪽 손에 '큐피드의 화살'을 들고 있다. – 'Speculum veritatis'(MS., 17th cent.)

#23. 꿈:

정방형의 공간 안이다. 꿈을 꾸는 사람은 미지의 여인의 맞은편에 앉아 있다. 그는 그 여인의 초상화를 그리게 되어 있었다. 그러나 그가 네 가지 색, 즉 빨간색과 노란색, 초록색, 청색으로 그리고 있는 것은 얼굴이 아니라 세 잎의

클로버들, 즉 변형된 십자가들이다.

이 꿈들을 꾸고 있는 사람은 이 꿈과의 연결 속에서 자연스럽게 어떤 원을 그리고 있다. 앞에서 말한 색깔에 의해 사등분된 원이다. 그것은 살이 여덟 개인 바퀴였다. 한가운데에 꽃잎이 4개인 푸른 꽃이 자리 잡고 있었다. 짧은 간격을 두고 많은 그림들이 이어졌다. 모두가 "중앙"이라는 신기한 구조를 다루고 있으며, 그 그림들은 꿈을 꾼 사람이 중앙의 본질을 적절히 표현할 공간 배열을 찾아야 하는 필요성에서 생겨난 것이었다. 그림들은 부분적으로 환상에, 또 부분적으로 직관적 인식에, 또 부분적으로 꿈들에 근거하고 있다.

바퀴는 연금술에서 순환하는 과정, 즉 '치르쿨라치오.'(circulatio)의 상징으로 아주 적절하다. 바퀴는 가장 먼저 상승과 하강을 의미한다. 예를 들어, 위아래로 날고 있는 새는 증기의 응결을 상징한다. 두 번째로, 바퀴는 연금술 작업의 모델로서 우주의 순환, 따라서 작업이 일어나는 1년의 순환을 의미한다. 연금술사는 순환과 자신의 원 그림들 사이의 연결을 알고 있었다. 그 시대에 바퀴의 도덕적 비유들은 상승과 하강은 특히 신이 인간에게로 내려오고 인간이 신에게로 올라가는 것을 의미한다는 점을 강조한다. (성 베르나르(St. Bernard)의 설교 중 하나를 근거로 한다면, "신은 자신의 하강을 통해서 우리 인간을 위해 즐겁고 건전한 어떤 상승을 확립했다.") 더 나아가, 바퀴는 연금술 작업에 중요한 미덕들, 즉 끈기와 복종, 자제, 균형, 겸손을 나타낸다.

바퀴의 신비한 연상들은 야코프 뵈메(Jakob Böhme)에게 결코 작은 역할을 하지 않는다. 뵈메는 연금술사들처럼 에제키엘(Ezekiel)의 바퀴들을 다루며 이렇게 말한다. "따라서 우리는 영적 삶이 내향적으로 안쪽을 향한 채 서 있는 것을 보고, 자연적 삶이 밖으로 향한 채 그 자체를 직면하며 서 있는 것을 본다. 그렇다면 우리는 삶을, 에제키엘의 바퀴가 보여주듯이, 사방으로 나아가고 있는 둥근 구체의 바퀴에 비유할 수 있다." 뵈메의 설명은 이렇게 이어진다. "자연의 바퀴는 밖으로부터 내향적으로 안으로 돈다. 왜냐하면 신이 자신의 안에 머물며, 그림으로 표현할 수 없는 그런 형상을 하고 있기 때문이다. 자연의 바퀴는 하나의 자연스런 겉모습일 뿐이다. 그것은 신이 자신을 이 세상의 모습으로 그릴 때와 똑같다. 왜냐하면 신은 어디서나 완전하고, 그래서 그가 자신의 안에 머물고 있기 때문이다. 유의할 점이 있다. 바깥쪽의 바퀴는 별들을 거느리고 있는 황도대이고, 그 바퀴 뒤로 7개의 행성들이 온다."[65] "이 형상이 충분히 형성되지 않았음에도 불구하고, 그것은 하나의 명상이며, 우리는 이해력이 떨어지는 사람들의 명상을 돕기 위해서 커다란 원 위에 그 형상을 그릴 수 있다. 그러므로 주목하라. 욕망은 그 자체의 힘으로 안으로 가슴으로 들어가고, 그 가슴이 곧 신이니라."

그러나 뵈메의 바퀴도 또한 영원한 의지의 "인상"(연금술의 용어를 쓴다면, '인포르마치오'(informatio))이다. 그 바퀴는 어머니 자연 또는 "어머니의 정신"이다. "그 바퀴로부터 어머니 자연은 지속적으로 창조하고 일한다. 이것들은 영원의 별의 [예를 따라] 구체(球體)의 별들이며, 이 영원한 별은 하나의 영이고 신의 지혜 속에 있는 영원한 정신, 즉 영원한 자연이다. 이것으로부터 영원한 영들이 나와서 피조물 속으로 들어갔다."[66] 바퀴의 "특성"은 "생명을 주는 어머니의 안에서 영토를 관리하는 4명의 토지 관리인들"의 형태를 취하고 있는 생명이다. 이 토지 관리인들은 4가지 원소들이며, "이 원소들에게 정신의 바퀴, 즉 별자리가 의지와 욕망을 준다.

---

65 'Von dem dreyfachen Leben', ch. IX, 58f.
66 'De signatura rerum', XIV, 15.

그래서 이 완전한 정수(精髓)는 어느 인간의 정신처럼 단 하나일 뿐이다. 그 인간이 영혼과 육체 안에 있을 때, 이 완전한 정수도 마찬가지로 거기에 있다." 이유는 그가 이 "완전한 정수"와 비슷하게 창조되기 때문이다. 그러나 4가지 원소들 속의 본성은 영혼을 가진 하나의 완전한 정수이다. 이 "유황 바퀴"(sulphurean wheel)가 선과 악의 기원이거나, 아니면 그 바퀴가 선과 악 속으로 들어갔다가 거기서 빠져나온다.

뵈메의 신비주의는 연금술의 영향을 대단히 많이 받고 있다. 한 예로, 그는 "출생의 형태는 메르쿠리우스가 유황 속에서 일으키는, 하나의 회전하는 바퀴와 비슷하다"고 말한다. "출생"은 "황금 아이"(철학자의 자식=신성한 아이의 원형)이며, 이 아이를 낳는 "명장(名匠)"은 메르쿠리우스이다. 메르쿠리우스 자신은 뱀의 형태로 나타난 "불같은 정수의 바퀴"이다. 마찬가지로, (계몽되지 않은) 영혼은 바로 "그런 불같은 메르쿠리우스"이다. 영혼이 신으로부터 "떨어져 나올" 때, 불카누스가 그 영혼 속의 불같은 정수의 바퀴에 불을 붙이고, 거기서 "신의 분노"인 욕망과 죄가 나온다. 이제 영혼은 "격한 뱀" 같은 벌레가 되고, "유충"이 되고, "괴물"이 된다.

뵈메의 글에서 바퀴에 관한 해석은 연금술의 신비한 비밀에 속하는 무엇인가를 드러내며, 따라서 그 해석은 심리학적 관점에서만 아니라 연금술의 측면에서도 꽤 중요하다. 여기서 바퀴는 만다라 상징체계의 핵심을 나타내는, 따라서 '죄악의 신비'(mysterium iniquitatis)까지 포함하는 완전성을 나타내는 개념으로 등장한다.

무의식이 꿈을 꾸는 사람의 의식적인 정신 속으로 지속적으로 밀어 넣고 있는, "중앙"이라는 생각이 그의 의식에서 발판을 마련하고 특이한 매력을 발휘하기 시작한다. 그 다음 그림은 다시 푸른 꽃의 그림이지만(그림 85 참조), 이번에는 꽃이 8개로 나뉘어져 있으며, 이어서 분화구 속의 호수를 둘러싸고 있는 4개의 산의 그림이 나오고, 시든 나무가 한가운데에 서 있는 땅에 놓인 빨간 반지의 그림도 나온다. 한 마리의 초록 뱀(그림 13 참조)이 시든 나무를 감으며 왼쪽으로 기어오르고 있다.

보통 사람은 이 문제에 쏟고 있는 진지한 관심에 오히려 당황할 수 있다. 그러나 요가에 관한 지식이나 라피스의 중세 철학에 관한 지식이 약간만 있어도 보통 사람의 이해에 도움이 될 것이다. 앞에서 이미 말한 바와 같이, 원을 사각형으로 만드는 것은 라피스를 생산하는 방법 중 하나이다. 다음의 텍스트가 틀림없이 증명하고 있듯이, 또 다른 한 방법은 '상상력'을 이용하는 것이다.

> 당신의 문이 제대로 견고하게 닫혔는지 확인하라. 그러면 안에 있는 자가 달아나지 못할 것이고, 신의 뜻이 그렇다면, 당신은 목표에 이를 것이다. 자연은 작용을 점진적으로 수행한다. 그리고 정말로 나는 당신도 자연과 똑같이 하도록 만들 것이다.
>
> 당신의 상상력은 전적으로 자연의 안내를 받아야 한다. 자연에 따라 관찰하라. 물질들이 땅의 내장 속에서 자연을 통해서 스스로를 재생시킬 것이다. 그리고 이것을 공상적인 상상력이 아니라 진정한 상상력으로 상상하도록 하라.

잘 봉인된 그릇은 연금술에서 꽤 자주 언급되는 예방적인 조치이며, 마법의 동그라미에 해당한다. 잘 봉인된 그릇이나 마법의 동그라미나 똑같이, 그 의도는 안에 들어 있는 것이 달아나지 못하도록 막을 뿐만 아니라 그것을 외부에 있는 것들의 침범과 혼합으로부터 막는 것이다. '이마지나치오'(imaginatio: 상상)는 여기서 이미지들을 창조하는 진짜 능력으로 이해되어야 하며, 이 단어의 전형적인 쓰임새는 비현실적이고 "기발한 착상"을 뜻하는 '판타시아'(phantasia)와 정반대이다. '사티리콘'(Satyricon)[67]에서 그 뜻이 더욱 분명해진다. '판타시아'는 터무니없는 무언가를 의미한다. 이마지나치오는 자연을 따르며 (내면의) 이미지들을 적극적으로 유발하는 것이며, 순수한 사고 또는 관념 작용이며, 이런 사고는 목적 없고 근거 없는 공상을 함부로 만들어내지 않는다. 말하자면, 이마지나치오는 대상들을 갖고 노는 것이 아니라, 내면의 사실들을 파악하고 그것들을 그 본질에 맞는 이미지들로 그려내려고 노력한다. 이 활동은 하나의 작업이다.

그리고 우리는 이 꿈을 꾼 사람이 내면에서 일어나는 경험의 대상들을 다루는 방법에 대해 결코 진정한 작업이 아니라고 말하지 못한다. 그가 지금 자신의 의식 속으로 들어오려고 압박을 가하고 있는 내용물을 아주 양심적으로, 정확하게, 또 조심스럽게 기록하고 설명하고 있다는 점을 고려한다면, 그런 식의 판단은 절대로 가능하지 않다. 그의 작업이 연금술 작업과 비슷하다는 점이 연금술을 아는 누구에게나 명백하게 드러날 것이다. 게다가, 꿈 #24가 보여주겠지만, 그 같은 유추는 꿈들 자체에 의해서 뒷받침되고 있다.

앞에서 언급한 그림들을 낳은 현재의 꿈은 어쨌든 "좌파"가 "질식했다"는 것을 보여주는 표시를 전혀 보이지 않고 있다. 반대로, 이 꿈을 꾼 사람은 자신이 네 번째, 즉 "열등" 기능을 의인화하고 있는 미지의 여자를 마주한 채 다시 성역 안에 있다는 사실을 깨닫고 있다. 꽃잎이 4개인 청색 꽃을 중앙에 두고 있는 바퀴를 그린 그의 그림은 그 꿈에 의해 예고되었다. 꿈이 의인화한 형태로 나타내고 있는 것을 그가 추상적인 표의 문자로 재현하고 있는 것이다. 이것은 의인화의 의미가 꽤 다른 형태로도 표현될 수 있다는 점을 암시하고 있다. 이 "다른 형태"(세 잎 클로버, 왜곡된 십자가)는 첫

---

67   페트로니우스(Petronius: ?- A.D. 66)가 쓴 것으로 전해지는 장편 소설.

<그림 81> "태양과 그 그림자". 지구는 빛과 어둠의 중간에 있다. - Maier, 'Serutinium chymicum'(1687)

번째 시리즈 중 꿈 #16의 에이스 카드를 가리킨다. 그 대목에서 우리는 그 것이 변칙적인 십자가와 비슷하다는 점을 강조했다. 그 유추가 여기서 확인되고 있다.

그러나 이 꿈에서 기독교의 삼위일체의 상징이 연금술의 사위일체에 의해 가려지거나 "물들여졌다". 색깔들은 테트락티스의 구체화로서 나타나고 있다. '로사리움'은 "트락타투스 아우레우스"로부터 비슷한 진술을 인용하고 있다. "독수리는 큰 소리로 외친다. '나는 희고 검으며, 빨갛고 노랗다'고." 한편, 라피스가 그 자체로 모든 색깔들을 결합시킨다는 점이 강조되고 있다. 따라서 색깔에 의해 제시된 사위일체는 일종의 예비적인 라피스의 단계라고 볼 수 있다. 이것은 '로사리움'에 의해 확인되고 있다. "우리의 돌은 4가지 원소에서 온다.(그림 64, 82, 117 참조)" 철학자의 금에도 똑같이 적용된다. "금 안에 4가지 요소가 동일한 비율로 포함되어 있다." 진실은 꿈에 등장하는 4가지 색깔이 삼위일체에서 사위일체로 넘어가는 전환을, 따라서 사각형으로 변한 원(그림 59, 60)을 나타낸다는 것이다. 연금술사들에 따르면, 그런 원이 둥근 성격이나 완벽한 단순성 때문에 라피스와 가장 가깝다. 이런 이유로 라피스를 준비하는 비법은 이렇게 말하고 있는데, 그 비법은 라이문두스(Raymundus)의 비법으로 통한다.

가장 단순하고 둥근 물체를 취하고, 삼각형이나 사각형을 취하지 말고 둥근 것을 취하라. 둥근 것이 삼각형보다 단순에 더 가까우니까. 따라서 단순한 물체는 각진 곳이 전혀 없어야 한다. 이유는 그것이 별들 사이의 태양처럼, 행성들 사이에서 첫 번째이자 마지막이기 때문이다.[68]

<그림 82> 4개의 원소들을 갖춘 안트로포스. - Russian MS.(18th cent.)

68 Art. aurif., Ⅱ, p. 317

#24. 꿈:

두 사람이 수정들에 대해, 특별히 어떤 다이아몬드에 대해 말하고 있다.

여기서는 라피스에 대한 생각을 하지 않기가 어렵다. 실제로 이 꿈은 역사적 배경을 드러내고, 또 우리가 진정으로 갈망하는, "획득하기 힘든 보물" 라피스를 다루고 있다는 점을 암시한다. 이 꿈을 꾼 사람의 '작업'은 헤르메스 철학의 노력을 무의식적으로 재현하는 것에 해당한다. (앞으로 꿈 #37과 39, 50에서 다이아몬드에 관한 내용이 더 많이 나온다.)

#25. 꿈:

어떤 중심점을 구성하고, 이 지점에서 반영에 의해서 그 형상을 대칭이 되게 만드는 문제에 관한 꿈이다.

"구성하다"라는 단어는 그 '작업'의 통합적인 성격과, 꿈을 꾸는 사람에게 에너지를 요구하는 힘든 건축 과정을 가리킨다. "대칭"은 꿈 #22에 나타난 갈등("좌파를 완전히 질식시키려는 태도")에 대한 대답이다. 왼쪽과 오른쪽은 각각 다른 쪽의 경상(鏡像)으로서 서로 완벽하게 균형을 이뤄야 하며, 이 이미지는 틀림없이 반영의 특성을 갖고 있는 "중심점"에서 딱 맞아떨어지게 되어 있다. 그 중심점은 유리이고, 수정 또는 물의 표면이다(그림 209 참조). 반영의 이런 힘은 라피스, 철학자의 금, 만능약, 우리의 물 등의 바탕에서 작용하고 있는 근본적인 사상을 또 다시 암시하는 것 같다(그림 265 참조).

"오른쪽"이 의식의 세계와 그 원리들을 나타내는 것과 똑같이, 세상의 그림은 "반영"에 의해서 왼쪽으로 돌면서 거꾸로 어떤 상응하는 세계를 낳는다. 반영을 통해서 오른쪽이 왼쪽의 역(逆)으로 나타난다고 말해도 무방하다. 그러므로 왼쪽도 오른쪽만큼 타당성을 지니는 것 같다. 바꿔 말하면, 무의식과 대부분 이해되지 않는 무의식의 질서는 의식적인 정신과 그 정신의 내용물의 대칭적인 한쪽 짝이 된다. 비록 의식과 무의식 중에서 어느 쪽이 비추고 어느 쪽이 비춰지는지가 아직 분명하지 않을지라도 말이다. 우리의 추론을 한 걸음 더 끌고 나가기 위해서, 우리는 중앙을, 서로 일치하지만 반영에 의해서 거꾸로 뒤집어지는, 두 세계의 교차점으로 여길 수 있다.

따라서 어떤 대칭점을 창조한다는 생각은 무의식을 받아들여 세계의 일반적인 그림 속으로 통합시키는 작업에 일종의 정점이 있다는 것을 암시한다. 여기서 무의식이 어떤 "우주적인" 성격을 드러내고 있다.

`#26. 꿈:

밤이다. 하늘에 별이 총총하다. 어떤 목소리가 "이제 그것이 시작될 거야."라고 말한다. 그래서 꿈을 꾸는 사람이 "뭐가 시작된다는 거지?"라고 묻는다. 이에 그 목소리는 "순환이 시작될 수 있어."라고 대답한다. 이어서 별똥별 하나가 기이하게도 왼쪽으로 곡선을 그리며 떨어진다. 장면이 바뀌고, 꿈을 꾸는 사람은 지저분한 나이트클럽 안에 있다. 파렴치한 사기꾼처럼 생긴 나이트클럽 사장이 불결해 보이는 소녀들 몇 명과 거기에 있다. 좌파와 우파를 둘러싸고 언쟁이 시작된다. 그때 이 꿈을 꾼 사람은 자리를 떠나 택시를 타고 어느 광장의 주변을 돈다. 이어서 그는 다시 술집 안에 있다. 술집 주인이 "사람들이 좌파와 우파에 대해 말한 내용은 나의 감정을 충족시키지 못했어. 인간 사회에 좌파와 우파 같은 것이 정말로 있는가?"라고 말한다. 꿈을 꾸는 사람은 이에 이렇게 대답한다. "좌파의 존재는 우파의 존재와 모순되지 않아.

좌파와 우파는 모든 사람의 안에 동시에 존재하고 있어. 왼쪽은 오른쪽의 대칭적인 이미지이니까. 좌를 그런 것으로, 그러니까 경상(鏡像) 같은 것으로 느낄 때마다, 나는 나 자신과 하나가 돼. 인간 사회에 오른쪽 면이나 왼쪽 면 같은 것은 전혀 없어, 단지 균형 잡힌 사람과 편향적인 사람만 있을 뿐이야. 편향적인 사람들은 오직 자기 자신의 한쪽 면만을, 왼쪽이나 오른쪽만을 성취할 수 있을 뿐이야. 그들은 지금도 여전히 어린 시절의 상태로 남아 있어." 술집 주인이 생각에 잠기는 듯하다가 "그 설명이 훨씬 더 낫군."이라고 말하

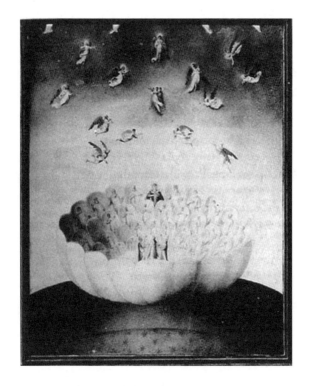

<그림 83> 단테가 천상의 장미 속에 있는 신 앞으로 안내를 받고 있다. Illumination for the 'Paradiso', Canto ⅩⅩⅩⅠ, 'Codex Urbanus Latinus' 365(15th cent.)

고는 자기 일을 하러 간다.

이 꿈은 요약하지 않고 전체를 다 제시했다. 왜냐하면 지난번 꿈에서 암시된 생각들이 이 꿈을 꾼 사람에 의해 어떻게 채택되는지가 상세하게 드러나기 때문이다. 대칭적인 비율이라는 사상이 우주적인 성격을 잃고 심리적인 용어로 번역되어 사회적 상징들로 표현되고 있다. "오른쪽"과 "왼쪽"이 거의 정치 슬로건처럼 이용되고 있다.

그러나 꿈의 시작은 여전히 우주적인 측면을 보이고 있다. 꿈을 꾼 사람은 호기심을 자극한 별똥별의 곡선이 그가 여덟 겹의 꽃잎을 가진 꽃을 그리면서 그은 선과 정확히 일치한다는 점을 강조했다. 그 곡선은 꽃잎들의 가장자리를 이뤘다. 따라서 별똥별은 말하자면 별이 총총한 전체 하늘로 펼쳐지는 어떤 꽃의 윤곽을 추적하고 있다. 지금 시작하고 있는 것은 빛의 순환이다. 이 우주의 꽃은 단테(Dante Alighieri)의 '천국'에 있는 장미와 대략적으로 일치한다(그림 83).

어느 경험의 "우주적인" 본질은 심리학적으로만 이해될 수 있는 내면의 어떤 사건의 한 측면으로서 불쾌하며, 당장 "아래로부터" 어떤 반응을 유발한다. 틀림없이, 우주적인 측면은 지나치게 높았으며 지금 "하향"에 의해 보상되고 있다. 따라서 대칭은 더 이상 두 세계의 그림들의 대칭이 아니며, 단순히 인간 사회의 대칭, 실은 그 꿈을 꾼 사람 본인의 대칭이다. 술집 주인이 꿈을 꾼 사람의 심리적 이해가 "훨씬 더 낫다"고 말할 때, 그는 어떤 평가를, 그러니까 그 결론이 "그렇지만 그것도 아직 충분히 훌륭하지 않아!"라는 식의 평가를 하고 있다.

술집에서 시작되는 오른쪽과 왼쪽에 관한 논쟁은 꿈을 꾸는 사람이 그 대칭을 인식할 것을 요구받을 때 그의 내면에서 일어나는 갈등이다. 그는 그 대칭을 인정할 수 없다. 왜냐하면 다른 쪽이 너무나 의문스러워 보이는 탓에 그가 지나치게 면밀히 조사하려 들지 않을 것이기 때문이다. 그것이 마법의 둘레 돌기(정방형 주위를 차로 도는 행위)가 일어나는 이유이다. 그는 달아나지 않고 안쪽에 머물며 자신의 경상을 직시하는 것을 배워야 한다. 다른 쪽이 원하는 정도까지는 아니어도, 그는 최대한 그렇게 하고 있다. 따라서 자신의 장점들에 대한 다소 불안한 인정이 이뤄진다.

#27. 환상:

원이 하나 있고 중앙에 푸른 나무가 한 그루 서 있다. 원 안에서 미개인들 사이에 치열한 전투가 벌어지고 있다. 미개인들은 나무를 보지 않는다.

분명히, 오른쪽과 왼쪽의 갈등이 아직 끝나지 않았다. 갈등은 지금도 지속되고 있다. 왜냐하면 미개인들이 여전히 "어린 아이 상태"에 있고, 따라

<그림 84> 벽으로 둘러싸인 정원에 샘이 있다. 샘은 연금술의 특징적인 상황인, 역경 속의 일관성을 상징한다. – Boschius, 'Symbolographia'(1702)

서 편향적인 탓에 왼쪽이나 오른쪽만을 알고 있을 뿐 그 갈등 위에 서 있는 세 번째의 것을 알지 못하기 때문이다.

#28. 환상:
원이 하나 있다. 그 안에서 계단들이 어떤 분지로 이어지는데, 거기에 샘이 있다.

어떤 조건이 무의식적 내용물의 일부 근본적인 측면이 결여되어 있어 불만스러울 때, 여기서 보듯이, 무의식적 과정은 초기의 상징들로 돌아간다. 상징체계가 꿈 #13으로 돌아가고 있다. '우리의 물'이라는 샘이 있는, 철학자들의 만다라 정원을 만나던 그 꿈으로. 원과 분지는 만다라를, 중세 상징체계의 장미를 강조한다. "철학자들의 장미 정원"은 연금술이 선호하는 상징 중 하나이다.

#29. 환상:
장미 한 다발이 보이고, 이어서 기호 ⧧ 가 나타나지만, 그 기호는 ✳ 가 되어야 한다.

장미 꽃다발은 사방으로 퍼져나가는 샘과 비슷하다. 첫 번째 기호는 아마 한 그루의 나무를 뜻하는 것 같지만, 그 의미가 명확하지 않은 반면에, 그것에 대한 수정은 여덟 겹의 꽃잎을 가진 꽃을 나타내고 있다(그림 85). 틀림없이, 어떤 식으로든 장미의 완전성을 훼손시킨 실수가 바로잡아지고 있다. 이 재구성의 목적은 만다라의 문제를, "중앙"을 옳게 평가하고 해석하는 문제를 다시 의식의 영역으로 끌어들이는 것이다.

#30. 꿈:

꿈을 꾸는 사람이 미지의 검은 여자와 함께 둥근 탁자에 앉아 있다.

하나의 과정이 그 명징성이나 거기서 끌어낼 수 있는 추론의 풍성함이라는 측면에서 정점에 이를 때마다, 퇴행이 따를 가능성이 있다. 여기에 인용한 꿈들 사이에 나타난 꿈들을 근거로 할 때, 이 꿈들을 꾼 사람은 완전성

<그림 85> 여덟 번째 또는 일곱의 첫 번째로서, 여덟 개의 꽃잎을 가진 꽃. – 'Recueil de figures astrologiques'(MS., 18th cent.)

을 지속적으로 요구하는 것이 다소 불쾌하다는 사실을 발견하고 있다. 그 요구의 실현이 실질적인 영향을 널리 미칠 것이기 때문이다. 그러나 그 영향의 개인적 본질은 우리의 연구 범위에 포함되지 않는다.

둥근 탁자는 다시 완전성의 원을 가리키며, 아니마가 네 번째 기능의 대표로서, 특히 그녀의 "어두운" 측면에서 개입한다. 이 어두운 측면은 언제나 무엇인가가 구체화될 때, 즉 무엇인가가 현실 속으로 옮겨지거나 무엇인가가 스스로를 현실 속으로 옮겨가겠다고 위협할 때 느껴진다. "어두운"이라는 표현은 땅 속에 산다는, 즉 구체적이고 세속적이라는 뜻이다. 이것은 또한 퇴행을 야기하는 공포의 원인이기도 하다.

#31. 꿈:

꿈을 꾸는 사람은 불쾌한 표정을 짓고 있는 어떤 남자와 둥근 탁자에 앉아 있다. 탁자 위에는 젤리 덩어리가 가득 든 잔이 놓여 있다.

꿈을 꾸는 사람이 "어두운" 것을 자신의 어둠으로, 그러니까 개인적으로 그에게 속하는 어떤 진정한 "그림자"를 낳을 정도로까지 받아들였다는 점에서, 이 꿈은 앞의 꿈의 전진으로 여겨질 수 있다. 따라서 아니마가 그녀에게 투사된 도덕적 열등에서 풀려나고, 원래 그녀 자신의 것이었던, 활기차고 창조적인 기능을 맡을 수 있다. 이것은 특이한 내용물이 들어 있는 그 잔에 의해 표현되고 있다. 이 내용물을 우리는 이 꿈을 꾼 사람처럼, 꿈 #18에 나타난, 분화되지 않은 "생명 덩어리"와 비교할 수 있다. 그렇다면 그것은 원시적인 동물성이 인간적인 무엇인가로 점진적으로 변화하는 문제이다. 그래서 우리는 여기서 그런 종류의 무엇인가를 기대할 수 있다. 이유는 내적 발달의 나선형이 한 바퀴 돌아서, 조금 더 높아지긴 했지만 동일한 지점으로 온 것처럼 보이기 때문이다.

<그림 86> 증류에 필요한 연금술 도구인 '하나의 그릇'(unum vas). (이중적인) 메르쿠리우스의 뱀들이 있다. – Kelly, 'Tractatus de Lapide philosophorum'(1676)

잔은 연금술의 '하나의 그릇'에 해당하고(그림 86), 그 내용물은 살아 있는, 반(半)유기적인 혼합물에 해당한다. 이 혼합물에서 정신과 생명을 갖춘 라피스의 몸통이 나올 것이다. 아니면 세 번 불꽃으로 폭발하는, 파우스트 같은 이상한 형상, 전차를 모는 소년, 갈라테이아[69]의 권좌를 향해 던져진 호문쿨루스, 유포리온[70] 같은 것(이 모든 것은 "중앙"이 무의식적 요소들로 분해되는 것을 상징한다)이 나올 것이다. 라피스가 "동물, 식물, 광물"로 이뤄져 있고 육체와 영혼과 정신으로 구성되어 있는 것으로 표현되고

---

69   키프로스의 전설적인 조각가 피그말리온이 상아로 조각한 상에 붙여진 이름.
70   그리스 신화에서 아킬레스와 헬레네의 아들로 나온다.

<그림 87> 신성한 아이의 그릇으로서, 동정녀 마리아. ﹣From a Venetian 'Rosario della gloriosa vergine Maria'(1524)

있기 때문에, 우리는 그것이 단순한 "돌"이 아니라는 것을 알고 있다. 더욱이, 그것은 육신과 피로부터 성장한다. 바로 그런 이유로, 그 철학자('타불라 스마라그디나'(Tabula smaragdina) 속의 헤르메스)는 "바람이 그것을 뱃속에 품고 날랐다"고 말한다. 그러므로 "바람은 공기이고, 공기는 생명이고, 생명은 영혼이다". "그 돌은 완벽한 육체와 완벽하지 않은 육체 사이의 중간에 있는 것이며, 자연 자체가 시작한 것은 그 기술을 통해서 완벽해진다." 그 돌은 "보이지 않는 돌"이라 불린다.

이 꿈은 중앙에 생명과 현실성을 불어넣는 문제를, 말하자면 중앙을 낳는 문제를 다루고 있다. 이 출생이 무정형의 어떤 덩어리에서 나올 수 있다는 생각은 원물질을 생명의 씨앗에 의해 수정된 혼돈스런 '무형의 덩어리'로 보는 연금술 사상과 비슷하다(그림 162, 163). 우리가 본 바와 같이, 아라비아 고무와 아교의 특성들이 원물질로 돌려지며, 다시 그것은 '점성'과 '유성'으로 불린다. (파라켈수스의 글에서 "노스톡"(Nostoc)[71]은 불가사의한 물질이다.) 이 꿈을 꾼 사람의 "끈적끈적한 덩어리"라는 생각의 밑바닥에서 비옥한 흙이나 젤리 비슷한 성장 같은 현대적 개념들이 작용하고 있을지라도, 그보다 훨씬 더 오래된 연금술 사상들과의 유전적 연결들이 여전히 이어지고 있으며, 이 연결들은 의식적으로는 존재하지 않을지라도 무의식적으로 상징들의 선택에 엄청난 영향을 행사한다.

#32 꿈:

꿈을 꾸는 사람이 미지의 여인으로부터 편지를 받는다. 그녀는 자궁에 통증이 있다고 적고 있다. 편지에 그림이 첨부되어 있다. 대략 이런 그림이다.

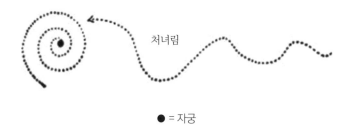

처녀림

● = 자궁

71   파라켈수스가 콧구멍을 뜻하는 영어 단어 'nostril'과 독일어 단어 'Nasenloch'를 합쳐 만든 것으로 전해진다.

원시림 안에 원숭이 떼가 있다. 이어서 하얀 빙하가 파노라마처럼 펼쳐진다.

생명을 창조하는 중앙에서 고통스런 과정이 전개되고 있다고 아니마가 보고하고 있다. 이런 경우에 중앙은 더 이상 생명 덩어리를 포함하고 있는 "유리잔"이 아니며, '둘레 돌기'에 의해서 도달해야 하는, "자궁"으로 표시된 어떤 점이다. 그렇다면 나선형이 암시되고 있다. 어쨌든 나선형은 중앙을, 따라서 연금술 그릇의 동의어로 자주 쓰이는 자궁을 강조한다. 자궁이 동양 만다라의 근본적인 의미 중 하나이듯이.

그릇까지 이어지는, 뱀처럼 구불구불한 선은 아이스쿨라피오스(그림 203, 204)의 치료의 뱀과 비슷하고, 또 탄트라의 시바 빈두(Shiva bindu)의 상징과 비슷하다. 공간 속에서 전혀 범위를 갖지 않는 잠재적인 창조의 신 시바 빈두는 점(點) 또는 링감(lingam)[72]의 형태로 쿤달리니 뱀에게 3바퀴 반 감겨 있다. 원시림으로 인해, 우리는 첫 번째 시리즈의 환상 #22와 이 시리즈의 꿈 #16과 #18에 나타났던 동물 또는 원숭이 모티브를 다시 만난다. 그 모티브는 환상 #22에서 "모든 것은 빛의 지배를 받아야 한다"는 선언을 낳고, 꿈 #18에서 "변형된" 머리를 낳는다. 이와 비슷하게, 현재의 꿈은 하얀 빙하의 파노라마로 끝난다. 이것이 꿈을 꾼 사람에게 그가 은하수를 보며 불멸에 대해 대화하던 예전의 꿈(여기에 포함되지 않았다)을 상기시킨다. 따라서 빙하 상징은 퇴행을 야기한 우주적인 양상으로 다시 이끄는 다리이다. 그러나 거의 언제나 그렇듯이 예전의 내용물은 최초의 모습을 단순하게 위장한 상태로 돌아오지 않는다. 그 내용물은 새로운 결합물을 갖고 오며, 이 결합물은 논리적으로 충분히 예상되었을지라도 지적인 의식에는 우주적인 측면보다 절대로 덜 불쾌하지 않다.

72　인도에서 시바 신 숭배에 쓰이는 남근상을 말한다.

그 혼합물은 불멸에 대한 대화에 관한 기억이다. 이 주제는 진자시계, 그러니까 영원히 움직이는 기계가 나오는 꿈 #9에서 이미 암시되었다. 불멸성은 절대로 멈추지 않는 시계 같은 것이며, 천체들처럼 영원히 회전하는 하나의 만다라이다. 따라서 우주적인 측면은 이자와, 그것도 복리 이자와 함께 돌아온다. 이것은 꿈을 꾼 사람에게 지나치게 부담스러운 것으로 쉽게 증명될 수 있다. "과학적인" 위(胃)의 소화력이 매우 제한적이기 때문이다.

<그림 88> 성배 환상. – "Roman de Lancelot du lac"(MS., Paris, 15th cent.)

무의식은 우리가 만다라 또는 "자기"라고 부르는 그 모호한 것을 위해서 비슷한 것들을 당혹스러울 만큼 정말 많이 내놓는다. 마치 우리가 무의식

속에서 연금술의 오래된 꿈을 지속적으로 꾸고, 역사 깊은 동의어 위에 새로운 동의어를 지속적으로 쌓을 준비를 갖추고 있는 것처럼 보인다. 어쨌든 연금술에 대해 고대의 연금술사들만큼 많이, 또는 적게 알게 되었을 뿐이면서도 말이다.

라피스가 유럽인의 조상들에게, 만다라가 라마교 신자들과 탄트라교 신자들과 아즈텍족과 푸에블로 인디언들에게, "황금 환약"이 도교 신자들에게, "황금 씨앗"이 힌두교 신자들에게 무엇을 의미했는지에 대해 나는 상세히 설명하지 않을 것이다. 우리는 이 모든 것을 생생하게 설명해주는 텍스트들을 알고 있다. 그러나 무의식이 교양을 갖춘 어느 유럽인에게 그런 심오한 상징체계를 끈질기게 제시할 때, 그 같은 사실 자체는 무엇을 의미하는가? 여기서 내가 적용할 수 있는 유일한 관점은 심리학적 관점이다. (물론 내가 잘 모르는 다른 관점도 있을 수 있다.) 심리학적 관점에서 본다면, "만다라"라는 일반적인 개념으로 분류될 수 있는 것은 모두 어떤 태도의 핵심을 표현하고 있다. 의식적인 정신의 분명한 태도는 정의할 수 있는 목표와 목적을 갖고 있다. 그러나 어느 한 인간이 자기를 보는 태도는 정의할 수 있는 목적도, 눈에 보이는 목표도 전혀 갖고 있지 않은 유일한 태도이다.

"자기"라고 말하기는 아주 쉽지만, 그런 표현을 쓰는 경우에 우리는 정확히 무엇을 뜻하는가? 자기는 "형이상학적" 어둠에 덮인 채 남아 있다. 나는 "자기"를 의식적인 정신과 무의식적 정신의 전체성으로 정의할 것이지만, 이 전체성은 우리의 시야를 초월한다. 자기가 눈에 보이지 않는 진정한 라피스이기 때문이다. 무의식이 존재하는 한, 자기를 규정하는 것은 불가능하다. 이유는 자기의 존재가 단순히 하나의 가정일 뿐이며, 자기란 것이 그 가능한 내용물까지 예측할 수 있는 그런 것이 절대로 아니기 때문이다.

완전성은 자기의 부분들에서만, 그리고 이 부분들이 의식의 내용물인 한에서만 경험될 수 있지만, 자기는 그 완전성으로 인해 반드시 의식을 초월한다. 따라서 "자기"는 칸트(Immanuel Kant)의 '물자체'와 비슷한, 명확하지 않은 개념이다. 정말로, 우리의 꿈들이 보여주고 있는 바와 같이, 자기는 경험이 쌓임에 따라 꾸준히 더욱 명확해지면서도 초월성을 절대로 잃지 않는 개념이다.

우리에게 알려지지 않은 무엇인가의 경계를 아는 것이 아마 불가능할 것이기 때문에, 우리는 자기의 경계선을 그릴 수 있는 입장이 아니라고 결론을 내릴 수 있다. 개인의 정신의 한계가 무의식에도 있다는 것을 고려한다면, 우리가 그 한계들에 대해 전혀 모르고 있다는 근본적인 사실과 별도로, 자기를 개인적인 정신의 한계로 제한하는 것은 대단히 자의적이고, 따라서 비과학적이다.

우리는 의식의 한계들에 대해 암시할 수 있지만, 무의식은 단순히 알려지지 않은 정신이며, 바로 그런 이유 때문에 무의식을 정의하는 것도 가능하지 않고 한계를 정하는 것도 가능하지 않다. 사정이 이러하기 때문에, 우리는 무의식적 내용물의 표현들이 무한한 무엇인가의, 공간과 시간에 한정되지 않는 무엇인가의 표시들을 두루 보이더라도 놀라지 말아야 한다. 이런 특징은 초자연적이며, 따라서 그 특징은 무엇보다 범위가 명확하게 정해진 개념들의 가치를 잘 알고 있는 신중한 정신에게는 불안하게 다가온다. 그래서 사람은 자신이 철학자나 신학자가 아니라는 사실을, 그래서 그런 신령들을 직업적으로 만날 의무를 지지 않는다는 사실을 다행으로 여긴다. 밤마다 우리의 꿈들이 나름대로 철학을 실천하고 있는 탓에, 그 신령들이 의식으로 들어오려고 노력하는 정신적 실체라는 것이 점점 더 명확해지고 있는 때에, 그 실체들을 만나는 것은 더욱더 불쾌한 일일 것이다.

게다가, 우리가 이 신령들을 피하려고 노력하며 무의식이 제공하는 연금술의 금을 격하게 거부할 때, 실제로 우리에게 나쁜 일이 일어난다. 심지어 우리가 뚜렷한 이유도 없이 증후들을 보이게 된다. 그러나 우리가 발에 걸리는 방해물을 직시하고 그것을 가설적으로 초석으로 삼는 순간에, 증후들은 사라지고, 우리는 "기묘하게도" 편안함을 느끼게 된다. 이 딜레마 속에서, 우리는 무의식을 언제나 고려해야 하는 하나의 필요악이라고 생각하고, 그래서 무의식의 상징적인 이상한 방랑의 의미가 아주 의문스러워 보이더라도 거기에 동참하는 것이 더 현명한 처사라고 생각함으로써, 적어도 편안한 마음을 가질 수는 있다. 니체가 말하는 "초기 인류의 가르침"을 다시 배우는 것도 건강에 이로울 수 있다.

그런 합리적인 설명들에 대해 내가 제기할 수 있는 유일한 반대는 그 설명들이 실제 사건들의 테스트를 통과하지 못하는 경우가 너무 잦다는 것이다. 우리는 이 예들과 또 그것들과 비슷한 다른 예들에서 자기의 생명력이 어떻게 그렇게 집요해지는지를 몇 년에 걸쳐 관찰할 수 있다. 그 생명력이 너무가 강하기 때문에, 의식은 무의식과 보조를 맞추기 위해서 훨씬 더 큰 업적을 쌓아야 한다.

만다라의 상징체계에 대해 현재 규명할 수 있는 것은 그것이 어떤 자율적인 정신적 사실을 묘사하고 있다는 점이다. 이 정신적 사실은 언제나 반복되고 있고 어디서나 똑같은 현상학을 보인다는 점이 두드러진 특징이다. 만다라의 상징체계는 일종의 원자핵처럼 보이며, 그것의 깊은 곳의 구조와 종국적 의미에 대해 우리는 아는 바가 전혀 없다. 우리는 또한 그 상징체계를 목적이나 목표를 명시할 수 없는 어떤 의식적인 태도의 실제적인, 즉 효율적인 반영으로 여길 수 있다. 이 의식적인 태도는 목적이나 목표를 명시하지 못하는 탓에 그 작용을 전적으로 만다라의 가상적인 중앙으로 투사하고 있다. 이 투사에 필요한 강압적인 힘은 언제나 그 개인이 다른 방식으로는 스스로를 도울 방법을 더 이상 모르는 그 상황에 있다.

그러나 만다라가 단순히 심리적 반사작용에 지나지 않는다는 주장은 첫째로 이 상징의 자율적인 성격과 모순된다. 이 상징의 자율성은 꿈과 환상에서 가끔 압도적인 모습을 보인다. 그 같은 주장은 둘째로 무의식 자체의 자율적인 본질과도 모순된다. 무의식은 정신적인 모든 것의 원래의 형태일 뿐만 아니라, 우리가 어린 시절 초기에 통과하는 조건이며, 우리가 밤마다 다시 돌아가는 조건이다.

정신의 작용이 단순히 반응이나 반사작용에 지나지 않는다는 주장을 뒷받침하는 증거는 전혀 없다. 그런 주장은 기껏 제한적인 타당성을 지니는 하나의 생물학적 작업가설에 지나지 않는다. 보편적인 어떤 진리를 기준으로 한다면, 그것은 유물론적인 신화에 불과하다. 그것이 정신의 창조적인 능력을 간과하고 있기 때문이다. 이 창조적인 능력은 우리가 좋아하든 싫어하든 상관없이 존재하며, 그 능력 앞에서 소위 "원인들"은 모두 단순한 사건이 된다.

<그림 89> 새끼에게 자신의 피를 먹이고 있는 펠리칸. 그리스도의 한 비유이다. - Boschius, 'Symbolographia'(1702)

#33. 꿈:

미개인들 사이에 전투가 벌어지고, 끔찍한 잔인성이 저질러진다.

　예상한 바와 같이, 새로운 요소("불멸")의 결합이 격한 갈등을 촉발시켰으며, 이 갈등은 꿈 #27에 나오는 비슷한 상황과 동일한 상징들을 이용하고 있다.

#34. 꿈:

어느 친구와 대화하고 있다. 꿈을 꾸는 사람이 "나는 피 흘리는 그리스도의 상을 앞에 지고 다니며 계속 속죄해야 한다"고 말한다.

　이 꿈은 앞의 꿈처럼, 받아들이기가 매우 힘든 이질적인 영적 세계를 돌파함에 따라 일어난, 특별하고 미묘한 종류의 고통을 가리키고 있다. 그런 영적 세계는 그리스도의 비극과 비슷한 점을 지니고 있다. "나의 왕국은 이 세상에 속하는 것이 아니니라." 그러나 이 꿈은 또한 꿈을 꾸는 사람이 지금 자신의 임무를 매우 진지하게 계속 수행하고 있다는 점을 보여주고 있다. 그리스도에 대한 언급은 단순한 도덕적 암시 그 이상의 깊은 의미를 지닐 수 있다. 여기서 우리는 개성화의 과정에, 그러니까 그리스도의 삶의 종교적 본보기를 통해서 서양인에게 줄기차게 제시되었던 과정에 관심을 두고 있다. 방점은 언제나 구세주의 삶의 "역사적 진실성"에 찍혔으며, 그 때문에, 신이 인간의 모습으로 나타난 것이 신경(信經)의 매우 근본적인 부분을 이뤘을지라도, 구세주의 삶의 상징적 본질이 어둠 속에 묻히게 되었다. 그러나 교리의 효율성은 결코 그리스도의 독특한 역사적 실체에 좌우되지 않고 교리 자체의 상징적 본질에 좌우되며, 교리는 그 상징적 본질

덕분에 교리의 존재와 꽤 무관한, 다소 보편적인 어떤 심리학적 가정을 표현한다. 따라서 그리스도가 하나의 자율적인 심리적인 사실인 한, "비기독교인"의 그리스도도 있을 뿐만 아니라 "기독교 이전"의 그리스도도 있다. 어쨌든 원형의 원리는 이 같은 생각에 근거하고 있다. 그러므로 종교적인 가정들을 전혀 갖고 있지 않은 현대인의 경우에, 안트로포스나 포이멘(목자) 형상이 등장하는 것이 유일하게 논리적이다. 그것이 현대인 본인의 정신 안에 있기 때문이다(그림 117, 195).

#35. 꿈:

어느 배우가 벽을 향해 자신의 모자를 던진다. 벽에서 그 모자는 이런 모양을 보인다.

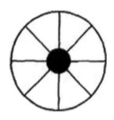

여기에 포함되지 않은 어떤 자료가 보여주는 바와 같이, "배우"는 이 꿈을 꾼 사람의 개인적 삶에서 명확한 어떤 사실을 가리키고 있다. 지금까지 그는 자신에 대해 어떤 픽션을 간직해 왔다. 이것이 그가 스스로를 진지하게 받아들이는 것을 가로막았다. 이제 이 픽션은 그가 지금 갖게 된 진지한 태도와 양립할 수 없게 되었다. 그는 배우를 포기해야 한다. 그의 안에서 그의 자기를 부정했던 것이 바로 이 배우였으니 말이다.

모자는 그가 이방인의 모자를 썼던 첫 번째 꿈을 가리키고 있다. 배우가 모자를 벽으로 던지고, 모자가 하나의 만다라인 것으로 드러난다. 그렇다면 그 "이상한" 모자는 자기였으며, 당시에, 그러니까 그가 여전히 허구의 역할을 맡아 연기하고 있던 때에 자기는 그에게 이방인처럼 보였다.

#36. 꿈:

꿈을 꾸는 사람이 라트하우스 광장으로 택시를 몰고 있지만, 그곳은 "마리엔호프"(Marienhof)라 불린다.

이 꿈에 대해서는 잠깐 언급하는 것으로 그칠 것이다. 이 꿈은 성역의 여성적인 본질을 보여주고 있다. '봉쇄된 정원'이 종종 중세의 찬가에서 성모 마리아의 상징으로 이용되고, 신비의 장미가 '성모 호칭 기도'에서 그녀의 속성들 중 하나로 나오는 것처럼 말이다(그림 26).

#37. 꿈:

어두운 중앙의 주위를 밝히는 빛 속에서 곡선들이 보인다. 그때 꿈을 꾸는 사람은 선과 악 사이에 전투가 벌어지고 있는 컴컴한 동굴 안에서 이리저리 배회하고 있다. 그러나 거기에는 모든 것을 다 아는 어떤 군주가 있다. 그가 꿈을 꾸는 사람에게 다이아몬드가 박힌 반지를 건네며 그것을 왼손 네 번째 손가락에 끼운다.

꿈 #26에서 시작한 빛의 순환이 보다 분명하게 다시 나타나고 있다. 언제나 빛은 지금 둘레를 따라서만 돌고 있는 의식을 가리킨다. 중앙은 아직 어둡다. 그것은 어두운 동굴이며, 거기에 들어가는 것은 분명히 갈등을 다시 촉발시키는 것이다. 동시에 거기엔 높은 곳에 서서 모든 것을 알고 있는 군주가 있다. 그는 귀중한 돌의 소유자이다. 선물은 꿈을 꾼 사람의 자기에 대한 서약을 의미할 뿐이다. 대체로 결혼반지가 왼손 넷째 손가락에 끼워지니 말이다.

정말로, 왼쪽은 무의식이고, 그것을 근거로 상황은 아직도 대개 무의식에 가려져 있다고 추론할 수 있다. 군주는 '왕의 수수께끼'를 나타내는 것 같다(그림 54. 그림 10에 관한 설명 참조). 어두운 동굴은 전투를 벌이는 상반된 것들을 담고 있는 그릇에 해당한다. 자기는 상반된 것들과 그들 사이의 갈등 속에서 분명히 드러난다. 자기가 '상반된 것들의 일치'이니까. 따라서 자기에 닿는 길은 갈등으로 시작한다.

#38. 꿈:

<그림 90> 곰은 원물질의 위험한 측면을 나타내고 있다. – Thomas Aquinas(pseud.), 'De alchimia'(MS., 16th cent)

원형 탁자가 있고, 둘레에 의자가 4개 놓여 있다. 탁자와 의자들은 비어 있다.

이 꿈은 앞의 짐작을 뒷받침하고 있다. 만다라가 아직 "이용되지" 않고 있다.

#39. 환상:

꿈을 꾸는 사람이 심연으로 떨어지고 있다. 심연의 바닥에 곰이 한 마리 있다. 곰의 눈이 4가지 색깔로, 빨강과 노랑, 초록, 청색으로 번갈아가며 반짝인다. 실제로 곰은 4개의 빛으로 바뀌는 4개의 눈을 갖고 있다. 곰이 사라지고, 꿈을 꾸는 사람은 컴컴한 긴 터널을 통과하고 있다. 저 멀리 끝에서 빛이 가물거리고 있다. 거기에 어떤 보물이 있으며, 그 보물 위에 다이아몬드가 박힌 반지가 놓여 있다. 이 반지가 그를 동쪽으로 먼 여행길로 이끌 것이라는 말이 돌고 있다.

이 백일몽은 꿈을 꾸는 사람이 아직도 어두운 중앙에 몰두하고 있다는 점을 보여주고 있다. 곰은 그를 붙들 수 있는 지하적인 요소를 상징한다. 그러나 그때 동물은 단지 4가지 색깔로 이끌고(꿈 #23 참조), 이 색깔들이 다시 라피스로, 즉 무지개의 모든 색깔을 포함하는 스펙트럼의 다이아몬드로 이끌고 있는 것이 분명해진다. 동쪽으로 난 길은 아마 하나의 대척점으로서 무의식을 가리킬 것이다. 전설에 따르면, 성배-돌은 동쪽에서 와서 다시 그곳으로 돌아가야 한다. 연금술에서 곰은 원물질의 니그레도(그림 90)에 해당하고, 그것으로부터 화려한 공작의 꼬리가 온다.

#40. 꿈:

미지의 여인의 안내에 따라, 꿈을 꾸는 사람은 생명의 위험을 무릅쓰고 극을 발견해야 한다.

극은 모든 것이 기준 삼아 돌고 있는 점이다. 따라서 극은 자기의 또 다른 상징이다. 연금술도 이 유추를 이용한다. "극에 진정한 불인 메르쿠리우스의 심장이 있으며, 거기서 그의 스승이 쉬고 있다. 이 거대한 바다를 항해할 때, … 그는 북극성의 상태를 바탕으로 경로를 정한다."[73] 메르쿠리우스는 세계 영혼이며, 극은 메르쿠리우스의 심장이다(그림 149). 세계 영혼(그림 91. 그림 8 참조)이라는 개념은 집단 무의식의 개념과 일치하며, 이 집단 무의식의 중앙이 자기이다. 바다의 상징은 무의식의 또 다른 동의어이다.

#41. 환상:

어떤 원 안에서 노란색 공들이 왼쪽으로 원을 따라 구르고 있다.

어느 중앙 가까운 곳에서 순환이 일어나고 있다. 꿈 #21을 상기시킨다.

#42. 꿈:

늙은 스승이 땅에서 붉은 색으로 빛나는 지점을 가리키고 있다.

철학자가 그에게 "중앙"을 보여주고 있다. 빨간색은 연금술의 루베도(rubedo: 적화(赤化))처럼 새벽을 의미한다. 연금술에서 루베도는 대체로

---

73 Philalethes, "Introitus apertus", Musaeum hermeticum, p. 655.

연금술 작업이 완성되기 바로 전에 일어난다.

#43. 꿈:

노란 빛이 안개를 뚫고 태양처럼 비치지만, 그 빛은 흐릿하다. 여덟 개의 광
선들이 중앙으로부터 발산하고 있다. 이것이 침투의 지점이다. 빛이 뚫어야
하지만, 아직 그다지 성공하지 못하고 있다.

꿈을 꾸는 사람 본인이 꿈 #40에서 침투 지점은 극과 동일하다는 점을
관찰했다. 그렇다면 그것은 우리가 추측한 바와 같이 태양이 나타나는 것

<그림 91> 세계 영혼. – Thurneisser zum Thurn, 'Quinta essentia'(1574)

과 관련 있으며, 지금 태양이 노란색으로 바뀌고 있다. 그러나 빛은 여전히 흐릿하다. 이것은 아마 불충분한 이해를 의미할 것이다. "침투"는 어떤 결정을 내리기까지 아직 노력이 더 필요하다는 점을 암시한다. 연금술에서, 노란색(치트리니타스(citrinitas):황화(黃化))은 종종 루베도와 일치한다.

#44. 꿈:

꿈을 꾸는 사람은 정방형의 울타리 안에 있다. 거기서 그는 침묵을 지켜야 한다. 그것은 난쟁이들(혹은 어린이들?)을 위한 감옥이다. 사악한 여자가 그들을 담당하고 있다. 아이들이 움직이기 시작하고 원을 그리며 주위를 돈다. 꿈을 꾸는 사람은 달아나기를 원하지만 그렇게 하지 못한다. 아이들 중 하나가 동물로 변하여 그의 종아리를 문다(그림 118).

선명함의 결여는 집중하는 노력을 추가적으로 더 펼 것을 요구한다. 따라서 꿈을 꾸는 사람은 자신이 아직도 어린이의 상태(그림 95, 96)에 있다는 것을, 따라서 "편향적"이라는 것을(그림 26 참조), 또 사악한 어머니 아니마가 책임지고 있는 성역에 갇혀 있다는 것을 발견한다. 꿈 #18에서처럼, 동물이 나타나고, 그가 그 동물에게 물린다. 말하자면, 그는 자신을 노출시켜야 하고 대가를 지불해야 한다. '둘레 돌기'는 여느 때처럼 중앙에 집중하는 것을 의미한다. 그는 이런 긴장 상태에 대해 거의 견딜 수 없는 것으로 느낀다. 그러나 그는 "마치 다이아몬드를 손에 쥔 것처럼" 무엇인가를 풀었다는 유쾌한 기분을 느끼며 잠에서 깨어난다. 아이들은 카비리 요소들을 표현하는 난쟁이 주제를 가리킨다. 말하자면, 그것은 형태를 부여하는 무의식의 능력을 나타내거나 동시에 여전히 아이 같은 그의 조건을 암시할 수 있다.

#45. 꿈:

병사들이 모인 연병장이다. 병사들은 전쟁에 필요한 장비를 갖추고 있는 것이 아니라, 왼쪽으로 도는, 8개의 광선을 가진 어떤 별의 모양을 형성하고 있다.

여기서 핵심적인 사항은 갈등이 극복된 것처럼 보인다는 점이다. 별은 하늘에 있지 않으며 다이아몬드도 아니고 땅 위에 인간들에 의해 만들어진 하나의 공간 배열일 뿐이다.

#46. 꿈:

꿈을 꾸는 사람이 사각형 울타리 안에 갇혀 있다. 사자들과 사악한 여자 마법사가 나타난다.

그는 지하 감옥에서 탈출하지 못하고 있다. 왜냐하면 그가 마땅히 해야 할 일을 할 준비가 아직 되어 있지 않기 때문이다. (이것은 중요한 개인적인 문제이고, 의무이며, 많은 불안의 원인이다.) 사자들은 모든 야생동물처럼 잠재적인 감정을 암시한다. 사자는 연금술에서 중요한 역할을 하며, 거의 동일한 의미를 지닌다. 사자는 "불같은" 동물이며, 악의 화신이고, 무의식에 삼켜질 위험을 상징한다.

#47. 꿈:

늙은 현자가 꿈을 꾸는 사람에게 땅 위에 특이한 방식으로 표시된 지점을 보여준다.

이것은 아마 꿈을 꾸는 사람이 자기를 깨닫게 되는 경우에 서 있게 될,
땅 위의 지점일 것이다(그림 42와 비슷하다).

#48. 꿈:

어느 지인이 도공용 녹로를 발굴한 대가로 상을 받는다.

도공의 녹로는 땅 위에서 회전하며(꿈 45 참조), 비유적으로 "인체"라고
불리기도 하는 도기("세속적")를 생산한다. 바퀴는 둥글기 때문에 자기를
가리킬 뿐만 아니라 자기가 명백히 드러나는 창조적인 행위도 가리킨다.
도공의 녹로는 또한 거듭 되풀이되고 있는 순환이라는 주제를 상징한다.

<그림 92> 황도대로 표현된 연금술의 과정. – "Ripley Scrowle"(MS., 1588)

#49. 꿈:

별 모양의 어떤 형상이 회전하고 있다. 원의 기본 방위들에 계절을 나타내는 그림들이 있다.

앞에서 장소가 규정되었다면, 지금은 시간이 규정되고 있다. 장소와 시간은 어떤 정의에서든 가장 일반적이고 가장 필요한 요소들이다. 바로 시작 부분에서 시간과 장소에 대한 경향이 강조되었다(꿈 7, 8, 9 참조). 장소와 시간에서 명확한 위치는 인간의 현실의 한 부분이다. 계절들은 1년의 주기에 해당하는 원의 사등분을 가리킨다(그림 92). 해(year)는 최초의 인간의 한 상징이다(그림 99, 100, 104). 순환 모티브는 원의 상징이 정적인 것이 아니라 동적인 것으로 여겨져야 한다는 점을 암시한다.

#50. 꿈:

미지의 남자가 꿈을 꾸는 사람에게 귀중한 돌을 준다. 그러나 그는 아파치족 갱의 공격을 받는다. 그는 (악몽을) 피해서 달아날 수 있다. 후에 미지의 여인이 그에게 일이 언제나 그런 식으로 전개되지는 않을 것이라고 말한다. 가끔은 그가 자신의 입장을 고수하며 달아나지 않아야 한다는 것이다.

명확한 장소에 명확한 시간이 보태질 때, 그 사람이 현실 쪽으로 빠른 속도로 다가가고 있다. 그것이 보석 선물이 나오지만, 그와 동시에 꿈을 꾸는 사람으로부터 마음을 정하는 능력을 강탈하는, 결정에 대한 공포가 나타나는 이유이다.

#51. 꿈:

엄청난 긴장이 느껴진다. 많은 사람들이 가운데에 있는 커다란 사각형 주위를 돌고 있다. 이 사각형은 사면으로 그것보다 작은 4개의 직사각형을 두고 있다. 커다란 사각형 안에서 순환은 왼쪽으로 향하고, 작은 사각형 안에서 순환은 오른쪽으로 향한다. 한가운데에 8개의 광선을 가진 별이 있다. 빨간색과 노란색, 초록색의 물과 색깔이 없는 물을 담고 있는 작은 사각형 각각의 가운데에 그릇이 하나씩 놓여 있다. 불안한 질문이 떠오른다. 물은 충분할까?

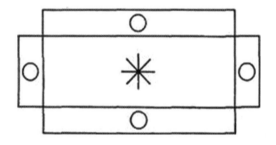

색깔들은 예비 단계를 한 번 더 가리키고 있다. "불안한" 질문은 생명의 물('우리의 물', 에너지, 리비도)이 중앙의 별("핵심" 또는 "중심부")까지 닿을 수 있을 만큼 충분한가 하는 것이다. 가운데 직사각형 안에서 순환은 여전히 왼쪽으로 향하고 있다. 말하자면, 의식이 무의식 쪽으로 움직이고 있다. 그러므로 중앙은 아직 충분히 계몽되지 않았다. 사위일체를 나타내는 작은 직사각형 안에서 일어나는 오른쪽 방향의 순환은 4가지 기능들이 의식이 되고 있다는 것을 암시하는 것 같다. 넷은 일반적으로 무지개의 네 가지 색깔에 의해 표현된다. 여기서 놀라운 사실은 청색이 실종되었고 또 정방형의 평면도가 갑자기 포기되었다는 것이다. 수평선이 수직선을 대가

로 스스로를 확장했다. 그래서 우리는 "훼손된" 만다라를 다루고 있다. 이 대목에서, 기능들의 상반된 배열이 기능들의 뚜렷한 양극성이 인식될 수 있을 만큼 충분히 의식적이지 않다는 점이 비평으로 덧붙여질 수 있다. 수평이 수직을 지배하는 것은 자아-의식이 가장 높은 곳에 위치해 있고, 따라서 높이와 깊이의 상실을 수반한다는 점을 의미할 것이다.

#52. 꿈:
직사각형의 무도회장이다. 모두가 가장자리를 따라 왼쪽으로 돌고 있다. 갑자기 명령 소리가 들린다. "가운데로!" 그러나 꿈을 꾸는 사람은 먼저 호두를 까기 위해 옆방으로 가야 한다. 그때 사람들은 줄사다리를 타고 물로 내려간다.

문제의 핵심 쪽으로 밀어붙일 시간이 왔지만, 꿈을 꾸는 사람은 아직 작은 사각형 안("옆방")에서, 즉 4가지 기능 중 하나에서 "단단한 호두" 몇 개를 까야 한다. 그러는 사이에 그 과정은 계속 이어지며 "물"로 내려간다. 따라서 수직선이 확장되고, 우리는 왜곡된 직사각형으로부터 온갖 심리적 암시들을 통해 의식과 무의식의 완전한 대칭을 표현하고 있는 정방형을 다시 얻는다.

#53. 꿈:
꿈을 꾸는 사람은 자신이 텅 빈 정방형의 방 안에 있다는 사실을 발견한다. 그런데 그 방이 회전하고 있다. 어떤 목소리가 들린다. "그가 나가도록 해서는 안 돼! 그는 세금을 내지 않을 거야!"

이것은 이미 언급된 개인적인 문제에서 꿈을 꾸는 사람이 부적절한 자기 실현을 꾀하고 있다는 점을 암시하고 있다. 그 문제는 이 경우에 개성화의 근본적인 조건 중 하나였으며, 따라서 우회가 불가능하다. 예상한 바와 같이, 앞의 꿈에서 수직선에 대한 강조가 있은 뒤에, 지금 정방형이 다시 확립되었다. 그런 방해가 일어난 원인은 무의식(수직선)의 요구에 대한 과소평가 때문이었으며, 이로 인해 인격이 평평해지는 결과가 나타났다(드러누운 직사각형).

이 꿈 다음에, 이 꿈들을 꾼 사람은 6개의 만다라들을 엮어내면서 수직선의 정확한 길이와 "순환"의 형태, 색의 분배를 결정하려고 노력했다. 이 일 끝에 꾼 꿈은 다음과 같은 내용이었다(압축하지 않고 그대로 전한다).

#54. 꿈:

내가 경건한 분위기가 강한 이상한 어떤 집에 간다. "회합의 집"이다. 뒤쪽에 많은 초들이 타고 있다. 초들은 위쪽으로 향하는 4개의 지점을 가진 특이한 문양으로 배치되어 있다. 밖에, 그 집의 문에 노인이 배치되어 있다. 사람들이 안으로 들어가고 있다. 그들은 아무런 말을 하지 않는 채 초점을 내면으로 모으기 위해 꼼짝 않고 서 있다. 문에 있는 남자가 그 집을 찾은 방문객들에게 말한다. "다시 이곳으로 나올 때, 여러분은 깨끗이 정화되어 있을 겁니다." 나도 집 안으로 들어가지만, 나는 정신을 온전히 집중할 수 없다는 사실을 깨닫는다. 그때 어떤 목소리가 들린다. "당신이 지금 하고 있는 것은 위험해. 종교는 당신이 당신 자신으로부터 여자의 이미지를 지우기 위해 지불하는 그런 세금이 아니야. 그 이미지는 제거될 수 있는 것이 아니니까. 종교를 영혼의 삶의 또 다른 측면의 대용품으로 이용하는 사람들에게 화있을진저. 그들이 오류를 범하고 저주를 받게 될 테니까. 종교는 절대로 대용품이 아니

<그림 93> 연금술 장인들의 산. 태양과 달이 불을 밝히고 있는 현자들의 신전("수확의 집" 또는 "자기 수집")은 7개의 계단 위에 서 있으며, 꼭대기에 피닉스가 앉아 있다. 신전은 산 깊숙이 숨어 있다. 이것은 철학자들의 돌이 땅 속에 묻혀 있기에 거기서 끌어내어져서 세척되어야 한다는 것을 암시한다. 배경의 황도대는 연금술 작업의 기간을 상징하고, 4가지 원소들은 완전성을 암시한다. 앞쪽에, 눈을 가린 남자와 타고난 본능을 따르고 있는 연구원이 보인다. – Michelspacher, 'Cabala'(1654)

야. 종교는 영혼의 다른 활동들에 종국적 완성으로서 보태져야 해. 생명의 충만함으로부터 당신은 당신의 종교를 낳게 되어 있어. 당신은 그럴 때에만 축복을 받을 거야!" 마지막 문장이 울림을 일으키고 있는 동안에, 나는 멀리서 단순한 화음의 오르간 연주 소리를 듣는다. 그 음악에 관한 무엇인가가 나로 하여금 바그너의 '파이어 뮤직'(Fire Music)을 떠올리게 한다. 그 집을 나서면서, 나는 불타는 산을 보고 느낀다. "꺼지지 않는 불은 신성한 불이다."(조지

버나드 쇼, '성 존'(St. Joan) 중에서)

이 꿈을 꾼 사람은 이 꿈이 "강렬한 경험"이었다는 점을 강조한다. 정말로, 이 꿈은 신비한 특성을 보이고 있으며, 따라서 꿈이 통찰과 이해의 새로운 정점을 나타내고 있다고 단정해도 그리 틀리지 않을 것이다. "목소리"는 일반적으로 절대적인 권위의 성격을 지니며 대체로 결정적인 순간에 들린다.

집은 아마 "회합의 장소"인 정방형에 해당할 것이다(그림 93). 뒤쪽에서 빛을 발하고 있는 4개의 지점은 다시 사위일체를 암시한다. 정화에 관한 언급은 터부 지역의 변형시키는 기능에 관한 것이다. "탈세"에 의해 방해받고 있는 완전성의 성취는 당연히 "여자의 이미지"를 필요로 한다. 이유는 여자가 아니마로서 네 번째의 "열등" 기능을 나타내기 때문이다. 이 기능은 무의식에 오염된 탓에 여성적이다. "세금"이 어떤 의미에서 지급되는가 하는 문제는 열등 기능과 그것의 보조 기능의 본질에 달렸으며, 동시에 태도의 유형에도 달려 있다. 그 지급은 실제적이거나 상징적일 수 있지만, 의식적인 정신에겐 어떤 형태가 타당한지를 결정할 자격이 없다.

종교가 "영혼의 삶의 또 다른 측면"의 대용물이 되어서는 안 된다는 이 꿈의 견해는 틀림없이 많은 사람들에게 근본적인 혁신으로 다가올 것이다. 이 견해에 따르면, 종교는 완전성과 동일시되며, 심지어 종교는 "생명의 충만" 속에서 자기의 통합의 표현으로 나타나기도 한다.

'파이어 뮤직'의 흐릿한 메아리(로키(Loki)[74] 모티브)는 상황과 어긋나지 않는다. "생명의 충만"이란 무엇을 의미하는가? "완전성"은 또 무엇을 의미하는가? 나는 여기서 약간의 불안을 느낄 이유가 많다고 생각한다. 이

74 북유럽 신화에서 불의 신으로 여겨진다.

<그림 94> 에트나 산: "빙하와 불". – Boschius, 'Symbolographia'(1702)

유는 인간이 하나의 완전한 존재로서 그림자를 드리우기 때문이다. 네 번째는 셋으로부터 분리되지 않았으며, 영원히 지속되는 불의 왕국으로 이유 없이 추방되지도 않았다. 정경에 속하지 않는 우리 구세주의 말씀 중에 이런 내용이 있지 않는가! "나와 가까이 있는 자는 불과 가까이 있느니라." 이런 극단적인 모호함은 어린이의 세계를 벗어나지 못한 어른들을 위한 것은 아니다. 그것이 옛날의 헤라클레이토스가 "어둠"이라는 이름으로 불렸던 이유이다. 왜냐하면 그가 너무나 솔직하게 말하며 생명 자체를 "영원히 살아 있는 불"이라고 불렀기 때문이다. 또 그것이 듣는 귀가 있는 사람들을 위한, 정경에 속하지 않는 말씀들이 있는 이유이다.

  불의 산이라는 주제(그림 94)는 '에녹서'에서 만난다. 에녹은 일곱 개의 별이 "커다란 산맥처럼" 연결된 채 천사들의 처벌의 장소에서 "불타는" 것을 본다. 원래 7개의 별들은 바빌로니아의 위대한 일곱 신이었으나, 에녹의 계시가 있었던 때에 그 일곱 신들은 일곱 아르콘이 되고, "이 세상"의 지배자가 되고, 처벌의 저주를 받은 타락한 천사가 되었다. 이런 위협적인 주제와 정반대로, 시나이 산에서 일어난 여호와의 기적들을 암시하는 대목도 있다. 한편, 다른 자료들에 따르면, 숫자 7은 절대로 불길하지 않다. 이유는 그것이 생명을 주는 열매를 맺는 나무, 즉 지혜의 나무가 발견되는 서쪽 땅의 일곱 번째 산에 있기 때문이다.

<그림 95> 아이들의 놀이. - Trismosin, 'Splendor solis'(MS., 1582)

<그림 96> 난쟁이들(도움을 주는 아이-신들). – Fragments of an Egyptian mechanical toy

#55. 꿈:

기본방위마다 깐 호두 4개가 담긴 은 그릇이 놓여 있다.

이 꿈은 꿈 #52에 나타난 문제가 완전히 해결되지는 않아도 부분적으로는 해결되었다는 것을 보여주고 있다. 이 꿈을 꾼 사람은 지금 도달한 그 목표를 사등분된 원으로 그렸다. 원 속의 사분원은 4가지 색깔로 칠해졌다. 순환은 왼쪽을 향한다. 이것이 대칭의 요구를 충족시킬지라도, 기능들의 양극성은 이 꿈 앞의 꿈이 대단히 계몽적이었음에도 불구하고 여전히 인식되지 않고 있다. 그림에서 빨간색과 청색, 초록색과 노란색이 서로 마주 보고 있지 않고 옆으로 나란히 배치되어 있기 때문이다. 이것을 근거로, 우리는 그 "깨달음"이 내면의 강력한 저항에 직면하고 있다고 결론을 내려야 한다. 그 저항은 부분적으로 철학적인 성격을 지니고 있고, 또 부분적으로 윤리적인 성격을 갖고 있으며, 그 저항이 제시하는 변명은 쉽게 무시할 수 있는 것이 아니다. 꿈을 꾼 사람이 양극성을 제대로 이해하지 못하고 있다는 점은 호두들이 현실 속에서 아직 깨어져야 하고, 또 그것들이 모두 비슷하다는, 말하자면 아직 분화되지 않았다는 사실에 의해 확인되고 있다.

<그림 97> 선박을 이용한 "위대한 편력". 두 마리의 독수리가 땅 위에서 서로 반대 방향으로 날고 있다. 이것은 그 편력이 완전성을 추구하는 장기간의 방랑이라는 것을 암시한다. – Maier, 'Viatorium'(1651)

<그림 98> 철학자의 알로부터 이중의 독수리가 부화되고 있다. 이 독수리는 영적 왕관과 세속의 왕관을 쓰고 있다. – 'Codex Palatinus Latinus' 412(15th cent.)

#56. 꿈:

4명의 아이들이 커다란 검은 반지를 옮기고 있다. 아이들은 원을 그리며 이동한다. 미지의 검은 여자가 나타나서 다시 오겠다고 말한다. 이유는 하지 축제이기 때문이라고 한다.

이 꿈에서 꿈 #44의 요소들도 함께 등장하고 있다. 아이들과 이전에 사악한 여자 마법사로 나왔던 검은 여자가 그 요소들이다. "하지"는 전환점을 암시한다. 연금술에서 작업은 가을에 완성된다('헤르메스의 포도 수확'). 아이들(그림 95), 말하자면 난쟁이 신들이 반지를 갖고 온다. 말하자면 완전의 상징은 여전히 어린애 같은 창조력의 영향을 받는다. 아이들이 연금술 작업에서 어떤 역할을 맡는다는 점에 유의하라. 그 작업의 일부는 '아이들의 놀이'(ludus puerorum)라고 불린다. 그 작업이 아이들의 놀이만큼 쉽다는 뜻은 절대로 아니다. 나는 이에 대한 설명을 전혀 발견하지 못했다. 연금술 작업이 대단히 어렵다는 것이 모든 관계자들의 한결같은 증언이라는 점을 고려한다면, 그 표현은 완곡어법일 것이 틀림없으며 동시에 아마 어떤 상징적인 정의일 것이다. 따라서 그 표현은 카비리와 도깨비들(호문쿨루스: 그림 96)로 대표되는, "유치하거나" 무의식적인 힘들의 어떤 협력을 가리킬 수도 있다.

#57. 환상:

검은 반지가 보인다. 가운데에 알이 하나 있다.

#58. 환상:

검은 독수리 한 마리가 알에서 나오며 부리로 반지를 집는다. 그러자 검은 반지가 금으로 변한다. 그때 꿈을 꾼 사람은 배를 타고 있고, 새들이 그의 머리 위를 날고 있다.

독수리는 높이를 의미한다. (이전에는 깊이에 방점이 찍혔다. 사람들이 물로 내려가고 있었으니까.) 독수리가 완전한 만다라를 물고, 그로 인해 꿈을 꾼 사람에 대한 통제권을 확보한다. 그때까지 배에 실려 다녔던 그는 지금 새를 따라 항해하고 있다(그림 97). 새들은 생각이고 생각의 비상이다. 일반적으로, 그런 식으로(날개를 가진 메르쿠리우스, 모르페우스[75], 수호신

---

75   그리스 신화 속에 잠의 신으로 나오는 힙노스의 아들이며 꿈의 신이다.

<그림 99> 라피스의 시간 상징. 십자가와 복음서 저자들의 상징들이 라피스가 그리스도와 비슷하다는 점을 전하고 있다. – Thomas Aquinas(pseud.), 'De alchimia'(MS., 16th cent)

들, 천사들) 상징되는 것은 공상과 직관적인 생각이다. 선박은 꿈을 꾸는 사람을 무의식의 바다와 깊이 위로 싣고 다니는 이동수단이다. 인간이 만든 사물로서, 배는 하나의 시스템 또는 방법(혹은 하나의 길: 예를 들면, 소승불교와 대승불교는 불교의 두 학파를 일컫는 표현으로, 소승은 '작은 바퀴'를, 대승은 '큰 바퀴'를 뜻한다)을 의미한다. 생각의 비상은 앞서 나아가고, 생각을 정밀하게 다듬는 것은 그 뒤의 일이다. 인간은 신처럼 무지개 다리 위를 걸을 수 없으며, 온갖 생각을 깊이 하는 가운데 그 밑을 걸어야 한다.

피닉스와 콘도르, 까마귀와 동의어인 독수리는 잘 알려진 연금술의 상징이다. 라피스 또는 레비스(rebis[76]: 2개의 부분으로 이뤄졌으며, 따라서 태

---

76 이중적인 물질을 뜻하는 라틴어 단어들인 'res bina'에서 비롯되었으며, 연금술 작업의 최종 산물을 일컫는다.

양과 달의 혼합물로서 자웅동체이다)까지도 직관 또는 (날개를 가진) 영적 잠재력을 암시하면서 종종 날개를 가진 것으로 그려진다(그림 22, 54, 208). 마침내 이 모든 상징들이 우리가 자기라고 부르는, 의식을 초월하는 그 실체를 묘사하고 있다. 이 환상은 전개되고 있는 어떤 과정이 그 다음 단계로 넘어가는 때의 어느 순간을 찍은 스냅 사진과 비슷하다.

연금술에서 알은 연금술 장인이 이해하는 카오스를, 포로가 된 세계 영혼을 포함하고 있는 원물질을 상징한다. 요리용 둥근 그릇에 의해 상징되는 그 알로부터 독수리나 피닉스, 말하자면 해방된 영혼이 날아오를 것이며, 이 영혼은 종국적으로 피시스(Physis)[77]의 포옹 속에 갇혀 있던 안트로포스와 동일하다(그림 98).

3. 세계 시계의 환상

#59. "위대한 환상"

공통의 중심을 가진, 세로 원과 가로 원이 있다. 이것은 세계 시계이다. 그것은 검은 새에 의해 받쳐지고 있다.

세로 원은 32(4 × 8)개의 칸막이로 나눠진 흰색 가장자리를 두른 청색 원반이다. 바늘 하나가 그 위를 돌고 있다.

가로 원은 4개의 색깔로 이뤄져 있다. 그 위에 4명의 작은 남자들이 진자를 갖고 서 있으며, 원 주위에 한때 검었다가 지금 황금이 된 반지(이전에 아이들에 의해 옮겨졌다)가 놓여 있다.

그 "시계"는 3가지 리듬 또는 맥박을 갖고 있다.

---

77 그리스의 철학적, 신학적, 과학적 용어로, 영어로는 라틴어 'natura'를 바탕으로 'nature'(자연)로 옮겨진다.

1. 약한 맥박: 청색의 세로 원반에 있는 침이 1/32 만큼 나아간다.

2. 중간 맥박: 침이 완전히 한 바퀴 돈다. 동시에 가로 원이 1/32 만큼 나아간다.

3. 강한 맥박: 32번의 중간 맥박은 황금 반지의 1회 회전과 동일하다.

이 놀라운 환상은 꿈을 꾼 사람에게 깊은 인상을 오랫동안 남겼다. 그의 표현을 빌리면 "더없이 숭고한 조화"가 느껴지는 인상이었다. 세계 시계는 카비리, 즉 4명의 어린이들 또는 진자를 가진 4명의 작은 남자들과 동일한 "엄격한 이미지"일 것이다. 그것은 3차원의 만다라, 그러니까 깨달음을 의미하는 물질적인 형태의 만다라이다. (불행하게도 의료적으로 지켜야 할 의무가 있기에 이 대목에서 생물학적으로 상세한 정보를 제시하지 못한다. 이 깨달음이 실제로 일어났다고 말하는 것으로도 충분할 것이다.) 사람의 인격은 현실 속에서 하는 행동에 따라 형성되기 마련이다.

이 신기한 형상의 환상이 "더없이 숭고한 조화"의 인상을 낳아야 하는 이유를 이해하는 것은 어떤 의미로 보면 매우 어렵다. 그러나 우리가 비교 가능한 역사적 자료를 고려하기만 하면, 그 이유도 충분히 이해된다. 그 이미지의 의미가 지나치게 모호하기 때문에, 우리가 그 문제 속으로 들어가고 있는 길을 느끼기가 어렵다. 만약에 의미가 이해 불가능하고 그 형태와 색깔이 미학적 요구 사항을 전혀 고려하지 않는다면, 우리의 이해력도 충족되지 않고 우리의 미적 감각도 충족되지 않는다. 그러면 우리는 그것이 "더없이 숭고한 조화"의 인상을 불러일으켜야 하는 이유를 몰라 당황하게 된다. 따라서 우리는 단지 과감하게 어떤 가설을, 말하자면 서로 공통점이 없고 조화롭지 않은 요소들이 여기서 너무나도 행복하게 결합함과 동시에 무의식의 "의도들"을 최고의 수준으로 실현시킬 어떤 이미지를 낳고 있다는 가설을 제시할 수 있을 뿐이다. 따라서 우리는 그 이미지가 그렇지 않았더라면 알 수 없었을 어떤 정신적 사실을, 지금까지는 자체의 단절된 측면들만을 보일 수 있었던 그런 어떤 사실을 특별히 행복하게 표현하고 있다고 단정해야 한다.

그 인상은 정말로 극도로 추상적이다. 그 바탕에 깔린 생각들 중 하나는 이질적인 두 개의 체계가 공통적인 중심을 공유함으로써 서로 교차하게 된다는 생각인 것 같다. 그러므로 만약에 우리가 예전처럼 중심과 그 주변이 정신의 전체성을, 따라서 자기를 나타내고 있다는 가정에서 시작한다면, 그 형상은 두 개의 이질적인 체계들이 법칙의 지배를 받으며 "3가지 리듬"에 의해 조절되는 어떤 기능적 관계 속에서 서로를 지지하면서 자기 안에서 교차한다는 이야기를 우리에게 들려준다. 자기는 정의상 의식적, 무의식적 체계들의 중심이자 원주이다. 그러나 3가지 리듬에 의해 그 체계들의 기능이 조절되는 것은 내가 입증할 수 없는 그 무엇이다. 나는 3가지 리듬이 무엇을 암시하는지 모른다. 그러나 그 암시가 충분히 정당하다는 점은 한 순간도 의심하지 않는다. 내가 제시할 수 있는 유일한 유추는 소개글에 언급한 3가지 규칙일 것이다. 이 규칙에 의해서 4가지 요소들이 서로 전환되거나, 정수에서 통합된다.

첫 번째 규칙: 흙에서 물로.

두 번째 규칙: 물에서 공기로.

세 번째 규칙: 공기에서 불로.

여기서 우리의 만다라가 연금술의 자웅동체와 비슷하게, 남성적인 삼위일체와 여성적인 사위일체의 결합을 포함한, 상반된 것들의 가능한 결합들 중에서 가장 완전한 결합을 갈망하고 있다고 단정해도, 절대로 실수가 아닐 것이다.

그 형상이 세계 시계라는 우주적인 측면을 갖고 있기 때문에, 우리는 그것을 소형의 본보기로, 또는 공간과 시간의 원천으로, 또는 어쨌든 공간과 시간의 구현으로, 따라서 수학적으로 말해서 3차원의 투사에서만 보일지라도 본질적으로 4차원인 것으로 보아야 한다. 나는 이 주장에 힘을 많이 쏟지 않을 것이다. 이유는 그런 해석이 내가 증명할 수 있는 능력의 한계를 벗어나 있기 때문이다.

32개의 맥박들은 아마 경험을 통해서 만다라의 중앙에서 발견되는 사위일체가 종종 8, 16, 32, 또는 더욱 확장하는 경우에 그 이상이 된다는 것을 알고 있기 때문에 4 × 8이라는 곱셈에서 비롯되었을 수 있다. 숫자 32는 카발라[78]에서 중요한 역할을 한다. 그래서 '창조의 서'(Sepher Yetsirah)에 "여호와, 이스라엘의 신, 세상의 살아 있는 신이자 왕은 … 32개의 신비로운 지혜의 경로들에 자신의 이름을 새겼다"(1장 1절)는 내용이 나온다. 이 경로들은 "10개의 독립적인 숫자들[세피로스]과 22개의 기본 글자들"(1장 2절)로 이뤄져 있다. 10개의 숫자들의 의미는 다음과 같다. "1: 살아 있는 신의 정신, 2: 정신에서 온 정신, 3: 정신에서 온 물, 4: 물에서 온 불, 5-10: 높이, 깊이, 동쪽, 서쪽, 남쪽, 북쪽."

코르넬리우스 아그리파(Cornelius Agrippa)는 "학식 있는 유대인은 숫자 32를 지혜로 여긴다. 아브라함이 묘사한 지혜의 길이 그 숫자 만큼이기 때문"이라고 설명한다. 프랑크(Franck)는 숫자 32와 히브리 신비주의의 삼위일체인 케테르(Kether)와 비나(Binah), 호크마흐(Hokhmah) 사이에 어떤 연결을 확인한다. 이 3가지 위격은 존재하는 모든 것을 그들 안에 포함

---

78 유대교의 신비주의 사상을 말한다.

하고 결합시키며, 그 위격들은 다시 '화이트 헤드'(White Head)[79], 즉 '오래된 분'(the Ancient of Days)[80] 안에서 결합한다. 이유는 그가 모든 것이고 모든 것이 그이기 때문이다. 그는 간혹 하나의 머리를 이루는 3개의 머리를 가진 것으로 표현되고, 가끔은 뇌에, 다시 말해 통합성을 훼손시키지 않고 3개의 부분으로 나뉘어 32쌍의 신경 조직들을 통해서 몸 전체로 퍼져나가는 뇌에 비유된다. 신이 32개의 기적적인 경로들을 따라서 전체 우주로 퍼져나가는 것처럼.

32개의 이 "숨겨진 경로들"은 크노르 폰 로젠로트(Knorr von Rosenroth)에 의해서도 언급되고 있다. 그는 '욥기' 28장 7절을 근거로 호크마흐를 "모든 것을 포용하고 있는, 모든 경로 중에서 최고의 경로"라고 부른다. "어떤 새도 알지 못하고, 독수리의 눈도 보지 못한 길이 있다." 알랑디(R. Allendy)는 숫자의 상징체계에 관한 매우 소중한 설명에서 "32는 유기적인 세계에 나타나는 분화이다. 그것은 창조적인 생성이 아니라, 8×4의 산물로서 그것은 창조주가 본보기로 만든, 다양한 형태의 창조물들의 계획과 배열이다"고 쓰고 있다. 히브리 신비주의의 숫자 32가 어릴 적 부처의 32상(相)과 동일할 수 있는지는 불확실하다.

비교 가능한 역사적 자료를 바탕으로 한 해석이라면, 우리는 적어도 그 형상의 일반적인 양상들에 관해 많은 것을 알 수 있는 유리한 위치에 설 수 있다. 활용 가능한 자료로는 우선 3개 대륙의 만다라 상징체계가 있으며, 그 다음으로는 만다라가 특히 서양에서 점성술의 영향 하에서 발달했기 때문에 만다라의 구체적인 시간 상징체계가 있다. 천궁도(그림 100) 자체가 검은 중앙을 가진 하나의 만다라(시계)이며, "궁(宮)들"과 행성의 위상

---

79   유대교 신비주의 사상에서 절대적인 존재를 뜻한다.
80   시간적으로 오래 전부터 계신 존재로 절대적인 존재를 가리킨다.

<그림 100> 궁들과 황도대와 행성들을 보여주고 있는 천궁도. – Woodcut by Erhard Schoen for the nativity calendar of Leonhard Reymann(1515)

들을 통해 왼쪽으로 둘레 돌기가 이뤄진다.

　교회 미술의 만다라들, 특히 높은 제단 앞이나 익랑(翼廊) 아래 바닥의 만다라들은 황도대의 동물이나 계절을 자주 이용한다. 그것과 연결되는 생각은 그리스도와 교회 캘린더의 동일시이며, 그리스도는 교회 캘린더의 고정된 축이고 생명이다. 사람의 아들은 자기라는 사상을 예고하는 것이며(그림 99), 따라서 히폴리토스(Hippolytus)의 기록에 따르면, 그노시스주의 분파인 나아센파 신자들이 자기의 다른 동의어들로 그리스도의 격을 떨어뜨렸다고 한다. 호루스의 상징체계와도 어떤 연결이 있다. 한편에, 그

<그림 101> 만다라 속의 그리스도. 네 복음서 저자들의 상징들에 둘러 싸여 있다. – Mural painting, church of Saint-Jacques-des-Guérets, Loir-et-Cher, France

<그림 102> 오시리스가 연꽃 위에 호루스의 네 아들과 함께 있다. – 'The Book of the Dead'

리스도가 복음서 저자들의 네 상징들, 그러니까 동물 셋과 천사 하나와 함께 권좌에 앉아 있고, 다른 한편에 아버지 호루스가 네 아들들과, 아니면 오시리스가 호루스의 네 아들들과 함께 있다(그림 102). 호루스는 또한 떠오르는 태양이며, 그리스도도 초기 기독교인들에 의해 그런 존재로 숭배되었다.

샬리스의 시토회 수도원의 원장이자 노르망디 시인인 기욤 드 디귈르빌(Guillaume de Digulleville)의 글에서 이와 놀랄 만큼 비슷한 것을 발견한다. 1330년부터 1355년 사이에 3편의 "순례"를, 그러니까 '인간 삶의 순례'(Les Pélerinages de la vie humaine) '영혼의 순례'(de l'âme) '예수 그리스도의 순례'(de Jésus Christ)를 단테와 별도로 지었다. '영혼의 순례'의 마지막 편은 낙원 환상을 담고 있다. 이 낙원은 저마다 작은 7개의 구(球)를 포함하고 있는 큰 구 7개로 이뤄져 있다. 구들은 모두 회전하고 있으며, 이 이동은 '한 세기'라 불린다. 천상의 세기들이 이 땅의 세기들의 원형이다. 시인을 안내하는 천사는 이렇게 설명한다. "신성한 교회가 기도를 '영원히'라는 표현으로 끝낼 때, 그때 교회는 세속의 시간이 아니라 영원을 염두에 두고 있다." 동시에 세기들은 축복받은 자가 거주하는 구형(球形)의 공간들이다. 순수한 금의 가장 높은 천국에서 왕은 태양보다 더 밝게 빛나는 둥근 권좌에 앉아 있다. 귀중한 돌로 만든 왕관이 그를 둘러싸고 있다. 그의 옆에, 갈색 수정으로 만든 둥근 권좌에 죄인들을 위해 탄원하는 왕비가 앉아 있다(그림 103).

"눈길을 황금 천국 쪽으로 들다가, 순례자는 직경이 3피트 정도 되는 경이로운 어떤 원을 알아차렸다. 그 원은 황금 천국의 어느 지점에서 나와서 다른 지점에서 황금 천국으로 다시 들어갔으며, 그것은 황금 천국을 두루 돌아다녔다." 이 원은 사파이어 색이다. 그것은 작은 원으로 직경이 3피트

<그림 103> 신랑과 신부. – Detail from 'Polittico con l'Incoronazione', by Stefano da Sant'Agnese(15th cent.)

<그림 104> 황도대를 창조하고 있는, 아버지와 로고스로서의 신. – Peter Lombard, 'De sacramentis'(MS., 14th cent.)

이며, 틀림없이 그것은 구르는 원반처럼 커다란 가로 원 위를 이동한다. 이 커다란 원은 천국의 황금 원과 교차한다.

기욤이 이 장면에 열중하는 동안에, 갑자기 세 정령이 나타난다. 자주색 옷을 걸쳤고, 황금 왕관을 쓰고 띠를 두른 그들은 황금 천국으로 들어간다. 그러자 그 천사가 이 순간은 땅 위의 교회 축제와 비슷한 잔치라고 그에게 말한다.

이 원은 캘린더야.
전체 경로를 완전히 한 바퀴 돌면서
각 성인의 축일을 보여 주고 있어.
그리고 성인들이 축하를 받아야 하는 때를.
각 성인은 그 원을 한 바퀴 다 돌지.
당신이 보는 별들은 저마다 하루를 나타내고 있어,
그리고 모든 태양은 황도대 30일의
어떤 주문(呪文)을 나타내고 있지.

세 형상들은 지금도 지켜지고 있는 축일을 갖고 있는 성인들이다. 황금 천국으로 들어가는 작은 원은 폭이 3피트이고, 마찬가지로 갑자기 황금 천국으로 들어가는 형상도 셋이다. 캘린더의 원이 그렇듯이, 그들은 영원 속의 한 순간을 의미한다(그림 104). 그러나 이 원의 직경이 정확히 3피트가 되어야 하는 이유와 그들의 숫자가 3인 이유는 여전히 미스터리로 남는다. 우리는 자연스럽게 우리의 환상에서 청색 원반 위를 움직이는 바늘에 의해 확인되는 3가지 리듬에 대해 생각하게 되어 있다. 이 리듬들은 캘린더-원이 황금 천국으로 들어갈 때와 똑같이 불가사의하게 그 체계 속으로 들어간다.

안내자는 기욤에게 특별히 신성한 역사를 언급하면서 황도대의 기호들의 의미에 대해 가르치다가 열두 어부들의 축제는 그 열둘이 삼위일체 앞에 나타날, 황도대의 물고기자리에서 벌어질 것이라는 말로 끝낸다. 그때 갑자기 기욤이 삼위일체의 본질을 진정으로 이해하지 못했다는 생각을 떠올리며 천사에게 설명을 부탁한다. 그러자 천사는 이렇게 대답한다.

"자, 여기 3가지 중요한 색깔이 있어. 말하자면, 초록색과 빨간색, 황금색이 있어. 이 3가지 색깔은 물결주름 무늬 명주로 만든 다양한 작품들과 공작 같은 많은 새들의 깃털에서 통합된 색으로 보여. 이 3가지 색깔을 하나로 합치는 전능한 왕은 한 가지 물질을 세 가지로 만들 수도 있지 않겠어?" 왕의 색깔인 황금색은 성부의 것으로 돌려지고, 빨간색은 피를 흘렸다는 이유로 성자의 것으로 돌려지고, 초록색은 성령의 것으로 돌려진다. 직후에 천사는 기욤에게 더 이상 질문을 하지 말라고 경고하고는 사라진다. 시

<사진 105> 별이 총총한 하늘을 의인화하고 있는 성모 마리아. – 'Speculum humanae saluacionis'(MS., Vatican, 15th cent.)

인은 잠에서 깨어나면서 자신이 안전하게 침대에 누워 있다는 사실을 발견하며, 그것으로 '영혼의 순례'가 끝난다.

그러나 물어야 할 것이 아직 하나 더 남았다. "거기에 셋이 있는데, 네 번째는 어디에 있는가?" 왜 청색은 실종되었는가? 이 색깔은 이 꿈들을 꾼 사람의 "왜곡된" 만다라에서도 실종되었다. 정말 신기하게도, 황금 원과 교차하는 캘린더도 청색이고, 3차원의 만다라에 있는 수직의 원반도 청색이다. 우리는 수직을 나타내고 있는 청색이 높이와 깊이(위의 푸른 하늘, 아래의 푸른 바다)를 의미한다고, 또 수직을 수축시키면 정방형이 직사각형으로 변하고 따라서 의식의 팽창 같은 것이 생겨날 수 있다고 짐작할 것이다. 그러므로 수직적인 것은 무의식에 해당한다. 그러나 남자의 무의식은 여성적인 특징을 갖고 있고, 청색은 성모 마리아의 천상의 망토의 전형적인 색깔이다(그림 105). 기욤은 삼위일체와 왕의 삼중적인 양상에 지나치게 깊이 빠진 나머지 여왕을 그만 꽤 망각하고 말았다. 파우스트는 여왕에게 이렇게 기도를 올린다. "세상의 최고의 여자 지배자여! 천국의 뛰어나온 창공의 차양에서 당신의 비밀을 보도록 해 주십시오."

기욤에게, 무지개 색깔의 4개1조 중에서 청색이 그 여성적인 성격 때문에 빠지는 것은 불가피했다. 그러나 여자 자체처럼, 아니마는 어느 남자의 높이와 깊이를 의미한다. 청색의 세로 원이 없으면, 황금색 만다라는 몸통이 없고 2차원으로, 단순히 하나의 추상 관념으로 남는다. 현실을 만들어내는 것은 언제나 지금 여기서 일어나는 시간과 공간의 개입이다. 완전성은 어느 한 순간에만 실현되는데, 파우스트는 그 순간을 평생 찾고 있었다.

기욤 시인은 자신이 왕에게 흙색 수정으로 만든 권좌에 앉은 왕비를 주었을 때 이단적인 그 진리에 대해 어렴풋이나마 짐작했어야 했다. 무엇 때문에 천국에 어머니 대지가 없는가? 그리고 만약에 그 왕비가 남자의 검은 영혼을 위해 중재하지 않는다면, 남자가 어떻게 완성을 이루겠는가? 그녀는 검은 것을 이해한다. 그녀가 자신의 권좌를, 그러니까 땅 자체를 천국까지 갖고 갔으니 말이다. 그녀는 실종된 청색을 황금색과 빨간색, 초록색에 보태고, 따라서 조화로운 전체를 완성한다.

<그림 106> "달의 만능약". – 'Codex Reginensis Latinus' 1458(17th cent.)

4. 자기의 상징체계

"세계 시계" 환상은 객관적인 정신의 상징들의 발달에서 마지막도 아니고 가장 높은 지점도 아니다. 그러나 그 환상은 총 400개 정도의 꿈과 환상으로 이뤄진 그 자료의 앞쪽 3분의 1을 마무리한다. 이 시리즈가 주목할 만한 이유는 그것이 내가 오래 전에 수많은 개별 환자들에게서 관찰했던 어떤 정신적 사실을 놀랄 만큼 완전하게 묘사하고 있기 때문이다. 무의식의 통합적인 작업을 한 걸음씩 차근차근 따라갈 수 있도록 한 데 대해, 우리는 객관적인 자료의 완전성뿐만 아니라 이 꿈들을 꾼 사람의 주의와 식별력에도 감사를 표해야 한다. 여기서 검토한 59개의 꿈 사이사이에 흩어져 있는 340개의 꿈을 모두 설명했더라면, 이 힘든 통합의 경로는 틀림없이 더 완벽하게 묘사되었을 것이다. 불행하게도, 그것은 불가능했다. 왜냐하면 꿈들이 개인적인 삶을 꽤 깊이 건드리고, 따라서 공개되지 않은 상태로 남겨 둬야 했기 때문이다. 그래서 나는 비개인적인 자료만을 다루는 것으로 만족해야 했다.

나는 자기의 상징들의 발달을 어느 정도 밝히는 데, 그리고 실제 경험에서 나온 모든 자료에 고유한 심각한 어려움을 적어도 부분적으로 극복하는 데 성공했기를 바라고 있다. 동시에 나는 완전한 설명에 절대적으로 필요한 자료를 크게 확충할 수 있었다는 것을 잘 알고 있다. 그러나 노출의 부담을 지나치게 주지 않기 위해서 나는 그 점에서 자제하려고 최대한 노력했다. 따라서 암시에 그친 것이 아주 많다. 그렇지만 그것이 피상성의 증거로 받아들여져서는 안 된다. 나는 나의 견해를 뒷받침할 증거들을 풍성하게 제시할 수 있는 위치에 있다고 믿지만, 나 자신이 대단히 복잡한 이 주제에 최종적인 무슨 말을 했다는 인상을 주고 싶지는 않다.

내가 무의식의 자발적 표현들의 시리즈를 다룬 것이 이번이 처음이 아닌 것은 사실이다. 나는 이전에 『무의식의 심리학』에서 그런 작업을 했지만, 거기서 다룬 것은 주로 사춘기 신경증의 문제였던 반면에, 이 책은 개성화라는 폭넓은 문제를 다루고 있다. 더욱이, 각각의 책에서 다룬 두 인격 사이에 매우 두드러진 차이가 있다. 내가 직접 만난 적이 한 번도 없는 첫 번째 인물은 정신적인 병을 앓았지만, 현재의 예는 매우 지적인 사람들에게서 종종 관찰되는 정상적인 발달을 보여주고 있다.

여기서 특별히 주목해야 할 것은 중앙의 상징이 지속적으로 발달한다는 점이다. 우리는 무의식적 과정이 어떤 중앙을 중심으로 나선형으로 돌며 중앙에 조금씩 더 가까워진다는 느낌을 떨치지 못한다. 그 사이에 중앙의 특징들이 점점 더 분명해진다. 아니면 이런 식으로 말할 수도 있다. 중앙이

<그림 107> 구세주를 안고 있는 성모 마리아. – "Speculum humanae saluacionis"(MS., Vatican, 15th cent.)

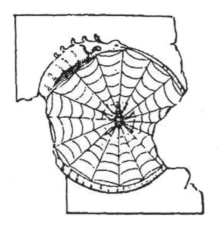

<그림 108> 감각들의 가공의 세계를 영원히 엮어내는 존재인 마야가 우로보로스에게 둘러싸여 있다. – Damaged vignette from a collection of Brahminic sayings

그 자체로 알려지는 것은 사실상 불가능하지만, 그럼에도 불구하고 중앙은 종류가 본질적으로 다른 무의식의 자료들과 과정들에 자석처럼 작용하며 결정 격자(crystal lattice)처럼 그것들을 점진적으로 포획하고 있다고 말이다. 이런 이유 때문에, 중앙은 종종 거미줄 속의 한 마리 거미로 그려진다(그림 108). 의식의 태도가 여전히 무의식적 과정에 대한 두려움의 지배를 받고 있을 때, 특히 더 그렇다. 그러나 만약에 우리의 예처럼 그 과정이 경로를 제대로 밟는다면, 중앙의 상징은 스스로를 지속적으로 새롭게 다듬으면서 개인의 정신의 카오스와 그 정신의 극적인 얽힘을 뚫고 줄기차게 길을 열어나가려 노력할 것이다. 위대한 베르누이(Jacob Bernoulli)의 묘비명이 나선형에 대해 말하고 있는 것과 똑같은 방법으로. "나는 비록 변한 상태로 올라갈지라도 언제나 동일하다." 따라서 우리는 중앙의 나선형 표현들을 종종 발견한다. 예를 들면, 창조점, 즉 알을 감고 있는 뱀이 있다.

정말이지, 인생의 고난을 이루는 온갖 개인적 얽힘과 운의 극적 변화는 망설임과 소심한 회피에 지나지 않으며, 이상하고 불가사의한 이 결정화(結晶化) 과정의 합목적성을 직시하지 않으려는 사소한 변명에 지나지 않는 것 같다. 종종 사람은 자신의 정신이 매력을 느낌과 동시에 놀라는 상태에 처해 있는 한 마리 수줍은 동물처럼 이 중심점 주위를 돌면서 여차하면 도피할 준비를 갖추고 있으면서도 차근차근 거기에 가까이 다가서고 있다는 인상을 받는다.

나는 나 자신이 "중앙"의 본질에 대해 무엇인가를 알고 있다고 오해를 부를 만한 원인을 전혀 제공하지 않았다고 믿는다. 이유는 "중앙"이라는 것이 그냥 알려질 수 없는 것이고, 덧붙여 말하자면, 경험의 모든 대상이 그렇듯이, 중앙도 그 자체의 현상학을 통해 상징적으로만 표현될 수 있기 때문이다. 중앙의 특성들 중에서 처음부터 나에게 놀랍게 다가온 것은 사위일체의 현상이다(그림 109). 그것이 단순히 나침반이나 그런 무엇인가의 "4개"의 점들의 문제가 아니라는 것은 넷과 셋 사이에 종종 경쟁 같은 것이 벌어진다는 사실에 의해 증명되고 있다. 훨씬 드물긴 하지만, 다섯 개의 빛을 방사하는 만다라가 대칭의 결여 때문에 비정상적인 것으로 여겨질지라도, 넷과 다섯 사이에도 그런 경쟁이 있다. 그러므로 일반적으로 넷을 고수하려는 경향이 분명히 있거나, 통계적으로 넷의 가능성이 더 큰 것 같다.

언급하지 않고 그냥 넘어가기 힘들어서 하는 말인데, 육체적인 유기체의 주요 화학 성분이 원자가 전자(原子價 電子)가 4개인 것이 특징인 탄소라는 사실은 호기심을 자극하는 "자연의 장난"이다. 또 다이아몬드가 하나의 탄소 결정체라는 사실은 잘 알려져 있다. 탄소는 석탄과 흑연에서 보듯 검지만, 다이아몬드는 "가장 순수한 물"이다. 만약 넷의 현상이 단순히 의식적 정신이 벌이는 시적 공상이고 객관적인 정신의 자발적 산물이 아니라면, 그런 유추를 끌어내는 것은 지적 악취미의 개탄스러운 예일 것이다. 우리가 꿈들이 자기 암시의 영향을 상당히 받는다고 단정할지라도, 그런 경우에 꿈의 형태의 문제보다는 꿈의 의미의 문제가 되겠지만, 꿈을 꾸는 사람의 의식적 정신이 무의식에 사위일체라는 생각을 각인시키기 위해 진지한 노력을 기울였다는 점이 증명되어야 할 것이다. 그러나 역사적으로나 민족학적으로 비슷한 사례들이 많은 것과 꽤 별도로, 이 예에서도 내가 관찰한 다른 많은 예들에서와 마찬가지로 그럴 가능성은 절대로 없다(그림 110). 이런 사실들을 전체적으로 조사하면서, 적어도 나의 의견엔 사위일체를 통해서 스스로를 표현하는 어떤 정신적 요소가 있다는 결론을 내리지 않을 수 없다.

이 같은 결론을 내리기 위해서 과감한 추측이나 과도한 공상은 전혀 필요하지 않다. 만약 내가 중앙을 "자기"라고 불렀다면, 그것은 경험적이고 역사적인 자료들을 깊이 고려하고 조심스럽게 평가한 뒤에 나온 결론이었다. 유물론적인 해석은 "중앙"은 정신이 육체와 합체하는 까닭에 알려질 수 없게 되는 지점에 "불과하다"고 쉽게 주장할 수 있다. 그리고 정신주의적 해석은 이 "자기"가 영혼과 육체를 똑같이 활성화시키고 창조적인 그 지점에서 시간과 공간 속으로 침입하는 "정신"에 불과하다고 반박할 것이다. 나는 일부러 그런 물질적 숙고와 형이상학적 숙고를 피하며 경험적인 사실들을 확립하는 것으로 만족하며, 나에게는 이것이 유행을 좇는 지적 열광이나 "종교적" 교리의 추구보다 인간의 지식을 향상시키는 데 무한히 더 중요해 보인다.

나의 경험에 비춰 보면, 여기서 우리는 객관적인 정신에서 매우 중요한 "핵심 과정들"을, 말하자면 정신의 과정이 목표 지향적인 까닭에 외부 자극 없이도 스스로 설정하는 "목표의 이미지들"을 다루고 있다. 물론, 외적으로, 정신적 욕구의 어떤 조건이, 일종의 굶주림 같은 것이 언제나 있지만, 그 조건은 익숙하고 좋아하는 요리를 추구하지, 의식에 알려지지 않은 다소 기이한 음식을 절대로 목표로 상상하지 않는다. 이 정신적 욕구를 유혹하는 목표, 말하자면 치료해 주겠다고, 완전하게 만들어 주겠다고 약속하는 이미지는 처음에 의식적인 정신에 어떤 기준으로도 이상해 보일 것이다. 그렇기 때문에 그 이미지는 엄청난 어려움을 겪은 뒤에야 겨우 의식 속으로 들어가는 입구를 발견할 수 있다. 물론, 그런 목표를 가진 이미지들이 교리적으로 타당성을 지니는 시대와 환경에 사는 사람들에게는 꽤 다른 이야기가 된다. 그런 경우에 그 이미지들은 그 자체로 의식 앞에 높이 들어 보이게 되고, 따라서 무의식에는 의식 자체의 은밀한 그림자가 비치며, 이 그림자 속에서 무의식은 스스로를 인식하고 의식적인 정신과 협력한다.

만다라 모티브의 기원의 문제에 대해 말하자면, 피상적인 관점에서 보면

<그림 109> 네 복음서의 저자들이 각자의 상징과 낙원의 4개의 강과 함께 있다. 가운데에 에제키엘의 바퀴들이 보이고, 거기에 "바퀴 안에 있었던"('에제키엘서' 1장 21절) 생명의 영(靈)이 있다. – Miniature in an Evangeliary, Aschaffenburg(13th cent.)

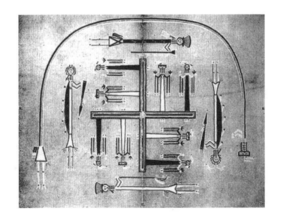

<그림 110> 나바호 인디언들의 모래 그림.

만다라는 마치 꿈의 시리즈가 전개되는 과정에 점진적으로 존재하게 되는 것처럼 보인다. 그러나 실은 만다라가 더욱더 분명하게, 그리고 점점 더 분화된 형태로 나타났을 뿐이다. 실제로 보면 만다라는 언제나 거기에 있었으며, 심지어 첫 번째 꿈에도 나타났다. 후에 님프들이 "우리는 언제나 거기에 있었으며, 단지 당신이 우리를 알아차리지 못했을 뿐"이라고 말하고 있으니 말이다. 그러므로 우리가 선험적인 어떤 "유형"을, 다시 말해 집단 무의식에 고유하고, 따라서 개인의 출생과 죽음을 초월하는 어떤 원형을 다루고 있을 가능성이 높다.

원형은 말하자면 하나의 "영원한" 존재이며, 유일한 문제는 그것이 의식적 정신에 의해 인식되는지 여부이다. 나는 우리가 조금 더 그럴 듯한 가설을 형성하고 있다고 생각한다. 만다라 주제가 꿈 시리즈 과정에 형성되는 것이 아니라, 만다라 주제가 더욱 선명해지고 빈도가 증가하는 것이 이미 존재하고 있는 "유형"을 보다 정확히 인식하게 된 때문이라고 가정한다면, 관찰된 사실들을 더 잘 설명할 수 있는 가설이 가능하다. 만다라 주제가 꿈들을 꾸는 과정에 형성된다는 가정은 인격을 축약적으로 나타내는 모자나 무엇인가를 감고 있는 뱀, 영원한 움직임 같은 근본적인 사상들이 꿈들의 시작 부분에 바로 나타난다는 사실(첫 번째 시리즈의 꿈 #1과 환상 #5, 두 번째 시리즈의 꿈 #9)과 모순된다.

만약 만다라 모티브가 하나의 원형이라면, 그것은 집단적인 현상이어야 한다. 즉, 이론적으로 그것은 모든 사람의 내면에 나타나야 한다. 그러나 실제로 보면 명백한 형태로 만다라를 만나는 예는 비교적 드물다. 그렇다고 해서 만다라가 모든 것이 종국적으로 그 둘레를 도는 하나의 숨겨진 극(極)의 기능을 하지 못한다는 뜻은 아니다. 최종적으로, 모든 삶은 하나의 통일체의 실현, 즉 자기의 실현이며, 따라서 그 실현은 "개성화"로 불릴 수 있다.

모든 삶은 그 삶을 실현시킬 개별적인 매개체들과 연결되어 있으며, 매개체들이 없는 삶은 상상할 수 없다. 그러나 모든 매개체에는 개별적인 운명과 목적이 주어졌으며, 그 운명과 목적을 실현시킬 수 있어야만 삶을 제대로 이해할 수 있다. 정말로, "센스"가 "난센스"라 불리는 것이 더 타당한 때가 종종 있다. 이유는 존재의 미스터리와 인간의 이해력은 서로 같은 기준으로 평가할 수 있는 것이 아니기 때문이다. "센스"와 "난센스"는 단지 합리적으로 타당한 방향 감각만을 제시하는, 인간이 만든 구분에 지나지 않는다.

역사 속의 유사한 것들이 보여주듯이, 만다라의 상징체계는 독특하고 진기한 것이 절대로 아니다. 만다라 상징체계에 대해, 규칙적으로 일어나고 있다고 말해도 무방하다. 그렇지 않다면, 비교할 수 있는 자료가 전혀 없었을 테니까. '일반적 합의'가 객관적인 그 정신의 과정들에 대단한 중요성을 부여했다는 점을 우리에게 가장 선명하게 보여주는 것이 바로 세계 곳곳에서, 모든 시대에 걸쳐 나온 정신적 산물들을 비교하는 것이 가능하다는 사실이다. 이것은 객관적인 정신 과정들을 경시하지 말아야 할 충분한 이유이며, 의료 분야에서 쌓은 나의 경험은 그 같은 평가를 뒷받침한다. 물론, 어떤 것이든 진지하게 받아들이는 것을 비과학적이라고 생각하는 사람들이 있으며, 그런 사람들은 자신들의 지적 놀이터가 보다 중요한 고려 사항들에 의해 방해 받기를 원하지 않는다. 그러나 가치를 추구하려는 인간의 감정을 고려하지 않는 의사는 심각한 실수를 저지르고 있으며, 만약에 그런 의사가 신비스럽고 거의 헤아릴 길 없는 자연의 작용들을 소위 자신의 과학적인 태도로 바로잡으려 든다면, 그는 단지 자연의 치료 과정을 자신의 얄팍한 궤변으로 대체하고 있을 뿐이다. 여기서 옛날 연금술사들의 지혜를 가슴 깊이 새기도록 하자. "가장 자연스럽고 완벽한 작업은 그것과 비슷한 것을 창출하는 것이다."

<그림 111> 모든 색깔들의 결합인 공작의 꼬리는 완전성을 상징한다.
– Boschius, 'Symbolographia'(1702)

<그림 112> 연금술의 주요 상징들. – Trismosin, 'La Toyson d'or'(1612), title-page detail

3부

연금술 속의 종교사상

<그림 113> 달과 태양의 용광로들. 상반된 것들의 융합을 보여준다. – 'Mutus liber'(1702)

$$\vdots$$

1장
연금술의 기본 개념들

$$\vdots$$

1. 서문

18세기가 흘러가는 동안에, 연금술은 서서히 자체의 모호함으로 인해 사라져갔다. "모호한 것은 더욱 모호한 것으로, 알려지지 않은 것은 더욱 알려지지 않은 것으로" 설명한다는 연금술의 방법은 계몽 정신과, 특히 18세기 말 쯤 시작된 화학이라는 과학과 양립할 수 없었다. 그러나 이 두 가지 새로운 지적인 힘들은 연금술에 가해진 최후의 일격일 뿐이었다. 연금술의 내적 쇠퇴는 적어도 1세기 전에, 그러니까 많은 연금술사들이 증류기와 도가니를 버리고 (헤르메스) 철학에 전적으로 헌신하던 때인 야코프 뵈메의 시대에 이미 시작되었다.

화학자와 헤르메스 철학자가 의견을 달리하던 때가 바로 그때였다. 화학은 자연과학이 된 반면에, 헤르메스 철학은 발밑의 경험적인 토대를 상실하고, 좋았던 시절의 기억들에 의해서만 살아 남을 수 있었던 허황된 비유들과 공허한 억측들에 계속 매달렸다. 이때는 연금술사의 정신이 여전히 물질의 문제들을 다루고, 탐구하는 의식은 미지의 어두운 허공을 마주하고 있던 때였다. 그 미지의 허공에서 형상들과 법칙들이 흐릿하게 지각되었으며, 그것들은 사실 정신에 속하는 것이었는데도 물질로 돌려지고 있었다.

알려지지 않고 비어 있는 모든 것은 심리적 투사로 채워진다. 그것은 연구원 본인의 정신적 배경이 어둠에 비춰지는 것이나 마찬가지이다. 그 연구원이 물질에서 보거나 볼 수 있다고 생각하는 것은 주로 그가 물질에 투사하고 있는 자신의 무의식적 자료이다. 바꿔 말하면, 그가 물질에서 겉보기에 그 물질에 속하는 것처럼 보이는 어떤 특성들과 잠재적 의미들을 만나는데, 그는 그 특성들과 의미들의 정신적 본질에 대해 전혀 알지 못하고 있다. 이것은 경험적인 과학과 신비주의 철학이 다소 분화되지 않았던 때인 고대의 연금술에 특별히 더 잘 적용되는 말이다.

물리적인 것을 신비적인 것으로부터 분리시킨 분열의 과정은 16세기 말에 시작되어 꽤 공상적인 종류의 문헌을 낳았으며, 그 문헌의 저자들은 자신의 "연금술적" 변형의 정신적 본질을 적어도 어느 정도는 의식하고 있었다. 연금술의 그런 측면에 대해, 특히 연금술의 심리적 중요성에 대해, 헤르베르트 질버러의 책『신비주의의 문제들과 그 상징체계』(Problems of Mysticism and Its Symbolism)가 정보를 풍부하게 제공하고 있다. 연금술과 밀접한 관련이 있는 공상적 상징체계는 R. 베르누이의 어느 논문에서 생생하게 묘사되고 있으며, 헤르메스 철학에 대한 세세한 설명은 에볼라(J. Evola)의 한 연구서에서 발견된다. 이 분야에서 중요한 예비적인 작업을 위해 라이첸슈타인(Reitzenstein)의 도움을 많이 받긴 하지만, 그럼에도 텍스트들에 담긴 사상들과 그것들의 역사에 관한 포괄적인 연구는 아직 부족한 실정이다.

<그림 114> 연금술 과정의 네 단계들. 4가지 요소들이 공들 위에 암시되고 있다.
– Mylius, 'Philosophia reformata'(1622)

2. 연금술 과정과 그 단계들

잘 알려진 바와 같이, 연금술은 화학적 변형의 과정을 묘사하고 그 과정을 성취하는 길을 무수히 많이 제시하고 있다. 그 과정의 정확한 경로와 그 단계의 순서에 대해 같은 의견을 가진 사람은 두 사람도 없지만, 그래도 과

반은 이슈가 되고 있는 중요한 사항들에 대해 동의하고 있으며, 초기부터, 그러니까 기독교 시대가 시작된 이래로 그런 현상을 보여 왔다.

네 단계들은 뚜렷이 구분되며(그림 114), 헤라클레이토스의 글에서 언급된 독특한 색깔을 갖는 것이 특징이다. '멜라노시스'(melanosis: 흑화)와 '레우코시스'(leukosis: 백화) '크산토시스'(xanthosis: 황화) '요시스'(iosis: 적화)가 그 단계들이다. 그 과정을 4개로 나누는 것은 '철학의 사등분'이라 불린다. 후에, 그러니까 15세기나 16세기경에, 이 색깔들이 셋으로 줄어들면서, '치트리니타스'(citrinitas)로도 불리던 '크산토시스'가 점점 사용되지 않거나 거의 언급되지 않게 되었다. 대신에, '비리디타스'(viriditas: 녹화)가 가끔 예외적으로 멜라노시스나 니그레도 뒤에 나타났다. 그래도 녹화가 일반적으로 인정되었던 적은 결코 없었다. 원래의 '테트라메리아'(tetrameria)가 원소들의 4개1조와 정확히 일치했던 반면에, 지금은 4가지 원소들(흙, 물, 불, 공기)과 4가지 특성들(뜨거운, 차가운, 건조한, 축축한)이 있을지라도, 색깔은 오직 3개뿐이라는 것이 자주 강조되었다. 그 색깔들은 검정과 흰색, 빨강이었다. 연금술 과정이 목표에 이르렀던 적이 한 번도 없었기 때문에, 그리고 그 과정의 개별적인 부분들이 표준적인 방법으로 수행된 적이 결코 없었기 때문에, 그 단계들의 분류에 나타나는 변화는 절대로 외적 원인 때문일 수가 없으며, 그보다는 4개1조와 3개1조의 상징적 의미와 관계있다. 달리 말하면, 그 변화는 내면의 심리적 변화에 따른 것이라고 할 수 있다.

'니그레도', 즉 흑화(그림 115)가 첫 단계이며, 그것은 원물질, 카오스 또는 혼동 덩어리의 한 특성으로 처음부터 존재하거나, 그렇지 않으면 원소들의 분리(용해, 분리, 구분, 부패)에 의해 일어날 수 있다. 간혹 일어나는 바와 같이, 만약에 시작 단계에서 분리된 조건이 가정된다면, 상반된 것들

<그림 115> 정신과 영혼을 내쉬고 있는 늙은 메르쿠리우스에게 일어난 식(蝕)이 니그레도다.
까마귀는 니그레도의 상징이다. – Jamsthaler, 'Viatorium spagyricum'(1625)

<그림 116> 태양 나무와 달 나무 사이에서 왕과 왕비의 결합을 표현하고 있는, 왕관을 쓴 자웅
동체. – "Traité d'alchimie"(MS., Paris, 17th cent.)

의 결합은 남자와 여자의 결합(연결, 결혼, 결합, 성교라 불린다)처럼 이뤄지고, 이어서 그 결합의 산물의 죽음(살해, 하소(煆燒), 부패)과 그에 따른 흑화가 일어난다. 이것으로부터, 세척(목욕재계, 세례)은 직접적으로 백화(알베도)로 이어지거나, 그렇지 않으면 "죽음"이 일어날 때 풀려난 영혼(아니마)이 죽은 육체와 다시 결합하여 육체의 부활을 초래하거나, "많은 색깔들" 또는 "공작의 꼬리"가 모든 색깔들을 포함하는 흰색으로 이어진다.

이 지점에서 그 과정의 첫 번째 중요한 목표, 말하자면 알베도, 하얀색 염료, 잎 모양의 하얀 흙, 하얀 돌 등에 도달한다. 이것들은 많은 연금술사들로부터 마치 최종 목표인 것처럼 높이 평가받았다. 그것은 은 또는 달의 조건이며, 이 조건은 앞으로 태양의 조건으로 끌어올려져야 한다. 알베도는 말하자면 새벽이지만, 루베도까지는 아직 일출이 아니다.

루베도로 변화하는 것은 치트리니타스에 의해 이뤄진다. 치트리니타스는 앞에서 본 바와 같이 나중에 제외되었다. 그때엔 불의 열을 최고도로 높인 결과, 알베도가 곧바로 루베도로 이어졌다. 붉은색과 하얀색은 왕과 왕비이며, 이들도 이 단계에서 자신들의 "화학적 결혼"을 축하할 것이다(그림 116).

3. 목표의 개념들과 상징들

개별 저자들이 각 단계들을 배열하는 순서는 주로 목표에 대한 그들의 생각에 좌우된다. 이 목표는 가끔은 흰색 또는 빨간색의 액체(영원의 물)이고, 가끔은 자웅동체로서 양쪽을 모두 포함하는 철학자의 돌이다. 아니면 그 목표는 만병통치약(마실 수 있는 금, 만능약), 철학적 금, 황금 유리

<그림 117> 세계 영혼으로서, 안트로포스. 4가지 원소를 포함하고 있으며, 완벽(1+2+3+4)을 나타내는 숫자 10이 특징이다. - Albertus Magnus, 'Philosophia naturalis'(1650)

(vitrum aureum), 유연성 강한 유리(vitrum malleabile)이다. 목표의 개념들은 개별적인 과정만큼이나 모호하고 다양하다. 예를 들어, 철학자의 돌은 종종 원물질, 즉 황금을 생산하는 수단이거나, '땅의 신'(Deus terrestrice), 구세주(Salvator), 또는 그노시스주의의 신성한 최초의 인간 안트로포스(그림 117)와 비교할 수 있는, '대우주의 아들'로 불리는 어떤 신비한 존재이다.

'원물질'이라는 개념 외에, 물(영원의 물)과 불('우리의 불'(ignis noster))의 개념도 중요한 역할을 한다. 이 두 가지 요소는 서로 대립하고 심지어 상반된 것들의 대표적인 짝을 이룸에도 불구하고 저자들의 증언에 따르면 동일하다. 원물질처럼, 물도 천 가지의 이름을 갖고 있으며 심지어 그 돌의 원래의 물질이라는 소리도 듣는다. 그럼에도 불구하고, 한편으로 우리는 물이 돌이나 원물질로부터, 생명을 주는 그것의 영혼(아니마)으로서 추출될 수 있다는 소리를 듣는다. 이 같은 혼란은 "투르밤 필로소포룸 엑세르치타치오네스"(Turbam philosophorum exercitationes)의 여덟 번째 과제에서 명확히 드러난다.

다양한 이름으로 불리는 그 돌이 여러 가지 물질로 이뤄졌는가, 아니면 두 가지 물질, 그것도 아니면 한 가지 물질로만 이뤄졌는가 하는 문제를 둘러싸고 논란이 오랫동안 이어지고 있다. 그러나 이 철학자[Scites][81]와 보넬루스(Bonellus)[82]는 전체 작업과 전체 작업의 물질은 물에 지나지 않으며, 그것을 다루는 일도 오직 물 안에서만 일어난다고 말한다. 그리고 실은 모든 것을 포함하는 한 가지 물질이 있으며, 그것은 물과 영혼, 기름, 메르쿠리우스와 솔(Sol), 자연의 불, 독수리, 눈물, 현자의 최초의 질료, 완벽한 육체의 원물질인 '철학자의 황'(sulphur philosophorum)이다. 그리고 철학자들이 자신의 돌을 어떤 이름으로 부르든, 그들은 언제나 이한 가지 물질, 즉 물을, 말하자면 모든 것이 기원하고, 모든 것을 포함하고, 모든 것을 지배하고, 오류가 일어났다가 스스로 바로잡아지는 그런 물을 언급하고 가리킨다. 나는 그것을 "철학자"의 물이라고, 그러니까 평범한[vulgi] 물이 아니라, 단순한 것이든 복합적인 것이든 불문하고 수은의 물이라고 부른다. 평범한 수은이 철학자의 수은과 다를지라도, 둘 다 철학자의 물이니 말이다. 저 [물]은 단순하고 섞이지 않았으며, 이 [물]은 두 가지 물질, 즉 우리의 광물과 단순한 물로 이뤄져 있다. 이 복합적인 물

81   Scites, Frictes, Feritis = Socrates(Turba[ed. Ruska], p. 25)

82   Bonellus, Balinus, Belinus = Apollonius of Tyana(Steinschneider and Berthelot, cited in Ruska, ibid., p. 26)

들이 철학적인 메르쿠리우스를 형성하며, 이를 근거로, 그 물질, 즉 원물질 자체가 복합적인 물로 이뤄져 있다고 단정해야 한다. 일부 연금술사들은 3가지를 함께 놓고, 또 어떤 연금술사들은 2가지만을 함께 놓는다. 나 자신에 대해 말하자면, 두 가지 종(種)으로, 그러니까 남자와 여자 또는 오빠와 여동생(그림 118)으로 충분하다. 그러나 그들은 단순한 물을 독(毒), 수은[살아 있는 은], 영원의 물, 고무, 식초, 오줌, 바닷물, 용과 뱀 등의 이름으로 부른다.[83]

<그림 118> "생명의 욕탕" 안의 오빠–여동생 짝은 신의 숨결이 수정시킨 달의 물이 머리 위로 쏟아지는 동안에 용에게 종아리를 물린다. – 'Theatrum chemicum Britannicum'(1652)

83 "In Turbam philosophorm exercitationes," Art. aurif., Ⅰ, p. 167.

이 설명은 한 가지 사항을 매우 분명하게 드러내고 있다. 철학자의 물이 돌이거나 원물질 그 자체이지만, 동시에 그것은, 다음과 같은 처방에 의해 증명되는 바와 같이, 그것의 용매이기도 하다.

그 돌을 매우 미세한 가루로 갈아서 아주 강력한 천상의 초산에 넣어라.
그러면 그것은 당장 철학자의 물로 용해될 것이다.

<그림 119> 연금술 용광로. – Geber, 'De alchimia'(1529)

불이 물과 똑같은 역할을 했다는 것도 보여줄 수 있다. 결코 덜 중요하지 않은 또 다른 생각은 변형될 물질들을 담은 증류기 또는 용해로가 두드러진 특징인 헤르메스의 그릇(vas Hermetis)이라는 생각이다(그림 119). 하나의 도구에 불과함에도, 헤르메스의 그릇은 라피스뿐만 아니라 원물질과

<그림 120> 그릇 안의 메르쿠리우스. - Barchusen, 'Elementa chemiae'(1718)

도 특이한 관계를 맺고 있으며, 그래서 그것은 절대로 단순한 장비가 아니다. 연금술사들에게 그 그릇은 진정으로 경이로운 그릇이다.

마리아 프로페티사(그림 78)는 비결 전체가 헤르메스의 그릇에 관한 지식에 있다고 말한다. "그릇은 하나"라는 점이 거듭 강조되고 있다. 그 그릇은 구체(球體)인 우주를 모방하여 완전히 둥글어야 하며, 그러면 별들의 영향이 그 작업의 성공에 도움을 줄 것이다. 그것은 철학자의 자식, 즉 기적의 돌이 태어나게 될 그런 일종의 모체 또는 자궁이다(그림 120). 따라서 그릇은 둥글어야 할 뿐만 아니라 알 모양이어야 한다(그림 121, 그림 22 참조). 자연히 이 그릇을 일종의 증류기 또는 플라스크로 여기게 되지만, 곧 그것이 부적절한 생각이라는 것을 깨닫게 된다. 이유는 그 그릇이 신비한 어떤 생각이고, 연금술의 핵심적인 모든 개념들처럼 하나의 진정한 상징이기 때문이다. 따라서 우리는 그릇이 물이라거나 철학자들의 메르쿠리우스에 다름 아닌 영원의 물이라는 소리를 듣는다. 그러나 그것은 물일 뿐만 아니라 또한 물과 정반대인 불이기도 하다.

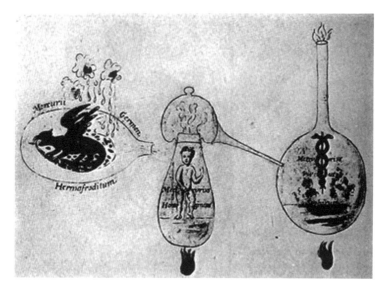

<그림 121> 헤르메스의 그릇 안에서 일어나는 메르쿠리우스의 변형들. 호문쿨루스를 "아주 작은 난쟁이"로 보여주는 것은 '유아의 오줌'(urina puerorum= 영원한 물)을 암시한다. "Cabala mineralis"(MS., British Museum)

그릇의 무수히 많은 동의어들에 대해 더 이상 언급하지 않을 것이다. 내가 제시한 몇 가지 동의어만으로도 그것의 상징적인 의미를 충분히 분명하게 보여줄 수 있다.

하나의 전체로서 그 과정의 경로에 대해 말하자면, 저자들은 모호하고 모순적이다. 많은 저자들은 몇 가지 간략한 암시로 만족하고, 다른 사람들은 다양한 작용들의 목록을 정성들여 만든다. 한 예로, 연금술사이자 의사이자 외교관으로서, 프랑스와 프랑스어를 쓰는 스위스 일부 지역에서 파라켈수스와 비슷한 역할을 했던 요세푸스 퀘르체타누스(Josephus Quercetanus)는 1576년에 12가지 작용의 순서를 다음과 같이 정했다(그림 122)

1. Calcinatio(하소(煆燒))

2. Solutio(용해)

3. Elementorum separatio(원소들의 분리)

4. Coniunctio(결합)

5. Putrefactio(부패)

6. Coagulatio(응결)

7. Cibatio(영양 공급)

8. Sublimatio(승화)

9. Fermentatio(발효)

10. Exaltatio(고양)

11. Augmentatio(증강)

12. Proiectio(사출(射出))

이 용어들 각각은 한 가지 이상의 의미를 지닌다. 이 말이 진정으로 무슨 뜻인지를 알길 원한다면 룰란드(Martin Ruland)의 '연금술 용어집'(Lexicon alchemiae)을 보면 된다. 따라서 현재의 맥락에서 연금술 절차의 다양성을 더 깊이 파고드는 것은 부질없는 짓이다.

피상적으로, 또 대략적으로 말하면, 그런 것이 우리 모두에게 알려져 있는 연금술의 뼈대이다. 현대의 화학 지식이라는 관점에서 보면, 연금술은 우리에게 거의 또는 전혀 아무런 이야기를 들려주지 않는다. 만약에 중세와 고대가 남긴 텍스트와 수십 만 건의 절차와 비결로 눈길을 돌린다면, 그것들 중에서 화학자에게 상당한 의미를 지닐 수 있는 것이 비교적 적다는 사실이 확인될 것이다. 현대의 화학자는 아마 그 자료들 대부분이 터무니없다는 사실을 확인할 것이고, 더욱이 그런 식으로 수많은 세기 동안 진정으로 노력을 기울였는데도 진정한 팅크제나 인공적인 금이 전혀 만들어지지 않은 것이 확실하다.

그렇다면 이런 궁금증이 생긴다. 무엇이 옛날의 화학자들이 그런 힘든 일을 계속 수행하도록 유혹했을까? 또는 그들의 표현대로, 전체 과업이 터무니없을 만큼 소득이 없었는데도, 그들이 신성한 "기술"에 대해 줄기차게 글을 쓰도록 한 것은 무엇이었을까?

옛날의 화학자들을 공평하게 다루기 위해서, 우리는 화학의 본질과 화학의 한계에 관한 모든 지식이 여전히 그들에게 전적으로 막혀 있었다는 사실을 덧붙여야 한다. 그렇기 때문에 그들은 하늘을 날아다니는 꿈을 꾼 사람들만큼이나 희망을 품을 자격이 있었다. 하늘을 날아다니는 꿈은 훗날 후손들에 의해 최종적으로 현실이 되지 않았는가?

또한 어떤 시도에 따르는 만족감과 모험의 흥분, 추구와 발견에 따르는 행복을 절대로 과소평가해서는 안 된다. 채택된 방법들이 목적과 부합하는 것처럼 보이는 한, 이 말은 언제나 타당하다. 당시에 연금술사에게 그런 화학적 작업이 터무니없다는 확신을 품도록 할 만한 것은 전혀 없었다. 게다가, 당시의 연금술사는 경이로운 결과를 성취했다는 증언을 적지 않게 포함하고 있었던 오랜 전통을 돌아볼 수 있었다.

마지막으로, 그 물질이 전혀 가망 없는 것처럼 보이지 않았다. 이유는 다수의 유용한 발견들이 실험실에서 어렵게 노동한 결과의 산물로 나타났기 때문이다. 화학의 선구자로서 연금술은 충분한 존재의 이유를 가졌다. 따라서 연금술이 불모의 쓸데없는 실험들을 끝없이 펼치는 것으로 끝났다 하더라도, 그 같은 사실이 중세 의학과 약학의 무모한 노력들보다 더 놀라운 것은 절대로 아니었다.

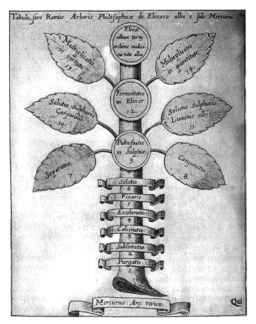

<그림 122> '철학의 나무'를 빌려 나타낸 연금술의 12가지 작용들. - Samuel Norton, 'Mercurius redivivus'(1630)

<그림 123> 자웅동체. - 'Hermaphroditisches Sonn-und Monds-kind'(1752)

<그림 124> 작업 중인 연금술사들. – 'Mutus liber'(1702)

:

2장
연금술 작업의 정신적 본질

:

1. 정신적 내용물의 투사

연금술 작업은 대부분 화학적 실험들 자체를 다루는 것이 아니라, 유사 화학적 언어로 표현된, 정신적 과정들을 닮은 무엇인가를 다룬다. 고대인들은 화학 작용이 어떤 것인지에 대해 다소 알고 있었으며, 따라서 그들은 적어도 자신들이 행하는 것이 일반적인 화학 작용은 아니라는 것을 알고 있었음에 틀림없다.

고대인들이 그 차이를 깨달았다는 것은 가짜 데모크리토스(Pseudo-Democritus)가 1세기에 쓴 것으로 여겨지는 어느 논문의 제목에서도 확인된다. 그리고 그 직후에, 우리의 눈에 연금술에 두 가지의 이질적인 흐름이 나란히 흐르고 있다는 사실을 보여주는 증거들이 많이 축적되었다. 그 흐름들은 서로 양립할 수 있다고 볼 수 없는 것들이다. 연금술의 "물리적일 뿐만 아니라 윤리적이기도 한, 즉 심리적이기도 한" 경향은 우리의 논리에는 이해가 되지 않는다. 만약 연금술사가 분명히 화학적 과정을 상징적으로만 사용하고 있다면, 그가 도가니와 증류기를 갖춘 실험실에서 일하는 이유는 무엇인가? 그리고 만약에 연금술사가 지속적으로 단언하는 바와 같이 화학적 과정을 설명하고 있다면, 그 과정을 신화적인 상징체계를 빌려서 알아보기 어려울 만큼 왜곡하는 이유는 무엇인가?

이 수수께끼는 선의에서 연금술을 열심히 공부하는 많은 학생들에게 골치 아픈 그 무엇인 것으로 증명되었다. 한편에서, 연금술사는 사악하거나 어리석은 사람들이 황금을 소유함으로써 재앙을 일으키는 일이 없도록 막기 위해 자신이 진리를 의도적으로 감추고 있다고 선언한다. 그러나 똑같은 저자가 다른 한편에서는 자신이 추구하고 있는 것은 어리석은 자들이 짐작하는 것처럼 평범한 금이 아니라고 우리에게 확신시킨다. 그것은 철학자의 금이거나 심지어 경이로운 돌, 보이지 않는 돌, 또는 '에테르의 돌'(lapis aethereus) 또는 최종적으로 상상 불가능한 자웅동체 레비스(그림 125)라고 한다. 이 저자는 마지막으로 비결은 어떤 것이든 예외 없이 무시되어야 한다고 말한다. 그러나 연금술사가 비밀과 신비화를 추구하도록 만드는 모티브가 인류를 위한 것일 가능성은 심리학적인 이유로 거의 희박하다. 진정한 무엇인가가 발견될 때마다, 그 같은 사실이 대체로 나팔을 불어가며 널리 선언된다. 진실은 연금술사들이 화학에 관해 누설할 것을 거의 또는 전혀 갖고 있지 않았다는 것이다. 그러니 금을 만드는 비밀에 대해서는 더더욱 알고 있을 턱이 없었다.

신비화가 남의 말을 곧잘 믿는 사람들을 이용하려는 목적에서 나온 순수한 허풍일 수도 있다. 그러나 연금술을 대체로 이 각도에서 설명하려는 시도는, 나의 의견에는, 세세하고, 학문적이고, 성실하게 쓴 상당수의 논문들이 익명으로 발표되었고, 따라서 그 논문들이 어느 누구에게도 부당한 이점을 안겨줄 수 없었다는 사실과 모순된다. 그와 동시에 허풍선이에 의해 쓰인 엉터리 산물도 물론 틀림없이 많았다.

<그림 125> 메리쿠리우스가 태양과 달의 자웅동체(레비스)로서 (동그란) 카오스 위에 서 있다.
– Mylius, 'Philosophia reformata'(1622)

그러나 신비화는 다른 이유로도 생겨날 수 있다. 진정한 신비는 신비스럽게 행동하거나 비밀스럽게 행동하지 않는다. 진정한 신비는 비밀의 언어를 말하고, 진정한 신비는 자체의 진정한 본질을 암시하는 다양한 이미지로 자신의 모습을 희미하게 그린다. 나는 지금 누군가에 의해 개인적으로 지켜지고 있는, 그 사람만 아는 비밀에 대해 말하고 있는 것이 아니라,

어떤 신비에 대해, 그러니까 "비밀"인, 즉 오직 모호한 힌트를 통해서만 알려지지만 기본적으로는 알려지지 않은 어떤 물질 또는 상황에 대해 말하고 있다. 물질의 진정한 본질은 연금술사에게 알려지지 않았다. 그는 그것을 오직 희미하게만 알았다. 그 물질을 탐구하려고 노력하면서, 연금술사는 물질을 밝게 비추기 위해 그 물질의 어둠 속으로 무의식을 투사했다. 그는 물질의 신비를 설명하기 위해, 설명되어야 하는 것의 속으로 또 하나의 미스터리를, 그러니까 자신의 알려지지 않은 정신적 배경을 투사했다. '모호한 것을 더욱 모호한 것으로, 알려지지 않은 것을 더욱 알려지지 않은 것으로 설명한다니!' 물론, 이 절차는 의도적인 것이 아니었으며, 그것은 무의식적으로 일어나는 것이었다.

엄격히 말하면, 투사는 전혀 이뤄지지 않는다. 투사는 그냥 일어날 뿐이다. 그것은 그냥 거기에 있다. 나의 밖에 있는 어떤 것의 어둠 속에서, 나는 나 자신의 것인 어떤 내적 또는 정신적 삶을, 그것을 그런 것으로 인식하지 않는 가운데 발견한다. 그러므로 나의 의견에는 "물리적일 뿐만 아니라 윤리적이기도 하다"는 공식을 대응 이론[84]을 바탕으로 설명하면서 이것이 그것의 "원인"이라는 식으로 말하는 것은 실수일 것이다. 반대로, 이 이론은 투사 경험의 합리화일 가능성이 더 크다.

연금술사는 자신의 기술을 실행하지 않았다. 왜냐하면 그가 이론적인 근거들을 바탕으로 대응을 믿었기 때문이다. 중요한 것은 그가 물리적인 물질 안에 기존의 사상들이 존재한다는 것을 경험했기 때문에 어떤 대응 이론을 갖고 있었다는 것이다. 그러므로 나는 연금술의 진정한 뿌리를 철학적인 원리들보다는 개별 연구원들의 투사에서 찾아야 한다고 단언한다.

---

84 어떤 진술의 참 또는 거짓은 그 진술이 현실을 정확히 묘사하는지 여부에 따라 결정된다는 견해를 말한다.

무슨 말인가 하면, 연금술 장인이 연금술 실험들을 실행하는 동안에 그에게 화학 작용의 특별한 행동처럼 보이는 어떤 정신적 경험을 했다는 뜻이다. 그것이 투사의 문제였기 때문에, 당연히 그는 그 경험이 물질 자체와 (즉, 우리가 오늘날 알고 있는 그런 물질과) 아무런 관계가 없다는 것을 모르고 있었다. 그는 자신의 투사를 물질의 한 특성으로 경험했지만, 그가 실제로 경험하고 있었던 것은 자신의 무의식이었다. 이런 식으로, 연금술사는 자연에 관한 인간의 지식의 역사 전체를 요약했다.

모두가 알고 있는 바와 같이, 과학은 별들로 시작했으며, 인류는 별들에서 황도대의 신기한 심리적 특성들뿐만 아니라 무의식의 지배자들, 즉 "신들"을 발견했다. 인류가 발견한 것은 완전히 투사된 어떤 인간 성격 이론이었다. 점성술은 연금술과 비슷한 하나의 원초적인 경험이다. 인간이 텅 빈 어둠을 탐구하려고 시도하며 부지불식간에 그 어둠을 살아 있는 형태로 채우려고 시도할 때마다, 그런 투사가 되풀이되었다.

상황이 그랬기 때문에, 나는 연금술사들이 작업 과정에 그런 경험에 대해 보고했는지 여부에 관한 질문으로 관심을 돌려야 한다. 매우 풍부한 발견을 이룰 것이라는 희망을 품을 이유는 전혀 없다. 왜냐하면 그것들이 "무의식적인" 경험들이고, 바로 그런 이유로 그것들이 기록을 피할 것이기 때문이다. 그러나 실제로 문헌을 보면 누가 봐도 분명한 한두 가지 설명이 나온다. 특징적으로, 훗날의 설명들이 그 전의 것들보다 더 세부적이고 더 구체적이다. 가장 최근의 설명은 에티오피아 언어에서 라틴어로, 라틴어에서 다시 독일어로 옮겨진 것으로 여겨지는 한 논문[85]에서 발견된다. 그 논

---

85   Jurain, 'Hyle und Coahyl; aus dem Aethiopischen ins Lateinische, und aus dem Lateinischen in das Teutsche translatiret und übergesetzt durch D. Johann Elias Müller'(Hamburg, 1732)

문의 8장 '창조 '는 이렇게 되어 있다.

흔한 빗물을 상당량 받아라. 적어도 10쿼트는 되어야 한다. 그것을 유리
그릇에 잘 밀봉하여 적어도 10일 이상 보관하라. 그러면 바닥에 물질과
찌꺼기가 가라앉을 것이다. 맑은 액체를, 공처럼 둥글게 만들어 한가운데
를 자른 나무 그릇에 3분의 1을 채우고, 그것을 정오에 은밀하거나 외딴
지점의 양지바른 곳에 놓아두라.

이 과정이 끝나면, 축성한 붉은 포도주 한 방울을 물에 떨어뜨려라. 그러
면 최초의 창조가 일어날 때처럼, 그 즉시 물 위로 안개와 짙은 어둠 같은
것이 나타날 것이다. 그러면 붉은 포도주를 물로 두 방울을 더 떨어뜨리
도록 하라. 그러면 빛이 어둠으로부터 나오는 것이 보일 것이다. 그 위에
매 4분의 1시간의 반이 될 때마다 처음에는 세 방울, 다음에는 네 방울,
그 다음에는 다섯 방울, 또 그 다음에는 여섯 방울을 떨어뜨리고, 그 이후
로는 더 이상 넣지 않도록 하라. 그러면 당신의 눈으로도 물 위에 사물들
이 하나씩 차례로 나타나는 것을 보고, 하느님이 6일 동안에 만물을 어떻
게 창조했는지(그림 126), 만물이 어떻게 생기게 되었는지를 보게 될 것
이다. 그런 비밀은 말로 크게 떠들 성격의 것이 아니며, 나도 그것들을 드
러내 보여줄 능력을 갖고 있지 않다. 이 과정을 시작하기 전에 무릎을 꿇
도록 하라. 당신의 눈이 그것을 판단하도록 하라. 세상이 그런 식으로 창
조되었으니까. 그때엔 모든 것을 멈추도록 하라. 그것이 시작되고 반시간
이 지나면, 그것은 사라질 것이다.

이것으로 인해 당신은 하느님의 비밀들을 확실히 보게 될 것이다. 아이로
부터 숨겨 놓듯이 지금 당신으로부터 숨겨져 있는 그 비밀들을. 당신은
모세가 창조에 대해 쓴 내용을 이해할 것이며, 당신은 타락이 있기 전과

후에 아담과 이브가 몸을 어떻게 관리했는지, 뱀은 무엇인지, 나무는 무엇인지, 그들이 어떻게 그 열매들을 먹게 되었는지, 동산은 어디에 있고 어떤 곳인지, 어떤 몸에서 고결함이 부활할 수 있는지, 우리가 아담으로부터 물려받은 이 몸이 아니라 우리가 성령을 통해 도달하는 그 몸에서, 말하자면 우리의 구세주가 천국으로부터 갖고 온 그런 몸에서 고결함이 부활한다는 것을 확인할 것이다.

이 논문의 9장 '천국들'에 이런 내용이 나온다.

일곱 금속 조각을 택하라. 그 금속들의 이름은 모두 행성들의 이름을 본떠 지을 것이며, 각각의 금속에 동일한 행성의 궁 안에 있을 때 그 행성의 성격을 새길 것이며, 모든 조각은 로즈 노블(rose noble)[86]과 크기와 두께가 같아야 할 것이다. 그러나 수성의 경우만은 무게를 1온스의 4분의 1로 하고, 거기에 아무것도 새기지 않아야 한다.

이어서 금속 조각들을 그것들이 하늘에 서는 순서에 따라 도가니에 넣고, 재빨리 방 안의 모든 창문을 닫아라. 그러면 방 안이 금방 꽤 어두워질 것이다. 방 한가운데서 그 금속들을 한꺼번에 녹이고, 거기에 축복받은 돌 일곱 방울을 떨어뜨려라. 그러면 지체 없이 도가니로부터 불꽃이 나와서 (그림 127) 방 전체로 퍼지며(절대로 피해를 두려워하지 마라) 방 전체를 태양과 달보다 더 밝게 비출 것이고, 당신은 별이 총총한 천국에 있는 것처럼 머리 위로 전체 창공을 볼 것이고, 행성들은 하늘에서와 마찬가지로 자신의 정해진 경로를 고수할 것이다. 그것이 저절로 멈출 때까지 내버려두라. 15분 안에 모든 것이 제 자리에 있게 될 것이다.

86　에드워드 4세 때 발행되어 15세기와 16세기에 걸쳐 유통된 영국의 금화.

<그림 126> 6일 동안의 창조는 일곱 번째 날에 그 정점에 이른다. – St. Hildegarde of Bingen, "Scivias"(MS., 12th cent.)

호겔란데(Theobald de Hoghelande: 16세기)가 쓴 논문에서 또 다른 예를 보도록 하자.

그들은 작업 과정에 나타나는 다양하고 경이로운 형상들 때문에 그 돌에 다른 이름들이 붙여졌다고 말한다. 종종 색깔이 나타났으니 말이다. 우리 가 가끔 구름 속이나 불 속에서 이상한 모양의 동물들과 파충류 또는 나 무들을 상상하는 것과 다르지 않다. 나는 모세에게로 돌려지는 어떤 책의 일부에서 그와 비슷한 것들을 발견한다. 거길 보면, 육체가 용해될 때, 가 끔 두 개의 가지가 나오거나 세 개 이상의 가지가 나오거나, 또 가끔은 파 충류의 모양들이 나오고, 가끔 머리와 사지를 가진 어떤 남자가 주교좌에 앉은 것처럼 보이기도 한다고 적혀 있다.

<그림 127> 불 속에서 일어나는 메르쿠리우스의 변형. – Barchusen, 'Elementa chemiae' (1718)

그 앞의 두 텍스트처럼, 호겔란데의 글은 연금술 작업 중에 환각 또는 환상의 성격을 지닌 사건들이 지각된다는 점을 증명하고 있다. 그런 것들은 무의식적 내용물의 투사가 아닌 다른 것이 될 수 없다. 호겔란데는 세니오르(Senior)의 말, 즉 헤르메스 그릇의 "환상"이 성경보다 더 많이 추구된다는 말을 인용하고 있다. 저자들은 정신의 눈으로 보는 것에 대해 언급하지만, 그들이 진정한 의미에서 환상을 말하는지 비유적인 의미에서 환상을 말하는지는 언제나 명확하지는 않다. 한 예로 '노붐 루멘'(Novum lumen)은 이렇게 말한다.

<그림 128> 헤르메스 트리스메기스투스. – Senior, 'De chemia', in Mangetus, 'Bibliotheca chemica curiosa'(1702)

그림자 속에 숨어 있는 사물들을 밖으로 나타나도록 하기 위해서, 그리고 그 사물들로부터 그림자를 걷어내기 위해서, 이것은 자연을 통해서 신에 의해서 지적인 철학자에게 허용되고 있다. … 이 모든 일들은 일어나며, 평범한 사람들의 눈은 그것들을 보지 않지만, 이해력 깊은 눈과 상상력 풍부한 눈은 그것들을 진정한 환상으로 지각한다.

레이몬드 룰리(Raymond Lully)는 이렇게 적고 있다.

사랑하는 아들아, 너는 자연의 경로가 바뀐다는 것을 알아야 해. 그래서 기도 없이도, 그리고 영적 고양 없이도 너는 떠돌아다니는 영들이 다양한 괴물이나 짐승, 인간들의 모습으로 공기 속에 압축되어 있는 것을 너는 볼 수 있어. 그런 것들이 구름처럼 이리저리 움직이고 있어(그림 129).

<그림 129> 열에 달궈진 원물질로부터 달아나고 있는, 의인화된 영들. - Thomas Aquinas(pseud.), 'De alchimia'(MS., 16th cent.)

도른도 아주 똑같이 말하고 있다.

따라서 그는 정신의 눈으로 다수의 불꽃들이 하루하루 빛나면서 어떤 위대한 빛으로 점점 더 커지는 것을 보게 될 것이다.

심리학자는 비유적인 어떤 표현이 구체화되면서 환각으로 변하는 것에서 이상한 점을 전혀 발견하지 않는다. 따라서 자전적 기록들(1594)에서, 호겔란데는 자신이 '달임'(decoctio)의 셋째 날에 물질의 표면이 스스로를 색깔로, "주로 초록색과 빨간색, 회색으로, 나머지는 무지갯빛으로" 덮는 것을 어떻게 보게 되었는지에 대해 묘사하고 있다. 그가 그날을 기억할 때마다, 베르길리우스(Virgilius)의 문장이 머리에 떠올랐다. "내가 보는 순간에, 나는 완전히 사라져 버렸고, 사악한 망상이 나를 휩쓸고 가버렸다." 이 망상 또는 시각적 착각이 뒤이은 많은 어려움과 피해의 원인이었다고 그는 말했다. 이유는 그가 자신이 니그레도에 이르렀다고 믿었기 때문이다. 그러나 며칠 뒤에 밤에 그의 불이 꺼졌으며, 이것이 회복 불가능한 피해로 이어졌다. 달리 표현하면, 그는 그 현상을 반복하는 데 결코 성공하지 못했다. 용해된 금속의 무지갯빛 표면이 반드시 어떤 환각이라는 말은 아니지만, 그 텍스트는 저자가 그런 종류의 그 무엇이 아닌가 하고 의심했다는 점을 분명히 보여주고 있다.

"트락타투스 아리스토텔리스"(Tractatus Aristotelis)는 연금술사의 심리학이라는 관점에서 주목할 만한 단락을 포함하고 있다.

> 뱀은 이 땅 위의 모든 짐승들보다 더 교활하다. 뱀은 살갗의 아름다움 밑으로 순진한 얼굴을 보여주고, 뱀은 또 물에 잠길 때 착각을 통해 스스로를 하나의 근본적인 물질(materia hypostatica)처럼 꾸민다. 거기서 뱀은 자신의 몸인 땅으로부터 미덕들을 모은다. 뱀은 갈증을 너무나 심하게 느끼는 탓에 지나치게 많이 마시고 취하게 되며, 그리하여 뱀은 자신의 본성이 사라지게 한다.

뱀은 메르쿠리우스이다. 근본적인 물질로서 물 속에서 자신을 형성하고 자신과 결합된 본성을 삼키는 그 메르쿠리우스 말이다(그림 130). (메르쿠리우스의 샘으로 빠지고 있는 태양, 태양을 삼키고 있는 사자(그림 169),

<그림 130> 물 또는 불 속에서 자신을 먹고 있는 메르쿠리우스의 뱀.
– Barchusen, 'Elementa chemiae'(1718)

자신의 몸 안에서 가브리쿠스(Gabricus)를 용해시키고 있는 베야(Beya)[87] 등 참조.) 물질은 따라서 착각을 통해 형성되며, 이 착각은 틀림없이 연금술사의 착각이다. 그런데 이 착각은 "자극하는" 능력을 지닌 진정한 상상력일 수 있다.

환상들이 연금술 작업과 연결된다는 사실은 또한 꿈들과 환상들이 종종 중요한 막간의 촌극 또는 계시의 원천으로 언급되는 이유를 설명해 준

---

87 가브리쿠스와 베야는 독일 연금술 텍스트에 근친상간적인 결합을 하는 오빠와 여동생으로 나온다. 연금술 비유에서 그들은 육체와 정신을 나타내며, 그들의 결합은 영혼을 낳는다.

다. 따라서 예를 들어 나자리(Giovan Battisa Nazari)는 변형의 원리를 '폴리필로'와 꽤 비슷하게 3가지 형태의 꿈으로 제시한다. 고전적인 "비시오 아리슬레이"(Visio Arislei)도 비슷한 꿈의 형태를 갖고 있다. 오스타네스(Ostanes)도 마찬가지로 자신의 원리를 어느 꿈에 나타난 계시로 포장해서 제시한다. 이 텍스트들에서(세니오르와 크라테스(Krates)에서도 마찬가지다) 꿈과 환상이 주로 문학적 관행인 반면에, 조시모스의 환상은 훨씬 더 진정한 성격을 지니고 있다.

간절히 추구했던 영원의 물이 꿈에 계시될 것이라는 점이 문헌에서 거듭 강조되고 있다. 일반적으로 말해서, 원물질, 정말로 그 돌 자체 또는 그것을 생산하는 비결은 신에 의해서 연구자에게 계시된다. 그래서 벤투라(Laurentius Ventura)는 이렇게 말한다. "그러나 그 과정이 신의 선물이 아니거나, 경험이 대단히 풍부한 스승의 가르침을 거치지 않는다면, 사람은 그것을 알 수 없다. 그 모든 것의 원천은 신의 의지이다." 쿤라트는 사람이 "원인들을 추가로 조사하거나 생각하지 않고도 특별한 신의 비밀 환상과 계시로부터," 우리의 "자연의 카오스"[= 원물질]를 가장 단순하고 완벽한 수준으로 준비할 수 있다는 의견을 갖고 있다. 호겔란데는 그 돌의 생산은 이성을 초월하고 오직 초자연적이고 신성한 지식만이 그 돌의 탄생을 위한 정확한 시간을 안다고 말함으로써 신의 계시의 필요성을 설명하고 있다. 이것은 신만이 원물질을 알고 있다는 것을 의미한다. 파라켈수스의 시대 이후로, 계몽의 원천은 '자연의 빛'(lumen naturae)이었다.

이 빛은 이 세상에 온, 신을 사랑하는 모든 철학자들을 비추는 자연의 진정한 빛이다. 그것은 세상 속에 있으며, 세상의 전체 조직은 하느님의 마지막 위대한 날까지 그 빛에 의해 아름답게 장식되고 자연스럽게 보존될 것이지만, 세상은 그 빛을 모르고 있다. 무엇보다, 그 빛은 철학자들의 포용력 있고 위대한 돌의 주제인데도, 전체 세상은 그것을 눈앞에 두고 있으면서도 모르고 있다.[88]

2. 연금술 작업을 대하는 정신적 태도

정신과 화학적 작업의 관계들의 다소 다른 한 가지 양상은 익명의 저자의 텍스트에서 끌어낸 다음 인용에서 분명히 드러난다. "밀알의 이 작은 나무의 모든 상황들을 고려하면서 마음의 눈으로 그것을 응시하며, 나는 당신에게 기도 올립니다. 당신이 철학자들의 나무를 심을 수 있기를." (그림 131. 그림 135, 188, 189, 221 참조.) 이것은 그 과정을 진정으로 촉발시키는 것으로서 능동적인 상상력을 가리키는 것 같다.

도른은 자신의 "필로소피아 메디타치바"(Philosophia meditativa)에서 "먼저 당신 스스로가 만든 하나가 없으면, 당신은 다른 것들로부터 당신이 추구하는 그 하나를 절대로 만들지 못할 것"이라고 말한다. 그가 "그 하나"로 무엇을 의미했든, 그것은 "연금술 장인"을 가리켜야만 하며, 그 장인의 통일성이 연금술 작업의 완성에 절대적으로 필요한 조건으로 여겨진다. 여기서 우리는 연금술 작업을 위한 심리적 조건이 제시되고 있다는 점에 대해, 그리고 그것이 근본적으로 중요하다는 점에 대해 거의 의심하지 못한다.

---

88 Khunrath, 'Von hyleal. Chaos,pp. 71f.

<그림 131> 원물질로서, 아담이 메르쿠리우스의 화살에 찔렸다. 그에게서 철학자의 나무가 자라고 있다. – "Miscellanea d'alchimia"(MS., 14th cent.)

'로사리움'은 이렇게 적고 있다.

> 그러므로 소금과 그것의 용해를 아는 사람은 옛날의 현자들의 숨겨진 비밀을 안다. 그러니 정신을 소금에 쏟고 다른 것들에 대해서는 생각하지 않도록 하라. 그것[즉, 정신]에만 과학이 숨겨져 있고, 고대의 모든 철학자들의 가장 탁월하고 가장 깊은 비밀이 숨겨져 있기 때문이다.

따라서 라틴어 텍스트는 "정신"에 대해 언급하면서 "in ipsa sola"라는 표현을 쓰고 있다. 어쨌든 그 비밀이 'salt'(소금)에 숨겨져 있으려면, 여기서 이중의 인쇄 오류를 인정해야 한다. 그러나 사실은 "정신"과 "소금"은 밀접한 사촌이다. 'cum grano salis!'[89]라는 표현도 있지 않은가. 따라서 쿤라트에 따르면 소금은 땅의 물질적 중앙일 뿐만 아니라 동시에 지혜의 소금이기도 하다. 이 지혜의 소금에 대해 그는 "그러므로 당신의 감정과 감각, 이성과 생각들을 이 소금에만 쏟도록 하라"[90]고 말한다. '로사리움'의 익명의 저자는 다른 곳에서 그 작업은 "공상적인 상상력이 아니라 진정한 상상력"으로 수행되어야 한다고, 그리고 그 돌은 "연구가 연구원을 무겁게 짓누르며 괴롭힐 때" 발견될 것이라고 말한다. 이 말은 오직 어떤 심리적인 조건이 기적의 돌을 발견하는 데 꼭 필요하다는 뜻으로 이해될 수 있을 뿐이다.

그러므로 이 말들은 저자가 사실은 연금술 기술의 근본적인 비밀이 인간의 정신에, 현대적인 용어로 바꾸면 무의식에 숨어 있다는 의견을 품고 있었을 가능성을 엿보게 한다(그림 132).

만약에 연금술사들에게 그들의 작업이 어쨌든 인간의 정신과 정신의 기능들과 연결되어 있다는 생각이 진정으로 떠올랐다면, 내가 볼 때 '로사리움'에서 끌어낸 그 단락은 단순한 인쇄 오류가 아닌 것 같다. 그 단락은 다른 저자들의 진술과 일치한다. 다른 저자들은 처음부터 끝까지 책들을 면밀하게 공부하고 숙고해야 한다고 주장한다. 한 예로, 앙글리

---

89   영어로 옮기면 'with a grain of salt'가 되며, 그 뜻은 '줄잡아서, 대략, 지나치게 엄밀하지 않게'이다. 또 고대의 세례 의식에서 세례를 받는 사람에게 '지혜의 소금'(sal sapientiae)을 줬다고 한다.

90   Khunrath, Von hyleal. Chaos, p. 258.

쿠스(Richardus Anglicus)는 소위 "코렉토리움 알키미에"(Correctorium alchymiae)에서 이렇게 말한다.

> 그러므로 이 기술의 축복을 받기를 갈망하는 모든 사람은 스스로 공부에 매진하고, 날조된 우화들과 부정확한 저작물이 아닌 책들로부터 진리를 모아야 한다. 공부를 완벽하게 마무리하고 철학자들의 말들을 이해하는 외에, 이 기술을 발견할 수 있는 길은 어디에도 없다. …

베르나르드(Bernard of Treviso)는 자신이 여러 해 동안 헛되이 노력하다가 마침내 '투르바'에 담긴 파르메니데스(Parmenides)의 어느 연설을 통해 "쭉 곧은길로 방향을 잡을 수 있었다"는 이야기를 들려주고 있다.
호겔란데는 이렇게 말한다.

> 그는 다양한 저자들의 책들을 수집해야 한다. 왜냐하면 그렇게 하지 않을 경우에 그들을 이해하는 것이 불가능하기 때문이다. 또 그는 한 번, 두 번, 심지어 세 번 읽은 책도 옆으로 제쳐놓아서는 안 된다. 설령 그 책을 이해할 수 없을 때에도 그렇게 하면 안 된다. 이해가 되지 않으면 다시 열 번, 스무 번, 쉰 번, 아니 그 이상 읽어야 한다. 마침내 그는 거기서 저자들이 동의하는 것을 볼 것이다. 바로 거기에 진리가 숨어 있다.[91]

호겔란데는 레이몬드 룰리를 권위자로 인용하면서, 사람들은 다른 사람들에게 알려져 있지 않고 숨겨져 있는 것들을 보여줄 보편적인 철학을 공부할 때까지, 무지 때문에 그 작업을 성취하지 못한다고 말한다. "그러므로

---

91 "De alch. diff.", Theatre. chem., Ⅰ, pp. 213f.

<그림 132> 작업의 "비밀스런" 내용물. 중앙에 신비의 여동생이 연금술 장인과 함께 넵튠(아니무스)을 낚고 있다. 아래에서는 연금술 장인이 여동생과 함께 멜루시나(아니마)를 낚고 있다. – 'Mutus liber'(1702)

우리의 돌은 평범한 사람들에게 속하는 것이 아니라 바로 우리의 철학의 심장에 속한다."[92] 자카리우스(Dionysius Zacharius)는 "대단히 탁월한 종교적 스승"이 자신에게 사악한 궤변에 쓸데없이 노력을 기울일 것이 아니라

92   Ibid., p. 206.

진정한 물질을 잘 알기 위해서 옛날 철학자들의 책을 공부하는 데 전념하라고 조언했다고 말한다. 자카리우스는 절망을 겪은 뒤에 성령의 도움으로 다시 힘을 얻었으며, 문헌을 진지하게 공부하고, 경제 상태가 바닥을 드러낼 때까지 줄기차게 읽고 밤낮 가리지 않고 명상했다. 그러던 중에 그는 실험실에서 작업을 벌이다가 3가지 색깔이 나타나는 것을 보았으며, 이듬해 부활절에 경이로운 일이 벌어졌다. "나는 완벽한 성취를 보았다." 수은이 "눈 앞에서 순수한 금으로 변한" 것이다. 이 일은 1550년에 일어난 것으로 전해진다. 그 작업과 그 작업의 목표가 어떤 정신적 조건에 크게 좌우된다는 점을 전하는 암시가 너무나 뚜렷하게 보인다.

앙글리쿠스(Richardus Anglicus)는 연금술사들이 작업에 동원한 쓰레기들을, 예를 들면 달걀 껍질과 머리카락, 빨간 머리 남자의 피, 도마뱀, 벌레, 약초, 인간의 배설물 같은 것을 부정한다. "무슨 씨를 뿌리든 반드시 뿌린 것을 거두게 되어 있다. 따라서 쓰레기를 뿌리면 쓰레기를 거둘 뿐이다."[93] "형제들이여, 그대들이 모르고 있는 진리의 길로 다시 관심을 주도록 하라. 나는 여러분에게 여러분 자신을 위해서 철학자들의 말을 공부하고 그것을 놓고 꾸준히 명상하기를 권한다. 거기서 진리가 나올 수 있으니까."[94]

이해력과 지성의 중요성 또는 필요성이 문헌 전반에 걸쳐 지속적으로 강조되고 있다. 아주 어려운 작업을 수행하는 데 평균 이상의 지성이 꼭 필요해서 그랬을 뿐만 아니라, 광포한 물질까지 변형시킬 수 있는 마법의 힘이 인간의 정신 안에 존재하는 것으로 믿어졌기 때문이다. 연금술 작업과 인간의 관계의 문제(그림 133)에 대해 일련의 논문을 쓴 도른은 이렇게 말한다. "솔직히, 인간의 지성인 형태가 그 절차의 시작이고 중간이고 마지막

93   Richardus, "correctorium alchymiae", Theatr. chem., Ⅱ. p. 451.
94   Ibid., p. 459.

<그림 133> 연금술의 다양한 단계에서 작업 중인 연금술사들. 아래쪽에서 솔이 황금 꽃을 갖고 나타나고 있다. – 'Mutus liber'(1702)

이며, 이 형태는 사프란색(짙은 황색)에 의해 명료하게 드러난다. 이 색깔은 연금술 작업에서 인간이 보다 중대하고 중요한 형태라는 점을 암시한다."[95] 도른은 연금술 작업과 인간의 도덕적-지적 변형이 서로 아주 비슷하다고 판단한다. 그러나 그의 사상은 하란 학파의 "리베르 플라토니스 콰르토룸"(Liber platonis quartorum)에서 종종 예측되고 있다. 이 논문의 저자는

95 "Philosophia chemica", Theatre. chem., I . p. 485.

"연구자를 도움" 4개 시리즈의 대응들을 제시하고 있으며, 각각의 시리즈는 4권의 책을 포함하고 있다.

I	II	III	IV
1. De opere naturalium (자연적인 것들의 작용에 관하여)	1. Elementum aquae (물 원소)	1. Naturae compositae (복합적 성격)	1. Sensus (감각들)
2. Exaltatio divisionis naturae (자연의 구분에 대한 강조)	2. Elementum terrae (흙 원소)	2. Naturae discretae (구별된 성격)	2. Discretio intellectualis (지적 식별)
3. Exaltatio animae (영혼의 고양)	3. Elementum aëris (공기 원소)	3. Simplicia (단순한 것들)	3. Ratio (이성)
4. Exaltatio intellectus (지성의 고양)	4. Elementum ignis (불 원소)	4. Aetheris simplicioris (더 단순한 에테르에 속하는 것들)	4. Res quam concludunt hi effectus praecedentes (앞서 말한 효과들에 포함된 것)

4개의 시리즈는 연금술 작업의 4가지 양상을 보여준다.

가로 방향의 첫 번째 시리즈는 자연적인 것들로, 그러니까 물로 대표되는 원물질로 시작한다. 이것들은 복합적이다. 즉, 혼합되어 있다는 뜻이다. 세로의 난 IV에서 그것들과 상응하는 것은 감각에 의한 인식이다.

가로 방향의 두 번째 시리는 연금술 과정에서 보다 높은 단계를 나타내고 있다. 세로의 난 I에서 복합적인 성격들이 원래의 원소들로 분해되거나 변한다. 세로의 난 II에서 흙이 '창세기'에서처럼 (원초적인) 물로부터 분리된다. 이것은 연금술에서 선호되는 주제이다. 세로의 난 III에서 카테고리들로 분리가 일어나고, 세로의 난 IV는 식별이라는 심리적 행위에 관심을 두고 있다.

가로 방향의 세 번째 시리즈는 위쪽으로의 향상을 보다 선명하게 보여준다. 세로의 난 Ⅰ에서 영혼이 자연에서 나오고, 세로의 난 Ⅱ에서 공기의 영역 속으로 고양이 일어난다. 세로의 난 Ⅲ에서 그 과정은 "단순한" 사물들에 닿고, 이 사물들은 합금이 아니라는 특성 때문에 부패하지 않고, 영원하며, 플라톤의 이데아와 비슷하다. 세로의 난 Ⅳ에서 정신에서부터 이성으로, 합리적인 영혼으로, 즉 가장 높은 형태의 영혼으로 최종적 상승이 일어난다. 가로 방향의 네 번째 시리즈는 세로 난들의 각각의 완벽 또는 완성을 나타내고 있다.

세로 방향의 첫 번째 시리즈를 보자. 여기서 현대적인 용어를 사용하는 것이 허용된다면, 이 기둥은 "현상학적" 성격을 띠고 있다. 정신적인 요소가 자연적인 현상들의 총합에서부터 나타나서 지적 고양, 즉 명쾌한 통찰과 이해의 현상에서 정점을 찍는다. 우리는 텍스트를 왜곡하지 않고도 이 이해력을 의식이 성취할 수 있는 최고의 통찰로 받아들일 수 있다.

이제는 세로 방향의 두 번째 시리즈이다. 여기서는 흙이 시초의 혼란스런 물로부터, 혼돈의 덩어리로부터 나온다. 이것은 고대 연금술의 관점과 일치한다. 흙 위에, 흙에서 생겨나는 휘발성 강한 원소인 공기가 있다. 모든 것 중에서 가장 높은 곳에 불이 가장 "섬세한" 물질로서, 즉 신들의 자리까지 올라가는 불같은 프네우마[96]로서 온다(그림 134. 그림 166, 178, 200 참조).

세로 방향의 세 번째 시리즈를 보자. 이 난은 정언적 또는 이상적 성격을 띠고 있다. 따라서 그것은 지적 판단을 포함한다. 복합적인 모든 것은 그것의 "식별된" 구성 요소들로 해체되고, 그러면 이 요소들은 다시 "단순한" 물질로 환원된다. 이것으로부터 최종적으로 단순한 원초적인 이데아인 정수들이 나온다. 에테르가 정수이다.

---

96 공기, 호흡, 정신, 영혼을 뜻한다.

세로 방향의 마지막 네 번째 시리즈를 보자. 이 기둥은 전적으로 "심리학적"이다. 감각들은 인식을 가능하게 하는 한편, 지적 분별은 통각에 해당한다. 이 작용은 신이 인간에게 부여한 최고의 능력인 이성 또는 합리적인 영혼의 지배를 받는다. 합리적인 영혼 위에는 바로 앞에 제시한 모든 효과들의 산물인 '레스'(res)뿐이다. "리베르 플라토니스 쾌르토룸"은 레스에 대해 이렇게 해석한다.

그것은 눈에 보일 수도 없고 움직일 수도 없는 신이며, 이 신의 의지가 지성을 창조했다. 그 의지와 지성으로부터 단순한 영혼이 나왔지만, 이 영혼은 식별된 본성들을 낳았으며, 이 본성들로부터 복합적인 본성들이 나왔다. 이것들은 어떤 사물은 그것보다 상위인 무엇인가에 의하지 않고는 이해될 수 없다는 점을 보여준다. 영혼은 본성보다 위이며, 본성은 영혼을 통해서 이해된다. 그러나 지성은 영혼보다 위이며, 영혼은 지성을 통해서 이해되고, 지성은 그것 자체보다 위에 있는 것에 의해 이해되며, 또 지성은 그 본질을 이해할 수 없는 그런 하나의 신에게 둘러싸여 있다.

그 논문의 저자는 출처를 추적할 수 없는 인용을 덧붙이고 있다.

그 철학자는 '대화의 책'에서 이렇게 말했다. "나는 3개의 하늘을, 즉 복합적인 성격의 하늘과 식별된 성격의 하늘, 영혼의 하늘을 돌아 다녔다. 그러나 내가 지성의 하늘에 가려고 애쓸 때, 영혼이 나에게 '그 길은 너의 길이 아니야!'라고 일러주었다. 이어서 자연이 나를 끌어당겼고, 나는 끌려갔다." 그 철학자의 이런 언급은 이 과학을 구체화하려는 의도에서 나온 것이 아니었다. 그것은 그가 그의 말이 그 피조물을 해방시키는 힘을

<그림 134> 영혼 또는 흰색 비둘기(프네우마)가 하늘로 올라갈 때까지, 사투르누스 또는 늙은 메르쿠리우스가 욕탕 안에서 삶기고 있다. – Trismosin, "Splendor solis"(MS., 1582)

가졌다는 점을 분명히 밝히기를 원해서 나온 것이었다. 또 그의 말은 이런 종류의 작업에서 그것에 의해서 보다 낮은 과정이 보다 높은 과정을 통해서 알려져야 하기 때문에 나온 발언이었다.

아라비아어의 형태를 근거로 미루어 짐작할 때 10세기보다 그리 훗날의 것일 수 없고, 구성 요소들 중 많은 것이 10세기보다 더 오래된 이 고대의 텍스트에서, 우리는 연금술 작업과 그것과 평행선을 그리고 있는 철학적, 심리학적 과정 사이의 유사점을 체계적으로 분류하고 있는 것을 발견한다. 그 텍스트는 이 사상가들에게 화학적 과정과 영적 또는 정신적 요인들이 서로 많이 일치하는 것으로 다가왔다는 점을 분명히 보여주고 있다. 정말로, 그 연결이 너무 멀리 나간 탓에 물질로부터 추출될 산물이 '코지타 치오'(cogitatio: 사고)로 알려지기도 했다.

이 이상한 사상은 오직 옛날의 철학자들이 정신적 내용물이 물질로 투사 되고 있는 것이 아닌가 하고 희미하게 의심했을 것이라는 가정을 바탕으 로 할 때에만 설명이 가능해진다. 인간과 물질의 비밀 사이의 밀접한 연결 때문에, 도른과 그보다 훨씬 앞섰던 "리베르 플라토니스 콰르토룸"은 똑같 이 연금술 장인에게 스스로 그 과업의 높이까지 올라갈 것을 요구한다. 연 금술 장인은 자신의 자기 안에서 그가 물질에 적용하는 것과 똑같은 과정 을 성취해야만 한다는 것이었다. "이유는 사물들이 그것들과 비슷한 것에 의해서 완벽해지기 때문이다." 그러므로 연금술 장인은 자신이 직접 그 작 업에 참여해야 한다. "왜냐하면 연구자가 그 작업과 비슷한 것을 간접적으 로라도 소유하고 있지 않으면, 그가 내가 묘사한 그 높이까지 올라가지 못 할 뿐만 아니라 그 목표에 닿을 길에도 이르지 못할 것이기 때문이다."[97]

투사의 결과로, 연금술사의 정신과 신비로운 본질, 즉 물질 안에 갇혀 있 는 영 사이에 무의식적 동일시가 생겨나게 되었다. 따라서 "리베르 플라토 니스 콰르토룸"은 생각과 지성을 담고 있는 곳이라는 이유로 머리 뒷부분 을 변형의 그릇으로 이용할 것을 권한다(그림 75). "신성한 부분"의 자리 로 뇌가 필요하기 때문이다. 그 텍스트는 이렇게 이어진다.

시간과 정확한 정의를 통해 사물들은 지성으로 전환된다. 부분들이 구성 과 형식에서 [서로에게] 동화하니까. 그러나 뇌는 합리적인 영혼과 가깝 기 때문에 그 혼합물과 동화되어야 하며, 합리적인 영혼은 우리가 말한 바와 같이 단순하다.

97 "Liber Platonis Quartorum," Theatr. chem., p. 137.

이 생각의 기차의 바탕에서 작동하고 있는 가정은 유추가 원인으로 작용한다는 것이다. 달리 표현하면, 정신에서 다수의 감각 인식들이 어떤 생각의 통일성과 단일성을 엮어내는 것과 똑같이, 원초적인 물도 하나의 단순한 유추로서가 아니라(이것이 대단히 중요하다) 정신이 물질에 작용한 결과로서 최종적으로 불, 즉 영묘한 본질을 만들어낸다. 따라서 도른은 "인간의 육체 안에 극소수에게만 알려진 어떤 형이상학적 본질이 숨어 있으며, 그 본질은 그 자체가 부패하지 않는 약제이기 때문에 전혀 약제를 필요로

<그림 135> 원물질의 여성적인 측면인 이브의 수치심을 상징하는 해골. 아담의 경우에 나무가 남근에 해당되지만(그림 131), 여기서 나무는 이브의 머리에서 자란다. – "Miscellanea d'alchimia"(MS., 14th cent.)

하지 않는다"고 말한다. 이 약은 "삼중의 성격, 그러니까 형이상학적, 물리적, 도덕적(이것을 우리는 '심리학적'이라고 부를 것이다) 성격을 지니고 있다". 도른은 이어 "이것으로부터, 주의 깊은 독자는 사람이 철학적 절차에 의해서 형이상학적인 것에서부터 물리적인 것으로 넘어가야 한다고 결론 내릴 것"이라고 말한다. 이 약품은 분명히 불가사의한 본질이며, 그것을 도른은 다른 곳에서 '베리타스'(veritas: 진리)라고 정의한다.

> 자연적인 것들 안에 바깥 쪽을 향하고 있는 눈에는 보이지 않고 정신에 의해서만 인식되는 어떤 진리가 있다. 철학자들은 이 진리를 경험했으며, 그들은 이 진리의 가치가 기적을 일으키는 데 있다고 확인했다.
> 이 진리 안에, 우리가 말한 바와 같이, 정신을 육체로부터 해방시키는 것과 똑같은 방법으로, 영을 속박으로부터 자유롭게 하는 완전한 기술이 들어 있다.
> 신앙이 인간의 안에서 기적을 일으키듯이, 이 파워, 즉 효율적인 진리는 물질 안에서 기적을 초래한다. 이 진리는 가장 높은 파워이며 철학자들의 돌이 숨어 있는 난공불락의 성채이다.

사람은 철학자들을 공부함으로써 이 돌에 닿는 기술을 획득한다. 그러나 다시 그 돌은 사람이다. 따라서 도른은 "당신 자신을 죽은 돌에서 살아 있는 철학적인 돌로 변형시켜라!"라고 외친다. 이 대목에서 그는 인간 속의 무엇인가와 물질 속에 숨어 있는 무엇인가의 동일성을 대단히 명료하게 표현하고 있다.

"르퀘유 스테가노그라피크"(Recueil stéganographique)에서, 베로알드 드 베르빌(Béroalde de Verville)은 이렇게 말한다.

만약에 누구라도 가끔 유향 방울을 변화시키길 원한다면, 그리고 그것을 압착하여 거기서 맑은 눈물이 나오게 하기를 원한다면, 세심한 주의를 기울여야 한다. 그러면 그 사람은 정해진 어느 시점에 불의 부드러운 압박 속에서 어떤 비슷한 본질이 철학적인 물질로부터 나오는 것을 볼 것이다. 왜냐하면 그 물질의 보랏빛 어둠이 두 번째로 자극을 받자마자, 그것이 뒤섞일 것이고, 그러면 그것으로부터 말하자면 한 방울의 물이나 한 송이의 꽃, 하나의 불꽃이나 진주 등 그 소중한 돌을 닮은 것이 나올 것이기 때문이다. 그 물질은 최종적으로 매우 선명한 하얀색이 될 때까지 다양하게 변할 것이다. 그 후로 그 물질은 영혼의 진정한 불이자 철학자들의 빛인 아름다운 루비 또는 에테르 돌의 명예를 누릴 것이다.

지금쯤 연금술이 초창기부터 이중의 어떤 얼굴을 가졌다는 것이 충분히 분명해져야 한다. 연금술은 한편으로 실험실에서 행하는 실질적 화학 작업이었고, 또 한편으로는 심리학적 과정이었다. 후자의 경우에 그 과정은 부분적으로 의식적인 정신을 다루는 과정이었고, 또 부분적으로 물질의 다양한 변형들에서 무의식적으로 투사되어 연금술사에게 보이는 것을 다루는 과정이었다.

그 작업의 시작 단계에서는 많은 노력이 필요하지 않았다. 어느 텍스트가 말하듯이, "자유롭고 빈 정신"으로 작업에 임하는 것으로 충분하다. 그러나 한 가지 중요한 원칙은 지켜져야 한다. "정신이 그 작업과 조화를 이뤄야 하고", 작업이 그 외의 다른 모든 것들의 위에 있어야 한다는 것이었다. 또 다른 텍스트는 "금처럼 번쩍이는 이해력"을 얻기 위해서 사람은 신이 처음부터 자연과 우리의 가슴에 밝혀 놓은 그 내면의 빛으로 관찰하고 숙고하면서 정신과 영혼의 눈을 활짝 열어 둬야 한다고 말한다.

연구원의 정신이 작업에 필요한 매체로서만 아니라 작업의 원인이자 출발점으로서 그 작업과 너무나 밀접히 연결되어 있었기 때문에, 연구실 작업자의 심리적 조건과 정신적 태도를 특별히 강조하는 이유가 쉽게 이해된다. 알피디우스(Alphidius)는 "신 앞에서 당신의 마음을 정화하지 않는다면, 다시 말해 당신의 가슴으로부터 모든 부패를 씻어내지 않는다면, 당신은 이 과학을 행할 수 없다는 것을 알아야 한다"고 말한다. '아우로라'에 따르면, 헤르메스의 지혜의 보고(寶庫)는 14가지 덕목, 즉 건강과 겸손, 고결, 순결, 덕행, 승리, 신앙, 희망, 자선, 선량, 인내, 자제, 영적 훈련 또는 이해력, 복종 등으로 이뤄진 단단한 토대 위에 서 있다.

이 논문의 저자인 가짜-토마스(Pseudo-Thomas)는 "우리 정신의 끔찍한 어둠을 제거하라"는 말을 인용하면서, 그와 비슷한 예로 "그는 검은 모든 것을 희게 만든다"는 세니오르의 말을 제시하고 있다. 여기서 "우리의 정신의 어둠"은 틀림없이 니그레도와 일치한다(그림 34, 48, 115, 137). 즉, 저자는 연금술 과정의 초기 단계를 자신의 정신적 조건과 동일한 것으로 느끼거나 경험하고 있다.

또 한 사람의 오랜 권위자가 게베르(Geber)이다. '로사리움'은 게베르가 '리베르 페르펙티 마지스테리이'(Liber perfecti magisterii)에서 연금술 전문가들에게 다음과 같은 심리적, 성격적 특성들을 갖출 것을 요구한다고 전하고 있다. 연금술 전문가는 대단히 섬세한 정신과 금속과 광물에 대한 지식을 적절히 갖춰야 한다. 그러나 그는 상스럽거나 경직된 정신을 가져서는 안 되며, 주접스럽거나 탐욕스러워서도 안 되며, 결단력 없이 우유부단해서도 안 된다. 더 나아가, 그는 서두르거나 허영심이 있어서도 안 된다. 반대로, 그는 확고한 목표를 가져야 하며, 끈기 있고, 인내심 강하고, 온화하고, 고통을 오랫동안 견딜 줄 알고, 마음씨가 착해야 한다.

'로사리움'의 저자는 나아가 이 기술과 지혜를 배우려는 사람은 교만해서도 안 되며, 헌신적이고, 정직하고, 이해력 깊고, 인간적이고, 쾌활한 표정과 행복한 천성의 소유자여야 한다고 말한다. 그 저자는 이어 이렇게 말한다. "나의 아들아, 나는 너에게 무엇보다 신을 두려워하라고 충고한다. 신이 네가 어떤 부류의 인간인지를 잘 알고 있고, 고독한 자가 누구든 그 사람이 필요로 하는 도움을 줄 수 있으니 말이다."

특별히 교육적인 것은 모리에누스(Morienus)가 칼리드(Kalid)에게 연금술 기술에 대해 소개하는 내용이다.

> 당신이 그렇게 오랫동안 추구하고 있는 그것은 힘이나 열정에 의해서 획득되거나 성취되지 않는다. 그것은 오직 인내와 겸손, 그리고 단호하고 가장 완전한 사랑에 의해서만 이뤄질 것이다. 이유는 신이 신성하고 무결점인 이 과학을 자신의 가장 충직한 하인들에게, 그러니까 신이 사물들의 원래의 본성을 근거로 그것을 부여하기로 결정한 사람들에게만 부여하기 때문이다. … [그 기술을 학생들에게 전하는 것에 관한 언급이 따른다.] 그들[선택받은 사람들]은 신에 의해 자신들에게 허용된 그 힘을 통하지 않고는 어떤 것도 비밀로 간직하지 못하며, 그들 자신은 신에 의해 자신들에게 주어진 목표가 아닌 다른 곳으로 정신을 더 이상 쏟지 못한다. 이유는 신이 자신의 하인들 중에서 의도를 갖고 선택한 사람들에게만 인간들로부터 감춰진 이 신성한 과학을 추구하며 그것을 자신만 알며 비밀로 간직할 책임을 지도록 하기 때문이다. 그래서 연금술 장인은 이 세상의 고통으로부터 벗어나서 미래에 유익한 지식을 추구할 수 있다.

모리에누스는 왕으로부터 은자의 집에 살지 않고 산과 사막에서 사는 이유에 대한 질문을 받고는 이렇게 대답했다. "나는 은자의 집들과 형제애

속에서 더 큰 휴식을 발견할 것이고 사막과 산지에서는 힘든 노동이 필요
하다는 것을 의심하지 않는다. 그러나 누구도 뿌리지 않은 것을 거두지는
못한다. … 평화로 이어지는 관문은 대단히 좁으며, 영혼의 고뇌를 통하
지 않고는 누구도 그 문을 통과하지 못한다."

마지막 문장을 고려하면서, 우리는 모리에누스가 일반적인 교화를 위해
말하는 것이 아니라 신성한 기술과 그 작업에 대해 언급하고 있다는 것을
잊지 말아야 한다. 마이어(Micael Maier)는 다음 글에서 그와 비슷한 맥락
에서 자신의 뜻을 밝히고 있다.

우리의 화학에는 어떤 숭고한 본질이 있다. 그 본질의 시작은 얼굴을 찡
그리게 하는 비참이지만 그 끝은 기쁨의 환희이다. 그러므로 나는 나에게
도 똑같은 일이 일어날 것이라고 추정한다. 말하자면 나는 처음에 어려움
과 비탄과 피곤함 때문에 고통을 겪을 것이지만 마지막엔 대단히 유쾌하
고 쉬운 것들을 보게 될 것이다.

동일한 저자는 또한 "우리의 화학은 연금술 장인이 천상의 선에 대해 생
각하도록 자극한다"고, 또 신에 의해 이 신비들을 추구하도록 선택된 사람
은 "음식과 옷 같은 무의미한 모든 것을 옆으로 밀쳐두고 스스로를 새로
태어난 존재로 느껴야 한다"고 단언한다.
그 작업의 시작 단계에서 맞닥뜨려야 하는 어려움과 비탄은 다시 니그레
도와 일치하며, 이것들은 틀림없이 모리에누스가 언급하는 "영혼의 고뇌"
와 동일할 것이다. 그 저자가 장인의 태도를 나타내기 위해 쓰는 용어 '가
장 완벽한 사랑'은 그 작업에 대한 특별한 헌신을 표현하고 있다. 만약에

<그림 136> 연금술 장인을 가르치고 있는 신. - Barchusen, 'Elementa chemiae'(1718)

이 "진지한 명상"이 단순한 허풍이 아니라면, 그것이 허풍이었다고 단정할 이유는 전혀 없는데, 우리는 자신의 작업을 비상한 집중력으로, 정말이지 종교적 열정으로 수행하고 있는 늙은 장인들을 상상해야 한다. 그런 헌신은 자연스럽게 가치들과 의미들을 그런 열정적인 연구의 대상 속으로 투사하도록 할 것이고, 그 대상을 주로 연금술 장인의 무의식에 기원을 두고 있는 형태들과 형상들로 채우도록 할 것이다.

3. 명상과 상상

앞에 묘사한 관점은 연금술사가 '메디타치오'(meditatio: 명상)와 '이마지나치오'(상상)라는 용어를 자주 사용한다는 사실에 의해 뒷받침되고 있다. 룰란드의 '연금술 용어집'은 명상을 다음과 같이 정의하고 있다. "명상이라는 단어는 사람이 보이지 않는 누군가와 내적으로 대화할 때 사용된다. 신에게 간청할 때, 그 대화는 신과 하는 것이며, 그 사람 자신이나 그 사람의 선한 천사와 대화할 수도 있다.(그림 137)" 심리학자는 이런 "내면의 대화"에 익숙하며, 그것은 무의식을 받아들이는 데 필요한 기술의 근본적인 부분을 이룬다.

룰란드의 정의는 연금술사들이 명상한다고 말할 때 단순한 생각을 의미하는 것이 아니라 내면의 어떤 대화를, 따라서 우리 자신 안에 있는 "타자", 즉 무의식의 목소리와의 생생한 어떤 관계를 의미한다는 점을 뒷받침하고 있다. 그러므로 "모든 사물들은 그 '본원'에 대한 명상을 통해서 그 '본원'으로부터 나온다"는 헤르메스의 격언 중의 "명상"이라는 단어는 이런 연금술적인 의미에서 창조적인 대화로 이해되어야 한다. 사물들이 무의식적인 잠재적 상태에서 명백한 상태로 넘어가도록 만드는 그런 대화로. 따라서 필랄레테스의 논문에서 이런 구절을 읽게 된다. "우리의 돌이 이미 완벽하여 완벽한 팅크제를 내놓을 수 있는 단계에 이르렀을지라도, 무엇보다도 그 돌이 그 모든 조작과 별도로 스스로 자발적으로 다시 겸손해지고 새로운 변동성에 대해 명상하는 것은 경이로운 일이다." "깊이 명상한 변동성"이 의미하는 바를 우리는 몇 줄 아래에서 발견한다. "그 돌은 저절로 액화되고 … 신의 명령에 의해서 영을 부여받으며, 이 영은 높이 올라가면서 그 돌을 갖고 갈 것이다." 그러므로 "명상하다"라는 단어는 신과의 대화를 통해서 더 많은 영이 돌 안으로 주입되는 것을 의미한다. 즉 그 돌이 더욱 영적인 것이 되고, 증발하거나 승화된다(그림 178 참고). 쿤라트도 꽤 비슷한 말을 한다.

<그림 137> 초기 니그레도 상태에 있는 연금술사가 명상에 잠겨 있다.
– Jamsthaler, 'Viatorium spagyricum'(1625)

그러므로 공부하고, 명상하고, 땀 흘리고, 일하고, 가열하라. … 그러면 위
대한 세계의 아들의 가슴에서 나오는 건강한 홍수가 당신에게로 쏟아질
것이다. 위대한 세계의 아들이 자신의 몸과 가슴에서 쏟아 붓는 물이 우
리를 위해서 진정하고 자연스런 생명의 물이 될 것이다.[98]

마찬가지로, 앞에 언급된 "천상의 선에 대한 명상"은 무의식의 중요한
요소들과의 생생한 변증법적 관계라는 측면에서 받아들여져야 한다. 이것
을 뒷받침하는 중요한 증거가 17세기와 18세기를 산 어느 프랑스 연금술

98 'Von hyleal', Chaos, pp. 274f.

사가 남긴 논문에서 확인된다. 이 연금술사는 이렇게 말한다.

> 그들[이집트인 성직자들]이 나의 이해력에 기뻐하며 즐거워하던 모습을
> 얼마나 자주 보았는지 모른다. 그들은 자신들의 역설적인 가르침의 모호
> 함을 진정으로 파악하는 것이 나의 정신에 아주 쉽다는 사실을 확인하고
> 는 나에게 격하게 입을 맞추었다. 또 그들은 내가 고대인들의 난해한 원
> 리들과 관련해 성취한 경이로운 발견들 앞에서 너무나 큰 기쁨과 감동
> 을 느낀 나머지 나에게 헤르메스의 그릇이나 샐러맨더[99](그림 138. 그림
> 129, 130 참조), 보름달, 떠오르는 태양을 자주 보여주었다.[100]

이 논문이 개인적인 고백보다 연금술의 황금시대를 묘사한 것일지라도,
그럼에도 불구하고 연금술사가 자신의 작업의 심리적 구조를 어떻게 상상
했는지를 잘 보여주고 있다. 그 작업을 눈에 보이지 않는 정신의 힘들과 연
결시키는 것이 통달의 진정한 비결이었다. 이 비결을 표현하기 위해, 늙은
거장들은 즉각 비유에 의존했다. 이런 종류의 것으로서 가장 오래된 기록
중 하나가 훗날의 문헌에 상당한 영향력을 행사한 "비시오 아리슬레이"이
며, 이 기록은 전반적인 성격 때문에 무의식의 심리학을 통해 우리에게 알
려진 그런 환상들과 매우 비슷하다.

이미 말한 바와 같이, 상상이라는 단어는 명상처럼 연금술 작업에 특별
히 중요하다. 일찍이 우리는 '로사리움'에서 그 작업이 진정한 상상력으로
행해져야 한다는 이야기를 들려주는 놀라운 단락을 접했다. 그리고 철학
의 나무가 어떻게 숙고를 통해 성장할 수 있는지를 다른 곳에서 보았다(그

---

99 불 속에서도 살 수 있다고 믿어지는 전설 속의 동물.

100 "Figurarum Aegyptiorum secretarum" 중에서.

림 131, 135). 룰란드의 '연금술 용어집'은 연금술사가 상상이라는 단어로 무엇을 의미했는지를 이해하는 데 도움을 준다.

룰란드는 "상상력은 인간의 안에 있는 별이며, 천체 또는 초(超)천체"라고 말한다. 이런 놀라운 정의는 연금술 작업과 연결된 공상의 과정들 위로 꽤 특별한 빛을 비춘다. 그 과정들을, 공상이라고 하면 쉽게 떠올리는 그런 비물질적인 유령으로 받아들일 것이 아니라 실체를 가진 무엇인가로, "신비체"(그림 139)로, 실재하는 반(半)영적인 것으로 받아들여야 한다. 아직 경험 심리학이 없던 시대에는, 그런 구체화가 일어나게 되어 있다. 왜냐하면 무의식적인 모든 것이 활성화되는 즉시 물질로 투사되기 때문이다. 말하자면, 무의식적인 것이 밖에서부터 사람들에게 접근해 왔다. 그것은 잡종 같은, 말하자면 반은 영적이고 반은 육체적인 현상이었으며, 우리가 원시인들의 심리에서 자주 만나는 구체화가 그런 것이다. 따라서 상상 행위는 물질의 변화 사이클과 맞아떨어질 수 있는 하나의 육체적인 작용이었다. 상상이 이 변화들을 초래했으며, 다시 그 변화들이 상상을 초래했다. 이런 식으로, 연금술사는 자신을 무의식뿐만 아니라, 상상의 힘을 통해 변형시키기를 원했던 바로 그 물질과도 직접적으로 연결시켰다.

"아스트룸"(astrum: 별)이라는 독특한 표현은 파라겔수스의 용어이며, 이 맥락에서 별은 "정수"(精髓) 같은 것을 의미한다. 그러므로 상상은 육체적, 정신적 생명력을 집중적으로 추출하는 작업이다. 그렇기 때문에 연금술 장인이 육체적으로 건전한 체질을 갖춰야 한다는 요구가 꽤 이해된다. 그가 자신의 정수를 가지고, 자신의 정수를 통해서 작업을 벌이고, 그 자신이 실험의 불가결한 조건이니 말이다. 그러나 바로 육체적인 것과 정신적인 것이 이런 식으로 혼합된다는 사실 때문에, 연금술 과정에서 종국적 변형이 영적 영역에서 더 많이 추구되는지, 아니면 물질적 영역에서 더 많이

<그림 138> 원물질의 메르쿠리우스의 영이 샐러맨더의 형태로 불 속에서 장난치고 있다.
– Maier, 'Scrutinium chymicum'(1687)

<그림 139> 유골 단지로부터 날개 달린 영혼을 불러내고 있는 헤르메스.
– Attic funeral lekythos

추구되는지는 언제나 모호한 상태로 남는다.

그러나 실제로 보면 그 질문은 잘못 제기되었다. 그 시대에는 "양자택일" 같은 것은 절대로 없었으니 말이다. 그때엔 정신과 물질 사이에 중간적인 어떤 영역이 존재했다. 즉 물질적인 형태뿐만 아니라 정신적인 형태로도 스스로를 드러내는 것이 특징인 그런 신비체들로 이뤄진 어떤 정신의 영역이 있었던 것이다. 이것이 연금술의 사고방식들을 이해하는 유일한 관점이며, 그런 관점을 받아들이지 않으면 연금술의 사고방식들은 터무니없어 보인다. 분명히, 이 중간적인 영역은 우리가 모든 투사와 별도로 물질 자체를 조사하려 드는 순간에 돌연 그 존재를 멈춰 버린다. 또 우리가 물질이나 정신에 대해 결정적인 무엇인가를 알고 있다고 믿는 한, 그 영역은 존재하지 않는다. 그러나 물리학이 "미답의, 밟을 수 없었던 영역들"을 건드리고 나서고, 그와 동시에 심리학이 개인의 의식의 획득들 외에 다른 형태의 정신적 삶이 있다는 점을 인정하는 순간에, 바꿔 말하면 심리학도 침투할 수 없는 어떤 어둠을 건드리는 순간에, 신비체들로 이뤄진 중간적인 영역이 다시 살아나고, 육체적인 것과 정신적인 것은 확고한 하나의 통일체로 한 번 더 결합된다. 오늘날 우리는 이 전환점에 매우 가까이 다가서고 있다.

연금술의 특이한 전문 용어들을 이해하길 원한다면, 그런 식의 숙고가 불가피하다. 연금술의 "일탈"에 대한 초기의 대화는 연금술의 심리적인 측면이 과학에 새로운 과제를 안겨주고 있는 지금은 다소 촌스럽게 들린다. 화학의 범위를 벗어난 문제들이긴 하지만, 연금술에는 매우 현대적인 문제들이 있다.

상상력이라는 개념이 연금술 작업을 이해하는 데 가장 중요한 열쇠이다. "유황에 대하여"(De sulphure)라는 논문의 저자는 고대인들이 하려다가 실패한 것을 하려고, 말하자면 그 기술의 비밀을 명쾌하게 암시하려고 노력하는 대목에서 영혼의 "상상적 능력"에 대해 말한다. 영혼은 신의 부(副)섭정이며, 순수한 피의 생생한 영 속에 거주한다고 그는 말한다. 영혼은 정신을 지배하고, 정신은 육체를 지배한다. 영혼은 육체 안에서 기능하지만, 영혼은 기능 중 큰 부분을 육체 밖에 두고 있다. 이 특이성은 신성하다. 이유는 신의 지혜가 오직 부분적으로만 세상의 육체 안에 에워싸여 있기 때문이다. 신의 지혜의 큰 부분은 밖에 있으며, 신의 지혜는 세상의 육체가 인식할 수 있는 것보다 훨씬 더 높은 것들을 상상한다. 그리고 그것들은 자연의 밖에 있으며, 신 자신의 비밀들이다. 이것을 보여주는 한 예가 바로 영혼이다. 영혼 역시 육체 밖에서 더없이 심오한 것들을 많이 상상한다. 신이 그러는 것처럼. 정말로, 영혼이 상상하는 것은 오직 정신에서만 일어나지만, 신이 상상하는 것은 현실 속에서 일어난다. "영혼은 육체가 파악할 수 있는 것들 외의 다른 것들을 할 수 있는, 절대적이고 독립적인 능력을 갖추고 있다. 그러나 영혼은 그렇게 갈망할 때 육체에 가장 큰 파워를 행사한다. 그렇지 않으면 우리의 철학이 공허하게 될 테니까. 당신은 보다 큰 것을 인식할 수 있다. 이유는 우리가 당신 쪽으로 문들을 열어 놓았기 때문이다."[101]

4. 영혼과 육체

방금 인용한 단락은 연금술의 사고방식을 들여다볼 수 있는 소중한 기회를 제공한다. 이 텍스트 속의 영혼은 틀림없이 피 안에 거주하는, '실체가 있는 영혼'이다(그림 91, 208). 따라서 만약에 이 영혼이 의식과, 육체의 생리적 기능들을 조정하는 정신적 현상으로 이해된다면, 그것은 무의식에

---

101 Sendivogius, in Mus. herm., p. 618.

해당할 것이다. 탄트라의 차크라 체계에서 이 영혼은 횡격막 아래에 위치할 것이다. 한편, 영혼은 창조의 신과 대등한 것으로서 신의 부관 또는 부섭정이다. 무의식을 잠재의식 외에 다른 것으로는 절대로 이해하지 못하고, 따라서 무의식의 옆이나 위에 초(超)의식을 놓아야 한다고 강압적으로 느끼는 사람들이 있다. 그런 가설들은 우리의 철학자들을 괴롭히지 않는다. 이유는 그들의 가르침에 따르면 모든 형태의 생명은 아무리 단순할지라도 그 안에 자체의 대립물을 포함하고 있으며, 따라서 그것이 현대 심리학에서 상반된 것들의 문제를 예고하고 있기 때문이다. 우리의 저자가 공기라는 원소에 대해 해야 하는 말은 이 측면에서 의미를 지닌다.

> 공기는 부패하지 않은 순수한 원소이며, 특별히 가볍고 눈에 보이지 않지만 그 안은 무겁고, 눈에 보이고, 단단하기 때문에, 그런 종류 중에서 가장 가치 있다. 성경의 증언에 따르면, 그것 안에 포함되어 있는 것은 창조가 있기 전에 물 위로 이동했던 가장 높은 것의 영이다. "그리고 … 그는 바람의 날개로 날았다."[102] 모든 사물들은 불의 상상력에 의해서 이 원소에서 통합되고 있다.[103]

이런 진술을 이해하기 위해서, 우리는 각자의 정신에서 기체의 본질에 관한 현대적인 생각들을 모두 지우고, 진술을 순수하게 심리적인 것으로 받아들여야 한다. 이런 의미에서 보면, 이 진술은 가벼운 것과 무거운 것, 눈에 보이는 것과 눈에 보이지 않는 것 같은 상반된 것들의 짝의 투사를 다루고 있다. 지금, 상반된 것들의 일치가 무의식적 상태에서 일어나는 모든

102 Vulgate, Ps. 17:11.

103 Sendivogius, in 'Mus. herm.', pp. 612.

정신적 사건의 두드러진 특징이다. 따라서 실체 있는 영혼은 동시에 영적이며, 공기의 무겁고 단단한 핵심은 동시에 물 위를 이동하는 창조주의 영이다. 그리고 "모든 창조물들의 이미지들"이 창조적인 정신 안에 포함되듯이, 모든 사물들은 "불의 힘을 통해서" 공기 속에서 상상되거나 "그려진다". 첫 번째 이유는 불이 신의 권좌를 둘러싸고 있고, 또 불이 천사들과, 다양한 등급과 자질을 보이는 모든 살아 있는 존재들이 창조되거나 "상상되는" 원천이기 때문이다. 이때 불같은 영혼이 생명의 숨결 속으로 주입된다. 두 번째 이유는 불이 모든 합성물들을 파괴하고 그것들의 이미지를 다시 연기의 형태로 공기 속으로 주입하기 때문이다.

신이 오직 부분적으로만 세상의 육체 안에 에워싸여 있는 것과 똑같이, 영혼도 오직 부분적으로만 육체에 한정된다고 우리의 저자는 말한다. 이 진술에서 형이상학적인 것을 제거한다면, 그것은 정신이 부분적으로만 우리의 경험적인 의식적 존재와 동일하다고 단언하고 있다. 나머지에 대해 말하자면, 그것은 투사되며, 그 상태에서 그것은 육체가 파악하지 못하는, 말하자면 현실로 데려올 수 없는 보다 위대한 것을 상상하거나 실현시킨다. "보다 위대한 것"은 세상을 창조하는 신의 상상력을 가리키는 "보다 높은 것"에 해당하지만, 보다 높은 것은 신에 의해 상상되기 때문에 무의식의 내용물처럼 잠재적인 현실의 상태에서 꾸물거리지 않고, 곧장 실질적인 현실이 된다.

"육체 밖에서" 일어나는 영혼의 이런 작용이 연금술 작업을 가리킨다는 것은, 영혼이 육체에 가장 강력한 힘을 행사하며 그렇지 않다면 왕의 기술 또는 철학은 헛될 것이라는 발언에 의해 분명히 확인된다. 우리의 저자는 "당신은 보다 위대한 것을 인식할 수 있다"고 말한다. 따라서 당신의 육체는 그 기술의 도움과 신의 허락을 받아 그것을 현실로 갖고 올 수 있다. 여

<그림 140> 연금술사가 신비의 여동생과 함께 작업에 필요한 열쇠들을 쥐고 있다. – Thomas Aquinas(pseud.), "De alchimia"(16th cent.)

기서 말하는 신의 허락은 연금술의 확고한 공식이다.

연금술사들이 이해하고 있는 바와 같이, 상상은 실제로 작업의 비밀을 발견할 문을 여는 열쇠이다(그림 140). 지금 우리는 그 작업이 영혼이 신을 대신해서 자연을 벗어나 창조적으로 상상하는 "보다 위대한" 것을 나타내고 실현시키는 문제였다는 것을 알고 있다. 현대적인 언어로 표현하면, 그것은 자연 밖에 있는, 즉 우리의 경험적인 세상의 자료가 아닌, 따라서 원형적인 성격의 어떤 선험(先驗)인 무의식의 내용물을 현실화하는 문제였다. 실현의 장소 또는 매개는 정신도 아니고 물질도 아니며, 오직 상징에 의해서만 적절히 표현될 수 있는 신비한 현실이라는 중간적인 영역이다.

<그림 141> 제단 앞에 책을 들고 서 있는 연금술 장인. 뒤로 옥수수밭(작업을 상징한다)이 보이고 태양과 달의 결합이 가까워지고 있다. – Kelly, 'Tractatus de Lapide philosophorum' (1676)

상징은 추상적이지도 않고 구체적이지도 않으며, 합리적이지도 않고 비합리적이지도 않으며, 진정하지도 않고 비현실적이지도 않다. 상징은 언제나 두 가지 모두이다. 상징은 처음부터 신의 선택을 받아 따로 운명 지워진 사람이 하는, 평범하지 않고 귀족적인 일이다.

'엑스플리카치오 로코룸 시냐토룸'(explicatio locorum signatorum)[104]에서, 리바비우스(Libavius)는 이 〈그림 142〉에 대한 설명을 다음과 같이 제시하고 있다.

A: 대좌 또는 토대 = 땅

BB: 2명의 거인 또는 아틀라스들이 토대 위에 무릎을 꿇고 앉아서 두 손으로 하나의 구를 떠받치고 있다.

C: 4개의 머리를 가진 용이다. 이 용의 숨결을 통해 구가 모양을 갖춰가고 있다. 4가지 등급의 불이 있다. 첫 번째 입은 일종의 공기를, 두 번째 입은 미세한 연기를, 세 번째 입은 연기와 불을, 네 번째 입은 순수한 불을 각각

104 '봉인된 토대에 대한 설명'이란 뜻.

<그림 142> 연금술 과정에 일어나는 단계들의 순서. – Libavius, 'Alchymia'(1606)(설명은 이어지는 페이지들 참조)

뿜는다.

D: 메르쿠리우스가 은(銀) 사슬을 갖고 있다. 거기에, 두 마리의 동물이 드러누운 채 묶여 있다.

E: 초록색 사자.

F: 머리가 하나인 용이다. E와 F는 동일한 것을 의미한다. 돌의 원물질인 메르쿠리우스의 액체이다.

G: 3개의 머리를 가진 은색 독수리이다. 머리 중 2개는 축 늘어져 있고, 세 번째 머리는 바다로 메르쿠리우스의 액체 또는 흰색 물을 뱉고 있다. 바다에는 H가 표시되어 있다.

I: 영의 호흡을 아래쪽 바다로 보내고 있는 바람의 그림이다.

K: 빨간색 사자의 그림이다. 사자의 가슴에서 아래쪽 바다로 붉은 피가 흐르고 있다. 이유는 바다가 은과 금 또는 흰색과 빨간색의 결합처럼 색칠이 되어야 하기 때문이다. 그 그림은 처음부터 3가지 원리들을 추구했던 사람들에 의해서 육체와 영혼, 정신에 적용되거나, 사자의 피와 독수리의 석회에 적용된다. 이유는 그들이 3가지를 받아들이는 까닭에 이중적인 메르쿠리우스를 갖고 있기 때문이다. 두 가지를 받아들이는 사람들은 수정이나 철학자들의 성숙하지 않은 금속에서 오는 하나의 메르쿠리우스만을 갖고 있다.

L: 시커먼 물이 흐르는 강은 카오스처럼 부패를 의미한다. 그 강에서부터 산이 솟고, 그 산의 기슭은 검고 꼭대기는 하얗다. 그래서 산의 꼭대기에서 은색 강이 아래로 흐른다. 그것이 첫 번째 용해와 응고, 그리고 그에 따른 두 번째 용해의 그림이니까.

M: 앞에서 언급한 산이다.

NN: 바다에서 밖을 바라보고 있는 검은 까마귀들의 머리이다.

O: 은비가 구름에서 산의 정상으로 내리고 있다. 이것은 가끔 아조크(Azoch)[105]가 라토(Lato)에게 영양을 공급하며 정화하는 것을 나타내며, 또 가끔은 두 번째 용해를 나타낸다. 이 용해를 통해서 흙과 물로부터 공기가 추출된다. (흙은 산의 한 형태이며, 물은 앞에서 설명한 그 바다의 액체이다.)

PP: 이슬이나 비와 영양을 공급하는 습기가 생겨나는 구름들이다.

Q: 천국의 환상이다. 용이 드러누워서 자신의 꼬리를 먹고 있다. 용은 두 번째 응고의 이미지이다.

RR: 에티오피아인 남자와 여자가 보다 높은 2개의 구를 떠받치고 있다. 그들은 커다란 구 위에 앉아 있으며, 따라서 두 번째 부패에서 두 번째 작업 공정의 니그레도를 나타내고 있다.

SS: 순수한 은의 바다이며, 팅크제들을 결합시킬 메르쿠리우스 액체를 나타내고 있다.

T: 바다 위를 헤엄치고 있는 백조가 부리로 우유 같은 액체를 뱉고 있다. 이 백조는 철학자들의 하얀 만능약이고 하얀 백악(白堊)이고 비소이며, 두 번의 발효에 공통적으로 필요하다. 백조는 등과 날개로 위쪽의 구를 떠받쳐야 한다.

V: 일식.

XX: 태양이 바닷속으로, 다시 말해 만능약이 흘러 들어가야 하는 메르쿠리우스의 물로 하강하고 있다. 이것은 진정한 일식으로 이어지며, 그러면 연금술사는 응고에 나타나는 공작의 꼬리를 암시하기 위해 어느 한쪽에 무지개를 놓아야 한다.

XY: 월식이 일어난다. 이때도 마찬가지로 어느 한쪽과 바다의 가장 낮은

---

105 옛날의 연금술사들이 수은에 붙였던 많은 이름들 중 하나이다.

부분에 무지개가 걸린다. 달이 그 바닷속으로 빠져야 한다. 이것은 하얀 발효 과정의 그림이다. 그러나 양쪽 바다는 꽤 어두워야 한다.

ZZ: 달이 바닷속으로 미끄러지듯 들어간다.

a: 왕관을 쓰고 자주색 옷을 걸친 왕은 옆에 황금 사자를 두고 있다. 그는 손에 붉은 백합을 들고 있는 반면에, 왕비는 하얀 백합을 갖고 있다.

b: 은관을 쓴 왕비가 그녀의 옆에 서 있는 흰색 또는 은색 독수리를 쓰다듬고 있다.

c: 구(球) 위의 피닉스가 스스로를 태우고 있다. 그 재에서 금색과 은색의 새들이 여러 마리 나와서 날아다닌다. 그것은 번식과 증식의 신호이다.

:

3장

작업

:

1. 방법

연금술의 기본은 작업이다. 이 작업 부분은 실질적이며, 화학 물질을 대상으로 실시하는 일련의 실험들로 여겨지는 '오페라치오'(operatio: 작업 과정) 그 자체이다. 나의 의견에는 물질들과 절차들의 무한한 카오스 속에서 어떤 질서를 찾으려고 노력하는 것은 꽤 절망적이다. 작업이 어떤 식으로 이뤄졌는지, 어떤 물질이 이용되었는지, 어떤 결과가 성취되었는지에 대해선 알려진 것이 거의 없다.

물질들의 이름을 접하는 경우에 독자는 대체로 헤쳐 나갈 수 없는 어둠에 갇혔다는 느낌을 받는다. 거의 모든 것이 연금술의 물질이 될 수 있었다. 그리고 그 연금술적 의미 때문에 그 기술의 비결들 중 하나로 여겨지는 물질은 바로 수은과 소금, 유황처럼 가장 흔하게 쓰이는 물질이었다.

<그림 143> 작업 중인 연금술사들. – 'Mutus liber'(1702)

게다가, 연금술사들이 언제나 서로를 이해했다는 상상은 절대로 하면 안된다. 연금술사들은 텍스트들의 모호함에 대해 불만을 터뜨리고, 이따금 자신의 상징들과 상징적인 형상들조차 제대로 이해하지 못했다는 점을 드러내고 있다. 예를 들면, 학식 있는 미하엘 마이어는 권위자인 게베르에 대해, "게베르 스핑크스"의 수수께끼를 풀려면 오이디푸스 같은 사람이 필요할 것이라면서, 연금술사들 중에서 이해하기가 가장 어렵다고 비판하고 있다. 또 다른 유명한 연금술사인 베르나르드는 심지어 게베르를 몽매주의자이고 알맹이를 주겠다고 약속해 놓고는 쭉정이를 주는 프로테우스[106] 같은 존재라고 부른다.

연금술사는 자신이 모호하게 글을 쓰고 있다는 사실을 꽤 분명히 알고 있다. 연금술사는 고의로 자신의 의미를 숨긴다는 식으로 말하지만, 내가 아는 한, 자신이 다른 방식으로는 글을 쓰지 못한다는 사실을 어디서도 밝히지 않는다. 그는 신비화가 이런저런 이유로 자신에게 강요되고 있다거나, 자신은 진리를 최대한 분명하게 밝히기를 원하지만 원물질 또는 라피

---

106 그리스 신화 속의 바다 신으로, 모습을 마음대로 변화시키는 능력과 예언 능력을 가졌다.

스가 바로 이것이라고 크게 선언하지 못한다는 입장을 고수하면서 그냥 묵묵히 하던 일을 계속한다.

연금술 절차를 가리고 있는 깊은 어둠은 연금술사가 그 작업의 화학적인 부분에 관심을 두고 있었을지라도, 그와 동시에 자신을 진정으로 사로잡은 정신적 변형을 위한 용어 체계를 고안하면서 그 부분을 이용했다는 사실에서 비롯된다. 독창적인 연금술사는 예외 없이 철학자들의 단정들과 연금술의 근본적인 개념들의 잡다한 유추들로 이뤄진, 말하자면 다소 개인적인 사상 체계를 구축했다. 일반적으로 이 유추들은 거의 모든 곳에서 끌어 모아졌다. 심지어 연금술 장인에게 유추를 끌어낼 자료를 제공할 목적으로 쓴 논문도 있었다.

심리학적으로 말하면, 연금술의 방법은 무한한 확충의 한 방법이다. '암플리피카치오'(amplificatio: 확충)는 언제나 모호한 경험을, 말하자면 윤곽이 너무나 흐릿한 나머지 어떤 식으로라도 이해하기 위해서는 심리학적 맥락 속에 놓음으로써 확대하고 확장해야 하는 그런 경험을 다루는 데적절하다. 그것이 분석 심리학에서 꿈들을 해석하면서 확충에 의지하는 이유이다. 왜냐하면 어떤 꿈이 너무나 약한 힌트에 그치고 있는 탓에, 그것을 연상과 유추의 방법을 통해서 풍성하게 가꾸고, 그렇게 함으로써 이해 가능한 수준까지 확충하기 전에는 그 꿈을 이해하는 것이 불가능하기 때문이다.

이 확충은 연금술 작업의 두 번째 부분을 이루며, 연금술사에게는 이론 (theoria)으로 이해된다. 본래 이론은 소위 "헤르메스 철학"이었으나, 꽤 일찍부터 이론은 기독교 교리로부터 넘겨받은 사상들의 동화에 의해 확장되었다. 서양에 알려진 가장 오래된 연금술에서, 헤르메스 철학의 단편들은 대부분 아라비아어로 된 원전을 통해 내려왔다. '코르푸스 헤르메치쿰'

<그림 144> 왼쪽은 3명의 연금술 장인들이 서재에 있는 모습이고, 오른쪽은 장인 또는 보조원이 실험실에서 작업하는 모습이다. – Maier, 'Tripus aureus'(1618)

<그림 145> 실험실과 기도실. – Khunrath, 'Amphitheatrum sapientiae'(1604)

<그림 146> "통합의 상징"으로서, 메르쿠리우스. – Valentinus, "Duodecim claves", in 'Musaeum hermeticum'(1678)

<그림 147> 우로보로스. – 'Codex Marcianus'(11th cent.)

(Corpus Hermeticum)과의 직접적인 접촉은 15세기 후반에 이르러서야 확립되었다. 그리스어 원고가 마케도니아로부터 이탈리아에 도착하여 마르실리오 피치노(Marsilio Ficino)에 의해 라틴어로 번역된 때였다.

'트리푸스 아우레우스'(Tripus aureus)(1618)의 속표지에 실린 삽화(그림 144)는 연금술의 이중적인 얼굴을 그림으로 쉽게 보여주고 있다. 그림은 두 부분으로 나뉜다. 오른쪽은 반바지만 걸친 남자가 불 앞에서 바삐 움직이고 있는 실험실이고, 왼쪽은 대수도원장과 수도사, 평신도가 함께 의논하고 있는 서재이다. 한가운데를 보면, 용광로 위에 세 발 의자가 놓여 있고, 그 위에 날개를 가진 용을 담은 둥근 플라스크가 놓여 있다.

용은 연금술사가 실험실에서 작업하면서 "이론을 세우며" 거치는 시각적 경험을 상징한다. 용 자체는 하나의 괴물이며, 뱀의 지하의 원리와 새의 공중의 원리를 결합시킨 상징이다. 룰란드가 말하는 바와 같이, 용은 메르쿠리우스의 한 변형이다. 그러나 메르쿠리우스는 물질 속에 나타난, 날개 가진 신성한 헤르메스(그림 146)이고, 계시의 신이며, 생각의 지배자이고, 영혼을 저승으로 인도하는 최고의 존재이다.

이 액체 금속, 즉 "살아 있는 은"인 수은은 안으로 반짝반짝 빛나며 생기를 불어넣는 것의 본성을 완벽하게 표현한 경이로운 물질이었다. 연금술사가 메르쿠리우스에 대해 말할 때, 그는 겉으로는 수은을 뜻하지만 속으로는 물질 안에 숨겨져 있거나 갇혀 있는, 세상을 창조하는 영을 의미한다.

용은 아마 연금술에서 그림으로 남아 있는 상징들 중에서 가장 오래된 상징일 것이다. 용은 10세기나 11세기의 문서로 여겨지는 '코덱스 마르치아누스'(Codex Marcianus)에 '하나가 곧 전부'(the One, the All)라는 전설과 더불어 꼬리를 먹는 '우로보로스'로 나타난다. 연금술사들은 작업이 하나에서 시작하여 그 하나로 다시 돌아간다는 점을, 또 그것은 자신의 꼬리를 물어뜯는 용과 비슷한 일종의 순환이라는 점을 거듭 강조하고 있다(그림 20, 44, 46, 47 참조).

이런 이유로, 작업은 종종 순환적이라고 불리거나 바퀴라고 불렸다(그림 80). 메르쿠리우스는 작업의 시작과 끝에 서 있다. 그는 원물질이고, 까마귀의 머리이고, 니그레도이다. 용으로서 그는 자신을 먹어치우며, 용으로서 그는 라피스로 다시 일어나기 위해 죽는다. 그는 '공작의 꼬리'에 나타나는 색깔들의 작용이고 4가지 원소로의 분리이다. 그는 시작 단계에서 자웅동체이며, 전형적인 오빠-여동생의 이중성으로 찢어졌다가 '결합'에서 다시 합쳐지고 마지막에 그 돌로, 빛나는 새로운 빛(lumen novum)의 형태로 다시 나타난다. 그는 금속이면서 액체이며, 물질이면서 정신이며, 차

<그림 148> 상반된 짝들을 결합시키고 있는, 카두케오스(헤르메스의 지팡이)로서의 메르쿠리우스. – "Figurarum Aegyptiorum secretarum"(MS., 18th cent.)

가우면서 불같으며, 독이면서 치료의 약이다. 한마디로, 메르쿠리우스는 상반된 모든 것들을 통합시키는 상징이다(그림 148).

2. 물질 속의 영

이 모든 사상들은 초기부터 연금술의 공통적인 특성이었다. A.D. 3세기에 글을 쓰고 있는 조시모스는 "그 기술과 그것의 해석에 관하여"(Concerning the Art and Its Interpretation)라는 논문에서 연금술의 매우 오래된 권위자를, 즉 연금술이 시작될 때의 인물로 플리니우스(Plinius)에게도 알려져 있던 오스타네스를 인용하고 있다. 오스타네스와 초기 연금술 저자 중 한 사람인 데모크리토스의 연결은 아마 B.C. 1세기부터 시작되었을 것이다. 이 오스타네스가 이렇게 말한 것으로 보고되고 있다.

> 나일 강의 물로 가라. 거기서 영을 가진 돌을 발견할 것이다. 그것을 선택하여 쪼갠 다음에 손을 집어넣고 심장을 끄집어내라. 그 돌의 영혼이 심장에 있으니까(그림 149). [어떤 사람이 참견하며 말을 보낸다.] 거기서 영을 가진 돌을 발견할 것이라고 그가 말한다. 영은 수은의 똘똘 뭉치는 그 성격을 가리킨다.[107]

"어떤 이미지가 돌 안에서 나를 위해 졸고 있다"는, 『차라투스트라는 이렇게 말했다』에 나오는 니체의 비유적 표현은 꽤 같은 것을 말하지만, 거꾸로 말하고 있다. 고대에 물질의 세계는 어떤 정신적 비밀의 투사로 가득

---

[107] Berthelot, 'Alch. grecs', III, vi.5.

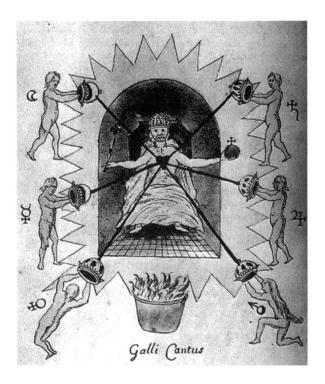

<그림 149> 행성-자식들이 병든 왕(원물질)의 심장으로부터 왕관을 받고 있다. – "La Sagesse des anciens"(MS., 18th cent.)

했으며, 이 정신적 비밀은 그 후로 물질의 비밀로 나타나서 18세기 들어 연금술이 쇠퇴할 때까지 그런 것으로서 남았다. 니체는 열광적인 직관을 바탕으로 초인의 비밀을, 그것이 오래 전부터 졸고 있던 돌로부터 끌어내려고 노력했다.

니체는 초인을 졸고 있는 이 이미지와 유사하게 창조하길 원했다. 이 초인은 고대의 언어로 표현하면 신성한 인간이라 불릴 수 있다. 그러나 그 방법은 연금술사들이 생각했던 것과 반대였다. 연금술사들은 모든 물질들을 관통하면서 비천한 금속을 채색의 과정을 통해 귀한 금속으로 변형시키는 물질을 얻기 위해 어떤 영적 정수를 품고 있는 경의의 돌을 찾고 있었다. 그 물질은 그 자체로 돌을 관통하는 "영"이다. 이 "영-물질"은 수은과, 말하자면 광석 안에 보이지 않게 숨어 있는 까닭에 실제로 찾아내기 위해서는 먼저 거기서 추방되어야 하는 수은과 비슷하다. 모든 물질을 관통하는 이 메르쿠리우스(그림 150)를 소유한 자는 그것을 다른 물질들 속으로 "주입하여" 그것들을 불완전한 상태로부터 완벽한 상태로 변화시킨다.

불완전한 상태는 잠을 자고 있는 상태와 비슷하다. 물질들은 불완전한 상태에서 "망자의 나라에서 사슬에 묶인 채 잠을 자는 자들처럼" 누워 있다가(그림 151), 생기를 띤 그 돌에서 추출한 신성한 팅크제에 의해 죽음에서 깨어나 새롭고 더 아름다운 삶을 살게 된다. 여기서 정신적 변형의 신비를 물질에서 찾으려는 경향이 보일 뿐만 아니라, 동시에 정신적 변형을 화학 변화를 촉발시키는 이론으로 이용하려는 경향도 보인다.

<그림 150> 침투하는 메르쿠리우스. – "Speculum veritatis"(MS., 17th cent.)

<그림 151> 저승의 죄수들. - Izquierdo, 'Praxis exercitiorum spiritualium'(1695)

니체가 누구도 초인을 일종의 정신적 또는 도덕적 이상(理想)으로 착각할 수 없다고 자신 있게 말했듯이, 팅크제 또는 신성한 물은 단순히 치료 효과를 발휘하거나 그 효과를 강화하는 것과는 거리가 멀며, 그것이, 프네우마가 그 돌을 침투할 때처럼 널리, 다른 육체들을 침투하는 치명적인 독으로도 작용할 수 있다는 점이 강조되고 있다.

조시모스는 헤르메스의 영향을 받은 그노시스주의자였다. 테오세베이아(Theosebeia)에게 보낸 편지에서, 그는 변형의 그릇으로 "크라테르"[108]를

---

108   고대 그리스 로마 시대 때 포도주와 물을 섞는 데 쓴 용기를 말한다.

권하고 있다. 그는 그녀가 크라테르에서 세례를 받기 위해 포이만드레스 (Poimandres)[109]에게 서둘러 가야 한다고 말하고 있다.

이 크라테르는 헤르메스가 어느 논문에서 토트에게 말했던 그 신성한 그릇을 일컫는다. 신은 세상의 창조를 끝낸 뒤에 이 그릇을 누스(프네우마)로 채운 다음에 그것을 일종의 세례반으로 땅으로 내려 보냈다. 그렇게 함으로써, 신은 불완전하게 타고난 잠자는 상태로부터 자유로워지길 원하던 인간에게 스스로를 누스에 푹 담갔다가 보다 높은 상태인 계몽을 이루거나 보다 높은 의식을 획득할 수 있는 기회를 주었다. 따라서 누스는 비천한 물질들을 고결하게 변형시키는 염료 또는 팅크제이다. 누스의 기능은 물들이는 돌-추출물과 정확히 일치하며, 이 추출물은 또한 프네우마이며 메르쿠리우스로서, 구원의 사이코콤프(psychopomp)[110]와 수은이라는, 헤르메스의 이중적인 의미를 지니고 있다.

그렇다면 조시모스는 틀림없이 신비주의 또는 그노시스주의 철학을 어느 정도 알고 있었으며, 그는 그 철학의 근본 사상들을 물질 속으로 투사했다. 심리적 투사에 대해 논할 때, 앞에서 이미 지적한 바와 같이, 그것이 무의식에 남아 있는 한에서만 작용하는 무의식적 과정이라는 사실을 언제나 기억해야 한다.

조시모스가 모든 연금술사들과 마찬가지로 자신의 철학이 물질에 적용될 수 있다고 확신하고 있을 뿐만 아니라, 자신의 철학적 가정들을 뒷받침할 과정들도 또한 물질 안에서 일어난다고 확신하고 있기 때문에, 그가 물질 자체에서 적어도 물질의 행동과 자신의 정신 안에서 벌어지는 사건들 사이에 어떤 동일성을 경험했을 것임에 틀림없다. 그러나 이 동일성이 무의식

109　헤르메스의 글에 반신(半神)으로 나온다.

110　영혼을 저승으로 안내하는 길잡이 또는 저승사자.

적이기 때문에, 조시모스라고 해서 그것에 대해 다른 연금술사들보다 더 분명하게 의견을 제시할 수 있는 상황은 아니었다. 그에게 그 동일성은 그냥 거기에 있을 뿐이며, 그 동일성은 하나의 다리 역할을 할 뿐만 아니라, 그것은 실제로 정신적인 사건들과 물질적인 사건들을 하나로 연결시키는 다리이며, 그래서 "안에 있는 것이 밖에도 있다".

그럼에도 불구하고, 의식적인 정신을 피하고 있는 무의식적 사건은 어떤 식으로든 어딘가에서 모습을 드러낼 것이다. 그 사건은 꿈이나 환상이나 공상으로 나타날 수 있다. 프네우마를 신의 아들로, 말하자면 물질 속으로 내려갔다가 모든 영혼을 치료하고 구원하기 위해 스스로를 거기서부터 해방시키는 신의 아들로 여기는 사상은 투사된 어떤 무의식적 내용물의 특성들을 보인다(그림 153). 그런 무의식적 내용은 의식에서 떨어져나온 자율적인 어떤 콤플렉스이며, 그것은 정신 중에서 자아가 아닌 영역에서 나름의 삶을 영위하다가 어떤 식으로든 무엇인가와 연결될 때마다, 말하자면 외부 세계에 있는, 그것과 비슷한 무엇인가와 연결될 때마다 즉시 스스로를 투사한다.

프네우마의 정신적 자율성은 신(新)피타고라스 학파에 의해 강조되었다. 이 학파의 관점에서 보면, 영혼은 물질에 삼켜지고 오직 정신, 즉 누스만 남았다. 그러나 누스는 사람 밖에 있다. 그것은 그 사람의 수호신이다. 누구도 누스의 자율성을 이보다 더 적절히 표현하지 못할 것이다. 누스는 안트로포스 신과 동일한 것처럼 보인다. 누스는 데미우르고스[111]와 나란히 나타나며, 행성들의 적이다. 누스는 행성들의 원을 찢고, 아래로 흙과 물 쪽으로 기운다(다시 말하면, 그가 자신을 원소들로 투사하려 하고 있다). 그의 그림자는 땅 위에 드리워지지만, 그의 이미지는 물에 비친다. 이것이 원소들의 사랑에 불을 붙이고, 누스 자신은 물에 비친 신성한 아름다움의 이미지에 매료된 나머지 자신의 거처를 그 이미지 안에 정하려 들 것이다. 그러나 그가 땅에 발을 딛자마자, 피시스가 그를 꼭 끌어안으며 뜨겁게 포옹했다. 이 포옹으로부터 첫 번째 자웅동체인 일곱 존재들이 태어났다. 일곱은 분명히 일곱 행성을, 따라서 연금술의 관점에서 볼 때 자웅동체 메르쿠리우스로부터 나오는 금속들(그림 154, 155. 그림 21과 79 참조)을 암시한다.

<그림 152> 위쪽 그림은 사투르누스가 자식들을 먹고 있는 사이에 그의 몸에 메르쿠리우스의 물이 뿌려지고 있는 모습이다. 아래쪽 그림은 욕조에서 재생을 추구하는 장면이다. – Thomas Aquinas(pseud.), "De alchimia"(MS., 16th cent.)

<그림 153> 연금술 장인이 헤르메스 그릇으로부터 "철학자의 아들"인 호문쿨루스를 들어 올리고 있다. - Kelly, 'Tractatus de Lapide philosophorum'(1676)

<그림 154, 155> 왼쪽은 왕이 여섯 개의 행성 또는 금속을 거느리고 있는 모습이고, 오른쪽은 새롭게 부활한 왕(철학자의 아들)이 여섯 행성의 숭배를 받고 있는 모습이다. - Kelly, 'Tractatus de Lapide philosophorum'(1676)

자신의 그림자를 보고 있는 안트로포스와 같은 시각적 이미지들에서, 자율적인 내용물의 무의식적 투사라는 현상이 고스란히 표현되고 있다. 이 신화적인 그림들은 꿈들과 비슷하며, 그 그림들은 어떤 투사가 일어났다는 사실을 알려줌과 동시에 무엇이 투사되었는지에 관한 이야기까지 들려주고 있다. 당시의 증거가 보여주고 있듯이, 투사된 것은 누스, 신성한 수호신, 신인(神人), 프네우마 같은 것이었다. 분석 심리학의 관점이 현실적이기 때문에, 다시 말해 분석 심리학이 정신의 내용물은 모두 실체라는 가정에 근거를 두고 있기 때문에, 이 형상들은 모두 평범한 인간의 의식을 능

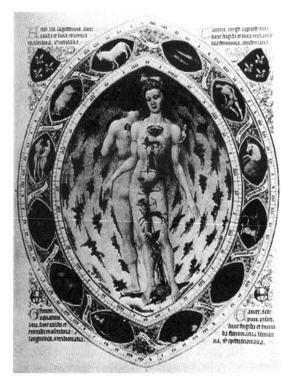

<그림 156> 2개 한 벌(밤과 낮). 황도 십이궁과 인간 사이의 조화를 상징적으로 표현하고 있다.
– "Très Riches Heures du duc de Berry"(MŚ., Chantilly, 15th cent.)

가하는 보다 높은 형태의 의식을 부여받은 인격의 어떤 무의식적인 구성 요소를 나타내고 있다.

경험은 그런 형상들이 언제나 아직 의식이 되지 않은 탁월한 통찰력 또는 특성들을 표현하고 있다는 점을 보여주고 있다. 정말로, 그 통찰력이나 특성들이 일상적인 의미로 말하는 자아로 돌려질 수 있는 것인지, 극히 의문스럽다. 이처럼 그 특성들을 어디로 귀속시킬 것인가 하는 문제는 보통 사람에게는 트집이나 잡으려 드는 그런 문제처럼 보일지 몰라도, 실제 작업에서 보면 그것은 대단히 중요하다. 특성들을 엉뚱한 곳으로 돌리는 경우에 위험한 팽창을 야기할 수 있다. 그래도 보통 사람에게는 그런 팽창이 전혀 중요하지 않아 보인다. 그로 인해 일어날 수 있는 내적, 외적 재앙에 대해 아는 바가 전혀 없으니 말이다.

사실, 여기서 우리는 지금까지 극히 드물게 예외적으로만 인간의 인격으로 돌려진 어떤 내용물을 다루고 있다. 그 위대한 예외가 바로 그리스도이다. 사람의 아들로서, 그리고 신의 아들로서, 그리스도는 신인을 구현하고 있으며, "영적" 수태에 의한 로고스의 구현으로서, 그는 신성한 누스의 분신이다.

따라서 기독교 신자의 투사는 인간 안에 있는 미지의 것에, 또는 "지금까지 들어보지 못한 굉장한 비밀"을 간직한 존재가 될 미지의 인간에게 작용한다. 한편, 이교도의 투사는 인간을 넘어서서 물질 세계 안의 미지의 것에, 선택된 인간과 비슷하게 어쨌든 신으로 채워치고 있는 미지의 본질에 작용한다.

그리고 기독교에서 신성이 낮은 신분의 인간의 내면에 숨어 있듯이, 그 "철학"에서 신성은 못생긴 돌 안에 숨어 있다. 기독교 신자의 투사에서 '성령의 강림'은 인간이면서 동시에 신인, "선택된 그 한 존재"의 생생한 육체에서 멈추지만, 연금술에서 그 하강은 생명 없는 물질의 어둠 속으로 곧장

<그림 157> 메르쿠리우스의 영혼. – "Figurarum Aegyptiorum secretarum"(MS., 18th cent.)

내려간다. 신(新)피타고라스 학파에 따르면, 이 물질의 아래쪽 영역들은 악의 지배를 받는다. 악과 물질이 함께 디아드(Dyad)[112], 즉 이중성을 형성한다(그림 156). 이것은 본래 여성적이고, 세계 영혼이며, 절대자, 모나드, 선하고 완벽한 존재의 포옹을 갈망하는 여성적인 피시스이다. 그노시스주의자 유스티누스(Justinus Gnosis)는 그녀를 위쪽은 처녀이고 아래쪽은 뱀인 에뎀[113]으로 묘사한다(그림 157). 복수심에 불타는 듯, 그녀는 프네우마와 싸운다. 왜냐하면 신의 두 번째 형태인 데미우르고스로서, 프네우마가

---

112   2개1조라는 뜻.

113   그노시스주의 신화에 등장하는 여성의 형상. 이름은 에덴 동산의 에덴에서 비롯되었다.

그녀를 버림으로써 신의를 저버렸기 때문이다. 그녀는 "원소들 안에 갇혀 있는 신성한 영혼"이며, 그녀를 구해내는 것이 연금술의 과제이다.

3. 구원 작업

지금 이 모든 신화 그림들은 인간을 구원 받아야 할 존재로 보여줌과 동시에 구원자로도 보여주면서, 인간 정신의 어떤 드라마를 의식의 측면에서 나타내고 있다. 인간을 구원 받아야 할 존재로 보여주는 것은 기독교에 해당하고, 인간을 구원자로 보여주는 것은 연금술에 해당한다. 전자의 경우에, 인간은 구원의 필요성을 자기 자신에게로 돌리며 구원 작업을 자율적인 신성한 형상에게 맡긴다. 후자의 경우에 인간은 구원 작업의 수행을 자신의 의무로 받아들이면서 고통스런 상태와 그에 따른 구원의 필요성을 물질 안에 갇혀 있는 세계 영혼으로 돌린다.

두 가지 예 모두에서, 구원은 하나의 '작업'이다(그림 158). 기독교에서 그 작업은 물질성에 빠져 구원을 갈망하는 인간과 신의 화해를, 독특한 희생을 통해 초래하는 신인(神人)의 삶과 죽음이다. 대략적으로 말하면, 이 신인의 자기희생의 신비한 효과가 모든 인간에게로 확산된다. 비록 그 효과가 신앙을 통해서 복종하거나 신의 은총에 의해 선택받은 사람들에게만 미칠지라도 말이다. 그러나 사도 바울로에게 받아들여지면서, 그 희생의 효과는 하나의 '아포카타스타시스'(apocatastasis)[114]로 작용하면서, 자연 그대로의 인간처럼 불완전한 상태에서 구원을 기다리고 있는, 인간 외의 다

114　죄 많은 인간을 포함한 만물이 궁극에는 본래의 상태로 돌아간다는 학설로, 만물회복설로 옮겨진다.

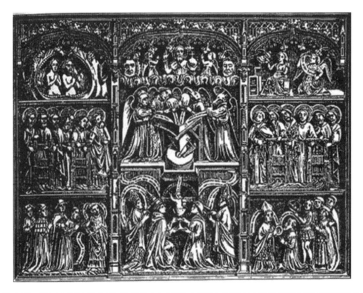

<그림 158> "호스티아 제분기". 말씀이 두루마리 형태로 4명의 복음서 저자들에 의해 제분기 속으로 부어지고 있다. 말씀이 성배 속의 유아 그리스도로 다시 나타나도록 하기 위해서이다.('요한복음' 1장 14절, "그리고 말씀이 육신이 되었다"는 대목 참조) – High altar of church at Tribsees, Pomerania(15th cent.)

른 피조물로까지 확장된다. 사건들의 어떤 "공시성"(synchronicity)[115]에 의해서, 세상과 육신에 매몰된 영혼을 가진 인간은 마리아의 아들로서, '땅의 처녀'이자 가장 높은 형태의 물질을 대표하는 그녀 속으로 들어가는 순간에 잠정적으로 신과 연결된다. 그리고 인간은 영원한 신의 아들이 희생적인 죽음을 겪은 뒤에 성부에게로 다시 돌아가는 순간에, 적어도 잠정적으로는 완전히 구원을 받는다.

　이 신비의 사상은 오시리스와 오르페우스, 디오니소스, 헤라클레스 등의 신화들과 히브리 선지자들 사이의 메시아 개념에서 예견되고 있다. 이 예견들은 죽음을 정복하는 것이 이미 중요한 한 요소인 원시인의 영웅 신화

115　공시성(共時性)은 의미 있는 우연의 일치를 뜻한다.

로까지 거슬러 올라간다. 기독교 신자의 투사와 다소 동시대의 현상인 아티스와 미트라에 대한 투사도 언급할 가치가 충분하다. 기독교인의 투사는 예수라는 역사적이고 개인적인 인물 때문에 이런 모든 구원과 변형의 신비의 표현들과 다르다. 그 신화적인 사건은 그의 안에서 구체화하고, 그럼으로써 그 사건은 역사적이고 신비적인 하나의 독특한 현상으로서 세계 역사의 영역으로 들어간다.

그 신성한 영웅의 형상 속에서, 하느님은 불완전하고, 고통 받고 있고, 살아 있는 자신의 피조물과 직접 싸운다. 하느님은 심지어 피조물의 고통 받는 조건을 스스로 떠안으며, 그런 희생적인 행위를 통해서 위대한 작업을, 구원의 작업을, 죽음의 정복을 성취한다. 전적으로 형이상학적인 이 작업을 실제로 행하는 문제 앞에서, 인간은 진정으로 결정적인 무엇인가를 하기에는 너무나 무력하다. 인간은 신앙과 확신으로 충만한 가운데 구원자를 기다리며 "모방"의 길에서 할 수 있는 모든 것을 하지만, 그 같은 노력은 인간 자신이 구원자, 또는 자신의 구원자가 될 수 있는 지점까지는 절대로 이르지 못한다. 그럼에도 완전한 모방이 행해지고 신자의 내면에서 그리스도의 재현이 이뤄진다면, 그런 결과는 반드시 나타날 것이다.

그러나 이것은 불가능한 일이다. 만약에 그것과 거의 같은 일이 일어났다면, 그런 경우에 그리스도가 신자의 안에서 자신을 다시 확립함에 따라 신자의 인격을 대체했을 것이다. 만약 교회가 존재하지 않는다면, 우리는 이 진술에 만족해야 한다. 교회라는 제도는 바로 그리스도의 생명의 영원한 지속과 그 생명의 제물의 기능을 의미한다. '신성한 직무'(officium divinum) 또는 베네딕토 수도회의 용어로 '신성한 작업'(opus divinum)에서, 그리스도의 희생, 즉 구원 행위가 끊임없이 되풀이되고 있다. 그 구원 행위는 그리스도 자신에 의해 성취되었고 또 영원히 다시 성취되는 독특한 희생으로 여전히 남아 있다.

이 '초자연적인 작업'은 미사에서 제물을 바치는 행위에 표현되고 있다. 그 의례 행위에서, 말하자면 성직자가 그 신비한 사건을 보여주지만, 진정한 행위자는 언제 어디서나 자신을 희생시키고 있는 그리스도이다. 그리스도의 희생적인 죽음은 시간 안에서 일어났음에도 불구하고, 기본적으로 시간을 초월하는 사건이다. 토마스 아퀴나스(Thomas Aquinas)의 관점에서 보면, 미사는 그리스도의 육체의 진정한 희생이 아니라, 그의 희생적인 죽음의 "재현"이다. 만약에 바쳐지는 물질, 즉 빵과 포도주의 성변화(聖變化)가 없다면, 그런 해석도 충분하고 일관적일 것이다.

이 공물은 제물로 바쳐지고 있다. 제물을 뜻하는 독일어 단어 'Opfer'의 어원은 모호하다. 그 단어가 "바치다"라는 뜻의 'offerre'에서 나왔는지, 아니면 "초래하다, 활발해지다"를 뜻하는 'operari'에서 나왔는지를 놓고 논쟁이 벌어지고 있다. 그 단어의 고대의 쓰임을 보면, 'operari Deo'의 경우에 신에 봉사하거나 신에게 희생한다는 뜻이다. 그러나 만약에 'Opfer'가 'opus'(작업)라면, 그 단어는 빵과 포도주 같은 소박한 선물을 바치는 공물보다 훨씬 더 큰 것을 뜻한다. 그것은 성직자가 말하는 의식용 단어들에 어떤 인과적인 의미를 부여하는 효과적인 행위임에 틀림없다. 따라서 성체축성의 단어들(그는 수난당하시기 전 날에 …)은 성변화를 나타내는 것으로만 아니라 성변화의 작용인(作用因)으로도 여겨져야 한다. 그것이 레시우스(Jesuit Lessius: 1554-1623)가 축성의 말을, 제물로 바쳐질 새끼양을 죽일 때 쓰던 "칼"이라고 부른 이유이다.

제물로 바치기 위해 희생물을 죽이는, 소위 도살 이론은 미사의 문헌에서 중요한 자리를 차지한다. 비록 그 이론이 훨씬 더 불쾌한 파생물들 때문에 일반적으로 받아들여지지는 않았지만 말이다. 그런 측면이 가장 명확하게 묘사된 것은 아마 테살로니카의 대주교 니콜라우스 카바실라스 (Nikolaus Kabasilas: 1319?-1392)가 묘사한 그리스 의례일 것이다.

미사의 첫(준비) 부분에서 빵과 포도주는 제단이 아니라 일종의 찬장 같은 곳에 놓인다. 거기서 성직자는 빵을 한 조각 떼어내고 "그가 한 마리 새끼양으로서 도축장으로 끌려간다"는 말을 되풀이한다. 이어서 성직자는 빵 조각을 테이블에 놓고 "하느님의 어린양이 희생되었다"고 말한다. 그 다음에 십자가 표시가 빵에 새겨지고, 작은 창이 빵 옆구리를 찌른다. 이때 성직자는 "그러나 군인들 중에서 창을 가진 자가 그의 옆구리를 찌르고, 그 상처에서 피와 물이 흘러나왔다"고 말한다. 이 말에 맞춰, 물과 포도주가 성배 안에서 섞인다. 이어 경건한 행렬 속에서 제물을 바치는 의식이

<그림 159> 영혼과 육체의 결합. 연금술의 결혼 목욕의 교회 버전이다. – "Grandes heures du duc de Berry"(MS., 1413)

행해진다. 이때 성직자는 제물을 들고 있다. (여기서 제물은 베푸는 존재를 나타낸다. 제물을 바치는 그리스도는 희생당하는 자이기도 하다.) 따라서 성직자는 전통적인 사건을 재현하고 있으며, 성사 속에서 그리스도가 실질적인 육체적 생명을 갖는 한, 그의 육체를 실제로 죽이는 행위가 벌어진다고 할 수 있다.

이것은 성직자가 표현하는 축성의 말의 결과로 일어나며, 제물을 파괴하는 것, 즉 죽인 것을 신에게 바치는 것이 성변화를 초래한다. 후자는 원소들의 변형이며, 이때 그 원소들은 자연스럽고 지저분하고 불완전한 물질적인 상태에서 어떤 신비체로 옮겨 간다. 틀림없이 밀로 만든 빵은 육체를 의미하고, 피를 나타내는 포도주는 영혼을 의미한다. 성변화 후에 빵 한 조각이 포도주와 섞이고, 따라서 영혼과 육체의 결합이 이뤄지고 그리스도의 살아 있는 육체, 즉 교회의 통일이 확립된다.

성 암브로시우스(St. Ambrosius)는 변형된 빵을 '메디치나'(medicina: 약)라고 불렀다. 그것은 불멸의 약이며, 이 약은 성체 배령의 행위에서 신자의 속과 겉에 두드러진 효과를 발휘한다. 말하자면, 육체와 영혼이 결합하는 효과가 나타난다. 이것은 영혼을 치유하고 육체를 개조하는 형식을 취한다. '미사 전서'의 텍스트는 이것이 어떤 의미인지를 보여주고 있다.

> 이 물과 포도주의 신비를 통해, 우리가 우리 인간과 특별히 함께하기로
> 한 그분의 신성한 본성 안에서 동료 의식을 갖도록 해 주소서. …

여기서 내가 개인적인 발언을 해도 독자 여러분이 이해해 줄 것으로 기대한다. 빵과 포도주를 봉헌하면서 하는 말을 처음 읽는 것은 프로테스탄트인 나에게 하나의 진정한 계시였다. "인간 본성의 존엄을 경이롭게 창조

하신, 오 하느님이시어." "특별히 우리 인간과 함께 하시기로 허용하신, 하느님이시어." 인간 본성의 존엄에 대한 존경이 얼마나 깊은가! 신과 인간이라니! 프로테스탄티즘이 과거에 그렇게 자주 중상했고, 지금도 다시 중상할 준비가 되어 있는 그런 무가치하고 죄 많은 인간의 흔적은 하나도 보이지 않는다. 더욱이, 거의 "초월적인", 인간에 대한 이런 평가에는 다른 무엇인가가 여전히 숨겨져 있는 것 같다. 왜냐하면 만약에 신이 "위엄을 갖추고" 우리 인간의 본성과 함께하기로 결정했다면, 인간도 스스로에 대해 신성한 본성과 함께할 만큼 가치 있는 것으로 평가할 수 있을 것이기 때문이다. 성직자가 희생의 신비를 집전하면서 그리스도 대신에 자신을 희생자로 바칠 때, 어떤 의미에서 보면, 인간을 그런 식으로 높게 평가하는 것이 바로 그 성직자가 한 일이다. 그리고 신자들이 봉헌된 육체를 먹으며 신의 본질을 서로 나눌 때, 그 신자들이 한 것도 마찬가지로 그런 것이었다.

변형을 초래하는 봉헌의 말을 선언함으로써, 성직자는 빵과 포도주를, 그것들이 창조된 것으로서 지닌 기본적인 결함으로부터 구원한다. 이 사상은 꽤 비기독교적이다. 그것은 오히려 연금술과 관계가 더 깊다. 가톨릭교는 그리스도의 실질적인 현존을 강조하는 반면에, 연금술은 물질들의 운명과 명백한 구원에 관심을 두고 있다. 이유는 물질들 안에 신성한 영혼이 갇힌 채 누워서 구원을 기다리고 있기 때문이다. 그 구원은 물질들로부터 석방되는 순간에 영혼에게 허용된다. 이때, 갇혀 있던 영혼이 "신의 아들"의 형태로 나타난다.

연금술사에게, 구원을 필요로 하는 것은 인간이 아니라 물질 안에서 길을 잃고 잠자고 있는 신이다. 연금술사는 오직 부차적으로만 변형된 물질로부터 만능약으로서 자신에게 혜택이 생기기를 바랄 뿐이다. 그것이 불완전한 육체들, 그러니까 천하거나 "병든" 금속들에게도 이롭게 작용하는 것과 마찬가지로 말이다.

연금술사의 관심은 신의 은총을 통해서 자기 자신을 구원하는 것이 아니라, 물질의 어둠으로부터 신을 해방시키는 일로 향하고 있다. 연금술사는 이 기적의 작업에 몰두함으로써 그 작업의 유익한 효과를 누릴 수는 있지만, 그 효과는 어디까지나 부차적으로 얻어진다.

연금술사는 구원을 필요로 하는 사람으로서 그 작업에 접근할 수 있지만, 그는 자신의 구원이 그 작업의 성공에, 그러니까 그가 신성한 영혼을 해방시킬 수 있는지 여부에 달려 있다는 것을 알고 있다. 이 목적을 이루기 위해 그는 명상과 금식, 기도를 필요로 한다. 또 그는 자신을 보살피는 정령으로서 성령의 도움을 필요로 한다. 구원을 받아야 하는 것이 인간이 아니라 물질이기 때문에, 변형에서 모습을 드러내는 영은 "사람의 아들"이 아니라, 쿤라트가 아주 적절히 표현하는 바와 같이 '대우주의 아들'이다. 따라서 변형으로부터 생기는 것은 그리스도가 아니라 "돌"이라 불리는, 말로 표현할 수 없는 물질적인 존재이다. 이 돌은 육체와 영혼과 정신과 초자연적인 힘들을 소유하고 있는 외에, 대단히 역설적인 특성들을 보인다(그림 214). 만약에 연금술의 변형의 상징체계가 기원이라는 측면에서 이교도적이지 않고 미사보다 많이 오래되지 않았다면, 그 체계를 미사의 한 패러디로 설명하고 싶은 유혹도 생길 수 있다.

신의 비밀을 품고 있는 본질은 인체를 포함해 모든 곳에 있다. 그것은 갖고자 하면 누구나 다 가질 수 있으며, 어디서나, 심지어 가장 혐오스런 오물 안에서도 발견될 수 있다(그림 256). 이런 상황에서, 연금술 작업은 더이상 의례적인 직무가 아니며, 그것은 신 자신이 그리스도의 예를 통해서 인간에게 안겨준 구원과 동일한 작업이다. 그 작업은 지금 성령의 선물로, 즉 신성한 그 기술을 받은 철학자에 의해 자신의 개인적인 작업으로 인식되고 있다. 연금술사들은 이 점을 강조한다. "다른 사람의 정신을 통해서, 그리고 고용된 손을 빌려 작업하는 사람은 진리와 거리가 먼 결과를 보게 될 것이며, 거꾸로 실험실에서 다른 사람의 보조자로서 노동을 제공하는 사람에게도 여왕의 신비들을 보는 것이 절대로 허용되지 않을 것이다."[116] 이 대목에서 카바실라스의 말을 인용할 수 있다. "왕들도 신에게 선물을 바칠 때에는 그것을 자신이 직접 갖고 가지 다른 사람들이 대신 들고 가는 것을 허용하지 않는다."

연금술사들은 사실 단호한 은둔자들이며, 저마다 자신의 방식대로 말한다. 그들은 학생들을 거의 두지 않으며, 그들 사이에 직접적으로 전해 내려오는 전통 같은 것도 거의 없는 것 같다. 비밀 결사나 그것과 비슷한 것이 있었다는 증거도 별로 없다. 연금술사들은 각자 혼자 힘으로 실험실에서 작업하면서 외로움에 시달렸다.

한편, 논쟁도 드물었다. 그들의 글쓰기는 논쟁으로부터 상대적으로 자유로웠다. 그들이 서로의 글을 인용하는 방식은 제1원리들에 대한 동의가 두드러졌음을 보여주고 있다. 그럼에도, 그들이 진정으로 무엇에 대해 동의하고 있었는지를 이해하는 것은 불가능한 일이다. 신학과 철학을 그렇게 자주 망쳐 놓은 논쟁이나 시시콜콜 따지는 경향이 연금술 분야에는 거의 없다. 이유는 아마 "진정한" 연금술이 절대로 어떤 사업이나 경력이 아니라, 차분하고 자신을 희생시키는 노동에 의해 성취되는 순수한 작업이기 때문일 것이다. 각자가 유추들을 제공할 것처럼 보이는 때에만 거장들의 말을 인용하면서 자신만의 특별한 경험을 표현하려고 노력했다는 인상이 강하게 남는다.

매우 이른 시기부터, 모든 연금술사들이 자신의 기술은 신이 주신 것이

116　Maier, 'Symbola aureae mensae', p. 336.

며 신성하다는 데에, 마찬가지로 자신들의 작업은 신의 도움을 받아야만 완성될 수 있다는 데에 동의했다. 그들의 것인 이 과학은 오직 극소수에게 만 주어지는 것이고, 신이나 거장이 이해의 길을 열어주지 않으면 어느 누구도 그것을 이해하지 못한다. 획득된 지식은 누릴 자격을 갖추지 않은 사람들에게는 전달되지 않는다. 모든 기본적인 요소들이 비유로 표현되기 때문에, 그 요소들은 오직 이해력이라는 재능을 갖춘 지식인에게만 전달될 수 있다. 둔한 사람은 글자 그대로의 해석들과 비법에 빠져 오류를 저지를 것이다. 문헌을 읽을 때, 딱 한 권으로 만족해서는 안 되고, "한 권의 책은 또 다른 책으로 이어지기 때문에" 많은 책을 소유해야 한다. 한 단락씩 주의 깊게 읽어야 한다. 그러면 발견들을 이루게 될 것이다. 연금술의 용어들은 꽤 믿기 어려운 것으로 여겨진다. 간절히 기다리던 물질의 본질이 가끔 꿈에 나타날 것이다. '돌의 물질'(materia lapidis)은 신의 영감에 의해 발견될 것이다. 그 기술을 실행하는 길은 더없이 험하고 먼 길이다. 그 기술은 무지한 자들 외에는 어떤 적(敵)도 두고 있지 않다.

연금술 문헌에도 다른 분야에서와 마찬가지로 훌륭한 저자들과 형편없는 저자들이 있다는 데 대해서는 말할 필요도 없다. 허풍선이와 얼간이와 사기꾼들이 남긴 글도 있다. 그런 열등한 글은 끝없는 비법들과 부주의한 문장 구성, 부자연스런 신비화, 극도의 단조로움, 금을 만드는 일에만 집착하는 모습 등으로 인해 쉽게 확인된다. 훌륭한 책들은 언제나 저자의 근면과 관심, 눈에 보이는 정신적 분투에 의해 확인된다.

<그림 160> 물과 불의 결합으로서, 연금술의 상징. – Eleazar, 'Uraltes chymisches Werk' (1760)

<그림 161> 자기 자식들을 삼키고 있는 사투르누스로서, 원물질. –'Mutus liber'(1702)

:

4장

원물질

:

1. 물질의 동의어들

작업의 토대인 원물질은 연금술의 가장 유명한 비밀 중 하나이다. 이것은 절대로 놀라운 일이 아니다. 그것이 무의식적 정신의 내용물이 투사되고 있는 미지의 물질을 나타내고 있으니 말이다. 그런 물질을 명시하는 것은 당연히 불가능했다. 왜냐하면 투사가 개인에게서 나오고, 따라서 투사가 사람마다 다 다르기 때문이다. 바로 이런 이유로, 연금술사들이 원물질이 무엇인지에 대해 결코 말하지 않았다는 주장을 고수하는 것은 틀렸다. 반대로, 연금술사들은 너무 많은 정의들을 제시했으며, 그러면서 그들은 스스로를 영원히 부정하고 있었다. 어느 연금술사에게 원물질은 수은이었고, 다른 연금술사들에게 원물질은 광석, 철, 금, 납, 소금, 유황, 초산, 물, 공기, 불, 흙, 피, 생명의 물, 라피스, 독, 정신, 구름, 하늘, 이슬, 그림자, 바다,

어머니, 달, 용, 베누스, 카오스, 소우주였다(그림 162). 룰란드의 '연금술 용어집'은 동의어를 50개나 제시하고 있으며, 거기에 아주 많은 동의어를 더 더할 수 있다.

<그림 162> 카오스 속에서 속박되지 않은 상태로 있는 상반된 것들. "카오스"는 원물질을 가리키는 이름들 중 하나이다. – Marolles, 'Tableaux du temple des muses'(1655)

반은 화학적이고 반은 신화적인 이런 정의들 외에, 보다 깊은 의미를 지니는 "철학적인" 정의들도 몇 가지 있다. 한 예로, 코마리오스(Komarios)의 논문에서 "하데스"라는 정의가 발견된다. 올림피오도루스(Olympiodorus)의 경우에, 검은 흙은 "신의 저주를 받은 것"을 포함한다. "콘실리움 코니

우지이"는 금과 은의 아버지, 즉 금과 은의 원물질은 "땅과 바다의 동물"이거나 "인간"이거나 "인간의 일부", 즉 인간의 머리카락이나 피 등이라고 말한다. 도른은 원물질을 "아다미카"(Adamica)라고, 그리고 파라켈수스를 근거로 '소우주의 경계'(limbus microcosmicus)라고 부른다. 그 돌의 물질은 "불같고 완벽한 메르쿠리우스"와 진정한 자웅동체 "아담과 미크로코슘(Microcosm)"(= 인간)(그림 163)에 지나지 않는다. 헤르메스 트리스메기스투스는 그 돌을 "고아"로 부른 것으로 전해진다. 도른이 파라켈수스의 제자였기 때문에, 그의 견해는 아마 스승의 안트로포스 원리와 연결될 것이다. 이 때문에 나는 독자에게 나의 에세이 '하나의 정신적 현상으로서의 파라켈수스'를 참고할 것을 권해야 한다. 인간과 원물질 사이의 추가적인 연결이 다른 저자들의 글에서 언급되고 있지만, 나는 여기서 그것들을 모두 인용하지 못한다.

그리스 연금술에 나오는, 자신의 꼬리를 먹는 용은 원물질을 '하나'(Unum), '유일한 것'(Unica Res), 모나드 등으로 설명하는 현상을 낳았다. "리베르 플라토니스 콰토룸"에 인간이 단순한 것, 즉 영혼을 소유하고 있기 때문에 그 작업을 완성시킬 자질을 충분히 갖추고 있다는 진술도 그 용 때문에 나올 수 있었다. 밀리우스(Mylius)는 원물질을 근본적인 원소로 묘사한다. 원물질은 "순수한 주체이고 형태들의 통일체"이며, 그 안에서는 어떤 형태든 가능하다.

'투르바'의 두 번째 판에서 엑시메누스(Eximenus)는 이렇게 말한다.

원리의 아들인 그대들이여, 나는 모든 창조물의 시작은 영원히 이어지고 무한한 어떤 기본적인 본성이라고, 또 이 본성이 모든 것을 만들고 지배한다고 가르쳤다. 이 본성의 능동적이고 소극적인 양상들은 오직 그 신성한 기술에 관한 지식을 받은 사람들에게만 알려지고 인식된다.

'투르바'의 아홉 번째 연설에서, 엑시메누스는 성경의 창조론("말씀"을 통한 창조)과 일치하는 창조 이론을 제시하지만, 앞의 이론과는 명백히 모순되는 입장을 보인다. 앞의 이론에 따르면, 시작은 영원하고 무한한 본성이다. '로사리움'에서 원물질은 '그 자체의 뿌리'(radix ipsius)라고 불린다. 그것은 그 자체 안에 뿌리를 내리고 있기 때문에 자율적이며 그 어떤 것에도 의존하지 않는다.

2. 창조되지 않은 것

원물질은 그 자체의 뿌리이기 때문에 하나의 진정한 원리이며, 이것에서부터, 원물질은 창조되지 않은 그 무엇이라는 파라켈수스의 견해까지의 거리는 한 걸음밖에 되지 않는다. "필로소피아 아드 아테니엔세스"(Philosophia ad Athenienses)에서, 파라켈수스는 이 독특한 물질은 원소들과 공통점을 전혀 갖고 있지 않은 위대한 비밀이라고 말한다. 그 물질은 천상의 영역 전체를 가득 채우며, 원소들과 창조된 모든 것들의 어머니이다(그림 163). 어떤 것도 이 신비를 표현하지 못하며, 그것은 창조되지도 않았다. 창조되지 않은 그 신비는 신에 의해 준비되었다. 그 방식도 너무나 특별했기 때문에 미래에 그 어떤 것도 그것과 비슷하지 않을 것이며, 그것은 절대로 옛날의 모습으로 돌아가지 않을 것이다. 이유는 그것이 회복하지 못할 만큼 부패했기 때문이다(인간의 타락을 가리키는 것 같다). 도른의 번역은 파라켈수스의 텍스트의 의미를 전하고 있다.

<그림 163> 원물질로서, 지구가 철학자들의 아들에게 젖을 빨리고 있다.
– Mylius, 'Philosophia reformata'(1622)

파라켈수스의 글에서 원물질의 자율성과 영원성은 어머니 여신에 해당하는 신과 동일한 어떤 원리를 암시한다. 파라켈수스가 자신의 그런 견해와 기독교 신앙 고백을 어떤 식으로 조화시켜 나갔는가 하는 것이 도른의 개인적 관심사이다. 그 견해가 결코 단발적인 예가 아니니 말이다. "아콰리움 사피엔툼"(Aquarium sapientum)에 포함된 해석들은 정말로 불합리한 성격 때문에 흥미로운데, 이 문서는 파라켈수스의 이름을 언급하지 않고 있음에도 불구하고 그의 의견을 더욱 확장하고 있다. 예를 들어, 다음 텍스트들은 원물질에 적용되고 있다. "그리고 그가 앞으로 나아감은 시작부터, 영원의 날들로부터 계속되리라."('미가서' 5장 2절) "아브라함이 생겨나기

전부터 내가 있느니라."('요한복음' 8장 58절)

　이것은 그 돌이 시작이 없고 영겁으로부터 '최초의 존재'(primum Ens)를 갖고 있다는 것을 보여주고, 또 동시에 그 돌이 끝도 없이 영겁 속에 존재하게 될 것이라는 점을 보여준다. 이것을 적절히 이해하기 위해서는 누구나 영혼과 정신의 눈을 크게 뜨고 내면의 빛을 이용해서 정확히 관찰하고 식별해야 한다. 신은 자연과 우리의 가슴 속에 처음부터 이 불을 밝혀 놓았다. 그리고 그 돌이 물질과 함께 천 개의 이름을 갖고 있고, 따라서 "기적적"이라고 불리는 것과 똑같이, 이 모든 이름들은 분명히 신의 속성일 수 있다고 저자는 덧붙인다. 이어 저자는 이것을 실제로 적용한다. 기독교 신자는 자신의 귀를 거의 믿지 못하겠지만, 이 결론은 단지 "리베르 플라토닉 콰르토룸"에서 이미 꽤 명백하게 말한 것을 되풀이하는 것에 지나지 않는다. "사물들이 나오는 곳은 눈에 보이지도 않고 움직이지도 않는 신이다." 최초의 "사물"이 바로 그 신성한 기술의 주제이다. 이 같은 결론에 이르렀던 철학자들 중에서 그 결론을 말로 분명하게 표현한 사람들이 극소수였던 것은 사실이지만, 그 표현은 그들의 암시들과 간접적인 언급들을 보다 명쾌하게 만드는 한 측면일 뿐이다.

　더욱이, 그런 결론은 심리학적으로 불가피했다. 왜냐하면 알려져 있지 않은 까닭에 무의식이 어딜 가나 그 자체와 일치하게 되어 있기 때문이다. 그것은 무의식적 내용물이 인식 가능한 특성들을 모두 결여하고 있기 때문에 무의식의 그 어떤 내용도 다른 내용물과 구별될 수 없다는 뜻이다. 이것은 논리적 궤변이 아니라, 실용적으로 대단한 중요성을 지니는 매우 진정한 현상이다. 이유는 그것이 무의식적 내용물의 집단적인(그리고 구별 불가능한) 성격에 바탕을 둔, 사회적 삶 속의 동일성과 동일시의 문제들에 영향을 끼치기 때문이다. 이 동일시의 문제들은 몇몇 개인들을 사로잡기만 하면 즉각 상호 끌림을 통해서 그 개인들을 꼼짝 못하게 잡아당겨서 작거나 큰 집단 속으로 단단히 밀어넣게 되며, 그러면 그 집단은 사태가 일어나듯 쉽게 커질 것이다.

앞의 인용들은 연금술사들이 가장 높은 가치인 신까지 물질로 투사하게 되었다는 점을 분명히 보여주고 있다. 이런 식으로 최고의 가치가 물질 안에 안전하게 깊이 자리 잡게 됨에 따라, 한편으로 진정한 화학의 발달에 필요한 출발점이 제시되었고, 또 한편으로는 세상의 그림이 180도 이동하는 경우에 당연히 따르게 되어 있는 심리적 영향으로 인해, 보다 최근의 철학적 유물론이 발달할 출발점이 제시되었다. 연금술이 오늘날 우리와 아무리 관계가 없어 보일지라도, 연금술이 중세에 끼친 문화적 중요성을 과소평가하면 안 된다. 오늘은 중세의 자식이며, 오늘은 부모와 의절하지 못한다.

<그림 164> 메르쿠리우스가 둥근 카오스 위에 서서 도량형을 의미하는 저울을 들고 있다. 둥근 것은 금의 원형이다. – "Figurarum Aegyptiorum secretarum"(MS., 18th cent.)

3. 편재와 완벽

원물질은 편재(遍在)의 특성을 갖고 있다. 그것이 언제 어디서나 발견될 수 있으니 말이다. 바꿔 말하면, 투사가 언제 어디서나 일어날 수 있다는 뜻이다. 영국 연금술사 조지 리플리(George Ripley: 1415?-1490)는 "철학자들은 탐구자에게 새들과 물고기들이 우리에게 라피스를 갖다 준다고, 모든 사람이 라피스를 갖고 있다고, 라피스는 모든 곳에, 당신의 안에, 나의 안에, 모든 것의 안에, 시간과 공간 안에 있다고 말한다"고 쓰고 있다. "라피스는 비천한 형태로 스스로를 제공한다. 거기서부터 우리의 영원한 물이 나온다." 리플리에 따르면, 원물질은 물이다. 그것이 수은을 포함한 모든 물체들의 물질적인 원리이기 때문이다.

원물질은 신의 창조 행위가 카오스로부터 하나의 어두운 구체로 끌어내는 질료이다(그림 34 참조). 카오스는 그 돌을 낳는 '혼돈 덩어리'이다(그림 125, 164). 질료의 물은 숨겨진 불의 원소를 포함하고 있다. 논문 "유황에 대하여"에서, 지옥의 불은 흙 속에 있는 상반된 것으로서 흙 원소에 속하는 것으로 여겨진다.

호르툴라누스(Hortulanus)에 따르면, 그 돌은 자체 안에 모든 원소들을 포함하고 있는 '혼돈의 덩어리'로부터 생겨난다(그림 162). 세상이 '혼돈의 카오스'에서 나왔듯이, 그 돌도 그런 카오스에서 나온다.

회전하는 물의 구체라는 생각은 신(新)피타고라스 학파를 떠올리게 한다. 아르키타스(Archytas)에게, 세계 영혼은 원 또는 구체이고, 필롤라오스(Philolaos)에게, 세계 영혼은 회전하면서 세계를 둘러싸고 있는 것이니 말이다. 독창적인 사상은 아낙사고라스(Anaxagoras)에게서 발견되는데, 거기서는 누스가 카오스 속에 소용돌이를 일으킨다. 엠페도클레스

<그림 165> "의식"(儀式). 메르쿠리우스가 구(球) 위에 서 있다. 근처의 카두케우스와 풍요의 뿔들은 그의 선물의 풍성함을 상징한다. – Cartari, 'Le imagini de i dei'(1581)

(Empedokles)의 우주생성론도 관련있다. 이 이론에서 서로 다른 것들의 결합으로부터 사랑의 영향 덕분에 구체 모양의 존재가 생겨나고 있으니까. 구체처럼 생긴 이 존재를 "가장 평온한 신"이라고 한 정의는 최초의 구체에서 나오고 또 그 구체를 이루는 라피스의 완벽하고 "둥근" 본성에 특별한 빛을 비춘다. 그래서 원물질이 종종 라피스라 불린다(그림 164, 165).

최초의 상태는 숨겨진 상태이지만, 그런 상태는 그 기술과 신의 은총에 의해서 두 번째의 명백한 상태로 바뀔 수 있다. 그것이 원물질이 그 과정의 첫 단계의 사상, 즉 니그레도와 간혹 일치하는 이유이다. 그때 원물질은 금 또는 라피스가 밀알처럼 뿌려져 있는 검은 흙이다(그림 48 참조). 그것은 아담이 낙원에서 갖고 온, 검고 불가사의할 만큼 기름진 흙이고, 안티몬

(Sb)이라 불리며, '검정보다 더 검은 검정'으로 묘사되었다.

4. 왕과 왕의 아들

불의 낟알이 질료 안에 숨어 있듯이, 왕의 아들도 바다의 깊은 어둠 속에 죽은 듯이 누워 있으면서도 살아서 거기서 이렇게 외치고 있다(그림 166). "나를 물에서 해방시켜 마른 땅으로 이끄는 자가 있으면 누구든 불문하고 영원한 부로 번영케 하겠노라!"

<그림 166> 뒤쪽에서 바다의 왕이 도움을 청하고 있고, 앞쪽에서 그 왕의 새로운 형태가 구체와 성령의 비둘기와 함께 있다. ‒ Trismosin, "Splendor solis"(MS., 1582)

CONIVNCTIO SIVE
Coitus.

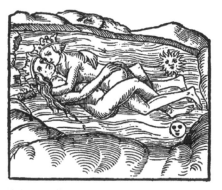

O Luna durch meyn vmbgeben/vnd susse mynne/
Wirstu schön/starck/vnd gewaltig als ich byn.
O Sol/ du bist vber alle liecht zu erkennen/
So bedarsstu doch mein als der han der hennen.

<그림 167> 상반된 것들의 정신적 결합을 비유적으로 표현하고 있다. "오, 달님이여, 나의 포옹에 포개졌으나, 그대는 나만큼 강하고, 얼굴도 아름다워요. 오, 해님이여, 인간에게 알려진 빛들 중에서 가장 밝은 존재여, 그럼에도 당신은 나를 필요로 하지요. 수탉이 암탉을 필요로 하듯이." – 'Rosarium philosophorum'(1550)

<그림 168> 원물질로서, 자기 아들을 삼키는 왕. – Lambspringk, "Figurae et emblemata", in 'Musaeum hermeticum'(1678)

"비시오 아리슬레이"의 바다의 왕과 연결되는 것이 분명하다. 아리슬레우스(Arisleus)는 어떤 것도 번성하지 않고 어떤 것도 낳지 않는 그런 왕국을 가진 바다의 왕과 벌인 모험에 대한 이야기를 들려주고 있다. 더욱이 거기엔 철학자가 하나도 없다. 오직 비슷한 것끼리만 짝을 짓고 있으며, 따라서 거기선 생식이 전혀 이뤄지지 않는다. 그래서 왕은 철학자들의 조언을 구해야 하고, 급기야 왕은 자신의 뇌 안에서 부화한 두 자식인 타브리티우스(Thabritius)와 베야가 짝을 짓도록 해야 한다(그림 167).

왕이 활기 없다는 소리를 듣거나, 왕의 땅이 결실을 맺지 않는다는 소리를 듣는다면, 그것은 숨겨진 상태가 잠재와 대기의 상태라는 뜻이다. 바다의 어둠과 깊이는 투사되고 있는, 눈에 보이지 않는 어떤 내용물의 무의식적 상태를 나타낸다. 그 내용물이 전체 인격에 속하고 단지 투사에 의해서 겉으로만 그 맥락으로부터 단절되어 있는 한, 의식적인 정신과 투사된 내용물 사이에 언제나 어떤 끌림이 있다. 일반적으로 그 끌림은 매혹의 형태를 취한다. 연금술의 비유에서, 이것은 왕이 분리되어 있는 자신의 무의식 깊은 곳에서 도움을 청하는 외침으로 표현되고 있다. 의식적인 정신이 이 외침에 대답해야 한다. 사람은 왕에게 봉사해야 한다. 그것이 지혜일뿐만 아니라 구원이기도 하기 때문이다.

그럼에도 그 일은 무의식의 어두운 세계 속으로 내려갈 필요성을 수반한다. 밤에 바다를 여행하는 위험한 모험이 요구된다는 뜻이다. 이 모험의 목적은 생명의 재생이고 부활이며, 죽음을 정복하는 것이다(그림 172, 174, 177). 아리슬레우스와 그의 동료들이 용감하게 그 원정에 나서지만, 그것은 대재앙으로, 타브리티우스의 죽음으로 끝난다. 타브리티우스의 죽음은 근친상간적인 '상반된 것들의 결합'에 대한 처벌이다(그림 223, 226). 오빠와 여동생의 짝은 상반된 것들의 전체 개념을 비유적으로 나타내고 있

<그림 169> 태양을 삼키고 있는 "초록 사자". – 'Rosarium philosophorum'(1550)

<그림 170> 밤의 바다 여행. 요셉은 물통 안에 있고, 그리스도는 무덤에 있고, 요나는 고래에게 삼켜지고 있다. – 'Biblia pauperum'(1471)

다. 상반된 것들은 마른 것과 축축한 것, 뜨거운 것과 차가운 것, 남자와 여자, 해와 달, 금과 은, 수은과 유황, 원과 정방형, 물과 불, 기체와 고체, 육체적인 것과 정신적인 것 등 범위가 아주 넓다.

왕의 아들은 아버지 왕의 젊어진 형태이다. 젊은이는 종종 칼을 든 모습으로 표현되고 정신을 나타내는 반면에, 아버지는 육체를 나타낸다. '로사리움' 버전의 "비시오"에서, 아들의 죽음은 아들이 성교하는 동안에 베야의 몸 속으로 완전히 사라진 결과이다. 또 다른 버전에서, 아들이 자기 아버지에게 먹히거나(그림 168), 태양이 메르쿠리우스에 빠지거나 사자에게 삼켜진다(그림 169). 타브리티우스는 빛과 로고스의 남성적이고 정신적인 원리이며, 이 원리는 그노시스주의의 누스처럼 육체적인 자연(피시스)의 포옹 속으로 가라앉는다. 그러므로 죽음은 정신이 물질 속으로 내려가는 하강의 완성을 나타낸다. 연금술사들은 이 사건의 사악한 성격을 다양한 방식으로 묘사했지만, 그들은 그 사건을 제대로 이해하지 못한 탓에 대단히 불쾌한 근친상간을 그 자체로 합리화하거나 과소평가하고 있다.

5. 영웅 신화

철학자들의 조언에서도 드러나듯이, 왕의 아들의 죽음은 당연히 민감하고 위험한 문제이다. 의식적인 정신은 무의식 속으로 내려감으로써, 스스로 위험한 상황에 처한다. 이유는 의식적인 정신이 분명히 스스로를 소멸시키기 때문이다.

의식적인 정신은 용에게 삼켜지는 원시적인 영웅의 상황에 처해 있다. 이 모든 것이 의식의 축소 또는 소멸을, 그러니까 원시인이 가장 무서워하는 공포인 "영혼의 위험"(즉, 귀신들에 대한 두려움)에 해당하는 '정신 수준의 하락'을 의미하기 때문에, 이런 상태를 방종하게 고의로 자극하는 것은 대단히 엄격한 처벌이 따르는, 신성 모독 또는 금기 위반이다. 따라서 왕은 아리슬레우스와 그의 동료들을 삼중의 유리 집에 왕의 아들의 시신과 함께 가둔다. 그 영웅들은 바다 밑바닥의 저승에 포로로 잡혀 있으며, 거기서 그들은 온갖 종류의 공포에 노출된 가운데 80일 동안 뜨거운 열기 속에서 쇠약해진다. 아리슬레우스의 요청에 따라 베야도 그들과 함께 가 둬진다. ('로사리움' 버전의 "비시오"는 그 감옥을 베야의 자궁으로 해석한다.) 분명히, 그 영웅들은 무의식에 압도당한 상태에서 무력하게 버려졌으며, 그것은 곧 그들이 지금까지 더없이 깜깜한 무의식 속에서, 또 죽음의 그림자 아래에서 활용되지 않은 채 누워 있던 정신의 그 영역에서 알찬 생명을 새로 얻기 위해 기꺼이 죽으려 한다는 것을 의미한다(그림 171).

<그림 171> 태양의 배를 타고 밤에 바다 여행에 오른 헤라클레스. −Base of an Attic vase(B. C. 5th cent.)

<그림 172> 요나가 고래의 배에서 나오고 있다. 밤의 바다 여행의 목적은 초석을 놓는 것이다. –
"Speculum humanae salvationis"(Cod. Lat. 512, Paris, 15th cent.)

생명의 가능성이 오빠와 여동생의 짝에 의해 암시되고 있을지라도, 이
무의식적인 상반된 것들의 짝은 의식적인 정신의 간섭에 의해 활성화되어
야만 한다. 그렇게 하지 않으면 그들은 그냥 잠자는 상태로 남아 있을 것이
다. 그러나 이것은 위험한 일이다. 우리는 '아우로라 콘수르젠스'(Aurora
consurgens)에 나오는, 다음과 같은 불안한 호소를 이해할 수 있다. "우리
정신의 끔찍한 어둠을 걷어내 주시고, 감각들의 빛에 불을 붙여주소서!"
우리는 또한 미하엘 마이어가 바다로 기꺼이 뛰어들겠다고 나서는 사람들
을 거의 발견하지 못한 이유를 이해할 수 있다. 아리슬레우스는 하데스로
들어갔다가 저승의 바위에 달라붙어 그만 떨어지지 못하게 된 테세우스와
페이리토오스의 운명에 굴복할 위험에 빠진다. 말하자면, 의식적인 정신이
정신의 미지의 영역들로 나아가다가 무의식의 원시적인 힘들에게, 말하자
면 누스와 피시스의 우주적인 포옹의 재현에 압도당할 위험에 처한다는

뜻이다. 영웅 신화에 보편적으로 나오는 하강의 목적은 영웅이 위험한 영역(물이 가득한 심연, 동굴, 숲, 섬, 성(城) 등)에서만 "획득하기 힘든 보물"(보석, 처녀, 생명의 약, 죽음의 정복 등)을 얻을 수 있다는 점을 보여주는 것이다(그림 172).

모든 자연적인 인간이 자신의 속으로 지나치게 깊이 파고들어갈 때 경험하게 되는 공포와 저항은 실은 하데스로의 여행에 대한 두려움이다. 만약에 그 사람이 느끼는 것이 단지 저항에 지나지 않는다면, 그것은 그리 나쁘지 않을 것이다. 그러나 실제로 보면 정신의 기층, 즉 미지의 그 어두운 영역은 매혹적인 매력을 발산하며, 그 매력은 그가 그곳을 깊이 침투할수록 더욱 압도적인 힘이 된다. 여기서 나타나는 심리학적 위험은 인격이 기능적 구성 요소들로, 즉 의식의 개별적인 기능과 콤플렉스, 유전적 단위 등으로 분열되는 것이다. 기능적인 이유 때문일 수도 있고 이따금 진짜 정신분열증 때문일 수도 있는 분열은 ('로사리움' 버전에서) 가브리쿠스를 압도하는 운명

<그림 173> 왕의 살해. – Stolcius de Stolcenberg, 'Viridarium chymicum'(1624)

<그림 174> 고래 속의 요나. – Early Christian earthenware lamp

<그림 175> 원물질로서, 늑대가 죽은 왕을 먹고 있다. 뒤쪽에서 원물질의 승화와 왕의 부활이 이뤄지고 있다. – Maier, 'Scrutinium chymicum'(1687)

<그림 176> 고래 뱃속에 들어 가 있는 요나. – Khludov Psalter(Byzantine, 9th cent.)

<그림 177> 부활이 주제이다. 왼쪽부터 필리스티아인들의 성문을 들고 있는 삼손, 무덤에서 일어나고 있는 그리스도, 고래에 의해 밖으로 토해지는 요나. – 'Biblia pauperum'

이다. 그가 베야의 몸 안에서 원자들로 해체되니 말이다. 이것은 '모르치피카치오'(mortificatio: 죽음)의 한 형태에 해당한다(그림 173).

여기서 다시 누스와 피시스의 결합이 되풀이되고 있다. 그러나 이것 앞의 결합은 우주생성론적인 사건인 반면에, 이것은 철학자들의 간섭에 의해 초래된 재앙이다. 의식이 활동을 자제하는 한, 상반된 것들은 무의식 안에서 잠자는 상태로 남을 것이다. 그러나 상반된 것들이 활성화되기만 하면, 왕의 아들, 말하자면 정신이나 로고스, 누스가 피시스에게 삼켜져 버린다. 말하자면 육체와, 신체기관들의 정신적 대표들이 의식적 정신을 지배

<그림 178> 4개의 원소로부터 나오고 있는 비둘기(헤르메스의 새)는 피시스(자연)의 포옹으로부터 풀려난 영을 상징한다. – "De summa et universalis medicinae sapientiae veterum philosophorum"(MS., 18th cent.)

<그림 179> 연금술의 삼위일체: 왕과 그의 아들, 그리고 둘 사이에 있는 헤르메스(=메르쿠리우스의 영). – Lambspringk, "Figurae et emblemata", in 'Musaeum hermeticum'(1678)

하게 된다는 뜻이다. 영웅 신화에서, 이 상태는 고래나 용의 배 안으로 삼켜지는 것으로 알려져 있다(그림 174). 뱃속은 대체로 열기가 아주 뜨겁기 때문에 영웅은 머리카락을 잃는다. 다시 말하면, 영웅은 아기로서 민둥머리로 다시 태어난다(그림 176). 이 열기는 '지옥의 불'이고, 그리스도도 자신의 '작업'의 일부로서 죽음을 정복하기 위해 그 지옥으로 내려갔다.

철학자는 한 사람의 "구원자"로서 지옥으로 여행을 떠난다. "숨겨진 불"은 바다의 차가운 습기의 내적 대립물이다. "비시오"에서, 이 열기는 틀림없이 자기 부화와 "골똘히 생각하는" 명상 상태에 해당하는 배양의 따스함이다. 인도의 요가에 자기 부화와 비슷한 '타파스'(tapas)가 있다. 타파스의 목표는 "비시오"에서와 똑같이 변형과 부활이다(그림 177 참조).

6. 숨겨진 보물

어두운 원물질 안에 있는 것으로 의심 받는 "획득하기 힘든 보물"은 연금술사들에 의해 다양한 방식으로 상징된다. 예를 들어, 파리의 크리스토퍼(Christopher of Paris)는 카오스는 (원물질로서) 대단히 현명한 성격의 작품이라고 말한다. 우리의 이해력(지성)이 "천상의 빛나는 영"의 도움을 받아 이 자연의 예술품, 즉 카오스를 천상의 성격의 정수로, 그리고 생명을 주는 천국의 핵심으로 변형시켜야 한다. 그 소중한 물질은 모든 요소들이 하나로 뒤섞여 있는 혼돈 덩어리인 이 카오스 안에 잠재적으로 포함되어 있으며, 인간은 "우리의 천국"이 현실로 나타나도록 하기 위해 거기에 자신의 정신을 성실하게 바쳐야 한다.

요안네스 그라세우스(Johannes Grasseus)는 원물질은 "공기의 납"(이것은 내부의 반대를 암시한다)으로도 불린 철학자들의 납이라는 견해를 인용하고 있다. 이 납은 "금속들의 소금"이라 불린, 빛을 발하는 하얀 비둘기를 포함하고 있다(그림 178). 그 비둘기는 "솔로몬 왕 이외에는 누구에게도 자신을 허용하지 않는, 순결하고, 현명하고 부유한 시바의 여왕이며, 하얀 베일에 가려져 있다".

바실루스 발렌티누스(Basilius Valentinus)에 따르면, 흙은 (원물질로서) 죽은 육체가 아니라 흙의 생명이자 영혼인 어떤 영이 살고 있는 곳이다. 광물들을 포함한, 창조된 모든 것은 그 힘을 흙과 그 영으로부터 끌어낸다. 이 영이 바로 생명이다. 영은 별들로부터 영양을 공급받으며, 영은 자신의 자궁 안에서 안식처를 찾고 있는 모든 살아 있는 것들에게 영양을 공급한다. 높은 곳으로부터 받은 영을 통해서, 흙은 자신의 자궁 안에서 태어나지

<그림 180> 성령을 날개 달린 인간으로 그린 기독교 삼위일체. – Engraving by the Master of the Berlin Passion(15th cent.)

않은 아이의 어머니로서 광물들을 부화한다(그림 163 참조). 눈에 보이지 않는 이 영은 거울에 비친, 손에 잡히지 않는 그림자와 비슷함에도 불구하고 연금술 과정에 필요하거나 거기서 생겨나는 모든 물질들의 뿌리이다.

이와 비슷한 생각이 미하엘 마이어에게서 발견된다. 거길 보면 태양이 수백만 번에 달하는 자체 회전을 통해서 금이 흙 속으로 들어가도록 한다. 태양은 자신의 이미지를 조금씩 흙에 각인시키며, 그 이미지가 곧 금이다. 태양이 신의 이미지이고 금이 흙 속의 태양의 이미지(땅의 신이라고도 불린다)인 것처럼, 심장은 인간 속의 태양의 이미지이며, 신은 금 안에서 알려진다. 금으로 된 이 신의 이미지가 '황금의 영혼'(anima aurea)이며, 이 영혼은 평범한 수은 속으로 불어넣어질 때 수은을 금으로 변화시킨다.

리플리는 불이 카오스로부터 추출되어 눈에 보이도록 만들어야 한다는 의견을 갖고 있다. 이 불이 아버지와 아들을 결합시키는 성령이다. 성령은 종종 날개를 가진 늙은이, 즉 계시의 신의 형태인 메르쿠리우스로 그려진다. 이 메르쿠리우스는 헤르메스 트리스메기스투스와 동일하고, 왕과 왕의 아들과 함께 연금술의 삼위일체를 형성한다(그림 179, 180). 신은 지옥의 정화의 불꽃을 만들었듯이 땅의 창자 속에서 이 불을 만들었으며, 이 불 속에서 신은 신성한 사랑으로 빛을 발한다.

<그림 181>. 신의 상징으로서, 태양. – Boschius, 'Symbolographia'(1702)

<그림 182> 영혼의 구세주로서, 그리스도. – Mural painting(12th cent.) church of the Braunweiler monastery, Rhineland

:

5장

라피스와 그리스도의 유사성

:

1. 생명의 부활

앞 장에서 제시한 예들은 오스타네스의 나일 강의 돌에 어떤 영이 있었듯이 원물질에도 영이 숨어 있다는 점을 보여주고 있다. 그 영은 피시스의 포옹에 안겨 있는 동안에 어둠에 삼켜진 누스의 고대 전통에 따라 최종적으로 성령으로 해석되었다. 그러나 이런 차이점이 있다. 삼키는 것이 최고의 여성적인 원리인 땅이 아니라, 메르쿠리우스 또는 자신의 꼬리를 먹는 우로보로스 형태의 누스라는 점이다(그림 147). 바꿔 말하면, 삼키는 자가 일종의 물질적인 땅-영이고, 남성적인 정신적 측면과 여성적인 육체적 측면을 갖고 있는 자웅동체이다(그림 183. 그림 54, 125 참조). 원래의 그노시스주의 신화가 이상한 어떤 변화를 겪었다. 누스와 피시스가 원물질 안에서 구분 불가능한 하나가 되고, 숨겨진 본질이 된 것이다.

<그림 183> 태양을 가진 수컷 뱀과 달을 가진 암컷 뱀 사이에 서 있는 양성의 신.
- Late Babylonian gem

심리학적으로 이 주제와 동일한 것은, 그런 모든 내용물처럼 초자연적인 성격을, 그러니까 "신성하거나 성스러운" 특성을 보이는 대단히 매혹적인 어떤 무의식적 내용물의 투사이다. 실험실에서 행해지는 한, 연금술은 이 "획득하기 힘든 보물"을 획득하여 그것을 물리적인 금이나 만능약 또는 변형시키는 팅크제로 눈에 보이는 형태로 만드는 것을 과제로 삼았다.

그러나 실제 화학적 작업이 그 작업에서 표현의 길을 발견한, 연금술사의 무의식적 내용물로부터 절대로 자유로울 수 없었기 때문에, 그 작업은 동시에 우리가 능동적인 상상이라고 부르는 것과 비교할 만한 어떤 정신 작용이었다. 이 방법은 또한 우리가 꿈 생활에서 표현의 길을 발견한 내용물을 이해하는 길을 제시한다. 그 과정은 연금술에서나 꿈 생활에서나 똑같이 의식적 정신이 무의식에 흠뻑 젖는 것이다. 그 과정이 연금술 사상들의 세계와 너무나 밀접히 연결되어 있기 때문에, 연금술이 적극적 상상력과 꿈에 수반되는 과정과 똑같거나 매우 비슷한 과정을, 즉 개성화 과정을 다루고 있다고 말해도 무방하다.

<그림 184> 불타는 용광로 속의 세 젊은이들. – Early Christian ornament on sarcophagus from Villa Carpegna, Rome

　일찍이 우리는 바다의 왕에 의해 삼중의 유리 집 안에 베야와 죽은 타브리티우스와 함께 갇힌 아리슬레우스와 그의 동료들을 떠나왔다. 그들은 네부카드네자르(Nebuchadnezzar)가 불타는 용광로 안으로 던져 넣은 3명처럼 뜨거운 열기로 고통을 겪는다(그림 184). 네부카드네지르는 '다니엘서' 3장 25절이 우리에게 전하는 바와 같이 "신의 아들"과 비슷한 네 번째 형상의 환상을 보았다.

　이 환상은 연금술과 관계가 없지 않다. 그 문헌에 그 돌이 "셋이고 하나"

라고 언급하는 단락들이 무수히 많이 나오기 때문이다(그림 185. 그림 1 참조). 이 환상은 4가지 요소로 이뤄져 있으며, 영을 나타내는 불이 물질 안에 숨겨져 있다. 이것이 부재하면서도 존재하는 네 번째이며, 이것은 언제나 용광로의 뜨거운 고통 속에서 나타나며, 신의 현존을, 말하자면 구원과 그 작업의 완성을 상징한다.

그리고 아리슬레우스와 그의 동료들은 도움을 필요로 하는 시점에 꿈에서 스승인 피타고라스를 만나 도움을 청한다. 그러자 피타고라스는 "영양의 창조자"이자 자신의 제자인 하르포레투스(Harforetus)를 그들에게 보낸다. 그리하여 그 작업은 완성되고, 타브리티우스는 다시 생명을 얻는다. 우리는 하르포레투스가 그들에게 기적의 음식을 갖다 주었다고 짐작할 수 있다. 그럼에도 이것은 우리에게 '코덱스 베롤리넨시스'(Codex Berolinensis)의 텍스트에 접근할 수 있도록 한 루스카의 발견을 통해서만 확인될 뿐이다. 거기서 "비시오"의 인쇄판들에 빠져 있는 어느 서문에 이런 내용이 보인다. "피타고라스가 말하기를, '그대들은 가장 소중한 이 나무가 어떻게 심어지는지, 그리고 이 나무의 과일을 먹는 자가 어떻게 더 이상 굶주림을 느끼지 않게 되는지에 대해 후손을 위해서 기록해야 한다'고 했다."

"비시오"가 연금술 과정의 한 예를 후손에게 남긴다는 분명한 목표를 위해 쓰였기 때문에, 그것은 자연히 나무들을 심는 문제를 다루며, 그 전설의 목적은 그 열매의 기적적인 재생의 효과를 보여주는 데 있다. 아리슬레우스가 무서울 정도로 협소한 곳에 있고 타브리티우스가 죽음의 잠을 자고 있는 동안에, 그 나무는 틀림없이 자라며 열매를 맺고 있었다. 아리슬레우스가 유리 집에서 한 역할은 전적으로 수동적이다. 결정적인 행위는 생명의 음식과 함께 메신저를 보낸 스승으로부터 나온다.

<그림 185> 아래쪽은 3개1조가 통합을 나타내고 있고, 위쪽에는 4개1조가 2원체 위에 서 있다.
– Valentinus, "Duodecim claves" in 'Mus. herm. (1678)

<그림 186> 바닷속의 산호 나무. –Dioscorides, "De materia medica"(MS., Vienna, 16th cent.)

<그림 187> 용이 아테나가 준비한 독을 마신 뒤에 이아손을 토하고 있다. – Attic vase(B.C. 5th cent.)

사람은 오직 신이 주는 영감이나 스승의 입을 통해서만 그 비밀스런 지식을 받을 수 있으며, 누구도 신의 도움 없이는 그 작업을 완성하지 못하는 것으로 전해진다. "비시오"에서, 신을 대신해서 재생의 일을 마무리하는 것은 전설적인 스승으로 신이나 다름없는 피타고라스이다(그림 187). 이런 신의 개입은 아리슬레우스가 스승을 만나 도움을 간청하는 꿈에서도 일어난다.

만약에 타브리티우스와 베야에 의해 묘사된, 상반된 것들, 즉 정신과 육체를 결합시키고, 죽음에 처하고, 용광로 안에서 소각하는 것이 어느 연금술사의 의견처럼 미사의 봉헌에 해당한다면, 우리는 '미사 경본'에 성변화

보다 앞에 나오는, 산 자를 기억하고 순교자들을 기리는 대목에서 도움을 간청하는 것에서 비슷한 예를 발견한다. 그 기도는 살아 있는 자들의 영혼을 구원하고 그들의 건강과 행복을 빌기 위한 것이며, 성인들을 기리는 것은 그들의 공로와 기도 덕분에 "우리 모두가 모든 일에서 하느님의 보호와 도움으로 지켜지고 있다는 것"을 전하기 위해서다. 그 호소는 성변화를 예고하는, 성령의 강림을 비는 기도로 끝난다. "우리를 위해서 육신과 피가 되어 주소서." 즉, 기적의 음식이 되어 달라는 뜻이다. "비시오"에서, 구원을 초래하는 것은 불멸의 나무의 열매이다(그림 188-190). 그러나 교회가 "미사의 제물의 열매들"에 대해 말할 때, 그 열매는 꽤 동일하지 않다. 이유는 그 열매들이 "실행된 작업"으로부터 나오는 축성된 물질들 자체가 아니라, 도덕적인 효과와 그 외의 다른 효과들을 뜻하기 때문이다.

여기서 길이 두 갈래로 갈라진다. 기독교인은 미사의 열매들을 개인적으로 자기 자신을 위해서, 그리고 가장 넓은 의미에서 자신의 삶의 상황들을 위해서 받는다. 한편, 연금술사는 불멸의 나무의 열매들을 자기 자신을 위해서뿐만 아니라, 무엇보다 먼저 왕 또는 왕의 아들을 위해서, 간절히 바라는 물질의 완성을 위해서 받는다. 연금술사는 자신에게 건강과 부와 깨달음과 구원을 안겨줄 완성에서 어떤 역할을 할 수도 있지만, 자신이 신을 구하는 자이고 구원 받을 자가 아니기 때문에 자기 자신보다 물질을 완성시키는 일에 더 많은 관심을 둔다. 도덕적 특성들을 그는 당연한 것으로 받아들이며, 그는 그 특성들에 대해 그것들이 작업에 도움이 되거나 방해가 되는 때에만 고려한다.

연금술사는 "실행자의 작업"의 결과에 온 힘을 기울인다. 연금술사가 작업에 쏟는 정성의 정도는 당연히 교회에 쏟는 정성보다 월등히 더 크다. 이유는 그가 미사에서 스스로를 희생시키는 그리스도를 대신하고 있기 때

<그림 188> 연금술 작업의 상징들에 둘러싸인 철학자들의 나무. – Mylius, 'Philosophia reformata'(1622)

<그림 189> 헤스페리데스의 나무와 함께 있는 용. – Boschius, 'Symbolographia'(1702)

문이다. 연금술사가 종교적 과대망상증에 빠져 구원자의 역할을 맡는다고 짐작하면 절대로 안 된다. 연금술사는 그리스도를 비유적으로 희생시키는 제사장의 역할도 맡지 않는다. 연금술사는 언제나 자신의 겸손을 강조하며 신에게 간청하는 것으로 논문을 시작한다. 연금술사는 자신과 그리스도를 동일시하는 것에 대해서는 꿈도 꾸지 않으며, 반대로, 그가 그리스도에 비유하는 것은 그가 간절히 바라는 물질, 즉 라피스이다. 그것은 동일시의 문제가 아니라, 성경 해석학에서 비유의 특징으로 꼽히는 '유사함'의 문제이다.

그러나 중세의 사람에게 유추는 논리적인 추론이기보다는 어떤 비밀스런 동일성, 그러니까 지금도 여전히 살아 있는 원시적인 사고의 한 잔재였다.

이것을 쉽게 보여주는 예가 부활절 전 토요일에 불을 신성하게 하는 의식이다(그림 191). 불은 그리스도를 "닮았고", 그리스도의 이미지이다. 세게 쳐서 불꽃을 일으키는 돌은 그리스도의 또 다른 이미지인 "초석"이고, 그 돌에서 튀어나오는 불꽃도 다시 그리스도의 이미지이다. 이것은 오스타네스의 발언에 나오는, 돌에서 프네우마를 추출한다는 내용과 유사하다. 우리는 프네우마를 불로 보고, 그리스도를 불로 보고, 불을 땅 속의 그 반대 요소로 보는 사상에 이미 익숙하지만, 세게 쳐서 불을 일으키는 "부싯돌"은 또한 바위 무덤 또는 그 무덤 앞의 돌과 비슷하다. 거기서 그리스도는 지옥으로 내려간 3일 동안에 죽음의 족쇄에 묶여 누워 있었으며, 그곳에서 그는 새로운 불로 다시 일어선다(그림 234).

연금술사는 자신이 전혀 알지도 못하는 상태에서 '모방'이라는 사상을 한 단계 더 끌고 가며, 앞에서 언급한 결론에, 즉 구원자와의 완전한 동화가 동화된 자인 그로 하여금 자신의 정신의 깊은 곳에서 구원 작업을 계속

<그림 190> 뱀이 걸려 있는 마야 족의 의식용 나무. - 'Dresden Codex'

<그림 191> 갈라진 혀들의 형태로 이뤄지는 성령의 강림. - Munich Lectionary or 'Perikopenbuch'(12th cent.)

하도록 할 것이라는 결론에 이른다. 이 결론은 무의식적으로 이뤄지며, 따라서 연금술사는 그리스도가 자신의 안에서 작업을 벌이고 있다고는 절대로 느끼지 않는다. 연금술사가 세상의 물질성 속에서 길을 잃어버린, 세상을 창조하는 누스나 로고스를 인류를 위해서 해방시킬 수 있는 것은 그 자신이 획득했거나 신이 그에게 안겨준 지혜와 기술 덕분이다. 연금술 장인 본인은 그리스도와 닮은 점을 전혀 갖고 있지 않으며, 오히려 그는 구세주와 닮은 점을 자신의 경이로운 돌에서 보고 있다. 이런 관점에서 보면, 연금술은 무의식의 지하의 어둠 속에서 행해진 기독교 신비주의의 연장처럼 보인다. 정말로, 일부 신비주의자들은 그리스도 형상의 구체화를 성흔(聖痕)까지 나타나게 할 정도로 강화하기도 했다.

그러나 이 무의식적 연장은 의식적 정신이 그것을 다룰 수 있는 표면까지는 절대로 닿지 않았다. 의식에 나타난 모든 것은 그 무의식적 과정의 상징적인 징후들이었다. 만약에 연금술사가 자신의 무의식적 내용물에 대한 생각을 구체적으로 정리할 수 있었다면, 그는 자신이 그리스도를 대신하고 있다는 것을, 더 정확히 표현하면, 자아가 아니라 자기로 여겨지는 그가 인간이 아닌 신을 구원하는 작업을 맡았다는 것을 인식하지 않을 수 없었을 것이다. 그랬더라면 그는 자신을 그리스도와 동등한 존재로 인식했을 뿐만 아니라 그리스도를 자기의 상징으로 받아들이지 않을 수 없었을 것이다.

이런 엄청난 결론은 중세의 정신에 떠오르지 않았다. 기독교를 믿는 유럽인에게 괴상한 추정처럼 보이는 것도 '우파니샤드' 철학을 잘 아는 정신의 소유자에게는 너무도 자명한 것으로 다가왔을 것이다.

<그림 192> 6개의 행성에 둘러싸인 황도대 속에서 십자가의 사위일체가 보인다. 메르쿠리우스
는 태양과 달 사이의 십자가와 일치한다. – Böhme, 'Signatura rerum'(1682)

2. 라피스에 대한 종교적 해석을 뒷받침하는 증거

a. 레이몬드 룰리

라피스와 그리스도의 유사성이 중세의 라틴어 저자들 사이에 비교적 이
른 시기에 겉으로 드러나게 된 것은 그리 놀라운 일이 아니다. 연금술의 상
징체계가 교회의 비유에 깊이 빠져 있으니 말이다. 교회의 아버지들의 비
유가 연금술의 언어를 풍요롭게 가꿔준 것은 틀림없는 사실이지만, 다양
한 형태로 이뤄진 연금술 작업이 어느 정도로 교회 의례들(세례, 미사)과

교리(그리스도의 수태, 출생, 수난, 죽음과 부활)의 변형으로 여겨질 수 있는가 하는 문제에 대해 나는 대단히 회의적인 의견을 갖고 있다.

교회로부터의 차용은 틀림없이 거듭 이뤄졌을 것이지만, 연금술의 독창적인 근본 사상에 관한 한, 이교도에서, 보다 구체적으로 그노시스주의에서 나온 요소들이 발견된다. 그노시스주의의 뿌리는 기독교와 전혀 만나지 않는다. 그보다는 기독교가 그노시스주의에 동화되었다고 말하는 것이 진실에 훨씬 더 가깝다.

이와 별도로, 서양 연금술과 근본적으로 비슷한 점이 많은 A.D. 2세기 중반의 중국 텍스트가 있다. 중국과 서양의 연결이 어떤 식으로 이뤄졌든, 비슷한 사상들이 기독교의 영역 밖에서, 그러니까 기독교의 영향력이 절대로 있을 수 없는 곳에서 존재했다는 사실에는 의심의 여지가 없다. 웨이트 (A. E. Waite)는 그 돌과 그리스도를 동일시한 최초의 저자가 바로 파라켈수스 숭배자로서 1598년에 '암피테아트룸'(Amphitheatrum)을 발표한 하인리히 쿤라트(1560-1605)라는 의견을 제시했다. 이보다 다소 늦은 시점에 나온, 연금술 용어를 자주 썼던 야코프 뵈메의 글에서 그 돌은 이미 그리스도에 비유되었다. 웨이트의 가정은 분명히 틀렸다. 그리스도와 라피스의 연결을 뒷받침하는 자료로서 그것보다 빠른 것이 많기 때문이다.

내가 지금까지 발견할 수 있었던 것 중에서 가장 오래된 것은 레이몬드 룰리(1235-1315)의 '코디칠루스'(Codicillus)(9장)에 포함되어 있다. 룰리의 것으로 여겨지는 논문들 중에서 많은 것이 스페인과 프로방스에서 활동하던 그의 제자들이 쓴 것일지라도, 그 같은 사실이 '코니칠루스'를 포함한 그의 주요 저작물들이 쓰인 대략적인 시기를 바꿔놓지는 않는다. 나는 이 논문을 14세기 이후의 것으로 보는 권위자를 알지 못한다. 거기서 룰리는 이렇게 말한다.

그리고 다윗 가문의 예수 그리스도가 아담의 불복종 때문에 죄의 굴레를 쓰고 있던 인류의 해방과 구원을 위해서 인간의 본성을 띠었듯이, 마찬가지로 우리의 기술에서도 한 가지 사물에 의해 잘못된 방향으로 더럽혀진 것은 그것과 상반되는 것에 의해 해결될 수 있다. 그 오점으로부터 풀려나고 깨끗이 씻긴다는 뜻이다.

b. 트락타투스 아우레우스

만약에 그리스도의 이름이 직접적으로 언급되었더라면, 그보다 더 오래된 자료는 틀림없이 "트락타투스 아우레우스"일 것이다. 중세에도 헤르메스의 작품으로 돌려지고 아라비아에서 기원한 것으로 여겨지던 텍스트이다. 그럼에도, 내가 이것을 인용하는 이유는 거기에 부활절 주간에 열리는 신비한 행사들과 놀랄 만큼 비슷하면서도 꽤 다른 언어로 포장된 것들에 관한 묘사가 포함되어 있기 때문이다. 그 단락은 다음과 같다.

<그림 193> 왕과 왕비의 변형의 최종 산물로서, 희고 붉은 장미. - "Trésor des trésors"(MS., 17th cent.)

거름 더미 위에 던져진 우리의 소중한 돌은 대단히 불결하다. … 그러나 우리가 왕관을 쓴 왕과 붉은 딸을 결혼시킬 때, 그녀는 부드러운 불 속에서 아들을 가질 것이고 우리의 불을 통해서 그 아들을 키울 것이다. … 그러면 그가 변화할 것이고, 그의 팅크제는 육신으로서 붉은 색으로 남을 것이다. 왕의 피를 받은 우리의 아들은 불로부터 팅크제를 받고, 그러면 죽음과 어둠과 물이 멀리 달아날 것이다. 용이 태양의 빛을 피하고, 우리의 죽은 아들이 살아날 것이다. 왕이 불로부터 나와서 결혼하며 기뻐할 것이다. 숨겨진 것들이 드러나고, 처녀의 젖은 희게 될 것이다. 아들은 전사의 불이 되고 팅크제를 능가할 것이다. 그 자신이 보물이며 철학적인 문제에 정통할 것이다. 그대 지혜의 아들이여, 이리로 와서 즐기도록 하라. 죽음의 지배가 끝나고 아들이 통치하고 있으니 말이다. 그가 붉은 옷을 입고, 그에게 왕위가 주어졌다(그림 193).

우리는 이 텍스트를 신비한 신인(神人)과 그의 죽음 정복의 한 변형으로, 따라서 그리스도의 드라마와 유사한 것으로 받아들일 수 있다. 이 헤르메스 텍스트의 시기와 기원이 아직 알려지지 않았기 때문에, 여기에 기독교의 영향력이 작용하고 있는지에 대해 자신 있게 말하지 못한다. 아마 작용하지 않았을 것이다. 코마리오스의 글[117] 같이 매우 이른 시기의 텍스트에서 기독교의 영향을 의심할 이유는 전혀 없다. (이 원고들에 적힌 기독교인의 서문들은 비잔틴 시대에 수도원의 필경사들이 끼워 넣은 것이다.) 그럼에도 부활 신비의 모든 특징들을 갖추고 있는 것이 바로 코마리오스 텍스트이다. 다른 점은 여기서 죽은 자의 부활이 구세주가 아니라 라틴 연금술사의 '영원한 물'에 의해 이뤄진다는 것이며(그림 194 참조), 이 영원한

---

117 A.D. 1세기의 것으로 전해진다.

<그림 194> 태양으로서의 유황과 달로서의 메르쿠리우스가 "영원한 물"의 강 위로 서로 연결되고 있다. - Barchusen, 'Elementa chemiae'(1718)

물은 누가 봐도 알 수 있을 만큼 기독교의 물 상징체계(물=진리의 정신, 세례, 성체 성사)와 비슷하다.

c. 조시모스와 안트로포스 원리

그러나 조시모스의 것으로 돌려지고 있는 훗날의 텍스트들에서, 우리는 성직자의 기술과 뚜렷이 연결되는 곳에서 하느님의 아들을 발견한다. 그 단락들을 여기에 그대로 옮긴다.

4. 만약에 당신이 인간 공동체 안에서 명상하며 살았다면, 당신은 하느님의 아들이 경건한 영혼들을 위해서 만물이 되었다는 것을 볼 것이다. 영

혼을 헤이마르메네[118]의 지배로부터 영적인 영역으로 끌어내기 위해, 하느님의 아들이 어떻게 모든 것, 즉 신과 천사, 그리고 고통을 겪을 줄 아는 인간이 되는지를 보도록 하라. 모든 것 안에 권력을 갖고 있기 때문에, 그는 원하는 대로 무엇이든 될 수 있다. 그가 모든 육체를 침투하고, 각 영혼의 정신을 밝게 비추면서 그 정신이 육체적인 것들이 시작되기 전에 있었던 축복받은 영역까지 그를 따르도록 자극하고 그에게 이끌려 빛 속으로 들어가게 한다는 점에서, 그는 성부에게 복종하고 있다.

5. 그리고 비토스(Bitos)가 쓴 서판과, 세 배 위대한 플라톤과 무한히 위대한 헤르메스가 최초의 인간은 최초의 신관 문자 단어인 '토이트'(Thoyth)라는 이름으로 불린다고 말하고 있다는 점을 고려하라. 토이트는 세상에 존재하는 만물을 해석하는 존재이고, 모든 물질적인 것에 이름을 부여하는 존재이다. 그를 칼데아인들과 파르티아인들, 메디아인들, 히브리인들은 아담이라고 부르는데, 아담은 해석하자면 처녀의 땅이고, 피같이 붉은 땅이고, 불같거나 육욕적인 땅이라는 뜻이다. 최초의 인간은 프톨레마이오스(Ptolemies) 왕의 도서관들에서도 발견된다. 그들은 그것을 모든 성역에 놓았으며, 특히 아세나스(Asenas)가 예루살렘의 대사제에게 갔을 때에는 세라페움[119]에 그것을 놓았다. 이 대사제가 헤르메스를 보낸 사람이며 헤르메스는 '히브리서' 전체를 그리스어와 이집트어로 번역했다.

6. 그래서 최초의 인간은 우리에 의해서 토이트라 불리고 그들에 의해서는 천사들의 언어로 말하는 이름인 아담이라 불린다. 그리니 그의 육체에 관하여, 그들은 그를 전체 천체의 4가지 요소들을 따라 상징적으로 불

---

118   그리스 신화에 운명의 여신으로 나온다.

119   통합적인 그리스-이집트 신인 세라피스를 위한 신전 또는 종교 시설을 말한다.

렀다(그림 195). 그의 문자에서 A는 상승(동쪽) 또는 공기를 나타내고, D는 하강(서쪽)을 나타낸다. … 왜냐하면 그것[흙]이 무겁기 때문이다. A는 극(북쪽)을 나타내고, M은 절정(남쪽)을, 이 몸통들의 중심부를, 네 번째 영역의 한가운데서 타는 불을 나타낸다. 따라서 육체적인 아담은 외적이고 눈에 보이는 그의 형태에 따라서 토이트라 불리지만, 그의 안에 있는 영적인 인간은 그가 불리고 있는 그 이름뿐만 아니라 고유의 이름을 갖고 있다. 그의 고유한 이름을 나는 아직 모른다. 이유는 니코테우스(Nikotheus)만이 그 이름을 알고 있는데 그가 아직 발견되지 않고 있기 때문이다. 그러나 그의 평범한 이름은 빛인 인간이다. 그래서 인간들은 '빛들'이라고 불린다.

7. 빛의 인간이 헤이마르메네의 숨결이 널리 퍼진 낙원에 거주했을 때, 원소들이 악을 모른 채 원소들의 작용으로부터 자유로운 상태에 있던 그에게 그와 함께 있던 아담을, 즉 헤이마르메네의 4가지 원소로 만들어진 아담을 입도록 설득시켰다(그림 82, 117 참조). 그리고 빛의 인간은 순수함 속에서 그 설득을 물리치지 않았지만, 원소들은 그가 자신들의 노예라고 뽐내듯 말했다. 그런 까닭에 헤시오도스(Hesiodos)는 겉사람을 제우스가 프로메테우스를 묶었던 끈이라고 불렀다. 그러나 이 속박에 이어 제우스는 그에게 또 다른 족쇄를, 히브리인들이 이브라고 부르는 판도라를 보냈다. 비유적인 언어에서, 프로메테우스와 에피메테우스는 한 사람, 즉 영혼과 육체일 뿐이다. 그리고 가끔 그는 영혼을 닮은 모습을 보이고, 가끔은 정신을 닮은 모습을 보이고, 또 가끔은 프로메테우스의 조언을 따르지 않고 자신의 정신을 따르는 에피메테우스의 불복종 때문에 육신의 모습을 보인다. 누스가 이렇게 말하고 있으니 말이다. "하느님의 아들은 만물 속에 권력을 갖고 있고 또 원할 때마다 만물이 될 수 있기 때문에 각각

의 사물에게 자신이 원하는 대로 나타난다. 예수 그리스도는 자신을 아담과 하나로 만들어 아담을 빛의 인간들이 이전에 거주했던 곳까지 데리고 갔다."

8. 그러나 그는 매우 연약한 자들에게는 고통을 겪을 수 있는 인간으로, 그리고 벌 받은 인간으로 비쳤다. 그리고 예전에 자신의 것이었던 빛의 인간들을 은밀히 훔친 뒤에, 그는 실은 자신이 고통을 겪지 않았다는 점을, 죽음이 짓밟혀 쫓겨났다는 점을 알렸다. 그리고 이날까지, 세상 끝까

<그림 195> 창조주, 대우주, 그리고 인간의 형태로 나타난 소우주. 소우주는 원소들에 둘러싸여 있다. – St. Hildegarde of Bingen, "Liber divinorum operum"(MS., 12th cent.)

지 그는 많은 장소들에 존재하고 있다. 그러면서 그는 은밀히 또는 공개적으로 자신이 만든 것들과 어울리고, 그들에게 그들과 함께 있던 아담과의 혼동을 그들 자신의 정신을 통해서 겪으라고 비밀리에 조언하고 있다. 그러다 보면 그가, 말하자면 영적인 빛의 인간을 시기하는 이 맹목적인 수다쟁이가 그들로부터 쫓겨나고 죽음을 당할 수도 있을 것이다. [따라서] 그들은 자신들의 아담을 죽인다.

9. 악령 안티미모스(Antimimos)가 올 때까지, 그 일들은 그렇게 전개된다. 질투심 강한 이 악령은 그들이 그 전처럼 길을 잃게 만들려고 노력하고 있다. 그래서 그는 육체와 영혼 둘 다에서 형태를 갖고 있지 않으면서도 자신이 하느님의 아들이라고 선언한다. 그러나 그들은 진정한 하느님의 아들이 그들의 가슴을 차지하게 된 이후로 더욱 현명해진 덕분에 그들 자신의 아담을 그에게 넘겨 죽음을 맞도록 하고, 그들의 빛나는 정신들을 세상이 시작되기 전에 있었던 곳으로 안전하게 데리고 간다. 그럼에도 질투심 강한 안티미모스가 이런 일을 하기 전에, 그는 페르시아로부터 선구자를 먼저 보내고, 이 선구자는 엉터리 소문을 퍼뜨리며 인간들이 헤이마르메네의 힘에 의해 길을 잃도록 만든다. 그의 이름은 글자가 아홉 자이며, 이중 모음을 감안한다면, 헤이마르메네와 동일하다. 후에, 일곱 번의 주기 끝에 그는 자신의 모습으로 나타날 것이다.

10. 그리고 오직 히브리인들과 헤르메스의 신성한 책들만이 빛의 인간과 그의 안내자인 하느님의 아들에 대하여, 그리고 세속적인 아담과, 그의 안내자 안티미모스, 그러니까 인간들이 길을 잃도록 만들기 위해 불경스럽게도 자신을 하느님의 아들이라고 부른 그 안내자에 대하여 이런 이야기들을 들려주고 있다. 그러나 그리스인들은 세속적인 아담을 에피메테우스라고, 말하자면 자신의 형제인 자신의 정신으로부터 제우스의 선

물들을 받지 말라는 조언을 들은 에피메테우스라고 부른다. 그럼에도 그가 잘못을 저질렀다가 후에 지복의 세계를 추구하며 회개했기 때문에, 그는 모든 것을 솔직하게 밝히면서 영적으로 들을 줄 알았던 그들에게 충실히 조언하고 있다. 그러나 육체적으로만 들을 줄 아는 사람들은 헤이마르메네의 노예들이다. 이유는 그들이 그 외의 다른 것은 이해하지도 못하고 인정하지도 않기 때문이다.

11. 그리고 상서로운 순간에 채색 문제에서 성공을 거둔 사람들은 모두 용광로들에 관한 위대한 책만을 고려한다. 이유는 그들이 그 기술을 높이 평가하지도 않고, 또 "그러나 신들은 인간들에게 공평하게 베풀지 않았다"고 말하는 시인을 이해하지도 못하기 때문이다. 그들은 인간들의 삶

<그림 196> 변형이 일어나는 동안에 3가지 형태, 즉 육체와 영혼, 정신의 형태로 나타나는 안트로포스. 아래쪽에 예비적인 형태로서 용과 두꺼비가 보인다. – "Ripley Scrowle"(MS., 1588)

의 방식을 관찰하지도 않고 보지도 않는다. 똑같은 기술에서도 인간들이 각자의 다양한 성격에 따라서, 또 동일한 기술을 행할 때에도 별들의 위치에 따라서 얼마나 다양한 방식과 다양한 길로 목표에 이를 수 있는지에 대해서도 관찰하지 않는다. 모든 기술에 나타나는 현상인데, 어느 한 작업자는 소극적이고, 또 다른 작업자는 홀로이고, 한 작업자는 불경스럽게 도 너무나 많은 것을 바라고, 또 다른 작업자는 너무 소심하여 진척이 없는데도, 그들은 그런 것을 관찰하지 않는다. 또 그들은 동일한 기술과 그 것의 구현을 보는 태도가 다른 탓에 같은 기술을 행하는 사람도 서로 다른 도구와 과정을 이용한다는 것을 관찰하지 않는다.

12. 그리고 이런 것은 다른 기술들에서보다 신성한 그 기술에서 더욱 많이 고려되어야 한다.

어느 모로 보나, 조시모스의 하느님의 아들은 복음서들 속의 예수보다는 이란의 가요마르트(Gayomart)[120] 개념과 더 가까운 그노시스주의 그리스도이다. 저자가 기독교와 연결되는지는 결코 명쾌하지 않다. 크라테르에 관한 단락에서 분명히 드러나듯이, 그가 틀림없이 헤르메스 포이만드레스 종파에 속했기 때문이다. 후기의 기독교 연금술에서처럼, 하느님의 아들은 영혼을 헤이마르메네의 손아귀로부터 자유롭게 하는, 승화의 한 예이다. 두 경우 모두에서 하느님의 아들은 4가지 다른 땅들로 구성된 사위일체인 아담과 동일하다. 그는 최초의 인간인 안트로포스이며, 4가지 원소들로 된 라피스처럼 4가지 원소들에 의해 상징되고 있다. 그는 또한 그 끝들이 4개의 기본방위를 가리키는 십자가에 의해서도 상징된다(그림 197. 그림 82, 192 참조). 이 모티브는 종종 오시리스의 여정, 헤라클레스의 과업들, 에녹

120 조로아스터교에서 말하는 최초의 인간.

<그림 197> 낙원의 4개의 강들과 복음서 저자들, 교부들, 미덕들 등의 한가운데에 자리 잡은 그리스도. – Peregrinus, "Speculum virginum"(MS., 13th cent.)

의 여행들, 그리고 4개의 방위로 향하는 미하엘 마이어(1568-1622)의 상징적인 순례 같은 여정들에 의해 대체된다(그림 97 참조). 여정들은 또한 헤르메스 트리스메기스투스와 연결되며, 이 같은 사실이 마이어의 순례를 고무했을 수 있다. 물론, 마이어가 그 작업을 어떤 방황이나 오디세이 같은 것으로, 연금술사들이 그렇게 간절히 바랐던 황금 양모를 찾아 나선 아르고선의 항해 같은 것으로 상상했을 가능성이 더 크다. 이 주제는 여러 논문의 타이틀에도 나타난다. 알베르투스 마그누스(Albertus Magnus)의 작품으로 여겨지는 논문에서 알렉산더 대왕의 원정은 헤르메스의 무덤을 발견하는 것으로 막을 내리는 여정으로 언급되고 있다. 그곳 나무 위에 피닉스 대

신에 황새가 한 마리 앉아 있었던 것으로 전해진다.

아담은 이집트의 헤르메스인 토트와 일치한다(그림 68). 아담의 안에 있는 영적인 인간은 '빛'이라 불린다. 빛의 인간의 은밀한 이름을 아는 니코테오스는 조시모스의 글에서 신비로운 인물로 두 번 나타나며, 그는 또한 콥트 교회의 그노시스주의 텍스트에도 모노게네스(독생자)를 본 인물로 언급되고 있다. 포르피리오스(Porphyrios)는 플로티누스(Plotinus)의 삶에 관한 글에서 니코테오스에 대해 어떤 대참사를 일으킨 존재로 말하고 있다. 마니교 신자들은 그를 셈, 에노스, 에녹과 함께 선지자에 포함시킨다.

프로메테우스와 에피메테우스는 그리스도와 아담처럼 속사람과 겉사람을 나타낸다. 신의 아들의 특성으로 돌려지는, "모든 것이 될 수 있는" 능력

<그림 198> 거위 또는 은둔하는 백조 – 'Hermaphroditisches Sonn-und Monds-kind(1752)

은 프네우마뿐만 아니라 연금술의 메르쿠리우스의 특성이다. 연금술의 메르쿠리우스는 점성술의 수성의 변덕과 일치하는 무한한 변형 능력 때문에 높이 평가받는다(그림 24). 하느님의 아들은 특히 변형시키는 물질인 라피스의 물질이며, 독처럼 모든 육체들을 침투하는 것으로 여겨진다(그림 150).

모방자이자 악의 원리인 안티미모스는 하느님의 아들의 반대자로 등장하며, 그 역시도 자신을 하느님의 아들로 생각한다. 여기서 신성 안에 내재된 상반된 것들이 명쾌하게 나눠지고 있다. 우리는 이 악령을 다른 곳에서도 자주 만난다. 그는 인간의 육체 안에 있는 어둠의 영으로서, 인간의 영혼이 사악한 경향들을 두루 행하도록 강요한다. 연금술에서 이 양극성과 비슷한 것은 메르쿠리우스의 이중적인 성격이며, 그것은 자신을 삼키고, 수정시키고, 낳고, 죽이고, 다시 스스로 생명을 얻는 용인 우로보로스에서 가장 명쾌하게 드러난다. 자웅동체이기 때문에, 메르쿠리우스는 상반된 것들로 이뤄져 있으며, 동시에 상반된 것들을 결합시키는 상징이다(그림 148). 메르쿠리우스는 치명적인 독이고, 바실리스크이고, 전갈이고, 만능약이고, 구원자이다(그림 199).

조시모스는 연금술 작업의 심원한 의미와 그노시스주의 구원의 신비 사이에 유사한 점을 제시함으로써 매우 깊고 특이한, 연금술의 신학의 전모를 특별히 드러내 보여주고 있다. 이것은 학구적인 연금술사들이 품었던 라피스와 그리스도의 유사성이 이교도적인 그노시스주의 선구자를 두고 있으며 단순히 중세의 사색의 결과는 절대로 아니라는 점을 암시하는 한 가지 증거에 지나지 않는다.

d. 페트루스 보누스

그 돌과 그리스도의 연결을 구체적으로 다룬 가장 오래된 문헌은 페라라의 페트루스 보누스가 1330년부터 1339년 사이에 쓴 '페르치오사 마르가리타 노벨라'(Pretiosa margarita novella)인 것 같다. 이 텍스트에서 발췌한 부분을 소개한다.

이 기술은 부분적으로 자연적이고 또 부분적으로 신성하거나 초자연적이다. 승화의 끝(그림 200)에서 빛을 발하는 하얀 영혼이 정신의 명상을 통해서 생겨난다. 이 영혼은 정신과 함께 천국까지 날아오른다(그림 134 참조). 이것은 분명히 그 돌이다. 지금까지 그 절차는 정말로 다소 경이로우며, 그럼에도 여전히 자연의 체계 안에 있다. 그러나 승화의 마지막에

<그림 199> 날개를 단 카오스의 구 위에 서 있는 자웅동체. 일곱 개의 행성과 용과 함께 있다. – Jamsthaler, 'Viatorium spagyricum'(1625)

<그림 200> 승화된 정신의 상징으로서, 독수리와 백조. 앞쪽에 사투르누스가 보인다. – Mylius, 'Philosophia reformata'(1622)

영혼과 정신이 고착되고 영속화되는 것에 대해 말하자면, 이 일은 그 비밀의 돌이 더해질 때에 일어난다. 그런데 그 돌은 감각에 포착되지 않으며 영감이나 신의 계시 또는 비법을 전수 받은 사람의 가르침을 통해서 오직 지성에 의해서만 포착될 수 있다.

알렉산더는 두 개의 카테고리가 있다고 말한다. 하나는 눈으로 보는 것이고, 다른 하나는 가슴을 통해 이해하는 것이다. 이 비밀의 돌은 신의 선물이다. 이 돌이 없으면 연금술은 절대로 있을 수 없다. 그것은 금의 심장이고 팅크제이며, 그것에 대해 헤르메스는 "세상의 끝에서 하늘과 땅이 결합할 필요가 있다. 그것은 철학의 복음이다."라고 말한다. 피타고라스도 '투르바'에서 이렇게 말했다. "신은 이것을 아폴로로부터 숨겼으며, 그래서 세상이 파괴되지 않을 수 있었다." 따라서 연금술은 자연 위에 서고 신성하다.

연금술 기술의 전체 어려움은 이 돌에 있다. 지성은 그 기술을 이해하지 못하며, 따라서 지성은 신의 기적들과 기독교 교리의 토대와 마찬가지로 그것을 그냥 믿어야 한다. 그러므로 신만이 작업자이며, 자연은 수동적으로 남는다. 옛날의 철학자들이 세상의 종말의 도래와 죽은 사람의 부활에 대해 알았던 것은 이 기술에 관한 지식을 통해서였다. 그때 영혼은 원래의 육체와 영원히 결합할 것이다. 육체는 완전히 변형될 것이고, 부패하지 않고, 믿기지 않을 만큼 정제될 것이며, 그것은 단단한 모든 것들을 관통할 것이다.

그 육체의 성격은 육체적인 것 못지않게 영적일 것이다. 그 돌이 무덤 속의 인간처럼 가루로 분해될 때, 신은 그 돌에 영혼과 정신을 회복시키고 모든 불완전을 거둬간다. 그러면 그 물질은 강화되고 향상된다. 부활이 있은 뒤에 사람이 예전보다 더 강해지고 더 젊어지는 것이나 마찬가지이다. 늙은 철학자들은 이 기술에서, 즉 그 돌의 발생과 탄생에서 최후의 심판을 보았다. 이유는 그 돌 안에서, 미화될 영혼이 원래의 육체와 결합하고 영원한 영광을 누릴 것이기 때문이다. 그래서 고대인들은 또한 처녀가 임신하고 낳아야 한다는 것을 알았다. 그들의 기술에서 그 돌이 생기게 하고 임신하고 스스로를 낳아야 하기 때문이다.

그런 것은 오직 신의 은총에 의해서만 일어날 수 있다. 그래서 알피디우스는 그 돌에 대해 그것의 어머니는 처녀였으며, 그것의 아버지는 여자를 절대로 알지 못했다고 말한다. 고대인들은 그 외에 신이 이 기술의 마지막 날에, 이 작업이 완성되는 때에 인간이 된다는 것을, 그리고 낳게 하는 존재와 태어난 존재, 아버지와 아들, 늙은이와 소년 등 모든 것이 하나가 된다는 것을 알았다. 지금 인간을 제외한 그 어떤 피조물도 신을 닮지 않은 탓에 신과 결합하지 못하기 때문에, 신은 인간과 하나가 될 필요가 있다. 그리고 이런 일이 예수 그리스도와 그의 처녀 어머니의 안에서 일어났다. 따라서 발구스(Balgus)는 '투르바'에서 "오, 자연의 경이들이 너무나 놀랍구나. 늙은이의 영혼을 젊은 육체로 바꿔놓고, 아버지가 아들이 되었으니!"라고 말한다(그림 166, 167 참조). 마찬가지로, 플라톤은 연금술 문제들에 대해 쓰면서 훗날 복음서 저자 요한에 의해 완성될 복음을 남겼다. 플라톤은 "태초에 말씀이 계시니라"에서부터 "하느님이 보내신 사람이 있었느니"까지, 시작 부분의 시들을 썼다. 신은 그 철학자에게 자신이 초자연적인 일을 할 수도 있다는 점을 경이로운 예를 통해 보여주었다. 모리에누스는 신이 자신의 철학자들이나 예언자들에게 이 전문적인 지식을 부여했다고, 또 신은 그 철학자들이나 예언자들의 영혼들을 위해서 자신의 낙원에 주거지를 마련해 놓았다고 말한다.

쿤라트보다 적어도 1세기는 더 오래된 이 텍스트는 그리스도의 신비와 라피스의 신비 사이의 연결이 그 당시에도 아주 분명했기 때문에 철학적인 그 작업이 구원이라는 신성한 작업의 모방처럼, 심지어 연장(延長)처럼 느껴졌다는 점을 보여주고 있다.

e. 아우로라 콘수르젠스와 지혜의 원리

다음 자료는 '아우로라 콘수르젠스'이다. 15세기에 라이나우의 수도원에서 제작한 이 책의 복사본인 '코덱스 레노비엔시스'(Codex Rhenoviensis)가 취리히에서 발견되었다. 불행히도, 원고는 훼손되어 있으며 네 번째 비유로 시작한다. 나는 '아르치스 아우리페레'(Artis auriferae:

1593)의 인쇄업자가 '아우로라 콘수르젠스' 중 파트 II만을 출간했다는 사실을 통해서 그 같은 훼손에 대해 알게 되었다. 이 인쇄업자는 그 책에 독자를 위해 안내의 글을 짧게 붙였다. 그 글에서 그는 우화나 비유로 구성되어 있는 논문 하나를 통째로 의도적으로 들어냈다고 밝히고 있다. 이유는 저자가 고대의 몽매주의자와 같은 방식으로, 거의 모든 '성경'을, 특히 '잠언'과 '시편', 무엇보다 '아가'를, 단순히 연금술에 경의를 표하기 위해 쓰였다는 식으로 다뤘기 때문이라고 한다. 이 인쇄업자의 말에 따르면, 그 저자는 신이 그리스도로 현현한 것과 그리스도의 죽음이라는 가장 신성한 신비를 라피스의 신비로 바꿔놓음으로써 그 신비의 신성까지 더럽혔다. 활판 식자공인 콘라트 발트키르시(Conrad Waldkirch)인 그도 즉시 인정하듯이, 물론 그것은 악의에 따른 것은 아니며, '무지했던 그 시대'에 충분히 예상할 수 있는 일이었다. 그가 말하는 그 시대란 종교개혁이 일어나기 전의 시대를 뜻하며, 인간과 세계에 대한 그 시대의 인식과, 물질의 신비 속에서 신의 존재를 경험한다는 사상은 그의 시대를 산 프로테스탄트들의 시야에서 완전히 사라진 상태였다.

그 논문은 '코덱스 파리시누스 라티누스(Codex Parisinus Latinus) 14006'에 온전히 담겨 있다. 요하네스 레나누스(Johannes Rhenanus)가 편집한 '아르모니에 인페르스크루타빌리스 키미코-필로소피체 데카데스 두에' (Harmoniae inperscrutabilis chymico-philosophicae Decades duae'(프랑크푸르트, 1625)에도 그것이 인쇄되어 있다. 성 토마스 아퀴나스(1225-1274)의 작품으로 여겨지는 그 텍스트의 연대는 거기에 인용된 가장 최근의 저자가 알베르투스 마그누스(1193-1280)라는 사실을 근거로 짐작할 수 있다. 15세기에 어딜 가나 인용되었던 다른 저자들, 예를 들면 빌라노바의 아르놀드(Arnold of Villanova: 1313년 사망)와 레이몬드 룰리(1315년 사망)

<그림 201> 현자들의 어머니로서, 사피엔치아. – Thomas Aquinas(pseud.), "De alchimia" (MS., 16th cent.)

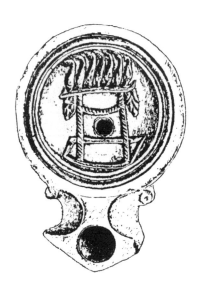

<그림 202> 물고기 일곱 마리가 놓인 제단. – Christian earthenware lamp, Carthag

같은 인물은 언급되지 않고 있다. 토마스가 1323년에 성자의 반열에 오름에 따라 그의 명성이 절정에 이르렀기 때문에, 그때 이후로 텍스트들을 그의 것으로 돌리는 것이 가치있게 되었다. 그 텍스트의 연대를 14세기 상반기로 잡는다면, 실제와 그리 많은 차이가 나지 않을 것이다. 저자는 틀림없이 '불가타 성경'을 외울 줄 아는 성직자이다. 그의 관용구는 성경 인용에 푹 빠져 있으며, 그의 정신은 연금술 철학으로 가득하다. 그에게 연금술은 '신의 지혜'와 완전히 동일하다. 그는 자신의 논문을 '지혜서'(7장 11절)와 '잠언'(1장 20-21절)으로 시작한다.

> 좋은 모든 것이 지혜와 함께, 그 남쪽의 지혜와 함께 나에게 왔다. 남쪽의 지혜는 널리 설교하고, 거리에서 목청을 높이고, 많은 사람들의 앞에 서서 외치고, 도시의 성문 입구에서 이렇게 말하면서 자신의 뜻을 전한다. "그대들이여 나에게로 와서 계몽되도록 하라. 그러면 그대들의 공정(工程)은 혼동을 일으키지 않을 것이고, 나를 원하는 사람들은 모두 나의 풍성함으로 채워질 것이다. 아이들이여, 이리 와서 나의 말에 귀를 기울이도록 하라. 나는 너희들에게 신의 과학을 가르칠 것이다. 알피디우스가 말하기를, 어른들과 아이들이 거리와 공공장소에서 매일 남쪽의 지혜를 스쳐 지나치고 있고, 지혜가 짐을 운반하는 동물들과 가축들에게 짓밟혀 진창 속에 묻히고 있다는데, 이것을 이해할 만큼 현명한 자들이여. …

교부학에서 '남쪽의 지혜'는 성령의 지혜이다. 우리의 저자에게 지혜는 떠오르는 아침처럼 동쪽에서 오는 것으로 여겨지는 남쪽의 여왕이다(그림 201).

우리의 텍스트에 대한 언급 없이, '로사리움'은 그것을 다음과 같이 인용하고 있다.

> 이것[지혜]은 나의 딸이며, 그것에 대해서 인간들은 남쪽의 여왕이 솔로
> 몬의 지혜를 듣고 이해하고 보기 위해서 동트는 새벽처럼 동쪽에서 온다
> 고 말한다. 권력과 명예와 힘과 지배력이 그녀의 손에 주어지고, 그녀는
> 남편을 위해 장식한 신부처럼 일곱 개의 별이 반짝이는 왕관을 썼으며,
> 그녀의 옷에는 황금 글자가 그리스어와 아라비아어, 라틴어로 이렇게 적
> 혀 있다. "나는 어리석은 자에게는 전혀 알려지지 않은 현자의 유일한 딸
> 이니라."

이것은 틀림없이 '아우로라 콘수르젠스'에서 인용한 것이다. 원래의 텍
스트는 일곱 개의 별이 아니라 열두 개의 별로 되어 있다. 일곱 개의 별
은 틀림없이 "사람의 아들 같은" 예언적인 존재의 손에 있는 일곱 개의 별
('요한묵시록' 1장 13절, 2장 1절)을 가리킨다. 이 별들은 일곱 교회들의
일곱 천사들과 신의 일곱 영들을 나타낸다(그림 202). 일곱이 역사적으로
암시하는 것은 훗날 연금술의 일곱 금속에서 각자의 거처를 잡게 된 고대
의 일곱 신들의 집단이다(그림 21, 79, 154). 그 신들은 지난 150년 동안에
과학에 의해 퇴위되었다. 파라켈수스에게 그 신들은 여전히 원물질의 위
대한 신비에서 지배자로서 왕관을 쓰고 있었다.

원래의 텍스트의 열두 개의 별은 열두 사도와 황도대의 12개의 궁을 가
리킨다(그림 92, 100). 그노시스주의자가 남긴 보석에 새겨진 아가토다이
몬 뱀도 머리 부분에 일곱 개 또는 열두 개의 광선을 갖고 있다(그림 203-
5). 클레멘쓰 로마누스(Clemens Romanus)의 두 번째 설교에서, 사도들의
숫자가 12개의 달과 일치한다는 것이 확인된다. 마니교에서 구세주는 영

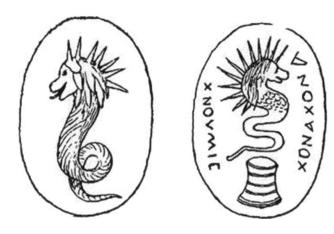

<그림 203, 204> 왼쪽은 7개의 광선으로 된 왕관을 쓴 크누미스 뱀이고, 오른쪽은 제단의 돌 위에 있는, 12개의 광선으로 된 왕관을 쓴, 사자 머리를 가진 뱀이다. – Gnostic gem and amulet

<그림 205> 7개의 머리를 가진 뱀으로서, 운명의 여신. – Seal of St. Servatius, from Maastricht Cathedral

혼들을 끌어올리기 위해서 12개의 양동이를 갖춘 우주 바퀴 같은 것을 건설한다. 황도대를 떠올리게 하는 이 바퀴는, 도른이 말하는 바와 같이, 똑같이 승화의 목적에 이바지하는 연금술의 순환적인 작업과 밀접히 연결된다. "창조의 바퀴는 원물질에서 비롯되며, 거기서부터 바퀴는 단순한 원소들로 넘어간다." '철학의 바퀴'라는 개념을 확장하면서, 리플리는 창조의 바퀴는 4개의 계절과 4개의 방향에 의해서 돌려져야 하고, 그렇게 함으로써 그 상징을 순례와 사위일체와 연결시켜야 한다고 말한다. 그 바퀴는 천체들의 주위를 도는 태양의 바퀴로 변하고, 그럼으로써 그것은 헤라클레스처럼 힘든 노동과 자기 소각의 수난을 겪거나, 오시리스처럼 사악한 원리의 손에 포로가 되어 해체되는 고난을 겪는 태양-신 또는 태양-영웅과 동일해진다.

태양의 전차와 비슷한 것으로서 잘 알려진 것은 엘리야가 천국으로 올라가며 탔던 불 전차이다(그림 206, 207). 따라서 가짜 아리스토텔레스(Pseudo-Aristoteles)는 이렇게 말한다. "뱀을 잡아서 4개의 바퀴가 달린 전차 위에 놓은 다음에 그 전차를 땅 위에서 뒤로 돌게 하라. 그러다 보면 전차가 바다의 깊은 곳에 잠길 것이고, 시커먼 죽은 바다 외에 다른 것은 전혀 보이지 않을 것이다." 여기 사용된 이미지는 틀림없이 바닷속으로 잠기고 있는 태양의 이미지이다. 다른 것이라면 태양이 영악한 뱀, 즉 변형될 물질로 대체된 것뿐이다. 미하엘 마이어는 실제로 순환적인 작업을 태양의 경로의 한 이미지로 받아들이고 있다.

영웅이 호쾌한 거인처럼 동쪽에서 일어나서 다시 동쪽에서 영원히 돌아
오기 위해서 서쪽으로 가라앉으려 서두르는 동안에, 그는 수은의 반짝이
는 물질 안에 인간의 끈질긴 노력에 의해서 금으로 만들어질 수 있는 형

태들을 넣으면서 이 순환을 작동시킨다. 이 형태들은 불순물을 깨끗이 제거하고, 불과 물에 의해 시험을 거쳤으며, 창조주 신을 즐겁게 하는 쪽으로 사용된다.

태양이 그리는 원은 "마치 자신의 머리로 자신의 꼬리를 물고 있는 뱀처럼, 스스로 원래의 자리로 돌아가는 선(線)이며, 그 안에서 신이 분명히 식별될 수 있다". 마이어는 그 원을 "최고로 높고 전능한 도공의 손과 바퀴에 의해 세속적인 물질로 빚어진 빛나는 점토"라고 부른다. 그 세속적인 물질 안에 태양의 광선들이 모아져 잡혀 있다. 이 물질이 금이다. "인트로이투스

<그림 206> 4마리의 말이 끄는 전차를 타고 있는 헬리오스. - 'Theodore Psalter'(1066)

<그림 207> 엘리야의 승천. – Early Christian mural painting, crypt of Lucina, Rome

아페르투스"(Introitus apertus)에서, 필랄레테스는 마이어의 견해를 다듬는 다. "우리"의 수은에 불같은 유황 또는 지옥 같은 불이 있다고 그는 말한다. 이 불은 우리의 처녀가 자신의 안에 모은 "영적 씨앗"이다. 왜냐하면 그 헤르메스 신비의 저자에 따르면, 그리고 경험 자체가 보여주듯이, 오점 없는 처녀성이 "영적 사랑"을 허용할 수 있기 때문이다. "오점이 없어서" 틀림없이 성모 마리아와 비슷한 이 처녀가 성령이 아니라 "대단히 뜨거운 불", 즉 지옥 불에서 나오는 어떤 씨앗에 의해 잉태된다는 점에 주목해야 한다. 그 처녀는 능동적이고 남성적인 원리인 유황이 있는 까닭에 자웅동체인 메르쿠리우스이다(그림 208). 유황은 휘발성의 금(그림 209)이고, "영적" 금이고, '로사리움'에 나오는 평범하지 않은 금이며, 동시에 "바퀴와 회전축을 돌리는 원동력"이다.

라우렌치우스 벤투라는 그 바퀴와 에제키엘의 환상을 연결시키고 싶은

<그림 208> 세계 영혼으로서, 메르쿠리우스. – "Turba philosophorum"(MS., Paris, 16th cent.)

마음에 저항하지 못한다. 따라서 라피스에 대해 말하면서, 그는 에제키엘이 "라피스의 모양 속에서 바퀴 안의 바퀴와 바퀴들의 한가운데에 있던 살아 있는 생명체의 영"을 보았다고 말한다(그림 109, 207). 그는 "그런 까닭에 이 신비가 일부 사람들에 의해 '땅의 신'이라고 불렸다"고 말한다. 이마지막 생각은 벤투라 본인의 공상이 아니라, 그가 말하는 바와 같이, "릴리움"(Lilium)에서 인용한 것이다. 내가 추적하지 못했음에도, 이 문서는 14세기 또는 그 전으로까지 거슬러 올라가는 것임에 분명하다.

<그림 209> 연금술 작업의 최종 산물로서, 날개 달린 구와 그것이 생명의 샘에 비친 그림자. 그 작업을 속성들(나무들, 행성의 산들)을 통해 상징적으로 표현하고 있다. – Balduinus, 'Aurum hermeticum'(1675)

　순환적인 작업 또는 회전하는 불가사의한 본질이라는 사상은 일찍이 "바퀴처럼 일어나는 회오리바람의 신비"에 대해 말하는 코마리오스에게 서도 확인된다. '스가랴서' 9장 14절과 비교해 보라. "… 그리고 주 여호와 께서 나팔을 불게 하시고 남쪽의 회오리바람 속으로 들어갈 것이니라." 여 기서 조시모스의 신비주의 발언도 어떤 관련이 있을 것이다. "그리고 '자 연들을 정복하는 자연'이니, '그것이 완벽해지며 회오리바람처럼 된다'느 니 하는 말은 무슨 뜻인가?" 변형시키는 본질은 회전하는 우주의, 그러니 까 대우주의 한 유추이거나, 물질의 심장에 각인된 대우주의 그림자이다. 심리학적으로, 변형시키는 본질은 무의식에 비치고 있는 회전하는 천체들

의 문제이며, 연금술사가 자신의 원물질로 투사하고 있는 세계 이미지이다. 그러나 그런 해석은 다소 편파적이다. 이유는 불가사의한 본질이라는 생각 자체가 하나의 원형이기 때문이다. 이 원형은 영혼-불꽃과 모나드라는 사상에서 가장 단순하게 표현되고 있다.

틀림없이, '지혜서'에 나오는 '사피엔치아'(지혜)의 의인화가 '아우로라'의 저자로 하여금 사피엔치아와 "남쪽의 여왕"을 동일시하도록 했을 것이다. 연금술에서 지혜는 언제나 신의 지혜로 나오며, 교부들의 글에서 남풍은 성령의 한 비유이다. 아마 남풍이 뜨겁고 건조해서 그렇게 여겨졌을 것이다. 같은 이유로, 승화의 과정은 아라비아 연금술에서 증류기의 열기

<그림 210> "바람은 뱃속에 그것을 갖고 다닌다."("타불라 스마라그디나"). 연금술의 태아는 새롭게 소생한 메르쿠리우스이다. - Maier, 'Scrutinium chymicum'(1687)

를 가리키는 "위대한 남풍"으로 알려져 있다. 성령도 불같고 고양을 야기한다. 성령과 동등한 것은 숨겨진 불, 메르쿠리우스 안에 거주하는 불같은 영이며, 메르쿠리우스의 상반된 극(極)들은 불과 수은이다. 그러므로 아불 카심(Abu'l Qasim)이 불에 대해 "위대한 남풍"이라고 말할 때, 그는 헤르메스가 날개를 가진 신이었다는 고대 그리스인의 견해에 동의하고 있다(그림 200, 211).

'아우로라'의 시작 부분에 대해 다소 길게 논했다. 이유는 그 부분의 단락들이 언어와 주제라는 두 가지 측면에서 대체로 그 구조를 잘 보여주는

<그림 211> 모든 조화의 어버이로서, 아이르(Aër) 신. 안쪽 원 안에 아리온과 피타고라스, 오르페우스가 있고, 바깥쪽 원 안에 아홉 뮤즈가 있고, 귀퉁이에 4개의 바람이 있다. - "Recueil des fausses décrétales"(MS., 13th cent.)

<그림 212> 3개의 머리를 가진 존재로서, 삼위일체. - 'Speculum humanae salvationis' (Augsburg, 1480)

예들이기 때문이다. 여기서 나는 라피스와 그리스도의 비교들 중 오직 몇 가지에 대해서만 언급할 것이다. 2장에서, 저자는 "그 과학"(즉, 연금술)을 신의 선물이자 신의 표시, 또 현자가 이미지들로 가려놓은 신의 문제라고 부른다. 이를 근거로 할 때, 연금술 작업이 신성한 작업, 즉 미사와 동등한 것으로 여겨진 것 같다. 6장에서 그 돌은 '아가서' 5장 16절을 빌려 "그런 것이 내가 사랑하는 것"이라거나, 또 '찬송가' 44장 3절(D.V.)을 빌려 "보라, 인간들의 아들들보다 아름다운 그를, 그의 아름다움에 해와 달도 경탄하느니라"는 식으로 묘사되고 있다. 철학자의 아들은 여기서 우리가 알고 있는 바와 같이 그리스도로 해석되는 "신랑"과 동일시되고 있다.

두 번째 우화 "물의 홍수와 죽음에 대하여"에 이런 내용이 나온다. "이어서 마땅한 때가 올 것이며, 그때 하느님은 자신의 아들을, 그가 말한 대로, 그가 만물의 상속자로 지명했고 또 그가 세상을 창조하는 도구로 썼던 아들을 보낼 것이다. 하느님은 그 아들에게 옛날에 대해 이렇게 말했다. '너는 나의 아들이다. 오늘 나는 너를 얻었어. 너에게 동방에서 온 현자들이 3가지 소중한 선물을 갖다 주었어.…'" 여기서 다시 그리스도가 라피스와 비교되고 있다. 네 번째 우화 "철학자의 믿음에 대하여"에서는 라피스가 성령과 비교된다(그림 179, 180). "… 성자는 꼭 하느님 같고, 성령도 또한 그렇다. 이 셋은 하나로서, 육체이고 정신이고 영혼이다. 모든 완벽이 숫자 3, 즉 크기와 수, 무게에 있으니 말이다."

여섯 번째 우화 "하늘과 땅과 원소들의 배열에 대하여"는 이렇게 말한다.

'투르바 필로소포룸'에 이렇게 적혀 있다. 흙은 무겁기 때문에 만물을 떠받친다. 흙이 전체 천체의 토대이니까. 왜냐하면 원소들이 분리될 때, 흙이 마른 상태로 나타났기 때문이다. 따라서 이 넓고 거대한 바다가 바위

<그림 213> 바위를 쳐서 물을 뽑아내는 모세. – Bible Moralisée(MS., 13th cent.)

를 때리고 금속의 물이 흘러 나온 이후로, 홍해에 장애물이 전혀 없는 길이 하나 있었다.(그림 213).

이어서 강들이 마른 땅에서 사라졌으며, 이것이 신의 도시를 즐겁게 만든다. 죽을 운명을 타고난 존재가 불멸을 얻고, 살아 있는 것의 부패가 썩지 않는 성격을 얻을 때, 글로 쓴 내용이 실제로 벌어지게 되었다. 죽음이 승리에게 삼켜졌다. 오, 죽음이여, 그대의 승리는 어디에 있는가? 그대의 죄가 넘쳐났던 곳에, 지금 은총이 그보다 더 넘쳐나고 있다. 아담 안에서 모든 것이 죽었듯이, 그리스도 안에서 모든 것이 되살아나고 있으니까. 또한 인간에 의해서 죽음이 왔고, 죽은 자 자신에 의해서 부활이 일어났으니 말이다.

첫 번째 아담과 그의 아들들은 부패하는 원소들로부터 기원했고, 따라서 만들어진 것이 부패되어야 할 필요가 있었지만, 철학에 통달한 인간이라 불리는 두 번째 아담은 순수한 원소들로부터 기원해서 영원 속으로 들어갔다. 따라서 단순하고 순수한 핵심으로 만들어진 것은 영원히 남는다. 세니오르가 말하듯이, 절대로 죽지 않는 한 가지가 있다. 육체가 죽은 자의 최종적 부활에서 미화되고, 그런 까닭에 교리가 육신의 부활과 사후의 영생을 입증할 때, 그것이 영원한 증식에 의해서 지속되기 때문이다. 그때 두 번째 아담이 첫 번째 아담과 그의 아들들에게 말한다. 나의 성부의 축복을 받은 자여, 이리로 오라. 그대는 그 작업의 처음부터 그대를 위해 준비된 영원한 왕국을 소유하고, 나의 빵을 먹고 내가 그대를 위해 조제해 놓은 포도주를 마셔라. 모든 것이 그대를 위해 준비되어 있느니. 듣는 귀가 있는 사람은 그 원리의 영이 훈육이 잘 된 아들들에게 세속과 천상의 아담에 대해 하는 말을 듣도록 하라. 이것을 철학자들은 이런 식으로 말한다. 흙으로부터 물을, 물로부터 공기를, 공기로부터 불을, 불로부터 흙을 얻을 때, 당신은 우리의 기술을 완전히 소유하게 되느니라.

이 인용에서 특별히 흥미로운 것은 라피스 또는 '지혜의 물'과, 세니오르
의 인용을 통해서 그리스도와 안트로포스라는 연금술 원리를 서로 연결시
키는 그 두 번째 아담 사이에 어떤 비교가 이뤄지고 있다는 점이다. 그리스
도가 '철학적인 인간', 대우주(그림 214), "죽지 않고, 죽은 모든 것에 생명
을 불어넣는 존재"와 동일시되고 있는 것이다. '철학적인 인간'은 두 가지
의미를 지니는 것 같다. 그는 그 "하나", 즉 팅크제 또는 생명의 만능약이
지만, 그는 또한 안트로포스와 동일하거나 적어도 안트로포스와 연결되는

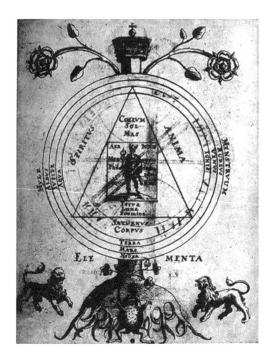

<그림 214> 헤르메스의 변형의 상징. 철학적인 인간 메르쿠리우스. - Samuel Norton,
'Mercurius redivivus'(1630)

436

영원한 속사람이기도 하다(그림 117, 195 참조). (이 원리는 파라켈수스에 의해 다듬어진다.)

'아우로라'는 같은 맥락에서, 일곱 번째이자 마지막 우화에서 "사랑하는 사람과 사랑 받는 사람의 담소"(마르틴 루터(Martin Luther)의 성경은 "그리스도와 교회의 상호적인 사랑"으로 해석한다)를 보여주면서 이런 말로 마무리한다. "보라. 둘이 함께 통합된 상태에서 사는 것이 얼마나 훌륭하고 즐거운 일인지를. 그러므로 모두가 3개의 거처를 만들도록 하자. 하나는 당신을 위해서, 두 번째는 나를 위해서, 세 번째는 우리의 아들을 위해서. 삼중의 끈은 쉽게 끊어지지 않을 테니." 이 3가지 거처들을 저자는 칼리드의 "리베르 트리움 베르보룸"(Liber trium verborum)[121]과 연결시킨다.

"모든 과학이 숨겨져 있는" 세 가지 말은 "최초의 사람부터 마지막 사람에 이르기까지 경건한 사람들에게, 즉 가난한 사람들에게 주어지게" 되어 있다. 그 세 가지 말은 "3개월 동안에 물이 자궁 속의 태아를 지키고, 두 번째 3개월 동안에는 공기가 태아를 기르고, 세 번째 3개월 동안에는 불이 태아를 보호한다"는 것이다. 칼리드는 "그리고 이 말과 이 가르침과 그 어두운 목표는 모두가 그 진리를 볼 수 있도록 우뚝 서 있다"고 덧붙인다.

앞의 텍스트에 따르면 이 3가지 거처들이 신랑 그리스도(sponsus Christus)와 신부(sponsa) '사피엔치아'(지혜)를 위한 것일지라도, 그럼에도 결국엔 사피엔치아가 직접 말하며 그 거처들 중 두 개를 지혜의 아들들인 연금술 장인과 철학자들에게 제공한다. "삼중의 끈"(그림 215)은 우선적으로 사피엔치아와 그녀의 장인들 사이의 끈을 가리키지만, 칼리드의 세 가지 말과의 연결이 보여주듯이, 그것은 또한 변형시키는 본질의 육체와 영혼과 정신을 불멸의 결합 속에 함께 묶어두는 삼중의 과정을 의미한

121　라틴어 제목은 '세 가지 말의 책'이란 뜻이다.

<그림 215> 연금술 과정의 완성. "눈들(eyes)을 받았으면, 떠나도록 하라"는 글귀가 보인다. 안 트로포스로서, 헤르메스가 세 겹의 끈을 통해서 연금술 장인과 여동생과 연결되어 있다. 아래쪽 에 어려운 과업 때문에 호감을 사는 헤라클레스가 있다. 뒤쪽으로 더 이상 필요 없게 된 사다리가 보인다. – 'Mutus liber'(1702)

다(그림 185, 196 참조). 이런 식으로 만들어진 화학적 화합물은 작업의 최 종 결과, 즉 어떤 면에서 보면 교회의 "신비체"(그림 234)와 비교할 만한 철학자의 아들, 즉 라피스이다. 그리스도는 포도나무이고 전체이며, 사도 들은 가지이고 부분들이다.

　여기서 이 논문의 익명의 저자가 성경을 연금술의 개선 행진 차량에 맺 다는 인상이 정말로 생겨날 수도 있으며, 그 저자에 대해 그런 의심을 품는 것도 부당하지 않다. 완벽하게 깨끗한 양심을 가진 그가 자신이 하고 있는 일에 대해 조금도 깨닫지 못한 상태에서 어떻게 그런 소름 끼치는 해석을 제시하는지를 보는 것은 놀라운 경험이다. 내가 "하나의 영적인 현상으로서 파라켈수스"에서 보여주었듯이, 우리는 그 저자보다 200년 정도 뒤의 인물인 파라켈수스에게서도, 그리고 "아콰리움 사피엔툼"의 저자에게서도 그와 비슷한 태도를 발견한다. 우리의 저자가 '불가타 성경'을 잘 안다는 사실을 아주 분명하게 드러내고 있기 때문에, 우리는 그가 성직자였을 것이라고 의심한다. 게다가 헤르메스 철학이 어떤 식으로도 교회의 기독교와 적대적이라는 느낌이 들지 않는다는, 인문주의자 파트리치(Patrizi)의 증언도 있다. 반대로, 사람들은 헤르메스 철학을 기독교 신앙의 한 버팀목으로 여겼다. 바로 그런 이유로 파트리치는 그레고리오(Grogorio) 14세 교황에게 자신이 아리스토텔레스를 헤르메스로 대체하도록 해 달라고 호소했다.

'아우로라'의 텍스트는 쿤라트의 텍스트(1598)와 뵈메의 텍스트(1610)보다 분명히 200년 이상 앞선다는 점에서 역사적으로 중요하다. 정말 흥미롭게도, 뵈메의 첫 저작물이 "아우로라, 또는 통트는 새벽"(Aurora, oder die Morgenröte im Aufgang)이라는 제목을 달고 있다. 그렇다면 뵈메가 '아우로라 콘수르젠스'에 대해 적어도 제목 정도는 알고 있지 않았을까?

f. 멜키오르 치비넨시스와 미사를 연금술적으로 바꿔 쓰기

라피스와 그리스도를 동일시하는 그 다음 자료는, 제목[122]이 보여주듯이,

---

122 "Addam et processum sub forma missae, a Nicolao Cibinensi, Transilvano, ad Ladislaum Ungariae et Bohemiae regem olim missum", 'Theatre. chem., III, pp. 853ff.

<그림 216> 성직자로서의 연금술 장인. 왼쪽은 지구가 메르쿠리우스-아이에게 젖을 물리고 있는 장면. "그의 어머니는 지구이다."("타불라 스마라그디나") - Melchior Cibinensis, 'Symbolum', from Maier, 'Symbola aureae mensae'(1617)

16세기 초에 헝가리와 보헤미아의 왕인 라디슬라우스(Ladislaus) 앞으로 발표된 흥미로운 문서이다. 저자의 이름은 헤르만슈타트의 니콜라스 멜키오르(Nicholas Melchior)이다. 그는 연금술 과정을 미사 형식을 빌려 다음과 같이 소상하게 설명하고 있다(그림 216).

　미사 시작: 연금술의 바탕은 육체들의 분해이다.
　선량의 원천이시고 신성한 기술을 고무하시는 하느님이시여, 당신으로부터 모든 선한 것이 당신의 충실한 신자들에게로 오고 있습니다. 자비를 베푸소서.
　그리스도이시여, 성스러운 분이시여, 세상의 구원을 위해서, 터키인의 멸

종을 위해서 그 과학의 빛을 고무했던, 그 과학 기술의 축복받은 돌이시여, 자비를 베푸소서.

하느님이시여, 신성한 불이시여, 우리가 당신을 찬미하고 우리의 가슴이 그 기술의 신비를 확장할 수 있도록 도와주시고 자비를 베푸소서.

대영광송[단순히 기도로서]

본기도['사도행전'에서 발췌한 부분을 낭독하기 전에 기도를 올린다. 기본적인 생각은 "당신의 종 아무개"가 하느님의 영광과 기독교 신앙의 전파를 위해 "연금술이라는 신성한 기술"을 실행하려 한다는 것이다.

서신서 낭독[단순히 기도로서]

층계송[보통 '시편'의 시들로 구성된 합창곡이다. 옛날에는 설교단의 층계에서 불렀다.] 오, 북풍이여 일어나라. 오 남풍이여, 이리 오너라. 나의 정원으로 불어 거기서 향기가 퍼져나가도록 해 다오.

신자들을 향해 그분이 비처럼 흰 구름 위로 내려와, 소나기처럼 땅 위로 부드럽게 떨어지고 있습니다. 할렐루야. 오, 신성하신 이 땅의 창조자이시여, 눈보다 더 하얗고, 단맛보다 더 달콤하고, 그릇의 바닥에서 발삼처럼 향기로운 분이시여. 육체의 모든 허약을 치료해 주시는, 오, 인간의 건강에 좋은 약이시여. 진정한 생명의 물을 당신의 충실한 신자들의 정원으로 진짜로 분출하는, 오, 장엄한 샘이시여.

복음에 이어 '아베 프레클라라'(Ave Praeclara)가 따른다.

여기서는 가장 중요한 사항 몇 가지만을 강조할 생각이다. 복음과 신경을 읽은 뒤에, 멜키오르는 삼종기도를 소개하는데, 그것이 아베 마리아가 아니라 "아베 프레클라라"이다. 삼종기도와 관련해서 그는 계속 이어가지 않고 그 두 단어만 언급한다. "아베 프레클라라"는 성모 마리아에게 바치는 찬가의 시작이며, 이 찬가의 저자로 여러 사람이 꼽힌다. 알베르투스 마그누스도 포함되는데, 그가 저자로 추정된다는 사실이 한 연금술사에게 특별히 흥미로웠을 것임에 분명하다. 레미 드 구르몽(Rémy de Gourmont)은 '신비한 라틴어'(Le Latin mystique)에서 소위 '성모 마리아의 오스나브뤼크 출현'(Osnabrück Register of Santa Maria)에서 끌어낸 전설을 인용하고 있다. 왕족의 옷을 걸친 어떤 처녀가 알베르투스의 꿈에 나타나 성모 마리아가 베푼 축복에 대해 그녀에게 충분히 감사의 뜻을 표하지 않았다며 그를 꾸짖었다. 알베르투스가 "아베 프레클라라"를 작곡한 것은 이 꿈 때문이었다고 한다. 한 연금술사가 그 전설이 매혹적인 암시들로 가득하다는 사실을 깨달았다.

> 찬양하라, 맑게 빛나는 바다의 별을, 민족들을 계몽하기 위해 신성하게 태어난 마리아를. …
> 처녀이고, 세상의 장식이고, 천국의 여왕이고, 무엇보다 태양처럼 선택되었고, 달빛처럼 사랑스럽고, …
> 우리가 사막의 바위로부터 흘렀던 달콤한 강물의 확고한 믿음을 꾸준히 마시도록 해 주시고, 바다가 씻어 준 허리를 동이면서 십자가에 매달린 놋쇠 뱀을 보게 하소서(그림 217).
> 오, 신성한 불과, 당신이 '다 타서 없어지는 일이 없는 떡갈나무'처럼 받들었던 하느님의 말씀에 의해 어머니가 된 처녀이시여, 고리 무늬가 있고 얼룩이 있고 점이 있는 짐승 같은 인간으로서, 우리가 우리의 두 발로 순수한 입술과 가슴에 더 가까이 다가설 수 있도록 해 주소서.

멜키오르의 텍스트가 "프레클라라"가 '생명의 물'을 의미하는지에 대해 어떤 언급도 하지 않지만, 그는 우리로 하여금 그것이 성모 마리아뿐만 아니라 그녀를 칭송하는 어떤 찬가를 가리킨다는 것을 전혀 의심하지 못하도록 만든다. 그가 이런 말을 남기고 있으니 말이다. "아베 프레클라라라가 불려야 한다. 그것은 '그 기술의 성서'라 불릴 것이다. 이유는 전체 화학적 기술이 비유적으로 그 안에 숨겨져 있기 때문이다. 이 속창(續唱)을 이해하는 자는 축복 받은 자이다."

"이 속창"이라는 표현으로, 그는 마리아에 대한 어떤 찬가를 의미하고, 멜키오르의 다음 글을 통해 분명히 드러나듯이, 그 찬가는 앞에 인용한 찬

<그림 217> 십자가형에 처해진 메르쿠리우스의 뱀, 모세의 놋쇠 뱀이다. – Abraham le Juif, "Livre des figures hiérogliphiques"(MS., 18th cent.)

가일 가능성이 아주 크다. 어떻든 성모 마리아는, 아마 그 시기에 정점에 이르렀던 레이몬드 룰리의 권위를 근거로 연금술 기술의 신비와 동일시되고 있다. 우리는 코마리오스의 논문에서도 그와 비슷한 생각을 접한다. "오스타네스와 그의 동료들이 클레오파트라에게 '경이롭고 신비로운 비밀은 몽땅 그대의 안에 숨겨져 있다'고 말했다."

멜키오르는 이제 성모 마리아 찬가를 연금술 형식으로 옮기고 있다.

천국의 아름다운 빛이여, 세상의 빛나는 빛이여, 만세! 여기서 당신은 달과 결합하고, 여기서 마르스의 끈이 만들어지고 메르쿠리우스의 결합이 이뤄진다. 이들 셋이 빗물이 아니라 메르쿠리우스의 물로, 그리고 저절로 용해되어 철학자들의 정자라고 불릴 우리의 축복받은 고무로 용해될 때, 셋으로부터 그 기술의 변성을 통해서 강의 바닥에서 천 명이 천 번을 찾았던 강력한 거인이 태어난다. 지금 그(태양신 솔)는 서둘러 그 처녀 신부와 연을 맺고 약혼하고, 적당히 뜨거운 불 위의 목욕통 안에서 그녀가 아이를 갖게 하려 한다(그림 218). 그러나 처녀는 거듭된 포옹 속에서 입맞춤을 하지 않으면 단번에 임신하지 못할 것이다. 그때 그녀는 임신했으며, 그리하여 그녀는 자연의 조화에 따라서 길조의 아이를 낳는다. 그러면 그릇의 바닥에서 막강한 에티오피아인이 불에 타고, 산화하고, 색이 더럽혀지고, 죽은 듯 생명 없는 모습으로 나타날 것이다(그림 219). 그는 묻혀서 자신의 습기를 몸에 뿌리고 서서히 산화되기를 바란다. 그러다가 그는 맹렬하게 타는 불로부터 빛나는 형태로 일어설 것이다. … 에티오피아인의 경이로운 복원과 부활을 보라! 부활의 목욕 덕분에 그는 새로운 이름을 얻고, 철학자들은 그를 사언의 유황이라고, 또 자신들의 아들이라고 부른다. 이것이 바로 철학자들의 돌이다. 그리고 그것은 하나의 사물

이고, 하나의 뿌리이고, 외적인 것은 하나도 첨가되지 않고 공기의 변성
에 의해서 불필요한 것은 모두 제거된 하나의 정수라는 것을 보아라. …
그것은 보물 중의 보물이고, 최고의 철학적 약이며, 고대인들의 신성한
비밀이다. 그런 것을 발견하는 사람은 축복받은 자이다. 그것을 본 사람
은 공개적으로 쓰고 말하며, 나는 그의 증언이 진실하다는 것을 알고 있
다. 하느님을 영원히 찬양하라!

정식 전례는 여기서 끝난다. 이어지는 것은 중요한 부분들을 요약하는
것으로 여겨질 수 있다. 멜키오르는 봉헌을, 건축가들이 거부했으나 최종
적으로 주춧돌이 된 그 돌과 연결시킨다. "이것은 하느님의 행위이며, 그것
은 우리의 눈에 경이롭다." 이어서 연금술의 봉헌으로 넘어가면서 묵송(默

<그림 218> "철학자들의 목욕". – Mylitus, 'Philosophia reformata'(1622)

<그림 219> 니그레도로서, "에티오피아인". –Trismosin, "Splendor solis"(MS., 1582)

誦)이 나온다. 공물은 작업, 즉 "축복받은 연금술 기술을 바탕으로 한 우리의 작업"이며, 그것은 "우리의 주 예수 그리스도를 통해서 하느님의 영광스러운 이름에, 그리고 교회를 구조하는 개혁에 영원히 바쳐질 것이다".

에티오피아인의 재생이 실제로 성변화에 해당하지만, 신성화가 빠져 있다. 멜키오르는 아베 프레클라라 성가가 '처녀의 품에서' 일어나는 하나의 신비로서 성변화를 포함하는 것으로 보고 있다. 세니오르의 글에서 인용한 다음 단락이 보여주는 바와 같이, 이 같은 견해는 관습의 뒷받침을 받는다. "보름달은 철학의 물이고 그 과학의 뿌리이다. 왜냐하면 보름달이 습기의 안주인이고, 완벽하게 둥근 돌이고 바다이기 때문이다. 그런 까닭에 달이 이 숨겨진 과학의 뿌리라는 것을 나는 안다."

달은 습기의 안주인이기 때문에 이시스처럼 물의 형태의 원물질이고, 따라서 "히드로리스"(Hydrolith), 즉 수석(水石)의 어머니이다. "히드로리스"는 라피스의, 따라서 그리스도의 또 다른 이름이다. '시엔치아'(scientia: 지식)와 '프리마 마테리아'(원물질)라는 용어들이 종종 서로 동일한 것처럼 쓰이기 때문에, '시엔치아' 또는 '사피엔치아'(지혜)는 여기서 달과 여성의 원리와 동일하며, 따라서 소피아를 그리스도의 어머니 또는 신부로 보는 그노시스주의 원리와 동일하다(그림 220).

맨 마지막에 "성체 성사 후의 기도"가 온다. "불에서 오는 우리 왕에게, 빛을 훤하게 밝히며 왕관을 쓴 왕에게 영광이 영원히 함께하기를, 아멘." 마지막에, 기독교 신앙의 강화와 터키인의 전멸을 위한, 잠자기 전의 기도

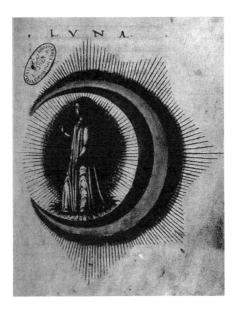

<그림 220> 달의 형상. - 'Codex Urbanus Latinus' 899(15th cent.)

가 있다.

텍스트의 악취미와 별개로, 그것은 우리의 주제와 관련해 아주 많은 이야기를 들려주고 있다. 멜키오르는 분명히 두 가지 작업의 비슷한 점을 인식하고 있었으며, 순진하게도 미사의 유서 깊은 단어들을 빈곤하기 짝이 없는 개인적인 작업으로 대체했다. 그는 종교 개혁의 시대를 살았으며, 그리고 얼마 지나지 않아서 유럽의 넓은 지역에 걸쳐서 미사가 자신만의 방식으로 신의 말을 선언하던, 신성불가침의 말씀과 거리가 먼, 다양한 설교자들의 말로 대체되었다.

멜키오르는 그런 종류의 무엇인가를 하고 있었다. 만약에 우리가 그에게 주관적인 신경(信經)에 대한 권리를 허용한다면, 그를 받아들이기가 훨씬 쉬워진다. 그 텍스트를 근거로 할 때, 그가 연금술 과정을 미사의 성변화와 동일한 것으로 느꼈다는 점은 충분히 분명하다. 또 그가 자신의 경험을 정확히 그런 형식으로 표현할 필요성을 느낀 것도 틀림없는 사실이다. 그러나 그가 연금술의 변형을 성변화의 자리에 놓지 않고 주관적인 신경과 가까운 어딘가에 놓았다는 것을, 그래서 그 행위가 신성화 전에 갑자기 중단되었다는 것을 지적해야 한다.

그 요약의 두 번째 버전에서, 의례의 정점이 다시 실종되고 있으며, 순서가 봉헌 묵송(默誦)에서 곧장 성체 성사 후의 기도로 건너뛴다. 이 특이함은 미사 중에서 가장 경건하고 감동적인 부분, 즉 성변화에 대한 성스러운 경외심에 의해 설명될 수 있다. 따라서 그것을 적어도 양심의 갈등을 보여주는 간접적인 신호로 받아들일 수 있다. 외부로부터 작용하는 의례의 경험과 안에서부터 작용하는 개인적인 경험 사이에서 양심이 찢어질 수도 있으니까. 어디서도 그리스도가 라피스나 약으로 언급되지 않지만, 둘의 동일성은 그 텍스트의 전체 흐름에 의해 너무도 분명하게 다가온다.

g. 조지 리플리 경

웨이트에게 알려졌어야 했던 추가적인 증거는 그의 동포인 조지 리플리 경(1415-1490)이 제공하고 있다(그림 30, 92, 196, 228, 251, 257 참조). '브리들링턴의 규범'이라 불리는 조지 경의 주요 작품인 "리베르 두오데침 포르타룸"(Liber duodecim portarum)의 서문에 포르투 아쿼타누스(B. à Portu Aquitanus)가 작성한 철학적 대응들의 도표가 포함되어 있다. 그 도표는 7개의 금속들과 화학 물질들 사이의 유사성과, "유형"이라 불리는 것에 대해 설명하고 있다. 여기서 "유형"은 연금술의 상징들, 예를 들면, 팅크제,

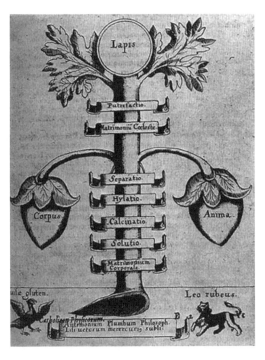

<그림 221> 철학의 나무. 변형 과정의 단계들을 상징한다. – Samuel Norton, 'Catholicon physicorum'(1630)

사람의 나이, 황도대의 궁 등을 뜻한다. 이 대응 도표는 7가지 신비를 포함하고 있으며, 그 중에서 '제단의 신비'(즉, 미사)가 금의 특성으로 돌려지며, 연금술에서 그것에 해당하는 것은 '변형'이다(그림 221). 이 신비에 속하는 곡물의 종류는 밀이다.

포르투는 아마 베르나르두스 제오르지우스 페노투스(Bernhardus Georgius Penotus)와 동일인일 것이다. 페노투스는 1520년과 1530년 사이에 귀엔(옛날의 아키텐의 일부)의 포르-스테-마리에서 태어나 1620년에 이베르동(스위스 보 주)의 구빈원에서 사망한 파라켈수스 추종자였다. 장수를 누린 그는 죽을 당시에는 바젤에서 학창 시절을 보낼 때 그를 뜨겁게 달구었던 파라켈수스의 낙관주의에 환멸을 느낀 상태였다. 그는 퉁명스런 늙은 스승을 이해하는 데 필요한 유머 감각을 충분히 갖추지 못했거나, '평범하지 않은 금'에 관한 비밀스런 가르침이 지나치게 오랫동안 비밀로 남아 있다는 사실을 깨달은 사람들이 피할 수 없었던 운명을 공유했다.

그러나 그의 도표는 연금술 작업과 미사 사이의 유사성이 파라켈수스 추종자들 사이에서도 마찬가지로 인식되고 있었다는 점을 보여주고 있다. 파라켈수스는 멜키오르와 동시대인이었지만, 아마도 별도로 비슷한 결론에 도달했을 것이다. 당시에 그런 사상들이 널리 퍼져 있었으니 말이다. 미하엘 마이어는 '심볼라 아우레에 멘세'(Symbola aureae mensae)(1617)에서 "돌에게 유아처럼 처녀의 젖을 먹여야 한다"(그림 222 참조)는 문구와 함께 11번 상징(그림 216)으로 사용할 정도로 멜키오르의 유추에 강한 인상을 받았다.

"칸칠레나 리플레이"(Cantilena Riplaei)에 다음과 같은 내용의 전설이 담겨 있다.

옛날에 후손을 하나도 얻지 못한 고귀한 왕이 있었다. 그는 자신의 불임을 한탄하며, 자신이 육체적 결함이 전혀 없는 상태에서 "태양의 날개들 밑에서 키워졌음에도" 불구하고 특이한 어떤 결함이 그의 안에서 일어났음에 틀림없다고 결론지었다. 그는 이렇게 말했다. "아, 슬프도다. 지금 당장 종(種)의 도움을 받지 못하면 아이를 영원히 낳지 못할 것 같아 두렵구나. 그러나 나는 놀랍게도 저 위로부터 그리스도의 입을 통해서 내가 다시 태어날 수 있을 것이라는 소리를 들었네." 그래서 그는 자기 어머니의 자궁으로 돌아가서 원물질 안에서 자신을 용해하기를 원했다. 그의 어머니도 그에게 한 번 시도해 보라고 권하면서 지체 없이 그를 자신의 옷 밑으로 숨겼다. 그녀가 자신의 안에서 그에게 다시 육체를 줄 때까지. 그리하여 그녀는 임신하게 되었다. 임신한 동안에 그녀는 공작의 살점을 먹고 초록 사자의 피를 마셨다. 마침내 그녀는 아이를 낳았다. 이 아이는 달을 닮았다가 차츰 찬란한 태양으로 변했다. 그 아들은 다시 왕이 되었다. 텍스트는 "신이 당신에게 찬란하게 빛나는 4가지 원소들을 주었으며, 그 원소들 가운데에 왕관을 쓴 처녀가 있었다"고 말한다. 경이로운 발삼이 그녀로부터 흘렀고(그림 222 참조), 그녀는 소중한 돌로 장식한 채 눈부신 얼굴로 빛났다. 그러나 그녀의 무릎에 옆구리에서 피가 흐르는 초록 사자가 누워 있었다(그림 242 참조). 그녀는 왕관을 쓰고 가장 높은 하늘의 별로 박혔다. 왕은 의기양양한 최고의 승자가 되고, 병든 사람들을 치료하고 모든 죄로부터 구원하는 치료자가 되고 구원자가 되었다.

지금까지 "칸칠레나 리플레이"의 내용이었으며, 리플리는 다른 곳에서도 비슷한 글을 쓰고 있다.

<그림 222> 처녀의 젖으로부터 생겨나고 있는 부활의 바다. 생명을 주는 무의식(=고래)의 힘을 상징적으로 표현하고 있다. – Stolcius de Stolcenberg, 'Viridarium chymicum'(1624)

<그림 223> 죽음, 또는 흑화와 부패. 태양과 달이 결합한 뒤에 죽음에 압도된다. – Mylius, 'Philosophia reformata'(1622)

그리스도가 말했다. "만약 내가 들려 올라간다면, 나는 모든 인간들을 나에 게로 끌고 올 거야." 그 후로, 십자가에 못 박혀 낙담해 있던 두 부분이 서로 약혼할 때, 남자와 아내가 함께 묻히고(그림 223), 후에 다시 생명의 영에 의해서 되살아날 것이다. 그러면 그들은 천국까지 들어 올려져야 하고, 거기서 육체와 영혼은 변모되고 구름 위의 왕좌에 앉게 될 것이다. 이어서 그들은 모든 육체들을 높은 곳에 있는 그들 자신의 영역으로 끌어 올릴 것이다.

저자가 평범한 사람이 아니라 학식 높은 규범이었다는 사실을 감안한다면, 그가 기독교 교리의 일부 근본적인 사상들과 유사한 점을 몰랐다고 짐작하는 것이 오히려 더 이상하다. 그 돌이 그리스도라고 노골적으로 말하는 예는 절대로 없지만, 신성한 형상들이 왕과 처녀-어머니라는 것은 쉽게 확인된다. 리플리는 신성 모독에 대해서는 전혀 생각하지 않는 가운데 이런 유사점들을 신중하게 선택했음에 틀림없다. 바젤의 활판 식자공 콘라트 발트키르시가 거기에 있었다면 아마 리플리의 머리에 유황을 뿌리고 불을 질렀을 것이다. 그러나 리플리가 살았던 시대는 신과 그의 신비들이 여전히 자연 속에 존재하고, 무의식에서 벌어지는 사건들이 아무런 문제를 일으키지 않고 평화롭게 물질에 개입하며 거기서 경험될 수 있기 때문에 구원의 신비가 존재의 모든 차원에서 작동하고 있던 시대였다.

나는 젊은 시절에 이런 중세의 세계관의 마지막 돌발 사건을 실제로 경험할 수 있었다. 그 시절에 우리 가족은 슈바르츠발트의 슈바벤 지역 출신 요리사를 두고 있었다. 어느 날 그에게, 가축 우리에서 부엌으로 넘길 희생물을 처형하는 임무가 주어졌다. 그때 우리는 밴텀닭을 키우고 있었으며, 밴텀닭 수컷들은 싸우길 좋아하고 급한 성격으로 유명했다.

그 밴텀닭 중 유독 흉악하게 노는 녀석이 한 마리 있었는데, 어머니는

<그림 224> 성모 마리아의 대관식으로 그려진 육체의 변형. – 'Codex Germanicus' 598(1420)

요리사에게 일요일에 구울 고기로 그 말썽꾸러기를 잡을 것을 주문했다. 어쩌다 나는 요리사가 목이 잘린 닭을 갖고 오며 나의 어머니에게 이런 말을 할 때 집 안으로 들어섰다. "이 녀석이 그렇게 사악하게 굴어놓고는 죽을 때는 마치 기독교 신자처럼 죽더군요. 내가 목을 치기 전에, 그 놈이 '용서해 주세요, 용서해 주세요!'라고 외쳤으니까요. 아마 지금 그 녀석은 천국으로 가고 있을 거예요." 그러자 나의 어머니가 분개하며 대답했다. "어떻게 그렇게 터무니없는 말을 하는가! 인간만 천국에 가는 거야." 요리사는 깜짝 놀라며 대꾸했다. "그렇지 않아요. 닭들을 위한 닭의 천국도 있어요. 인간들을 위한 인간의 천국이 있듯이 말입니다." "하지만 사람들 만이 불멸의 영혼과 종교를 갖고 있어"라고 나의 어머니는 똑같이 놀라며

말했다. 이에 요리사는 이렇게 말했다. "절대로 그렇지 않아요. 동물들도 영혼이 있고, 그 녀석들도 그들만의 특별한 천국을 갖고 있어요. 개나 고양이나 말도 마찬가지입니다. 왜냐하면 인간들의 구세주가 땅으로 내려올 때, 닭들을 구원할 구세주도 닭들에게 왔기 때문이지요. 그것이 동물들이 천국에 가기를 원하는 경우에 죽기 전에 자신의 죄를 뉘우치는 이유이지요."

우리 요리사의 신학은 구원의 드라마를 모든 차원에서 일어나는 것으로 보았던, 따라서 신비하고 이해되지 않는 물질의 변형에서도 그 드라마를 발견할 수 있었던 사고방식의 잔재이다.

"칸칠레나 리플레이"의 세부사항에 대해 말하자면, 완벽한 상태로 태어났음에도 병든 왕은 정신적 불모로 고통을 겪는 인간이다. 아리슬레우스의 환상에서, 땅이 결실을 맺지 못하는 이유는 상반된 것들끼리 결합하지 않고 비슷한 것들끼리 짝을 지었기 때문이다. 철학자들은 그 왕에게 그의 아들과 딸을 결합시켜 오빠와 여동생의 근친상간을 통해서 땅이 다시 결실을 맺을 수 있도록 하라고 조언한다(그림 225). 리플리의 경우에, 그것은 어머니와 아들의 근친상간이다. 이 두 가지 형태는 연금술에 흔하며, 왕족 결혼의 원형을 이룬다(그림 32). 이 동종 수정은 단지 원래부터 자웅동체라서 그 자체로 원을 완성시키는 우로보로스의 한 변형에 지나지 않는다. 아리슬레우스의 글에 나오는 왕은 자신은 아들과 딸을 두고 있기 때문에 왕인 반면에 그의 신하들은 불임이기 때문에 자식을 전혀 두고 있지 않다고 말한다. "뇌 속에서의 잉태"는 어떤 정신적 내용물을, 더욱 정확히 말하면 저절로 창조적인 것이 될 수 있는, 상반되는 정신의 내용물의 짝을 가리킨다.

그러나 틀림없이 그 왕은 지금까지 자식들이 생명력을 표현하는 것을 억

<그림 225> 오빠와 여동생의 짝에게 사랑의 묘약이 건네지고 있다. - Maier, 'Scrutinium chymicum'(1687)

<그림 226> 헤르메스의 그릇 안에서, 또는 물 속(= 무의식)에서 이뤄지는 상반된 것들의 결합. - "Trésor des trésors"(MS., 17th cent.)

압하거나 무시함으로써 그들이 후손을 퍼뜨리는 것을 허용하지 않았다. 마치 그가 자식들의 존재를 의식하지 않다가 철학자들의 조언을 듣고 나서야 자식들의 중요성을 깨닫게 된 것처럼 보인다. 그의 불임의 원인은 무의식적 내용물의 투사에서 찾아질 것이며, 이 무의식적 내용물은 의식과 통합될 때까지 발달하지도 못하고 "구원"을 발견하지도 못한다. 오빠와 여동생의 짝은 무의식, 즉 어떤 근본적인 내용을 나타낸다(그림 227). 따라서 현대의 심리학자라면 왕에게 그의 무의식이 존재한다는 사실을 기억함으로써 자신의 침체에 종지부를 찍으라고 조언했을 것이다. 그런 예들에서 일반적으로 일어나듯이, 그 후에 어떤 반대가, 고통스런 어떤 갈등이 표면으로 나오며, 왕이 그 갈등을 의식하지 않는 쪽을 선호했던 이유는 쉽게 이해가 된다. 그것이 도덕적으로 골칫거리일 것이기 때문에, 그 같은 관점에

<그림 227> 어떤 공상적인 기괴함으로서의 결합. – Brant, 'Hexastichon'(1503)

서 본다면, 그것은 도덕적으로 불쾌한 형태의 근친상간에서 적절히 표현되고 있다.

리플리의 경우에 어머니 근친상간이 양자 입양이라는 전형적인 관행으로 위장되고 있지만, 어머니는 동일한 것을 임신하게 된다. 왕이 자기 어머니의 옷 밑으로 사라지는 것은 "아리슬레우스의 환상"의 두 번째 버전에서 가브리쿠스가 베야의 몸 안에서 완전히 용해되는 것에 해당한다. 왕은 지배적인 의식적 정신을 나타내며, 이 정신은 무의식을 받아들이는 과정에 무의식에게 삼켜지게 된다. 이것은 최종적으로 왕의 재생과 부활로 이어지는 어둠의 상태인 니그레도를 초래한다(그림 34, 137, 219 참조).

왕이 "태양의 날개 밑에서 양육된다"는 이상한 생각(그림 228)은 '말라기서'(4장 2절) 중에서 초기에 그리스도를 헬리오스나 솔로 숭배하는 행위의 합리적인 바탕이 되어 주었던 그 단락을 가리킬 수 있다. 이것은 성 아우구스티누스까지도 맞서 싸워야 했던 경향이었다. "내 이름을 두려워하는 너희에게는 정의의 태양이 떠오를 것이고, 너희는 그 태양의 날개 속에서 건강을 누리리라. 그리고 너희가 나가서 떼를 지은 송아지들처럼 뛰어다니리라." 이 단락은 언제나 구세주의 예언으로 해석되었으며, 틀림없이 리플리에게도 알려져 있었다. "태양의 날개들"은 매우 오래된 이미지이며, 히브리인인 말라기에게 매우 강력하게 다가온 이미지임에 틀림없다. 그것이 이집트의 태양-상징이니 말이다. 이 태양에 의해 육성되는 그는 신의 아들, 즉 왕이다.

아리슬레우스의 환상에서 왕의 죽은 아들이 철학의 나무의 열매에 의해서 다시 살아나듯이, 리플리에서 병든 왕은 "종"(種)에 의해 치료된다. 이 "종"은 틀림없이 생명의 만능약이다. 어머니가 임신해 있는 동안에 그녀

<그림 228> 먹을 것을 마련하기 위해 자신의 털을 뽑는, 깃털 장식을 한 왕. – "Ripley Scrowle"(MS., 1588)

<그림 229> 원물질로부터 올라오고 있는, 정신의 상징으로서의 독수리. – Hermaphroditisches Sonn–und Monds–kind'

<그림 230> 증류기로부터 생겨나고 있는 공작. – 18th cent. MS.

<그림 231> 처녀(판도라)와 철학의 나무로서, 메르쿠리우스. – Reusner, 'Pandora'(1588)

의 음식은 피와 공작의 살점이다. 리플리가 알고 있었는지는 분명하지 않지만, 초기 기독교에서 공작은 예수 그리스도를 상징한다. 그러나 공작(그림 111, 230)은 리플리도 틀림없이 알고 있었을 그리스도의 상징인 피닉스의 6촌이다("리플리 스크롤" 속의 그림 참조). 피는 처녀의 무릎에 누워 있는 초록색 사자로부터 나오며, 사자는 옆구리의 상처에서 피를 흘리고 있다. 이것들은 분명히 성찬과 피에타의 상징들이다. 초록색 사자는 또한 메르쿠리우스의 형태들 중 하나이다.

새로운 탄생을 일으키는 존재로서, 어머니는 나무와 동일하다. 1588년 판 '판도라'에서, 나무는 왕관을 쓴 벌거벗은 처녀로 그려지고 있다(그림 231). 철학의 나무는 연금술 과정의 상징으로 선호되고 있으며, 리플리가 "왕관을 쓴 처녀"에 대해 말할 때, 우리는 당장 그것이 세계 영혼, 메르쿠리우스의 여성적인 반(半)이라는 것을 알아차렸다(그림 208).

"칸칠레나 리플레이"는 처녀-어머니의 신격화로 끝난다. 이 신격화를 앞에 언급한 '판도라'는 마리아의 찬미로, 또 축복받은 성모 마리아의 승천으로 묘사하고 있다. 그녀의 죽음 뒤에, 그녀의 육체가 어떤 신성한 기적에 의해서 다시 그녀의 영혼과 결합하고, 둘은 함께 하늘까지 올라간다. 최근에야 하나의 교리로 널리 선포되기에 이르렀지만, 이것이 오랫동안 교회의 견해였다. 〈그림 232〉를 보면 그녀는 "땅"과 "육체"와 "처녀들의 기쁨이 되었느니" 등의 글귀와 함께 있다. 비둘기가 그녀에게로 내려오고, 성부가 오른손을 그녀에게 대고 축복을 내린다. 그녀는 왕관을 쓰고 있다. 구체의 무엇인가를 들고 있는 성부의 형상에 "Anima Seel"과 "Jesse pater, filius et mater"라는 글귀가 새겨져 있다. "mater"(어머니)는 왕인 그의 옆에 왕관을 쓰고 있는 천국의 왕비를 가리킨다. 이유는 그녀의 안에서, 부활한 그녀의 육체 안에서 변모되고 있는 땅의 본질이 신성 속으로 흡수되고

<그림 232> 육체에 대한 찬미가 성모 마리아의 대관식으로 묘사되고 있다. '사피엔치아'(늙은 헤르메스)가 아들의 자리를 차지하고 있으며, 성령은 꽤 독립적인 실체이다. 그들은 서로 합쳐서 하나의 사위일체를 형성한다. 아래쪽에서 메르쿠리우스의 정신을 원물질로부터 추출하고 있다. – 'Speculum Trinitatis' from Reusner, 'Pandora'(1588)

있기 때문이다. 왼쪽의 수염을 기른 형상은 지위 상으로 성부와 동격이며 "Sapientia Wyssheit"라는 문구가 두드러진다. 아래쪽의 방패에 연금술의 최종 산물이 원물질에서 풀려나고 있는 그림이 그려져 있다. 전체는 복음서 저자들의 상징들을 바탕으로 만다라의 형태를 취하고 있다. 그림 아래쪽의 글귀는 "성 삼위일체의 경상(鏡像)"이라는 뜻이다.

리플리는 왕을 승자로, 병든 자들의 치료자로, 죄인들의 구원자로 그리고 있다. '로사리움'의 맨 끝에 다음과 같은 글귀가 적힌, 부활한 그리스도의 그림이 있다(그림 234).

<그림 233> 기독교의 사위일체인 셋과 하나(삼위일체와 마리아). – 'French School'(1457) detail

<그림 234> 철학자의 아들의 상징으로서, 부활한 그리스도. – 'Rosarium philosophorum' (1550)

나의 많은 고통과 위대한 순교의 뒤에

나는 오점 한 점 없는 상태로 변모되어 다시 일어나리라.

h. 에피고노이

"에피고노이"(Epigonoi)[123]라는 단어를 나는 17세기의, 그러니까 연금술의 만개를 봄과 동시에 신비한 것과 물리적인 것이 더욱 분명하게 분리됨으로써 연금술의 몰락의 시작을 목격한 시대의 저자들을 뜻하는 것으로 쓰고 있다. 신비스럽고 철학적인 경향이 그 전 어느 때보다 더 뚜렷해진 한편으로, 고유의 화학이 보다 뚜렷하게 모습을 드러내기 시작했다. 과학과 기술의 시대가 동트고 있었으며, 중세의 내성(內省)의 태도가 빠르게 쇠퇴하고 있었다. 종교적이고 형이상학적 가치들은 연금술 작업에 의해 드러난 정신의 경험들을 표현하는 능력이 갈수록 떨어지는 모습을 보였다. 그리고 몇 세기가 흐른 뒤에, 연금술 분야의 경험에서 나온 모호한 정신적 내용을 새롭게 밝히는 일이 경험 심리학의 몫으로 떨어졌다.

16세기 말과 17세기 초에 쓰인 문헌 속에서, 신비주의적 고찰이 틀림없이 휴머니즘과 교회의 분열에 고무 받아 그 전의 밀교의 베일을 벗기 시작했다. 저자들이 표현할 수 없었던 것을 단어와 이미지로 표현하는 것이 가능했으니 말이다. 그러나 저자들이 그림으로 나타낸 상징체계 중 많은 것이 꽤 괴상했으며, 그런 상징체계는 신비를 밝히는 데도 전혀 아무런 기여를 하지 못했을 뿐만 아니라, 오히려 세속적인 눈으로 신비를 평가 절하함으로써 연금술 지혜의 쇠락을 가속시키는 결과를 낳았다. 오늘날 유럽 대륙의 전례 없는 혼란에 대해 깊이 생각하면서, 우리는 예리한 심리학적 지

---

[123] 그리스 신화에서 1차 테바이 전쟁에서 전사한 아르고스 영웅들의 아들들을 일컫는다.

식을 바탕으로 그런 식으로 유럽의 정신적 유산에 얼마나 많은 상실을 야기했는지를 이제 막 깨닫기 시작했다. 다행히도, 그 상실은 바로잡을 수 없는 것은 아니다. 자연은 반드시 돌아오게 되어 있으니까.

이어지는 글에서, 나는 그 시대의 문헌에서 끌어낸 라피스와 그리스도의 비교를 몇 가지 더 소개하고 싶다.

익명의 저자가 쓴 "리베르 데 아르테 키미카"(Liber de arte chymica)라는 논문에 메르쿠리우스와 라피스의 비교가 나오는데, 나는 이것에 대해 언급하지 않고 넘어갈 수 없다. 그것이 메르쿠리우스와 성모 마리아의 동일시이기 때문이다.

이 심오한 우화에 귀를 기울이도록 하라. 하늘의 천국이 모든 인간들에게 닫혔고, 그래서 인간들은 지옥으로 내려가서 거기서 영원히 갇혀 지내게 되었다. 그러나 성모 마리아가 말로 형용할 수 없는 신비와 더없이 심오한 성사에서 성령의 협조로 순결한 자궁 안에 하늘과 땅 위에서 가장 숭고한 것을 잉태했으며, 마침내 그녀가 우리를 위해 세상 전체의 구세주를 낳았을 때, 그리스도 예수가 창공의 올림포스의 문을 열고, 영혼들이 풀려날 수 있도록 플루톤의 영역을 활짝 열었다.

이 구세주는 죄에 빠진 모든 사람들이 종종 그에게 의지하기만 하면 넘치는 선량으로 그들을 구할 것이다. 그러나 그 동정녀는 타락하지 않고 때 묻지 않은 채로 남았으며, 그런 까닭에 메르쿠리우스가 가장 영광스럽고 가장 존경할 만한 성모 마리아와 동일시되는 데는 충분한 근거가 있다. 메르쿠리우스가 순결하니 말이다. 왜냐하면 그가 땅의 내장 안에서 어떤 종류의 금속도 증가시키지 않으면서 우리를 위해 "천국"의 용해를 통해 그 돌을 만들어냈기 때문이다. 말하자면, 그가 금을 열고 영혼을 밖으로 끌어냈다는 뜻이다. 그것을 당신은 하나의 신성으로 이해해야 한다. 그는 한동안 그것을 자신의 뱃속에 넣고 다니다가 형편이 좋을 때 그것을 정화된 육체로 변화시킨다. 그것으로부터 소년(puer), 즉 라피스가 우리에게로 오고, 이것의 피에 의해서 보다 낮은 육체들이 물들고 모두 황금의 천국으로 다시 올라갈 것이다.

세계 영혼으로서, 메르쿠리우스는 사실 그노시스주의의 빛의 처녀와, 그리고 기독교의 성모 마리아(그림 8, 105, 107, 164, 165, 208)와 비교될 수 있으며, 심지어 이 텍스트가 단언하는 바와 같이, 메르쿠리우스는 성모 마리아와 "동등한" 존재로 여겨졌다. 여기서 나는 그 익명의 저자의 의견을 전하고 있을 뿐이라는 점을 강조해야 한다. 그렇다면 "푸에르"(puer)는 대우주의 아들일 것이며(그림 64, 192, 214, 234), 또 그런 것으로서 그리스도와 비슷한 존재이다. 저자도 마찬가지로 이런 결론을 끌어낸다. 저자가 그리스도의 육체적 본질과 그 돌의 효과를 비교하고 있으니 말이다.

그리스도가 어떤 죄도 저지르지 않았고, 또 신의 정수와의 기적적인 결합이 이뤄졌기 때문에, 그리스도의 육체 안에는 원소들의 위대한 친화성이 있었으며, 그런 연합 덕분에 그는 자신이 태어난 목적인 인류의 구원을 위해서 자유의지로 죽음을 추구하지 않았더라면 절대로 죽을 수 없었을 것이다.

우리가 아는 바와 같이, 원소들의 혼란스런 반목이 그 돌 안에서 가장 강력한 상호 동맹으로 바뀐다. 바로 이 동맹이 그 돌을 부패하지 않는 것으로 만든다. 우리 저자의 의견에 따르면, 그것이 그 돌이 구세주의 피와 똑같은 효과를 내는 이유이다. "지복 속에서 누릴 건강과 장수 때문에 우리의 돌이 간절히 추구되고 있다."

15세기 초를 살았던, 필명으로 쓰는 작가로서 자주 인용되는 바실리우스 발렌티누스도 의문스런 저자들의 집단에 포함된다. 간혹 튀링겐 주 프랑켄하우젠의 요한 툍데(Johann Thölde)가 1602년부터 나타나기 시작한 발렌티누스 텍스트들의 저자로 여겨지기도 한다. 그 텍스트에 대한 초기의 언급 중 하나는 미하엘 마이어의 '심볼라 아우레에 멘세'(1617)에서 발견된다. 마이어는 이 글들의 진짜 저자에 대해 지나치게 의심하는 태도를 보인다. "그는 악평에 시달리느니 차라리 모든 사람에게 알려지지 않은 상태로 남는 쪽을 택했다." 문체를 근거로 할 때, 그 글들은 틀림없이 16세기 말에 해당한다. 저자는 파라켈수스의 영향을 강하게 받았고, 별과 원소들의 정령들에 관한 파라켈수스의 견해뿐만 아니라 아르케우스(Archaeus)[124]에 관한 그의 생각까지 물려받았다. 지금 내 앞에 놓여 있는, 1700년에 나온 완결판에 "알레고리아 상티시메 트리니타치스 엣 라피디스 필로소피치"(Allegoria sanctissimae trinitatis et lapidis philosophici)[125]가 들어 있다. 다음은 거기서 끌어낸 내용이다.

그러므로 철학자들의 메르쿠리우스는 철학자들이 그를 부르는 바와 같이 하나의 정신적 실체로 여겨진다. 성부로부터 그 자신의 아들 예수 그리스도가 태어났으며, 이 예수 그리스도는 신이자 인간이며, 죄가 전혀

---

124 파라켈수스 추종자들이 모든 살아 있는 사물들 안에 있거나 그것들을 지배하고 있다고 믿는 영 또는 힘을 말한다.

125 라틴어 제목은 '성 삼위일체와 철학자의 돌의 비유'이다.

없으며, 죽을 필요도 전혀 없다. 그러나 예수 그리스도는 자신의 자유의 지로 죽었다가, 형제자매들이 죄 없이 자신과 함께 영원히 살 수 있도록 하기 위해, 그들을 위해서 다시 일어났다. 그렇듯이 금도 마찬가지로 결점이 전혀 없고, 불변하며, 모든 시련을 견뎌낼 수 있고, 영광스럽다. 그럼에도 불완전하고 병든 형제자매들을 위해서 금은 죽었다가 영광스럽게 구원을 받아 다시 일어나서 형제자매들을 순수한 금처럼 완벽하게 만들면서 그들이 영생을 누리도록 한다.

삼위일체의 세 번째 위격은 성령이며, 우리의 주 예수 그리스도가 신앙 속에 사는 독실한 기독교 신자들이 영생을 이룰 때까지 그들을 강화하고 위로하기 위해 보낸 위로자이다. 따라서 태양의 영(Spiritus Solis)은 마찬가지로 물질적이거나, 육체적인 메르쿠리우스(Mercurius corporis)이다. 그들이 함께 올 때, 그는 복제한 메르쿠리우스(Mercurius duplicatus), 즉 두 영인 성부와 성령이다. 그러나 성자는 우리의 미화되고 고정된 금, 즉 철학자의 돌처럼 미화된 인간(homo glorificatus)이다. 그런 까닭에 이 돌은 또한 '삼중'(trinus)이라 불린다. 말하자면, 광물적이고 식물적인 두 개의 물 또는 영, 그리고 동물적인 태양의 유황으로 되어 있다는 뜻이다.

1619년에, '현자의 수석(水石)'(Wasserstein der Weysen)이라는 제목의 연금술 기도서가 등장했다. 그 책자 67페이지를 보면, 익명의 저자는 거절당한 초석(그리스도)이 어떻게 "세속의 실체적인 철학자의 돌과 조화를 이루고 그것과 아주 미묘하게 일치하는지"를 보여줄 것이라고 말한다. 그러면 왜 "세속의 철학자의 돌이 하나의 진정한 조화이고, 진정으로 영적이고 천상의 돌인 예수 그리스도의 원형"인지가 보일 것이라고 저자는 덧붙인다. 증명이 50쪽 가량 이어진다. 그 책은 대단한 반향을 불러일으켰으며, 야코프 뵈메까지도 그 책의 숭배자로 꼽혔다. 그 책을 언급하는 코프(Hermann Kopp)는 대단히 불쾌한 상징들을 이용하는 연금술의 사상들과 종교를 불경스럽게 뒤섞는 것에 분개하고 있다. 그러나 중세의 순진무구함을 지나치게 엄격하게 판단해서는 안 되며, 그런 거추장스런 언어가 전하고자 했던 것이 무엇인지를 이해하려고 노력하는 것이 바람직하다.

라피스와 그리스도의 비교는 야코프 뵈메(1575-1624)에서 중요한 역할을 하지만, 나는 여기서 이 문제를 깊이 파고들고 싶지 않다. '데 시냐투라 레룸'(De signatura rerum)에서 특징적인 한 단락이 발견된다.

이 자료로부터, 연금술의 종국적인 목표가 진정으로 무엇이었는지가 충분히 분명하게 드러난다. 연금술은 어떤 신비체를, 변형되어 부활한 어떤 육체를, 즉 동시에 정신이기도 한 육체를 만들어내려고 노력하고 있었다. 이 점에서, 『황금 꽃의 비밀』에서 배운 바와 같이, 연금술은 중국 연금술과 공통적인 토대를 발견한다. 중국 연금술에서는 주된 관심이 "금강체"(diamond body), 다시 말하면 육체의 변모를 통한 불멸의 성취이다. 다이아몬드는 단단하고, 불같고, 투명한 까닭에 탁월한 상징이다. 오르텔리우스(Orthelius)는 철학자들이 단단함과 투명함, 루비 색조 때문에 철학자들의 숭고하고 축복받은 돌이라고 불렀던 것 그 이상으로 훌륭한 약제를 전혀 발견하지 못했다는 이야기를 들려주고 있다.

오르텔리우스는 또한 라피스의 "신학"에 대해 길게 썼다. 그가 뵈메보다 뒤의 사람이기 때문에, 나는 단지 그가 물질에 박혀 있는 영에 몰두했다는 이유로 그를 여기서 거론한다.

두 가지 보물이 있다고 한다. 하나는 글로 쓰인 말(verbum scriptum)이고, 다른 하나는 행위로 행해진 말(verbum factum)이다. 글로 쓴 말에서 그리스도는 여전히 요람 안에 포대기에 싸여 있지만, '말로 표현되어 사실이 된 말'에서, 말은 신의 피조물들 안에서 구체화되며, 거기서 우리는 말하자면 손으로 그 말을 건드릴 수 있다. 피조물들로부터 우리는 우리의 보물을 들어 올려야 한다. 이유는 말이 성 삼위일체가 창조의 시작부터 널리 퍼뜨렸던 불과 생명, 영과 다르지 않기 때문이다. 그 불과 생명과 영은 바다의 표면을 보며 골똘히 생각했으며, 그것들은, "하느님의 정신이 온 세상을 가득 채웠다"고 쓰여 있듯이, 하느님의 말씀에 의해 만물 속으로 불어넣어져 만물 안에서 구체화되었다. 어떤 사람들은 이 세계 정신이 신의 세 번째 위격이라는 의견을 표현했지만, 그 사람들은 복수이기 때문에 삼위일체의 모든 위격들로 확장되는 "엘로힘"(Elohim)이라는 단어를 고려하지 않았다. 그들은 이 영이 삼위일체에서 나왔고 그것에 의해 창조되었다고 말한다.

그리하여 그 영은 실체를 갖게 되었으며, 구세주 또는 철학자의 돌의 주요 구성요소이며, 우리의 일생 동안에 육체와 영혼을 결합시키는 진정한 매개체이다(그림 235).

오래된 바다 위에 누워 있는 세계 정신이, 알을 품은 암탉처럼, 바다를 임신시키고, 바다의 안에 씨앗 하나를 부화시켰다. 땅의 안쪽 부분들, 특히 금속들에 거주하는 것은 미덕이며, 아르케우스, 즉 세계 정신을 물질로부터 분리시키고, 그리스도가 인간에게 끼치는 영향력과 비교할 만한 영향력을 끼칠 그런 정수(精髓)를 만들어내는 것이 그 기술의 과제이다.

<그림 235> 연금술의 사위일체를 이루는 셋과 하나(육체와 여성의 원리)이다. - 'Rosarium philosophorum'(1559)

　연금술에 비교적 최근에 입문한 이 저자의 글에서, 피시스의 포옹에 걸려든 누스라는 그노시스주의의 통찰이 한 번 더 번득인다. 그러나 신성한 어떤 작업을 성취하기 위해 헤라클레스처럼 아케론(저승)의 어둠 속으로 한 번 내려갔던 철학자는 심사숙고하는 경향을 가진 실험실 작업자가 되었다. 그는 헤르메스 신비주의의 높은 목표를 더 이상 보지 못하게 되었기 때문에 지금 "육체와 영혼을 함께 묶어둘" 어떤 강장제를 발견하려고 노력하고 있다. 우리의 할아버지가 훌륭한 포도주에 대해 이야기하곤 했듯이 말이다. 연금술에 나타난 이 같은 방향 전환은 현대 의학의 아버지인 파라켈수스의 막강한 영향력 때문이었다. 오르텔리우스는 이미 신비한 경험을

교회로 넘기고 자연 과학 쪽으로 기울고 있다.

　파라켈수스와 뵈메는 연금술을 자연과학과 프로테스탄트 신비주의로 분리시켰다. 그 돌은 예전 상태로, 가치 없는 것 중에서도 가장 가치 없는 것(vilis vilissimus)으로 돌아가서 슈피텔러의 보석처럼 거리로 던져졌다. 모리에누스는 오늘 다시 이렇게 말할 수 있을 것이다. "퇴비 더미에서 발에 밟힌 것을 택하라. 만약에 그렇게 하지 않는다면, 당신은 사다리 없이 올라가려고 할 때처럼 곤두박질치고 말 것이다." 어떤 사람이 퇴짜 놓았던 것을 받아들이길 거부하는 경우에, 그가 보다 높은 곳으로 가기를 원하는 바로 그 순간에 그것이 복수하고 나설 것이라는 뜻이다.

　라피스와 그리스도의 비교는 17세기에 연금술이 종말을 고할 때까지 거듭 나타나지만, 그것들은 어디까지나 아류에 지나지 않았다. 그때는 비밀 결사들, 특히 장미십자회원들(Rosicrucians)의 발흥을 목격한 시대였다. 이거야말로 연금술의 비밀이 저절로 사라져 버렸다는 사실을 보여주는 최고의 증거이다. 비밀 결사의 유일한 존재 이유가 타당성을 상실한 탓에 오직 외적 형식으로만 살아남을 수 있게 된 비밀을 지키는 것이니 말이다. 미하엘 마이어는 이 비극을 들여다볼 기회를 우리에게 허용하고 있다. 자신의 걸작의 말미에서, 그는 자신의 위대한 순례의 과정에서 메르쿠리우스도 발견하지 못했고 피닉스도 발견하지 못했고 깃털 장식만을 발견했다고 고백했다. 자신의 펜만을! 이것은 그가 그 위대한 모험이 그의 풍성한 문학적 성취 그 이상으로는 절대로 이어지지 않았다는 사실을 깨달았다는 것을 세련되게 암시하는 표현이다. 만약 그 모험이 그 다음 3세기의 정신에만 의지했다면, 이 문학적 성취의 공로마저도 기억되지 못하고 흩어져 버렸을 것이다. 그러나 점점 강해지던 그 시대의 유물론이 연금술을 엄청난 실망과 터무니없는 일탈로 일축했을지라도, 그럼에도 "메르쿠리우스에는 절대로 완전히 사라지지 않은 어떤 매력이 있다". 금을 만드는 작업이라는 바보 얼간이의 겉모습에 가려져 있을 때조차도 완전히 사라진 적이 절대로 없었던 매력이다.

<그림 236> 헤르메스의 그릇에 담긴 내용물. – Kelly, 'Tractatus de Lapide philosophorum' (1676)

<그림 237> 신비의 여동생과 작업 중인 연금술 전문가. – 'Mutus Liber'(1702)

:

6장

종교의 역사에 나타난 연금술의 상징체계

:

1. 상징들의 모체로서, 무의식

진정한 의미에서 말하는 화학이 연금술의 모호한 실험과 고찰로부터 떨어져 나간 이후로, 연금술의 상징체계만이 알맹이를 전혀 갖지 않은 것 같은 상태에서 흐릿한 안개처럼 남았다. 그럼에도 그 상징체계는 매력적인 어떤 특성을 절대로 잃지 않았으며, 그 체계의 마법을 어느 정도 느끼는 사람은 언제나 있었다.

　연금술의 상징체계만큼 풍요로운 상징체계가 존재하는 데는 틀림없이 그럴 만한 이유가 있다. 단순히 일시적 변덕이나 공상의 작용만으로 그런 상징체계가 존속하는 것은 가능하지 않다. 적어도 그 상징체계는 정신의 어떤 근본적인 한 부분을 표현하고 있다. 그러나 이 정신은 당시에 알려져 있지 않았다. 그것이 무의식이라는 적절한 이름으로 불리고 있으니까.

유물론적으로 말해서, 존재하는 모든 것의 뿌리에 원물질 같은 것이 전혀 없다 하더라도, 식별하는 정신이 없다면, 세상에 존재하는 모든 것은 절대로 구별되지 않을 것이다. 오직 정신이 존재하는 덕분에, 우리는 어떤 "존재"든 가질 수 있다. 의식은 단지 자체의 본질 중에서 일부만을 파악할 뿐이다. 왜냐하면 의식이 무엇보다도 의식의 발달을 가능하게 했던 전(前) 의식적인 정신적 삶의 산물이기 때문이다.

의식은 언제나 자체에서 비롯된 착각에 굴복하지만, 과학적인 지식은 모든 의식이 무의식적 전제들에, 다시 말해 일종의 미지의 원물질에 의존한다는 것을 잘 알고 있다. 이 원물질에 대해, 연금술사들은 우리가 무의식에 대해 할 수 있는 말을 모두 다 했다. 예를 들면, 원물질은 어떤 차이도 존재하지 않는 산에서 오거나, 아불 카심이 말하는 바와 같이, 원물질은 "분리되어 있는 사물들에서도 오지 않고, 식별하고 있는 것들이나 식별당하고 있는 것들에서도 오지 않으며 한 가지 사물에서만 온다". 그리고 원물질과 동일한 파라켈수스의 '위대한 신비'에는 "성별 분류 같은 것은 절대로 없다". 아니면 원물질은 아불 카심도 말하듯이 모든 것이 뒤집혀 있는 산에서 발견된다. "이 바위의 꼭대기는 그것의 바닥과 혼동되고, 바위의 가장 가까운 부분이 가장 먼 부분에 닿으며, 바위의 머리는 바위의 등의 자리에 있고, 바위의 등은 바위의 머리의 자리에 있다."[126]

이런 진술들은 무의식의 역설적인 본질에 관한 직관적인 통찰이며, 이런 종류의 직관이 거주할 수 있는 유일한 장소는, 그것이 물질에 관한 것이든 인간에 관한 것이든 불문하고, 사물들의 미지의 측면이다. 문헌에 종종 표현되었듯이, 그 비밀이 어떤 이상한 피조물이나 인간의 뇌에서 발견될 것이라는 막연한 의견이 있었다. 원물질은 영원히 변하고 있는 물질로 여겨

---

126 'Kitab al-'ilm', p. 23.

지거나, 그 물질의 정수 또는 영혼으로 여겨졌다. 그것은 "메르쿠리우스"라는 이름으로 불렸으며, '괴물'이나 '자웅동체', '이중의 물질'이라 불리거나 역설적인 이중적 존재로 인식되었다(그림 125, 199 참조).

라피스와 그리스도의 비교는 중세에, 틀림없이 성변화 교리의 영향을 받은 가운데, 변형시키는 물질과 그리스도 사이에 어떤 유사점이 느껴졌다는 점을 분명히 보여주고 있다. 그보다 더 빠른 시기에는 오래된 이교도 사상들의 그노시스주의 전통이 지배적인 요소였을지라도 말이다. 수많은 비교들 중 하나만을 언급한다면, 메르쿠리우스는 십자가에 매달린 뱀에 비유되고 있다('요한복음' 3장 14절)(그림 217, 238).

<그림 238> 십자가에 매달린 모세의 놋쇠 뱀. 메르쿠리우스의 뱀이다(그림 217 참조). - Eleazar, 'Uraltes chymisches We가'(1760).

<그림 239> 일각수. 일각 고래의 뿔을 가졌다. – Amman, 'Ein neuw Thierbuch'(1569)

2. 일각수의 페러다임

a. 연금술의 일각수

메르쿠리우스의 상징체계가 이교도 그노시스주의의 전통과 교회의 전통과 어떻게 서로 섞이는지를 보여주기 위해 일각수의 예를 선택했다. 일각수는 명쾌하게 정의된 단 하나의 실체가 아니라, 아주 다양한 모습으로 나타나는 전설적인 존재이다. 예를 들면, 뿔이 하나인 말도 있고 나귀도 있으며, 물고기도 있고 용도 있고 쇠똥구리도 있다. 그러므로 엄격히 말하면 우리는 하나의 뿔이라는 주제에 더 많은 관심을 두고 있다.

로젠크로이츠(Christian Rosencreutz)의 '화학적 결혼'(Chymical Wedding)
에, 눈처럼 하얀 일각수가 나타나 사자 앞에서 복종을 맹세한다. 사자와 일
각수는 똑같이 메르쿠리우스의 상징들이다. 그 책을 조금 더 읽으면, 일각
수가 또 다른 메르쿠리우스의 상징인 하얀 비둘기에게 자리를 물려준다.
메르쿠리우스는 영이라는 변동성 강한 형태를 취할 때에는 성령과 비슷하
다. 람프슈프링(Lambspringk)의 상징들에 나오는 15개의 형상들 중 적어
도 10개는 메르쿠리우스의 이중적인 성격을 나타내고 있다. 그 중 〈도표
Ⅲ〉은 수사슴을 마주하고 있는 일각수를 보여준다(그림 240).

　일각수는 또한 도망 다니는 사슴으로서 메르쿠리우스의 상징이다. 밀리
우스는 일곱 개로 이뤄진 일련의 상징들을 통해서 그 작업을 쉽게 설명하
고 있다. 그 상징들 중 여섯 번째가 부활에 이르는 길로 안내하는 생명의

<그림 240> 영혼과 정신을 상징하는 수사슴과 일각수. - Lambspringk, "Figurae et
emblemata" in 'Musaeum hermeticum'(1625)

정령을 상징하는, 나무 아래에 웅크리고 있는 일각수이다(그림 188 참조). 페노투스는 일각수가 사자와 독수리, 용과 함께 금과 동일한 것으로 여겨지는 그런 상징들의 도표를 제시한다. 평범하지 않은 금은 사자와 독수리, 용처럼 메르쿠리우스의 동의어이다. '돌의 물질과 실제에 대하여'(Von der Materi und Prattick des Steins)라는 제목의 시는 이렇게 말한다.

> 나는 틀림없이 진정한 일각수다.
> 어느 인간이
> 나의 뿔을 둘로 쪼갰다가
> 다시 둘로 쪼개 지지 않게
> 내 몸에 붙일 수 있겠는가?

여기서 나는 다시 리플리에 대해 언급해야 한다. 거기서 우리는 "옆구리에 피를 흘리며 여왕의 무릎에 누워 있는 초록 사자"를 만난다. 이 이미지는 한편으로 피에타를, 다른 한편으로 사냥꾼에게 부상당해 어느 처녀의 무릎에 잡혀 있는 일각수를 암시한다(그림 241, 242). 중세의 그림에 자주 등장하는 주제이다. 정말로, 여기서 초록 사자가 일각수를 대체했지만, 그것도 연금술사에게 아무런 어려움을 야기하지 않는다. 사자도 마찬가지로 메르쿠리우스의 상징이기 때문이다. 처녀는 메르쿠리우스의 영의 수동적이고 여성적인 측면을 나타내는 한편, 일각수 또는 사자는 메르쿠리우스의 영의 야생적이고, 사납고, 남자 같고, 관통하는 힘을 나타낸다.

일각수의 상징이 그리스도와 성령의 한 비유로서 중세 내내 통용되었기 때문에, 그들 사이의 연결은 연금술사들에게 확실히 알려져 있었으며, 그렇기 때문에 리플리가 이 상징을 사용하면서 메르쿠리우스와 그리스도의

<그림 241> 일각수를 길들이고 있는 처녀. - Thomas Aquinas(pseud.), "De alchimia" (MS., 16th cent.)

<그림 242> 처녀의 무릎에 안긴 일각수를 죽이고 있다. ("일각수의 옆구리에 생긴 상처"의 의미에 주목하라.) - Initial from MS. Harley 4751, London

밀접한 관계 또는 동일성을 염두에 두고 있었다는 점에는 의심의 여지가 있을 수 없다.

b. 교회 비유 속의 일각수

교회의 언어는 일각수 비유들을 '시편'에서 빌리고 있다. '시편'에서 일각수는 29장 6절, "그분은 그들이 송아지처럼 뛰게 하고 레바논과 시리온을 어린 일각수처럼 뛰게 하신다"는 내용에서 보듯, 가장 먼저 하느님의 힘을 상징하고, 두 번째로 92장 10절, "그러나 주님께서 나의 뿔을 일각수의 뿔 같이 높일 것이며"라는 내용에서 보듯 인간의 활력을 상징한다.

악의 힘도 22장 21절, "나를 사자의 입으로부터 구해 주소서. 주께서 나에게 응답하시어 들소의 뿔에서 구원했나이다"라는 내용에서 보듯, 또한 일각수의 힘과 비교된다. "그의 영광은 수소의 영광이고, 그의 뿔은 일각수의 뿔이다"[127]라는 문장에서 보듯, 테르툴리아누스의 그리스도 암시는 이 비유들에 근거하고 있다. 이 문장은 모세의 축복을 가리킨다('신명기' 33장 13, 14, 17절).

> … 그의 땅이 여호와의 축복을 받아, 하늘의 소중한 것들인 이슬과 아래에 저장된 물과 태양이 결실을 맺게 하는 소중한 과일들과, 달이 자라게 하는 소중한 것들을 얻을 것이며 …
> 그의 영광은 수송아지 같고, 그의 뿔은 일각수의 뿔 같고, 그것으로 사람들을 모두 함께 이 땅 끝까지 밀어붙이리라.

이를 근거로 할 때, 일각수의 뿔이 축복받은 자의 건강과 힘과 행복을 상

---

127 Tertullian, 'Adversus Judaeos', Ch. Ⅹ ; Migne, P. L., vol. 2. col. 626

<그림 243> 가흐낭(von Gachnang) 가문(스위스 투르강)의 일각수 문장. – From 'Zurich Roll of Arms'(1340)

징하는 것이 분명하다. 테르툴리아누스는 "따라서 그리스도가 두 가지 특성 때문에 수소로 불리었다. 한 가지 특성은 재판관으로서 단호하다는 점이고, 다른 한 가지 특성은 구세주로서 온순하다는 점이다. 그의 뿔들은 십자가의 끝 부분들이다. …"라고 말한다. 순교자 유스티누스는 같은 단락을 비슷하게 해석하고 있다. "일각수의 뿔들이 그의 뿔이다. 이유는 어느 누구도 일각수의 뿔들이 십자가에 의해 표현된 그것이 아닌 다른 대상이나 모양에서 발견될 수 있다고 말하거나 증명하지 못하기 때문이다." 하느님의 힘이 그리스도의 안에서 명백히 드러나니 말이다. 따라서 프리실리아누스(Priscillianus)는 하느님을 뿔이 하나인 존재로 부른다. "하느님은 뿔이 하나이고, 우리에게 그리스도는 바위이고, 예수는 초석이며, 그리스도는 사람 중의 사람이다." 일각수가 '유니게니투스'(Unigenitus)[128]의 유일성을 상

128 클레멘스 11세 교황이 1713년에 공포한 헌법.

<그림 244> 아리오스토(Ariosto)의 찬미. (말의 앞갈기가 일각수의 뿔처럼 빳빳하게 땋아져 있다.) – Drawing by Giovanni Battista Benvenuti, called Ortolano(1485– 1525?)

<그림 245> 봉쇄된 정원에서 사랑스런 일각수와 함께 있는 성모 마리아. – Swiss tapestry(1480)

<그림 246> 수사슴과 사자, 그리핀, 일각수를 담고 있는 4개의 장식용 메달로 이뤄진 만다라. – Pavement from St. Urban's Monastery, Lucerne

<그림 247> 일각수와 함께 있는 처녀. – Khludov Psalter(Byzantine, 9th cent.)

징하듯이, 성 닐루스(St. Nilus)는 수도사의 겁없는 독립을 표현하기 위해 일각수를 이용하고 있다. "수도사는 일각수이고, 혼자 힘으로 살아가는 피조물이다."

성 바실리우스(St. Basilius)는 '일각수의 아들'을 그리스도로 여긴다. 성 암브로시우스는 일각수의 기원에 대해 그리스도의 출산처럼 하나의 신비라고 말한다. 내가 이 인용들을 끌어내고 있는 니콜라 코생(Nicolaus Caussin)은 일각수가 '구약성경'의 신의 상징으로 적합하다고 관찰한다. 왜냐하면 신이 분노한 가운데 성난 코뿔소(일각수)처럼 세상을 혼란에 빠뜨리기 때문이다. 그러다가 신은 사랑의 포로가 되어 어느 처녀의 무릎에서 진정되었다.

교회에서 확인되는 이런 생각의 기차는 연금술에서 사자와 용을 길들이는 데서 비슷한 예를 발견한다(그림 246). '구약성경'의 여호와가 '신약성경'에서 사랑의 신으로 바뀐 것에 대해, 필리포 피치넬리(Filippo Picinelli)는 이렇게 말한다.

"확실히, 상상을 초월할 정도로 끔찍했던 신이 가장 신성한 처녀의 자궁 속에 머문 뒤에 평화롭고 완전히 길들여진 상태로 세상 앞에 나타났다. 성 보나벤투라(St. Bonaventura)는 그리스도가 더없이 친절한 마리아에 의해 길들여지고 달래졌다고, 그래서 그는 죄인을 영원한 죽음으로 처벌할 수 없었다고 말했다."

'스페쿨룸 데 미스테리이스 엑클레시에'(Speculum de mysteriis ecclesiae)에서, 오툉의 호노리우스(Honorius of Autun)는 이렇게 말한다.

하나의 뿔만을 가진 매우 사나운 동물은 일각수라 불린다. 그것을 잡으려면, 처녀를 들판에 두어야 한다. 그러면 그 동물이 그녀에게 와서 잡힌다.

이유는 그것이 그녀의 무릎에 눕기 때문이다. 그리스도는 이 동물에 의해 표현되고, 그리스도의 능가할 수 없는 힘은 그 동물의 뿔에 의해 표현된다. 처녀의 자궁 안에 누운 그는 사냥꾼들에게 잡혔다. 말하자면, 그는 그를 사랑한 사람들에 의해 인간의 모습으로 발견되었다(그림 247).

<그림 248> 구원의 이야기를, 따라서 일각수의 존재를 예상하게 하는 이브의 창조. – "Trésor de sapience"(MS., 15th cent.)

성 루페르투스(St. Rupertus)는 그리스도를 코뿔소와 비교하고, 뷔르츠부르크의 브루노(Bruno of Würzburg)는 그리스도를 단순히 뿔이라고 부른

다. 코생은 알베르투스 마그누스가 "히포티포시스"(Hypotyposes)에서 외뿔소자리 별자리와의 연결 속에서 성모 마리아에 대해 언급한다고 적고 있다. 알베르투스는 연금술 전문가였으며 헤르메스의 논문들에서 인용을 끌어냈다. "타불라 스마라그디나"에, 땅으로 내려와 단단한 모든 것을 파고드는, 엄청난 힘을 자랑하는 "아들"이 나온다. 처녀자리가 하나의 땅의 기호인 것은 점성술에서만이 아니다. 테르툴리아누스와 아우구스티누스에서 성모 마리아는 실제로 땅을 의미한다(그림 248). 이시도루스(Isidorus

<그림 249> 난폭한 일각수. – From Bock, 'Kräuterbuch'(1595)

Hispalenis)는 일각수의 "관통하는" 효과를 강조한다. "타불라 스마라그디나"에서 어머니와 아들의 근친상간은 아주 엉성하게 가려져 있으며, 그것에 대해 연금술사 알베르투스도 아마 알고 있었을 것이다.

이전에 내가 말한 바와 같이, 일각수는 한 가지 이상의 의미를 지닌다. 그것은 또한 악을 의미할 수도 있다. 예를 들면, '피시올로구스 그레쿠스' (Physiologus Graecus)는 일각수에 대해 "그것은 발이 빠른 동물이며, 뿔을 하나 갖고 있고, 인간에게 사악한 마음을 품고 있다"고 말한다. 그리고 성 바실리우스는 이렇게 말한다. "오, 인간이여, 스스로 조심할 것이며, 악마인 일각수를 경계해야 한다(그림 249). 왜냐하면 일각수가 인간에게 사악한 음모를 꾸미고 교활하게도 사악한 짓을 하기 때문이다."

이 예들만으로도 연금술의 상징체계와 교회의 언어 사이에 밀접한 관계가 존재한다는 점이 충분히 전해졌을 것이다. 교회에 관한 인용들에서 일

<그림 250> 일각수를 타고 있는 미개인. - Engraving from the sequence of the Grösseres Kartenspiel, by the monogrammist E. S.(c. 1463)

각수는 또한 악의 요소를 포함하고 있다는 점에 주목해야 한다(그림 250). 원래 괴상하고 공상적인 짐승인 일각수는 자체에 어떤 내적 모순을, 상반된 것들의 결합을 품고 있으며, 바로 이 점 때문에 일각수는 연금술의 자웅동체 괴물을 상징하는 데 특별히 더 적절하다.

c. 그노시스주의 속의 일각수

교회의 언어와 이교인 그노시스주의 상징체계 사이에도 어떤 연결이 있다. 히폴리토스는 나아센파의 교리에 대해 설명하면서 뱀이 모든 사물들과 생명체들 안에 거주하고 있다고, 또 모든 신전은 뱀의 이름을 따서 지어졌다고 말한다. 모든 사당과 모든 의례, 모든 신비는 뱀에게 바쳐진다고 그는 말한다. 이것은 즉각 "타불라 스마라그디나"의 한 단락을 상기시킨다. "이것은 전체 세상의 완벽의 아버지이다." 그리스어 단어 'Τέλος'와 'τελετή', 'τελεσμός'은 모두 똑같은 것을, 말하자면 불완전한 육체의 완벽과 성숙을, 그리고 연금술사 본인의 완벽과 성숙을 의미한다.

> 이들[나아센파 사람들]은 밀레토스의 탈레스가 말한 바와 같이 뱀이 습한 원소라고 말한다. 그들은 또 존재하는 것들 중에서 그 어떤 것도, 불멸이든 죽을 운명이든, 생물이든 무생물이든 상관없이 습한 원소 없이는 존재하지 못한다고 말한다.

뱀에 대한 이 같은 정의는 마찬가지로 일종의 물인 연금술의 메르쿠리우스와 일치한다. 연금술에서 메르쿠리우스는 "신성한 물"이고, 젖은 것이고, 근본적인 습기이고, 생명의 정령이며, 살아 있는 모든 사물 안에 거주하고 있을 뿐만 아니라 존재하는 모든 것 안에 세계 영혼으로서 내재하고

<그림 251> 하나의 통합으로 나타나는, 연금술 과정의 일곱 단계들. – "Ripley Scrowle"(MS., 1588)

있다. 히폴리토스는 이렇게 이어간다.

그들은 또 만물이 그녀[뱀]에게 종속된다고, 그녀는 선하며 그녀 자신 안
에 외뿔 수소의 뿔의 안처럼 모든 것의 무엇인가를 갖고 있다고 말한다.
그녀는 만물에 아름다움과 성숙을 나눠준다.

그러므로 그 뱀은, 날아다니는 일각수 알리콘처럼, 일종의 해독제이고, 만물이 성장과 완벽을 기하도록 하는 원리이다. 우리는 메르쿠리우스의 상징으로서, 특히 성숙하지 않았거나 불완전한 육체들을 성숙시키고 완성시키는, 그래서 연금술에서 구원자로 여겨지는, 변형시키는 물질로서의 일각수를 이미 잘 알고 있다. 히폴리토스는 "뱀은 마치 에덴에서 나와서 스스로를 최초의 4개의 원소로 나누는 것처럼 모든 것 속으로 침투한다"고

<그림 252> 순결. - "Les Triomphes du Pétrarche"(MS.,16th cent.)

말한다. 모든 것은 하나로부터 나온다는 것이 연금술의 근본적인 신조이다(그림 251). "타불라 스마라그디나"는 "모든 것이 그 하나에서 나오듯이, … 모든 것이 이 한 가지에서 태어난다"고, 또 그 하나는 4개의 원소로 나뉜 다음에(그림 252) 다시 하나로 결합한다고 말한다. 원물질은 특히 아담이 낙원에서 추방될 때 갖고 온 "낙원의 흙"이라고 불린다. 철학자들의 메르쿠리우스는 4가지 원소로 이뤄져 있다(그림 214 참조). 히폴리토스가 인용하는 신비의 찬가들 중 하나에서, 오시리스는 "달의 천상의 뿔"로 불린다. 이 비유들을 우리는 연금술의 측면에서 이미 알고 있다. 히폴리토스

<그림 253> 우로보로스에게 둘러싸인 하르포크라테스. – Gnostic gem

가 언급하는 또 다른 비유는 "여러 형태의 아티스"이다. 메르쿠리우스의 가변성과 다양한 형태들은 연금술에서 결정적인 사상이다. 이 이교 체계가 기독교로부터 넘겨받은 사상들을 파고들 필요는 거의 없다. 기독교의 인용들과 비교하는 것만으로도 충분하다.

d. 외뿔 스크라베

메르쿠리우스의 일각수 상징체계에 관한 정보의 중요한 한 원천은 호라폴로(Horapollo)의 '이에로글리피카'(Hieroglyphica)(10장)이다. 이 저자는 스크라베의 세 번째 특성은 외뿔이며, 바로 이 점 때문에 스크라베는 따오기처럼 메르쿠리우스에게 바쳐졌다. 더욱이 스크라베는 그 자체로부터 태어나는 생명체라는 점에서 독자(獨子)이다.

파라켈수스에게 원물질은 창조되지 않은 것이며, 연금술 내내 원물질은 메르쿠리우스, 즉 뱀이나 용으로서 암수 양성을 갖고 있으며, 자가 수정과 자기 출산을 할 수 있다(그림 253). '하나뿐인 아들'은 철학자의 아들, 즉 돌이다.

스크라베는 어느 파피루스 텍스트에서 용과 똑같이 팔다리 절단을, "원소들의 분리"를 겪는다. "천국의 정점에 서 있는 날개 달린 지배자인 태양 딱정벌레가 목이 잘리고 사지가 잘려졌다."[129] "스플렌도르 솔리스"(Splendor solis)에 나오는 "여섯 번째 우화"에 대해 언급하고 싶다. 거기서 '세파라치오'(separatio: 분리)는 사지가 절단된 시체로 묘사되며, 다음과 같은 내용의 텍스트가 따른다. "로시누스(Rosinus)[130]는 죽은 어떤 사람이 나타났던 자신의 환상에 대해 명확하게 설명하기를 원했다고 말한다. 그 사람의 육신은 소금처럼 하얗고, 사지는 잘렸고, 머리는 황금색이었으나 몸통과 분리되어 있었다고 한다." 황금색 머리는 원래 그리스 파피루스에 "머리 없는"것으로 묘사되고 있는 오시리스의 머리를 가리켰다. 그리스 연금술사들은 스스로를 "황금 머리의 자식들"이라고 불렀다.

스크라베는 연금술 문헌에 좀처럼 언급되지 않지만, 옛날의 텍스트들 중에, 예를 들면 "콘실리움 코니우지이"에서 스크라베가 발견된다. "우리의 물의 스크라베들에서 오는 물을 제외하고는 어떤 물도 만능약이 되지 못할 것이다." '우리의 물'은 바로 신성한 물, 즉 메르쿠리우스이다.

---

129 From a Greek magic papyrus in Preisendanz, 'Papyri Graecae Magicae, Ⅱ, p. 60, lines 44f.

130 조시모스를 잘못 적은 것으로 보인다.

e. 베다 속의 일각수

기독교 시대 이전의 일각수 흔적은 우리를 동양으로 이끈다. 그 흔적을 일찍이 '아타르바-베다'(Atharva-Veda)의 찬가들(Ⅲ, 7)에 나오는, "유전병인 '크셰트리야'(kshetriya)를 퇴치하기 위한 부적"에서 만난다.

1. 민첩한 영양의 머리 위에서 어떤 치료법이 자라고 있다. 영양은 뿔로 크셰트리야를 사방으로 내쫓았다.
2. 영양은 네 발로 너를 추적했다. 오 뿔이여, 영양의 가슴 속으로 단단히 파고든 크셰트리야를 풀어다오.
3. 저쪽에서 4개의 날개(측면)를 가진 지붕처럼 빛나는 뿔, 그것을 갖고 우리는 모든 크셰트리야를 팔다리로부터 몰아낸다.

마누의 물고기(그림 254 참조)는 뿔을 하나 갖고 있었던 것 같다. 물론, 이 부분에 대한 구체적인 언급은 발견되지 않는다. 그러나 언제나 그 물고기의 뿔로 언급되지, 복수로, 그러니까 뿔들로 언급되는 경우는 절대로 없

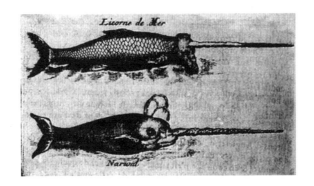

<그림 254> 소위 바다 일각수. 그것의 엄니는 옛날의 일각수 그림들에서 모델로 이용되었다. – Pommet, 'Histoir générale des drogues'(1694)

<그림 255> 물고기의 모습으로 나타난 비슈누. - 18th cent. Indian miniature

다. '샤타파타-브라흐마'(Shatapatha-Brahmana)에 나오는 전설에 따르면, 마누가 물고기를 한 마리 낚았는데, 이것이 점점 커져서 마지막에는 마누를 범람하는 물 위로 끌며 마른 땅으로 옮겼다. 마누는 자신이 탄 배를 물고기의 뿔에 묶었다. 그 물고기는 비슈누의 화신이며(그림 255), 마누는 "사람"을 의미한다. 여러 면에서 마누는 그리스어의 안트로포스와 일치한다. 그는 인류의 아버지이고, 신의 직계 후손이며, "스스로를 창조하는 존재", 즉 브라흐마로서 '스바얌부'(Svayambhu)라 불린다. 그는 신인(神人)이고, 피조물들의 지배자인 프라자파티(Prajapati)[131]와 동일시되고, 심지어

131   베다 시대에 창조신이었지만, 힌두교가 발전하는 과정에 인류의 조상을 가리키는 단어로 의미가 바뀌었다.

최고의 영혼인 브라만[132] 자체와도 동일시된다.

'리그 베다'에서, 마누는 아버지 마누라 불리며, 자기 딸을 통해 인류가 생겨나게 한 것으로 여겨진다. 그는 사회적, 도덕적 질서의 건설자이며, 최초의 제관이자 성직자이다. 그는 '우파니샤드'의 원리를 인류에게 전했다. 그가 남녀 양성의 특징을 지닌 원초적인 존재인 비라주(Viraj)에서 비롯되었다는 것도 특별히 흥미롭다. '샤타파타-브라흐마나'는 그를 (신들에 적대적인 악마들인) 아수라들과 락샤들을 전멸시키는 임무를 맡은 수소와 연결시킨다. 마지막으로, 마누는 의학의 아버지이고, 불교 전통에서 그는 황금시대의 지배자이다. 그렇다면 뿔은 이름과 성격 면에서 안트로포스와 밀접한 어떤 형상과 연결된다.

처녀와 일각수라는 주제는 '라마야나'(Ramayana)와 '마하바라타' (Mahabharata)(Ⅲ, 110-113)에서도 발견된다. 비브한다카(Vibhandaka) 또는 에카스링가(Ekasringa)(하나의 뿔)의 아들인 리쉬야스링가 (Rishyashringa)(가젤의 뿔)라는 이름의 은자는 왕의 딸 샨타에 의해 은신처에서 불려 나왔으며, 샨타는 그와 결혼한다. 또 다른 버전을 보면, 그는 창녀의 유혹에 넘어간다. 이 방법에 의해서만, 그 땅을 괴롭히던 끔찍한 가뭄이 중단된다.

f. 페르시아의 일각수

'분다히쉬'(Bundahish)[133](ⅩⅨ)에 일각수에 관한 인상적인 설명이 나온다.

132 인도의 계급 중 최고인 사제 계급이나 우주의 근본 원리를 뜻한다.
133 조로아스터교의 우주 생성론과 우주론에 관한 글을 모은 책에 붙여진 이름이다.

세 발의 당나귀에 대해, 사람들은 그것이 넓게 펼쳐지는 대양 한가운데에 서 있다고 말한다. 그 당나귀의 발은 3개이고, 눈은 6개이며, 입은 9개이고, 코는 2개이며, 뿔은 하나이다. 당나귀의 몸은 하얗고, 먹이는 영적이다. 당나귀는 또 정직하다. 그리고 당나귀의 눈 6개 중에서 2개는 눈이 있을 자리에 있고, 나머지 중 2개는 머리 꼭대기에 있고, 다른 2개는 육봉의 자리에 있다. 나귀는 그 6개의 눈의 예리함을 무기로 상대를 물리치고 파괴한다. 9개의 입 중에서 3개는 머리에, 3개는 육봉에, 3개는 양쪽 옆구리의 안쪽에 있으며, 각각의 입은 오두막 크기 만하며, 입은 그 자체로 알반드산(山) 만하다. 3개의 발이 땅을 딛고 있을 때면, 1,000마리의 양들이 함께 휴식을 취하기 위해 그 밑으로 모인다. 발목은 또 얼마나 큰지, 1,000명의 사람들이 말 1,000필과 함께 그 안을 통과할 수 있다. 2개의 귀에 대해 말하자면, 그것들은 마젠다란[134]을 둘러싸고 있다. 하나의 뿔은 금으로 만들어졌고 속은 비었으며, 그 위로 1,000개의 가지 뿔들이 자랐다. 그 가지 뿔들 중 일부는 낙타에 어울리고, 일부는 말에 어울리고, 일부는 황소에 어울리고, 일부는 크고 작은 당나귀에 어울린다. 그 뿔로 당나귀는 유해한 생명체들 때문에 일어나는 비열한 모든 타락을 정복하고 일소할 것이다.

그 당나귀가 대양에서 목을 똑바로 세울 때면, 당나귀의 귀들이 주위를 위협할 것이고, 그러면 널리 펼쳐진 대양의 모든 물이 불안에 떨고, 가나바드산의 등성이도 떨 것이다. 그 당나귀가 크게 소리를 지를 때, 물에서 사는 모든 생명체의 암컷이 임신할 것이고, 임신한 암컷들 중에서 해로운 생명체들은 그 소리에 새끼를 유산할 것이다. 그것이 대양에 오줌을 눌 때, 이 땅의 일곱 영역들에 있는 바다의 물 전체가 순화될 것이다. 물가

---

134 이란의 지명.

<그림 256> 혼돈 덩어리를 포함하고 있는 공상적인 괴물. 이 괴물로부터 펠리칸(그리스도와 라피스의 상징)이 생겨난다. – 'Hermaphroditisches Sonn– und Monds–kind'(1752)

<그림 257> 메르쿠리우스의 변형들. 나무 위의 멜루시나(릴리트)는 사피엔치아(지혜)이다. – "Ripley Scrowle"(MS., 1588)

로 오는 당나귀들이 모두 물에 오줌을 누는 것도 바로 그런 이유 때문이다. 이런 말이 있듯이. "오, 3개의 발을 가진 당나귀여! 만약에 그대가 물을 위해 창조되지 않았다면, 바다의 모든 물은 악령의 독이 야기하는, 아후라마즈다(Auharmazd)[135]의 창조물들의 죽음으로 인한 오염 때문에 사라지고 말았을 것이다."

티차르(Tistar)[136]는 세 발 당나귀의 도움을 받아 바다의 물을 보다 완전하게 붙잡는다. 용연향에 대해서도, 그것이 세 발 당나귀의 똥이라는 말이 있다. 만약에 세 발 당나귀가 영적 먹이를 많이 먹는다면, 액체 영양분의 습기가 육체의 정맥을 통해서 오줌 속으로 들어가고, 똥이 버려질 테니까.[137]

그 괴물은 틀림없이 숫자 3에 근거를 두고 있다. 그 괴물의 당나귀 같은 모습은 크테시아스(Ctesias)의 글에 나오는 인도의 야생 당나귀를 떠올리게 하지만, 하나의 우주론적인 존재로서 그것은 아라비아 연금술에서 원물질의 괴상한 의인화를 상기시킨다(그림 256). 예를 들어, "오스타네스의 책"(Book of Ostanes)에서, 그와 비슷한 괴물(독수리의 날개를 가졌고, 머리는 코끼리이고, 꼬리는 용이다)이 연금술 장인에게 보물 창고의 열쇠를 준다. 당나귀는 바다의 깊은 진흙에서 자라는 고카르드 나무처럼, 대양에 서 있다. '분다히쉰'는 이 나무에 대해 이렇게 말한다.

그 나무는 우주의 쇄신을 야기하는 존재로서 필요하다. 그들은 그런 것으로서 그 나무의 불멸을 준비하고 있다. … 그것을 어떤 사람은 고유의 치

135　조로아스터 교의 최고의 신.

136　옛날에 이란에서 아주 신성한 것으로 알려졌던 별을 가리킨다.

137　West, 'Pahlavi Texts, pp. 67ff.

료라고 부르고, 또 어떤 사람은 활력을 불어넣는 치료라고 부르고, 또 어떤 사람은 모든 것을 낫게 하는 치료라고 부른다.

그 당나귀와 나무는 틀림없이 서로 관계있다. 왜냐하면 그것들이 똑같이 생명의 힘과 생식과 치료를 나타내기 때문이다. 이것은 진정으로 원시적인 동일시이다. 둘은 마나(초자연적인 힘)이거나 마나를 갖고 있다. 아라비아 연금술사들은 마찬가지로 원물질을 서쪽 땅의 나무에서 얻는다. 압둘 카심의 책에서 이런 내용이 확인된다.

만능약에 적절한 이 원물질은 서쪽 땅에서 자라는 유일한 나무로부터 얻는다. … 그리고 이 나무는 바다의 표면에서 자란다. 식물들이 땅의 표면에서 자라듯이. 이 나무를 먹는 사람에게 인간과 타락 천사가 복종하며, 아담이 열매를 따먹지 말았어야 했던 나무도 이 나무였다. 아담은 이 나무에 달린 것을 먹고 천사의 형태에서 인간의 형태로 바뀌었다. 그리고 이 나무는 온갖 동물의 형태로 변할 수 있다.

그 괴물과 나무는 똑같이 만능약, 해독제, 특효약을 상징한다. 어떤 동물의 형태로든 변할 수 있는 그 나무의 특이한 능력은 '변신에 능한 메르쿠리우스'의 특성으로도 꼽힌다(그림 257).

당나귀는 라틴 세계의 연금술에서 머리가 3개인 괴물로 그려지고 메르쿠리우스와 소금과 유황과 동일시되는 지하의 삼위일체이다. 예루살렘의 신전에서 당나귀를 숭배했다는 전통적인 소문과 가짜 십자가 처형을 보여주는 팔라티누스 언덕의 그림에 대해서는 그냥 언급만 하고 넘어갈 것이다. 똑같이 납 같은 원물질과 연결되는, 데미우르고스들로서의 여호와와 이알다바오트(Ialdabaoth)[138]의 납 같은 측면에 대해서도 마찬가지로 언급만 하는 것으로 만족할 것이다.

g. 유대교 전통 속의 일각수

'탈무드'는 일각수(re'em[139])가 어떻게 홍수에서 살아남았는지에 대한 이야기를 들려주고 있다. 일각수는 크기가 거대한 탓에 방주 안에 들어가지 못해 밖에 묶였다. 바산의 왕 오그도 똑같은 방법으로 홍수에서 살아남았다. 그 부분은 이렇게 되어 있다.

> 일각수의 보존은 홍수가 이스라엘 땅을 덮치지 않았다고 말하는 사람들에 의해서는 쉽게 설명되지만, 홍수가 이스라엘 땅에도 일어났다고 말하는 사람들의 의견이 맞다면 일각수는 어떻게 보존되었을까? 얀나이(R. Jannai)는 사람들이 어린 일각수들을 방주 안으로 데리고 들어갔다고 말한다. 그러나 하나(Rabba b. Bar Hana)는 40파라상[140] 정도 되는, 타보르 산만큼 큰 어린 일각수를 보았다고 보고했다. 이 일각수의 목의 둘레는 3파라상이고, 머리는 1.5파라상이었으며, 요르단 강이 그것이 일으키는 먼지 때문에 막혔다고 한다. 요하난(R. Johanan)은 사람들이 일각수의 머리만 방주에 집어넣게 했다고 전했다. 그러나 그 스승은 일각수의 머리가 1.5파라상에 이른다고 말했다. 어쩌면 사람들이 일각수의 코 끄트머리를 방주 안으로 받아 주었을지도 모른다. … 그러나 방주가 물 위에 떴을 때는? 라키스(Res Laqis)는 사람들이 일각수의 뿔을 방주에 묶었다고 대답

---

138 그노시스주의 종파들 사이에 물질 세계의 창조자로 여겨졌다.

139 히브리어 성경에 아홉 번 언급되는 동물이다. '킹 제임스 성경'에서 일각수로 옮겨졌다.

140 페르시아의 거리 단위로 1파라상은 4마일 정도였을 것으로 짐작된다.

했다. 그러나 히스다(R. Hisda)는 그들이 격하게 죄를 저질렀기에 뜨거운 물로 벌을 받았다고 말했다. 당신의 의견에는 방주가 어떻게 보존되었을 것 같은가? 게다가, 바산의 왕 오그는 어디에 있었는가? 아마 그들에게 어떤 기적이 일어났고, 따라서 [물이] 방주 옆에는 차갑게 유지되었을 것이다.

<그림 258> 일각수와 사자. – From the tapestry 'La dame à la Licorne'(16th cent.)

'피르케 R. 엘리에저'(Pirke R. Eliezer)라는 제목의 성서 주석 컬렉션에 이 이야기에 해당하는 버전이 있다. 이 텍스트에 따르면, 오그는 "방주의 배수구 아래 나무 조각 위에 앉아 있었다".

"타르굼 프세우도 요나탄"(Targum Pseudo-Jonathan)은 '창세기' 14장 13

절에 대해 논평하면서 오그는 방주의 지붕 위에 머물렀다고 말한다.

어느 '탈무드' 전설에 따르면, 오그는 '창세기' 6장에 언급된, 인간들의 딸들에게로 "온" 타락한 천사들 중 하나의 후예였다. "시혼(Sihon)과 오그가 형제였다는 것을 알아라. 그 스승이 '시혼과 오그는 삼하자이(Samhazai)의 아들인 아히자(Ahijah)의 아들들'이라고 말했으니까." 라쉬(Rashi)의 주석은 시혼과 오그가 "에녹 시대에 땅으로 온 두 천사인 셈하자이와 아자엘의 후손"인 아히자의 아들들이라고 말한다.

오그의 거대한 몸집은 '탈무드'의 몇 개 단락에 걸쳐 묘사되고 있다. 아마 "트락타테 닛다"(Tractate Niddah)에서 가장 거대하게 묘사될 것이다.

> 압바 사울(Abba Saul)이, 다른 자료에 따르면, R. 요하난이 이렇게 말했다. "나는 무덤을 파는 일꾼이었어. 어느 날 내가 사슴 한 마리를 뒤쫓고 있었지. 그러다 나는 나 자신이 죽은 사람의 대퇴골 안에 들어 가 있다는 사실을 깨달았어. 나는 3파라상이나 사슴을 추격했지만 아직 그 녀석을 잡지 못했으며, 대퇴골도 끝나지 않았어. 내가 돌아가서 물었더니, 사람들이 '그건 바산의 왕 오그의 것이야'라고 하더군."

오그와 일각수 사이에 어떤 내적 연결이 있다는 것이 확인된다. 오그와 일각수는 똑같이 방주의 밖에 묶임으로써 홍수를 피할 수 있었고, 둘 다 거대하다. 더욱이 일각수가 타보르산과 비교되고, 오그도 어떤 산과 연결되고 있다. 오그가 어느 산을 뿌리째 뽑아서 고대 이스라엘 사람들의 진영으로 던졌으니 말이다. 그 비교는 어느 주석에서 한 걸음 더 나아가고 있다. 일각수가 하나의 산이고 사자의 위협을 받고 있으며, 그 이야기의 연장에서 오그가 모세에게, '구약성경'에서 너무나 자주 사자와 비교되고 있는 그 "여호와의 종"에게 죽음을 당한다. 그 주석은 이렇게 적고 있다.

이디(R. Huna Bar Idi)가 말한 내용은 이렇다. 다윗이 아직 양들을 돌보고 있던 때에, 그가 사막으로 나갔다가 거기서 잠자고 있던 일각수를 발견했다. 다윗은 그것이 산이라고 생각하면서 꼭대기까지 올라가서 거기서 양들이 풀을 뜯도록 했다. 그때 일각수가 몸을 흔들며 일어섰다. 이어 다윗은 일각수 등에 올라탄 채 하늘까지 닿았다. 그때 다윗이 하느님에게 말했다. 만약에 하느님께서 이 일각수로부터 내려가도록 해 주신다면, 하느님을 위해서 이 일각수의 뿔처럼 100 큐빗 크기의 신전을 짓겠다고. … 그 성스러운 분은 그를 위해 무엇을 했는가? 그는 사자에게 그곳으로 오라고 명령했으며, 일각수는 사자를 보자 무서워하며 사자 앞에 웅크리고 앉았다. 사자가 그의 왕이었기 때문이다. 그래서 다윗은 땅에 내려 섰다. 그러나 사자를 본 다윗은 사자가 무서웠다. 그래서 다윗의 입에서 이런 말이 나왔다. "저를 사자의 입으로부터도 구해주십시오. 당신께서 일각수들의 뿔들로부터 저를 구해주셨듯이."

또 다른 주석은 사자와 싸우고 있는 일각수를 보여준다. 여기서는 그것이 분명히 일각수로 불리고 있으며 더 이상 're'em'이 아니다. 그 단락은 이런 내용이다.

그리고 우리 땅에도 일각수[ha-unicorius]가 있다. 앞머리에 거대한 뿔을 가진 동물이다. 사자도 많다. 그리고 일각수는 사자를 만나면 사자를 나무 쪽으로 몰고 가며 죽이려 든다. 그러나 사자는 서 있던 자리에서 비켜서고, 그러면 일각수는 뿔로 나무를 받는다. 그러면 뿔이 나무에 너무나 깊이 박히기 때문에, 일각수는 뿔을 뽑지 못하게 되고, 그때 사자가 와서 일각수를 죽이지만, 사태가 반대로 진행되는 경우도 가끔 있다.

'화학적 결혼'에서, 사자와 일각수가 잉글랜드 왕실의 문장 속에서처럼 서로 결합한다(그림 258). 사자와 일각수는 똑같이 연금술에서 메르쿠리우스의 상징들이다. 이것은 그것들이 교회에서 그리스도의 비유인 것과 똑같다. 사자와 일각수는 메르쿠리우스의 안에서 일어나는 상반된 것들 사이의 긴장을 나타낸다.

사자는 위험한 동물이기 때문에 용과 비슷하다. 용은 죽음을 당해야 하고, 사자는 적어도 발톱이 잘려야 한다. 일각수도 마찬가지로 길들여져야 한다. 일각수는 괴물로서 사자에 비해 상징적으로 보다 높은 의미를 지니고 영적인 성격이 더 강하지만, 리플리가 보여주는 바와 같이, 사자가 가끔 일각수를 대신할 수 있다. 두 거대한 존재인 오그와 일각수는 여호와의 두 가지 현시인 베헤못과 리바이어던을 떠올리게 한다. 그들 넷은 모두 '분다 히쉬'의 외뿔 당나귀처럼 자연의 악한 힘들의 화신이다.

신의 힘은 정신의 영역에서만 드러나는 것이 아니라 인간의 안과 밖 모두에서 확인되는 자연의 격한 동물성에서도 드러난다. 인간이 자연과 밀접한 상태로 남는 한, 신은 모호하다. 신을 '최고의 선(善)'(summum bonum)으로 보는 기독교의 비타협적인 해석은 명백히 자연에 반한다. 따라서 연금술의 은밀한 이교 사상은 메르쿠리우스라는 모호한 형상에서 밖으로 드러난다. 이와 대조적으로, 그리스도의 남녀 양성은 전적으로 영적이고 상징적인 것으로, 따라서 자연스런 맥락을 벗어나 있는 것으로 인식되고 있다. 한편, 어떤 적(敵), 즉 "이 세상의 군주"가 존재한다는 것 자체가, 신이 그 모습을 나타내고 있는 아들의 남녀 양성적인 본성에서 확인되듯이, 신의 양극성을 드러내고 있다.

h. 중국의 일각수

일각수는 중국에도 나타난다. '예기'(禮記)에 따르면, 유익하거나 영적
인 동물이 4가지 있다. 일각수와 피닉스, 거북, 용이 그것들이다. 일각수는
네발짐승 중에서 최고이다. "그것은 수사슴을 닮았지만 그것보다 더 크고,
황소의 꼬리와 말의 발굽을 가졌다. 뿔이 하나이며 등의 털은 다섯 가지 색
으로 되어 있고 복부의 털은 노란색(또는 갈색)이다. 그것은 살아 있는 풀
을 밟지도 않고 살아 있는 생명체를 먹지도 않는다. 그것은 완벽한 통치자
(眞人)가 나타나고 왕의 길(道)이 성취될 때 그 모습을 드러낸다."

만약 일각수가 부상을 입는다면, 그것은 흉조이다. 일각수가 처음 등장

<그림 259> 공자의 탄생을 알리는 기린(麒麟). "공자가 태어나기 전에 기린 한 마리가 주나라 총
독의 집에 와서 비취 세공을 토했는데, 거기에 '수정산(水晶山)의 아들이 쓰러진 주 왕국을 영원
히 존속시킬 것이며 왕관을 쓰지 않은 왕이 될 것이니라'고 적혀 있었다. 그의 어머니는 크게 놀
라며 일각수의 뿔에 수 장식을 한 활을 묶었다. 그 짐승은 이틀 밤을 묵은 뒤 그곳을 떠났다." –
From a Chinese illustrated work(c. 18th cent.), 'Shéng Chi-t'u'

<그림 260> 공자의 죽음을 알리는 기린. "노나라의 애공 통치 14년째 되던 해에 서쪽에서 벌어진 겨울 사냥에서 기린이 한 마리 잡혔다. 이것이 공자에게 엄청난 충격으로 작용했으며 그는 '춘추'의 집필을 멈추었다. 공자에 관한 이야기들의 모음인 '공자 총서'(K'ung-ts'ung-tse)는 이렇게 적고 있다. 순손씨 도당이 관목을 태우다가 기린을 한 마리 잡았다. 그때 아무도 그것을 알아보지 못했다. 그들은 그것을 우푸(Wu-fu) 교차로에 버렸다. 염유(冉有)가 그 사건에 대해 보고하며 이렇게 말했다. '뿔 하나를 가진 수사자의 몸이 흉조인 천상의 괴물이 아닐까요?' 공자는 그것을 확인하러 갔다. 그는 울며 말했다. '기린이로구나! 상서로운 짐승 기린이 나타나서 죽다니. 이제 나의 길도 다했구나.'" – From Sheng chi t'u

한 곳은 황제(黃帝)의 정원이었다(B.C. 2697). 후에 두 마리의 일각수가 요(堯) 황제의 수도 핑양(P'ing-yand: 平陽)에 머물렀다. 공자의 어머니가 임신했을 때에도 그녀에게 일각수가 나타났으며, 공자의 죽음이 있기 전에 그 전조로 전차를 모는 사람이 일각수에게 상처를 입히는 일이 벌어졌다(그림 260). 수컷 일각수는 '기'(ch'i: 麒)라 불리고, 암컷 일각수는 '린'(lin: 麟)이라 불리며, 그래서 일반적인 명칭은 두 가지 성격의 결합에 의해 지어졌다. 따라서 일각수는 남녀 양성의 성격을 부여받는다. 일각수와 피닉스나 용의 연결은 연금술에도 나타난다. 연금술에서 용은 가장 낮은 형태의 메르쿠리우스를 나타내고 피닉스는 가장 높은 형태의 메르쿠리우스를 나

타낸다.

앞에서 언급한 바와 같이, 코뿔소의 뿔은 일종의 해독제이며, 그 같은 이유 때문에 그것은 아프리카 동부 해안과 중국 사이에 일어나는 교역의 중요한 품목이다. 중국에서 그 뿔은 독을 방지하는 컵으로 만들어진다. '피시올로구스 그레쿠스'(Physiologus Graecus)는 뱀이 동물들이 마시는 물에 독을 풀 때, 동물들은 독을 눈치 채고는 일각수가 물가로 올 때까지 기다린다는 이야기를 들려주고 있다. 이유는 "그의 뿔이 십자가의 상징이고", 일각수가 물을 먹음으로써 독성을 흩뜨리기 때문이다.

i. 일각수 잔

치료의 잔은 "구원의 잔", 즉 성배와 점을 치는 데 쓰인 그릇과 무관하지 않다. 미뉴(Jacques Paul Migne)는 토르케마다(Juan de Torquemada) 추기경이 언제나 일각수 잔을 탁자에 놓아두었다고 말한다. "일각수의 뿔은 언제나 주문의 효과를 발휘한다."(그림 261) 히폴리토스는 나아센파의 가르침을 요약하면서 그리스인들은 "삼중적인 육체를 가진 게리온"을 "달의 천상의 뿔"이라고 불렀다고 말한다. 그러나 게리온은 만물 안에 있는 남성이자 여성인 사람 "요르단"(Jordan)이었으며, 만물은 그에 의해 만들어졌다. 이 연결 속에서 히폴리토스는 요셉과 아나크레온(Anacreon)[141]의 잔에 대해 이렇게 언급한다.

---

141   그리스의 서정 시인(B.C. 570? 480?)으로 연애시와 술을 찬양하는 시를 많이 썼다.

<그림 261> 성령의 상징인 일각수를 옆에 두고 있는 교황. – From Scaliger, 'Explanatio imaginum'(1570)

"그가 없이는 어떤 것도 만들어지지 않았다"는 말은 형태들의 세상에 대해 말하고 있다. 왜냐하면 이것이 "세 번째와 네 번째[사위일체의 구성원]"를 통해서 그의 도움 없이 창조되었기 때문이다. 이것이 … 왕이 음료를 마실 때 자신의 예언을 끌어내는 잔이니 말이다. 그리스인들도 마찬가지로 아나크레온의 시구에서 이 비밀을 암시했다.

나의 큰 잔이 나에게 말하네
무언의 침묵 속에서
내가 무엇이 되어야 하는지를.

<그림 262> 달의 일각수. - Reverse of a medal(1447) by Antonio Pisano

이것만으로도 그것, 즉 말로 표현할 수 없는 비밀을 침묵 속에서 선언하는 아나크레온의 잔이 사람들 사이에 알려지기에 충분했다. 사람들은 아나크레온의 잔이 말이 없다고 하는데도, 아나크레온은 그것이 침묵의 언어로 자신이 무엇이 되어야 하는지에 대해 말해주고 있다고, 다시 말해 육욕적이지 않고 영적인 존재가 되라고 가르치고 있다고 단언하고 있으니 말이다. 그가 침묵 속에서 숨겨진 비밀을 듣기를 원하기만 한다면 말이다. 그리고 그 비밀은 예수가 그 수수한 결혼식에서 포도주로 바꾼 물이다. 그것은 예수가 갈릴리의 가나에서 행한 기적들의 위대하고 진정한 시작이었으며, 따라서 예수는 천국의 왕국을 보여 주었다. 이 [시작]은 "가루 서 말 속에 숨겨진 누룩"처럼 우리 안에 하나의 보물로 자리 잡고

<그림 263> 일각 고래의 뿔로 만든 캠피언(Campion) 펜던트(전면). 뒷면의 뿔은 치료 목적에 쓴 탓에 약간 굵혀 있다(16th cont.?)

있는 하늘의 왕국이다.[142]

우리는 "달의 천상의 뿔"이 일각수와 밀접히 연결되는 것을 보았다. 여기서 그것은 "삼중의 육체를 가진 게리온"과 요르단을 의미할 뿐만 아니라 마찬가지로 요한의 로고스와 동일한 자웅동체의 사람을 의미한다. "세 번째와 네 번째"는 물과 흙이며, 이 두 가지 요소는 연금술 증류기 속에서 세상의 아래쪽 반을 형성하는 것으로 여겨지며, 히폴리토스는 그것들을 하나의 잔에 비유한다. 이것은 요셉과 아나크레온의 예언의 그릇이며, 물은

142 Hippolytus, 'Elenchos', V 8, 4–7.

내용물을 상징하고 흙은 용기, 즉 잔 자체를 상징한다. 내용물은 예수가 포도주로 변화시킨 물이고, 그 물은 또한 로고스를 의미하고, 따라서 성배와 비슷한 것을 끌어내는 요르단에 의해 표현되고 있다. 성배의 내용물은 '에즈라기' 4권(14장 39-40절) 속의 잔처럼 생명과 치유력을 준다.

그때 내가 입을 벌렸으며, 보아라! 거기서 나에게로 말하자면 물이 가득 찬 잔이 닿았으나 그것의 색깔이 불 같았다. 그리고 나는 그것을 들고 마셨다. 내가 다 마셨을 때, 나의 가슴은 이해력을 쏟아냈고, 지혜가 나의 가슴 안에서 자라났으며, 나의 정신은 그 기억을 간직했다.

그 잔의 비밀은 또한 그 뿔의 비밀이며, 뿔은 거꾸로 힘과 건강과 생명의 수여자로서의 일각수의 정수를 포함하고 있다(그림 263). 연금술사들은 자신들의 돌을 "카벙클"(carbuncle)이라고 부르면서 그 돌에 동일한 특성들을 돌리고 있다. 전설에 따르면, 이 돌은 볼프람 폰 에셴바흐(Wolfram von Eschenbach)가 말하는 바와 같이 일각수의 뿔 밑에서 발견될 것이다.

우리는 일각수라 불리는 짐승을 잡았네.
어느 처녀를 가장 잘 알고 가장 사랑하다가
그녀의 가슴에 파묻혀 잠자는 것을.
우리는 그의 뿔 밑에서
눈부신 남성적인 카벙클 돌을 끄집어냈네.
하얀 두개골을 배경으로 빛을 발하는 것을.

뿔은 활력과 힘의 한 상징으로서 남성적인 성격을 갖지만, 동시에 그것은 그릇으로서 여성적인 잔이다. 그래서 우리는 여기서 그 원형의 양극성을 표현하는 어떤 "통합의 상징"을 다루고 있다.

이런 식으로 분류한 일각수 상징체계들은 중세 연금술의 세계에 지속적으로 깊은 영향력을 행사했던, 비기독교와 자연 철학, 그노시스주의, 연금술, 교회 전통 사이에 극히 복잡하게 얽힌 연결들의 표본만을 제시하는 것을 목표로 잡고 있다. 나는 이 예들이 독자들에게 연금술이 어느 정도까지 종교적, 철학적, 또는 "신비주의" 운동이었는지를 선명하게 보여줄 수 있었기를 바란다. 연금술은 괴테의 종교적 세계관에서 그 절정을 맞았을 것이며, 그것이 '파우스트'를 통해 우리에게 제시되고 있다.

<그림 264> 일각수와 생명의 나무로 이뤄진 만다라. – Verteuil tapestry(15th cent.), "The Hunt of the Unicorn"

<그림 265> 일각수와 그의 그림자. "나는 내가 무섭다"라는 모토를 묘사하고 있다.- Boschius,
'Symbolographia'(1702)

<그림 266> 머리가 2개인 독수리가 양쪽 세계의 왕국들을 상징하면서 교황과 황제의 관을 쓰고
있다. 독수리는 눈들(계몽!)로 뒤덮여 있다. - 'Codex Palatinus Latinus' 412(15th cent.)

에필로그

<그림 267> 용으로서, 원물질이 성령(헤르메스의 새)에 의해 수정되고 있다. - "Hermes Bird",
'Theatrum chemicum Britannicum'(1652)

옛날의 철학자들이 '라피스'라는 단어로 무엇을 뜻했는지는 결코 분명하지 않다. 이 질문은 우리가 그들이 투사하고 있었던 무의식적 내용물이 무엇이었는지를 정확히 알 수 있을 때에만 만족스런 대답을 들을 수 있다. 무의식의 심리학만이 이 수수께끼를 풀 수 있는 위치에 있다.

무의식의 심리학은 어떤 내용물이 투사된 상태에 있는 한 거기에 접근하는 것은 불가능하다고 가르친다. 그것이 저자들의 노고가 연금술의 비밀에 대해 우리에게 드러내는 것이 거의 아무것도 없는 이유이다. 그러나 상징적인 자료 쪽의 수확은 그만큼 더 많으며, 이 자료는 개성화의 과정과 밀접히 연결된다.

연금술을 다룰 때, 우리는 이 철학이 중세에 어떤 중요한 역할을 했는지, 그것이 남긴 방대한 문헌은 도대체 무엇인지, 그리고 그것이 그 시대의 영적 삶에 얼마나 큰 영향을 끼쳤는지에 대해 반드시 고려해야 한다. 연금술 자체의 주장들이 이 방향으로 얼마나 멀리 나갔는지는 라피스와 그리스도의 비교에서 가장 잘 드러난다. 이것이 내가 연금술과 아무런 관련이 없어 보이는 분야들을 두루 섭렵한 것에 대한 설명 또는 변명이 될 수 있다. 연금술 사고의 심리학을 다루기 시작하는 순간, 우리는 겉보기에 역사적 자료와 거리가 아주 멀어 보이는 연결들을 고려해야 한다.

그러나 만약에 그 현상을 안쪽에서부터, 말하자면 정신의 관점에서 이해하려고 노력한다면, 외적 세상에서는 서로 너무도 멀리 떨어져 있을 수 있는 많은 선(線)들이 수렴되는 어떤 중심점에서 시작할 수 있다. 그러면 우리는 의식과 달리 수 세기가 흘러도 거의 변하지 않는 근본적인 인간 정신을 직시하게 된다. 여기서, 2,000년이나 된 어떤 진리는 지금도 여전히 진리이다. 바꿔 말하면, 그 진리는 지금도 생생하게 살아서 실제로 작동하고 있다. 여기서 우리는 또한 2,000년 동안 변하지 않았고 앞으로 다가올 2,000년 동안에도 변하지 않을 근본적인 정신적 사실들을 발견한다. 이 관점에서 보면, 가까운 과거와 현재는 고대의 잿빛 안개 속에서 시작되어 여러 세기를 거쳐 먼 미래까지 이어지는 어떤 드라마의 에피소드들처럼 보인다. 이 드라마는 "아우로라 콘수르젠스"(동트는 새벽) 같은 것이다. 말하자면, 인간의 안에서 의식이 동트는 과정을 그린 드라마 같다는 뜻이다.

고전 시대(고대부터 17세기 중반까지)의 연금술은 기본적으로 화학적 연구 작업이었으며, 그 작업에 투사 때문에 무의식의 정신적 자료의 혼합물이 들어갔다. 이런 이유로, 작업에 필요한 심리적 조건들이 연금술 텍스트에서 자주 강조되고 있다. 고려 대상이 된 내용물은 미지의 화학 물질로 투사하는 데 적합한 내용물이었다. 물질의 비개인적이고, 순수하게 객관적인 성격 때문에, 투사된 것은 비개인적이고 집단적인 원형들이었다. 무엇보다 먼저, 그 시대의 집단적인 영적 삶과 유사한 것으로서, 세계의 어둠 속에 갇힌 영(靈)의 이미지가 있었다. 바꿔 말하면, 인간이 스스로가 처해 있다고 생각한 그 상대적인 무의식의 상태, 그러니까 인간이 고통스럽다고 느끼며 해방의 필요성을 느끼고 있던 그 무의식의 상태가 물질에 반영되었고, 따라서 물질 안에서 다뤄졌다.

모든 무의식적 내용물의 심리적 조건이 서로 반대인 "존재"와 "비(非)존재"가 두드러지는 그런 잠재적 현실의 조건이기 때문에, 상반된 것들의 결합이 연금술 과정에서 어떤 결정적인 역할을 맡아야 한다는 주장이 논리적으로 가능하다. 그 결과물은 "결합시키는 상징"과 비슷한 그 무엇이며, 그것은 대체로 초자연적인 성격을 지닌다. 그러므로 구세주 이미지의 투사, 즉 그리스도와 라피스 사이의 유사성은 거의 심리학적 필연이다. 구원 작업 또는 신성한 임무와 자연의 치유력 사이에 유사성이 있듯이 말이다. 근본적인 차이는 기독교의 작업이 구원을 필요로 하는 인간이 구세주 신에게 경의를 표하며 치르는 일인 반면에, 연금술 작업은 구원자 인간이 물질 안에서 졸며 구원을 기다리고 있는 신성한 세계 영혼을 해방시키기 위해 펼치는 노동이라는 점이다. 기독교인은 실행된 일에 의해서 은총의 열매들을 얻지만, 연금술사는 엄격한 노동을 통해서 스스로의 힘으로 "생명의 만능약"을 창조한다. 연금술사는 이 만능약을 은총이라는 교회의 수단의 대용품으로, 또는 인간의 안에서 지속되는 구원이라는 신성한 작업의 보완이나 그 작업과 비슷한 것으로 여긴다.

서로 정반대인 두 관점은 '성사의 사효성(事效性: opus operatum)'[143]

---

143 성사의 원집전자는 그리스도이기 때문에 집전자가 그리스도의 뜻에 따라 행해야 성사가 성립된다는 뜻이다.

과 '성사의 인효성(人效性: opus operantis)'**144**이라는 교회의 원칙에서 서로 만나긴 하지만, 최종적으로 두 관점은 양립 불가능하다. 근본적으로 그것은 서로 정반대인 것들의 문제이다. 말하자면, 집단적인 것 또는 개인적인 것, 사회 또는 인격의 문제인 것이다. 이것은 현대의 문제이기도 하다. 우리 시대에 개인이 조직화된 군중의 올가미 속에서 질식하고 있다는 것을 자각하도록 하기 위해서 집단적인 삶의 비대(肥大)와 믿기지 않을 정도로 큰 규모의 사람들의 집합이 필요했다는 점을 고려한다면 말이다. 중세 교회의 집단적인 경향은 개인과 사회의 관계들이 하나의 일반적인 문제가 될 만큼 강한 압박을 개인에게 거의 또는 전혀 행사하지 않았다. 그렇기 때문에 이 문제도 마찬가지로 투사의 차원에 남았으며, 신경증적인 개인주의의 탈을 쓰고 있는, 제대로 발달하지 않은 의식을 가지고 그것을 해결하는 것은 우리 시대의 몫으로 남겨졌다.

그러나 이 같은 최근의 발달보다 앞서는 어느 시점에, 연금술은 작품의 시작부터 끝까지 연금술의 사고 형태들에 흠뻑 젖어 있는 괴테의 '파우스트'에서 최종 정점에 이르렀으며, 그것으로 역사적 전환점을 맞았다. '파우스트'의 기본적인 드라마는 파리스와 헬레네의 장면에서 가장 생생하게 표현되고 있다. 중세의 연금술사에게 이 에피소드는 증류기 안에서 이뤄지는 솔과 루나의 신비한 결합을 표현하는 것으로 여겨졌을 것이지만(그림 268), 파우스트로 가장한 현대인은 그 투사를 알고, 자신을 파리스 또는 솔의 자리에 놓으면서 자신의 내면에 있는 여성적인 짝인 헬레네 또는 루나를 차지한다. 따라서 그 결합의 객관적인 과정이 장인의 주관적인 경험이 된다. 장인은 드라마를 가만히 지켜보지 않고, 자신이 직접 배우 중 한

---

144 성사의 은혜를 합당하게 받기 위해서는 인간의 열성적인 참여가 반드시 필요하다는 뜻이다.

사람이 된다. 파우스트의 개인적 개입은 전체 과정의 진정한 목표, 그러니까 부패하지 않는 물질의 생산이라는 목표가 실종되게 하는 결함을 안고 있다. 그 때문에, 사라지지 않고 "불에 타지 않는" 철학자의 아들이 되어야 할 유포리온이 불길에 휩싸여 위로 올라가며 사라진다. 이것은 연금술사에게는 재앙이고, 심리학자에게는 파우스트를 비판할 기회가 된다. 그럼에도 그런 현상은 절대로 흔치 않은 것이 아니다. 이유는 모든 원형이 처음 등장할 때, 그리고 무의식으로 남아 있는 한, 그 사람 전체를 차지한 상태에서 그 사람에게 상응하는 어떤 역할을 맡도록 강요하기 때문이다. 따라서 파우스트는 헬레네의 애정에서 파리스를 대체하는 일에 저항하지 못하며, 소년 마부와 호문쿨루스 같은 "탄생들"과 회춘들이 같은 탐욕에 의해 파괴된다. 이것이 아마 파우스트의 최종적 회춘이 죽은 뒤에야 일어나는, 말하자면 미래로 투사되는 깊은 이유일 것이다. 파우스트의 완벽해진 형상이 초기 연금술사들 중에서 가장 유명한 사람의 이름(우리는 그 이름을 이미 만났다)을, 그러니까 "마리아누스" 또는 보다 평범한 철자인 모리에 누스라는 이름을 가진 것도 단순히 우연의 일치일까?

파우스트는 파리스와 자신을 동일시함으로써, 그 결합을 투사된 상태로부터 개인의 심리적인 경험의 영역 속으로, 따라서 의식 속으로 도로 갖고 온다. 이 결정적인 걸음은 연금술 수수께끼의 해결을 의미하고, 동시에 인격 중에서 이전에 무의식이었던 부분의 구원을 의미한다. 그러나 파우스트의 초인적인 힘들에서 아주 분명하게 드러나듯이, 의식에서 일어나는 모든 증대는 팽창의 위험을 안고 있다. 파우스트의 죽음은 그의 시대와 세대에는 필요했을지 몰라도 만족스런 대답은 아니다. 결합에 이은 부활과 변형은 저 세상에서, 즉 무의식에서 일어나며, 따라서 그 문제는 해결되지 않은 채로 남게 되었다.

우리 모두는 니체가『차라투스트라는 이렇게 말했다』에서 그 문제를 초인으로의 변형으로 다시 다뤘다는 것을 알고 있지만, 그는 초인을 평범한 사람 쪽으로 위험할 정도로 가까이 끌고 왔다. 그렇게 함으로써 니체는 평범한 사람들이 품고 있던 반기독교적인 분개를 일깨웠다. 이유는 그의 초인이 개인적인 의식(意識)의 거들먹거리는 자만이고 오만이기 때문이다. 이 개인적인 의식은 반드시 기독교의 집단적인 힘과 충돌을 일으키고, 그 개인의 재앙적인 파괴를 낳게 되어 있다.

우리는 이런 운명이 니체를 어떤 식으로, 그리고 어떤 특징적인 형태로 윤리적으로나 육체적으로 압도했는지를 알고 있다. 그리고 그 다음 세대

PHILOSOPHORVM.

FERMENTATIO.

*Hye wird Sol aber verschlossen
Vnd mit Mercurio philosophorum vbergossen.*

<그림 268> 영적 결합을 상징적으로 표현하는 '페르멘타치오'(Fermentatio: 발효). "그러나 여기에 솔 왕이 갇혀 있고, 철학자의 메르쿠리우스가 그의 위로 쏟아지고 있다."는 글귀가 보인다. – 'Rosarium philosophorum'(1550)

는 니체의 초인의 개인주의에 어떤 종류의 대답을 내놓았는가? 그 세대는 거기에 윤리적으로나 육체적으로 집단주의와 대중 조직, 군중의 무리 짓기로 대답했다. 그 같은 집단주의는 그 전에 있었던 모든 것을 형편없는 농담으로 만들어 버렸다. 인격의 질식과, 당연히 치명상을 입었을 허약한 기독교, 그런 것이 우리 시대의 솔직한 대차대조표이다.

파우스트의 죄는 그가 변형될 것과 자신을 동일시했다는 점이었다. 니체는 자신의 자아와 초인 차라투스트라를, 말하자면 인격 중에서 의식 속으로 들어가려고 노력하고 있던 부분을 동일시함으로써 자신의 한계를 넘어서고 말았다. 그러나 우리가 차라투스트라에 대해 인격의 한 부분이라고 말할 수 있을까? 그는 오히려 초인적인 그 무엇이 아니었을까? 차라투스트라가 몸을 갖고 있음에도 인간이 아닌 그 무엇 말이다. 니체가 신에 대해 오랫동안 들어보지 않았다고 선언한다고 해서 신이 진정으로 죽을까? 혹시 신이 초인을 가장해서 돌아온 것이 아닐까?

초인적인 힘을 맹목적으로 추구하다가, 파우스트는 필레몬과 그의 아내 바우키스의 살해를 초래했다. 두 소박한 늙은이는 누구인가? 이 세상이 신이 없는 곳이 되어 신성한 이방인인 주피터와 머큐리에게 편안하게 쉴 곳을 더 이상 제공하지 않았을 때, 그 초인적인 손님들을 맞은 사람들이 필레몬과 바우키스였다. 그리고 바우키스가 그들을 대접하기 위해 마지막 남은 거위를 잡으려 할 때, 그 변형이 일어났다. 신들이 본래의 모습을 드러내고, 초라한 통나무집이 신전으로 바뀌고, 늙은 부부는 신전에서 일하는 불멸의 종복이 되었다.

어떤 의미에서 보면, 옛날의 연금술사들이 화학적 원소들로부터 불같은 영을 해방시키려 노력하며 그 신비를 마치 그 영이 어둡고 고요한 자연의 자궁 속에 누워 있는 것으로 다뤘을 때, 그들이 파우스트보다 정신의 핵심적 진리에 더욱 가까이 다가갔다. 그 영은 여전히 그들 밖에 있었다. 진화하는 의식의 상승하려는 충동은 조만간 그 투사에 종지부를 찍고, 애초에 정신의 것이었던 것을 정신에게 되돌려주게 되어 있었다. 그런데도 계몽시대 이후로, 그리고 과학적 합리주의의 시대에, 정신은 정말로 무엇이었는가? 정신은 의식과 동의어가 되었다. 정신은 "내가 알고 있는 것"이었다. 자아 밖에는 정신이 전혀 없었다. 그래서 불가피하게 자아는 투사의 철수로 인해 생기고 있는 내용물들과 스스로를 동일시했다. 정신이 대부분 "육체 밖"에 있으면서 육체가 이해할 수 없었던 "위대한 것들"을 상상하던 시대는 이제 지나갔다. 예전에 투사되었던 내용물은 이제 개인적인 소유물로서, 자아-의식의 괴상한 공상들로 나타나게 되었다. 불이 공기로 냉각되었고, 그 공기는 차라투스트라의 큰 바람이 되어 의식의 팽창을 야기했다. 이 의식의 팽창은 문명을 할퀴는 끔찍한 재앙에 의해서만, 신들이 그들을 환대하지 않는 인간에게 풀어놓은 또 다른 대홍수에 의해서만 약화될 수 있을 것 같다.

팽창한 의식은 언제나 자기중심적이고 자신의 존재만을 의식한다. 그런 의식은 과거로부터 배우지도 못하고, 동시대의 사건들을 이해하지도 못하고, 미래에 대해 올바른 결론을 내리지도 못한다. 의식은 스스로 최면을 걸고, 따라서 의식과 논쟁을 벌이는 것은 불가능하다. 의식은 재앙을 당할 운명을 스스로 엮고 있으며, 그 재앙은 의식을 박살내 버릴 것임에 틀림없다. 정말 역설적이게도, 팽창은 의식이 무의식 속으로 퇴행하는 것이다. 의식이 지나치게 많은 무의식적 내용물을 짊어진 탓에 의식의 필수조건인 식별력을 잃게 될 때마다, 반드시 그런 현상이 나타난다.

만 4년 동안 유럽에서 가공할 만한 전쟁이, 어느 누구도 원하지 않은 전쟁이 벌어졌을 때, 아무도 그 전쟁을 일으키고 지속시킨 것이 누구 또는 무엇이었는지에 대해 물을 생각을 하지 않았다. 어느 누구도 유럽인들이 자유의지를 몽땅 강탈해 버린 무엇인가에 사로잡혀 있었다는 사실을 깨닫지 못했다. 그리고 이 무의식적 사로잡힘의 상태는 우리 유럽인들이 인간의 "신 같은 전능"을 두려워하게 될 때까지 어떤 방해도 받지 않고 계속 이어질 것이다.

그 같은 사로잡힘을 깨뜨릴 변화는 오직 개인들로부터 시작될 수 있다. 이유는, 모두가 피해를 입어가며 알게 된 바와 같이, 군중은 맹목적인 짐승들이기 때문이다. 그러므로 몇몇 개인들이, 또는 사람들이 개인적으로, 정신 중에 자아 인격이 아닌 부분으로 여겨야 할 내용물이 있다는 것을 이해하기 시작하는 것이 내가 볼 때 상당히 중요하다. 만약에 우리가 위협적인 팽창을 피하길 원한다면, 그런 정신 작용이 작동해야 한다.

우리를 돕기 위해 시인들과 철학자들이 유익하고 교화적인 모델들을 높이 치켜들고 있다. 그 모델들 또는 원형들을 우리는 인간과 시대 둘 다를 위한 치료라고 부를 수 있다. 물론, 우리가 거기서 발견하는 것은 군중에게 높이 들어 보일 수 있는 것이 절대로 아니다. 단지, 고독이나 침묵 속에서 우리 자신에게 들어 보일 수 있는 어떤 숨겨진 것일 뿐이다. 그것에 대해 알려고 하는 사람은 극소수이다. 보편적인 만능약을 자신이 직접 복용하는 것보다 그런 약에 대해서 다른 사람들에게 설교하는 것이 훨씬 더 쉬운 일이니까. 모두가 잘 알고 있듯이, 모든 사람이 같은 배에 타고 있을 때, 상황은 절대로 그렇게 심하게 나쁘지 않다. 틀림없이, 무리 속에서 존재할 수 있다. 군중이 클수록, 진리도 그만큼 더 훌륭해 보인다. 그러면 그에 따를 재앙 또한 더 커진다.

우리가 과거의 모델들로부터 배울 수 있는 것은 무엇보다 이것이다. 우리의 정신이 서로 동화하는 경우에 대단한 위험을 수반하는 그런 내용물을 품고 있거나 그런 영향력에 노출되어 있다는 것이다. 만약에 옛날의 연금술사들이 자신들의 비밀을 물질로 돌렸다면, 그리고 만약에 파우스트와 차라투스트라가 우리가 그 비밀을 우리의 안에서 구현할 때 일어날 수 있는 것을 보여주는 매우 고무적인 예가 절대로 아니라면, 우리에게 남겨진 유일한 경로는 의식이 정신의 전부라는 의식적인 정신의 오만한 주장을 부정하고, 정신은 우리가 현재 가진 이해의 수단으로는 파악할 수 없는 어떤 실체라는 점을 인정하는 것이다.

나는 자신의 무지를 인정하는 사람을 몽매주의자라고 부르지 않는다. 몽매주의자는 의식이 자신의 무지를 깨달을 만큼 충분히 발달하지 않은 사람이다. 나는 물질로부터 철학의 금이나 만능약, 경이로운 돌을 끌어내려던 연금술사의 희망은 단지 부분적으로만 투사의 결과인 착각이었다는 관점을 갖고 있다. 나머지에 대해 말하자면, 그 희망은 무의식의 심리학에서 대단히 중요한 어떤 정신적 사실들과 일치했다.

텍스트들과 그것들의 상징체계가 보여주는 바와 같이, 연금술사는 내가 개성화 과정이라고 부르는 것을 화학적 변화의 현상 속으로 투사했다. "개성화" 같은 과학적인 용어는 우리가 최종적으로 말끔히 정리된 무엇인가를 다루고 있다는 것을 의미하지 않는다. 그런 것이라면, 더 이상 말할 것이 없을 것이다. 그 용어는 단지 매우 모호한 어떤 연구 분야를, 탐구의 여지가 아직 아주 많은 그런 분야를 암시한다. 개성화는 인격을 형성하기 위해 무의식 안에서 진행되는, 중심을 찾아가는 과정이다.

우리는 그 초자연적인 성격 때문에 아득히 먼 옛날부터 상징들의 형성에 가장 강력한 자극제를 제공했던 생명 과정들을 다루고 있다. 이 과정들은 신비 속에 깊이 잠겨 있다. 그 과정들은 인간의 정신이 해답을 찾기 위해 오랫동안 고민해야 할 수수께끼들을 던지고 있다. 아마 해답을 찾으려는 노력은 헛수고로 끝날 것이다. 이유는 최종적으로 인간의 이성이 이 목적에 적절한 도구인지, 대단히 의심스럽기 때문이다. 연금술이 오직 경험에 의해서만 진정으로 이해될 수 있는 창조적인 과정들에 관심을 두고 있다고 적절히 느끼면서 스스로를 하나의 "기술"이라고 부른 데는 충분한 이유가 있다. 물론, 지성도 그 과정들에 어떤 이름이야 붙일 수 있겠지만 말이다. 연금술사들은 우리에게 이렇게 경고했다. "당신의 가슴이 산산조각 찢기지 않으려면, 책들을 찢어버리도록 하라." 그들이 공부에 집요하게 매달렸음에도, 그들의 정신 자세는 늘 그러했다. 이해로 이끄는 것은 책이 아니라 경험이다(그림 269).

<그림 269> 연금술 장인과 그의 신비의 여동생이 작업을 끝내면서 서로 비밀이라는 제스처를 하고 있다. – 'Mutus Liber'(1702)

꿈 상징들에 관한 앞의 연구에서, 나는 그런 경험이 현실 속에서 어떻게 보이는지를 보여주었다. 이것을 바탕으로, 우리는 영혼의 미지의 영역들에서 성실한 탐구가 일어날 때 벌어질 수 있는 것을 다소 볼 수 있다. 경험이 각 개인의 내면에서 일어나는 형태들은 무한히 다양할 수 있지만, 연금술

의 상징들처럼, 그 형태들은 모두 어떤 중심적인 유형들의 변형들이며, 이 핵심 유형들은 보편적으로 일어난다. 그 유형들은 원초적인 이미지들이며, 이 이미지들로부터 종교들은 저마다 절대적 진리를 끌어낸다.

<그림 270> 부활의 상징으로서, 피닉스. – Boschius, 'Symbolographia'(1702)

찾아보기